Investigadores de reconhecido mérito, nos mais diversos campos do pensamento filosófico, contribuem, com o seu trabalho, para transmitir ao leitor, especialista ou não, o saber que encerra a Filosofia.

A Aristocracia
e os seus Críticos

Título original:
A Aristocracia e os seus Críticos

© Miguel Morgado e Edições 70, Lda.

Capa: FBA

Depósito Legal n.º 284207/08

Biblioteca Nacional de Portugal – Catalogação na Publicação

MORGADO, Miguel

A aristocracia e os seus críticos. – (O saber da filosofia; 36)

ISBN 978-972-44-1536-9

CDU 321.01
323
316

Paginação, impressão e acabamento:
GRÁFICA DE COIMBRA
para
EDIÇÕES 70, LDA.
Novembro de 2008

ISBN: 978-972-44-1536-9

Todos os direitos reservados.

EDIÇÕES 70, Lda.
Rua Luciano Cordeiro, 123 – 1.º Esq.º – 1069-157 Lisboa / Portugal
Telefs.: 213190240 – Fax: 213190249
e-mail: geral@edicoes70.pt

www.edicoes70.pt

Esta obra está protegida pela lei. Não pode ser reproduzida,
no todo ou em parte, qualquer que seja o modo utilizado,
incluindo fotocópia e xerocópia, sem prévia autorização do Editor.
Qualquer transgressão à lei dos Direitos de Autor será passível
de procedimento judicial.

A Aristocracia
e os seus Críticos
Miguel Morgado

70

Introdução

No ano em que se discutia a futura constituição dos Estados Unidos da América, Thomas Jefferson recorda ao seu par, John Adams, que em tempos este formulara o desejo de se dedicar a uma obra sobre a aristocracia. A lembrança servia um propósito de encorajamento. Na resposta, Adams revela que o assunto não está esquecido, mas oferece resistência à exequibilidade do estudo. Adams relata as razões da sua relutância:

> Uma Obra sobre o Assunto que mencionais, *a Nobreza em geral*, que eu em tempos sugeri ter o desejo de tratar, seria demasiado extensa e Esplêndida para os meus meios e para as minhas Forças. Exigiria muitos Livros que não possuo, e um mais vasto Conhecimento crítico, quer das Línguas antigas, quer das Línguas modernas, do que um Homem da minha Idade pode aspirar. ([1])

Pela correspondência subsequente entre ambos, é fácil perceber que Adams pensara longamente sobre o assunto. Na verdade, não deixaria de meditar sobre a aristocracia até aos seus últimos dias, obrigando no processo o seu companheiro de correspondência a acompanhá-lo nas suas reflexões. Em rigor,

---

([1]) Carta de Adams a Jefferson, 1 de Março de 1787, *The* Adams-Jefferson *Letters. The Complete Correspondence Between Thomas Jefferson and Abigail and John Adams*, Lester J. Cappon, ed. (Chapel Hill, 1987). Ver Jefferson-Adams, 6 de Fevereiro de 1787.

deve-se sublinhar que Jefferson, num primeiro instante, apenas se recordava de que o tema era o da *aristocracia hereditária*. Daí a correcção ou a precisão de Adams, na sua resposta, que aparece por intermédio da expressão *a Nobreza em geral*. Esta ressalva é importante porque dirige-se quase directamente a um aspecto deste assunto que tentaremos tratar no capítulo II, o da "verdadeira nobreza" e como esta se liga à, e se distingue da, *aristocracia enquanto forma de governo*. Por outro lado, invocar este diálogo travado entre dois *políticos* famosos cumpre dois objectivos principais. Em primeiro lugar, o de que uma reflexão sobre a aristocracia é considerada importante por homens que se ocuparam da fundação de um regime político moderno, reconhecível aos nossos olhos contemporâneos, e que portanto não pode estar totalmente despida de relevância *política*. Em segundo lugar, que não se trata de tarefa fácil nem fornecedora de resultados óbvios ou simples. A admissão de incapacidade para lidar com matéria tão intrincada e complexa por parte de Adams, um homem invulgarmente inteligente, erudito e experiente, é também, mas numa intensidade ainda maior, a nossa própria admissão.

Pode parecer obsoleto, para mais não dizer, proceder ao exame de uma forma de governo inexistente. A dúvida mais óbvia leva-nos a questionar a pertinência do estudo da aristocracia quando, na verdade, este governo não existe na realidade concreta. Não existe no presente, nem existiu no passado. Mas não se pode duvidar da sua existência no *discurso* sobre a política, não certamente no do presente, mas no do passado. Embora a aristocracia como forma de governo tenha desaparecido do *pensamento* político contemporâneo, a sua presença é constante no *pensamento* político do passado. Procurar a articulação da mentalidade aristocrática implica recuperar o pensamento político do passado. A exploração e a articulação da visão moderna da política requerem um trabalho histórico prévio. O nosso presente não está desligado do nosso passado. Mesmo os elementos do nosso presente que se apresentam como rupturas com o passado, ainda reconhecem uma relação com o passado, com algo de insatisfatório que convidou à ruptura. O nosso presente, por assentar em muitas visões e disposições que assumem por concluídos e adquiridos todos os processos de articulação e auto-interpretação, torna mais urgente a reabilitação da consciência histórica.

Ora, na história intelectual da política europeia, a aristocracia surge como tema recorrente. Se se coloca a questão de um ponto de vista da relevância contemporânea ainda se pode argumentar que não é improfícuo regressar ao estudo da forma aristocrática. Aliás, este pode ser um imperativo de ordem científica quando a intenção é tornar a teoria política, enquanto ciência também dos regimes políticos, genuinamente comparativa. Em ordem a sê-lo, a teoria política deve recorrer, não só aos regimes políticos que existem na realidade concreta, mas também aos que apenas gozam de uma existência virtual. Desta existência não se pode duvidar quando constatamos a persistência da alternativa aristocrática no espírito humano ao longo da história do pensamento político, enquanto alternativa desejável e enquanto alternativa reprovável. E deve ser mantida a possibilidade de que o conhecimento das formas de governo sem existência concreta pode conduzir a um superior conhecimento das formas de governo que constituem a realidade concreta das coisas políticas dos nossos tempos. Aristóteles reconhecia que, no seu tempo, quase todas as constituições existentes na realidade concreta eram ou democracias ou oligarquias; mas nem por isso deixou de apreciar a possibilidade aristocrática.

Poder-se-ia dizer que comparar aristocracia e democracia é comparar dois regimes que dificilmente são comparáveis, mesmo de acordo com a ciência política aristotélica. Isto porque a aristocracia pertence ao grupo dos melhores governos em absoluto, ao passo que a democracia – o nosso regime – insere-se nos governos que se realizam nas circunstâncias do mundo tal como é e do homem tal como é ([2]): a aristocracia é um regime "ideal"; a democracia é um regime "real". Se bem que não seja viável refutar esta opinião, convém no entanto reparar no carácter igualmente "ideal" que se esconde por detrás da expressão comum, "a verdadeira democracia", ideal este que conduz os mais ardentes partidários da democracia quando estes procuram reformar a democracia existente aqui e agora. Porquanto a democracia existente aqui e agora é sempre objecto de compromissos que a afastam do "ideal" democrático puro. Rousseau confessou expli-

---

([2]) Ver Aristóteles, *Política*, trad. portuguesa António Campelo Amaral, Carlos Carvalho Gomes (Lisboa, 1998), 1288b25-26.

citamente esta impossibilidade de alcançar a verdadeira democracia: "A tomar o termo no rigor da acepção, nunca existiu verdadeira democracia, e nunca existirá". É por esta razão que poderá concluir, não sem uma ponta de melancolia, que "se houvesse um povo de deuses, governar-se-ia democraticamente. Um governo tão perfeito não convém a homens" ([3]). Se esta generalização estiver correcta, a democracia na sua realização mais plena será sempre "ideal", pois haverá eternamente diferenças no exercício da cidadania democrática e na consciência do seu valor. Neste sentido, aristocracia e democracia pertencem ao grupo dos regimes "ideais"; fazem parte daquelas repúblicas imaginárias nunca vistas ou conhecidas na realidade.

Aqui, a prioridade não é tanto a dissecação de uma forma de governo inexistente, mas antes apresentar a aristocracia como um *problema* com o qual o pensamento político moderno teve de lidar. A aristocracia como forma de governo tornou-se num *problema* quando passou a ser considerada como um "ideal" fundamentalmente adverso a certas ideias basilares do pensamento político moderno. No fundo, os autores modernos que iremos discutir viram no "ideal" aristocrático uma fonte de ideias, conceitos, práticas e atitudes, incompatíveis com a nova teoria política que queriam afirmar. Não queremos com isto dizer que essa seria, para Maquiavel, Hobbes ou Rousseau, a *única* fonte problemática; ocorre-nos de imediato outras fontes tidas por estes autores como prejudiciais (e por vezes antagónicas) ao seu projecto, tais como, por exemplo, o Cristianismo ou a metafísica aristotélica. Uma e outra mereceram o combate por vezes acérrimo de autores como Maquiavel, Hobbes ou Rousseau. É possível defender que, de algum modo, estas três fontes de adversidade ao pensamento moderno estariam, neste ou naquele aspecto, ligadas. Esse não é, no entanto, o intuito das presentes páginas. Aqui será tentado, tanto quanto possível, isolar o ataque à aristocracia (e ao que ela representava). É reconhecido, porém, que só poderá haver uma *aproximação* a esse isolamento; o compromisso com o rigor recomenda a flexibilidade. Como em tempos Montesquieu observou, "tudo está extremamente ligado" ([4]).

([3]) *Du Contract Social*, III.4, *Oeuvres Complètes*, 4 vols. (Paris, 1969).
([4]) *L'Esprit des Lois*, XIX.15, *Oeuvres Complètes*, 2 vols. (Paris, 1949-1951).

INTRODUÇÃO | 11

Na filosofia política clássica, a aristocracia era incluída na classe dos absolutamente melhores regimes, por distinção com aqueles que seriam melhores sob as circunstâncias concretas ou preferíveis do ponto de vista de uma exequibilidade prática e comum. Isso servia o propósito de constituir um regime político que pudesse servir como padrão de medida e de avaliação dos regimes factualmente existentes. É sabido que para os pensadores políticos clássicos a aristocracia era um regime político de actualização muito rara. Mas, apesar do seu carácter pouco praticável, o que permanecia constante era a consideração da aristocracia como um regime *pensável*. Os críticos da aristocracia no início da modernidade optaram então por uma dupla crítica. Por um lado, criticaram a orientação da filosofia política para regimes *pensáveis*, mas não *praticáveis* ou sem existência concreta. Por outro lado, criticaram os pressupostos concretos da aristocracia como forma de governo e, por vezes, os Estados – do passado e do presente – tidos por aristocracias, com ou sem razão. Ambos os ataques estavam evidentemente ligados. Pondo radicalmente em causa a validade de se pensar a aristocracia, os críticos podiam com maior facilidade negar a superioridade dos exemplos concretos de Estados que se aproximassem mais dessa ideia de aristocracia. Não havia aproximações maiores ou menores; todos os Estados com existência histórica que fossem governados por poucos homens constituíam oligarquias. A partir deste patamar a porta estava aberta para arrasar os pressupostos desses Estados, que, em grande medida, seriam os pressupostos da *aristocracia pensável*. O que se procura fazer neste livro é mostrar que os pensadores políticos modernos aqui estudados rejeitaram, quer esta abordagem ao problema político, quer a validade da aristocracia para produzir um padrão de avaliação. A dupla rejeição encontra-se reunida e condensada na crítica das repúblicas e principados imaginários, bem como dos correspondentes discursos sobre eles pronunciados, os quais "tal como as estrelas, dão pouca luz, por estarem tão alto" ([5]).

Em certa medida, o pensamento político moderno que, em grande parte está unido na rejeição das repúblicas e principados

---

([5]) Francis Bacon, *The Advancement of Learning* (Filadélfia, 2001), II.xxiii.49; cf. Maquiavel, *Il Principe, Tutte le Opere* (Florença, 1992), XV.

imaginários, contribuiu para que hoje de um modo talvez inconsciente avaliemos os nossos regimes políticos, por assim dizer, de carne e osso, de acordo com um padrão indefinido e não reconhecido de uma "democracia perfeita". A que outra coisa se refere as condenações desta ou daquela prática dos governos por estes não procederem *democraticamente*? Na ausência de um padrão da "democracia perfeita" como se poderia dizer de dois governos *democráticos* que um deles é *mais democrático* do que o outro?

Tocqueville confirma precisamente este passo. A democracia também tem um estado "ideal": aquele que determina uma identidade entre liberdade e igualdade e no qual "os homens serão perfeitamente livres, porque inteiramente iguais e, perfeitamente iguais porque inteiramente livres". Por este comentário escrito em meados do século XIX pressentimos a confirmação das reflexões de Platão acerca da democracia e de como esta assentava na *liberdade democrática*, uma mistura de liberdade *e* de igualdade. A diferença reside em Tocqueville apelidar a mistura de *igualdade*, ao passo que Platão lhe chama *liberdade*. Dito de outro modo, para Platão, a liberdade, no seu grau mais extremo, confunde-se com a igualdade; para Tocqueville, a igualdade, no seu grau mais extremo, confunde-se com a liberdade ([6]). Rousseau pode ser apresentado como o grande inspirador do "movimento democrático" porquanto, na sua teoria política, liberdade e igualdade estão envolvidas numa relação plenamente simbiótica. Esta opinião adquire mais consistência quando contrastada com as concepções de liberdade de homens como Guizot ou Tocqueville. Para estes autores, a liberdade, incluindo de uma perspectiva histórica, é uma concepção aristocrática. A liberdade altiva de que nos falam Guizot e Tocqueville pressupõe sempre diferenciação entre os homens.

A existência de um "ideal" democrático é pressuposta no contexto das discussões sobre a democracia representativa. E esse "ideal" *democrático* não se reconhece neste tipo de democracia, mas na chamada democracia *directa*. Nem é preciso recorrer ao já datado debate entre a democracia "formal" e a democracia

---

([6]) Alexis de Tocqueville, *Da Democracia na América*, trad. portuguesa Carlos Correia Monteiro de Oliveira (Cascais, 2001), II, II, I.

"real", ou entre a democracia "burguesa" e a democracia "popular", no qual debate a segunda versão era sempre mais autêntica, mais *democrática*. A discussão entre os defensores da democracia representativa é suficiente para o demonstrar. Podemos distinguir dois tipos de argumento essencialmente diferentes avançados na defesa da democracia representativa: ou esta democracia é *substantivamente* superior – *por não ser directa*; ou a democracia representativa é considerada superior por razões de conveniência e de exequibilidade, o que equivale a reconhecer que não é substantivamente superior à democracia directa, mas antes a forma possível e imperfeita de um modelo melhor nas circunstâncias concretas. Ora, o que guia este segundo argumento é um padrão de democracia perfeita, por mais irrealizável que seja ([7]).

A democracia tem uma história própria. Para o estudo dessa história contribuem a história das instituições, das constituições, dos grandes movimentos sociais, políticos, económicos e até religiosos. Mas esse estudo nunca ficaria completo sem o contributo da história do pensamento político, isto é, sem o contributo da preparação, da justificação e da interpretação teóricas da democracia. Aqui exploramos um possível contributo para a formação de uma história da democracia. Por razões demasiado evidentes para carecerem de justificação, este livro gira em torno de uma única perspectiva: a ascensão do pensamento democrático nas ideias políticas modernas tendo por base a crítica de uma das suas alternativas rivais, isto é, *a crítica da aristocracia como pretensão a forma de governo*. A história do desenvolvimento democrático torna-se mais inteligível quando se estabelece os contornos daquilo que essa história rejeitou ou quis rejeitar. Assim, podemos dizer com Pierre Manent que "é a história da filosofia política, na verdade, que me parece lançar mais luz sobre o desenrolar da nossa história, sobre a natureza do nosso regime político" ([8]). De resto, foi já suficientemente analisado enquanto *traço distintivo da modernidade*, o vigor crítico do pensamento moderno. A modernidade consiste num movimento crítico, isto

---

([7]) Ver John Stuart Mill, *Considerations on Representative Government* in *On Liberty and Other Essays* (Oxford, 1991), III-IV, pp. 238-268; também Thomas Paine, *The Rights of Man* (Nova Iorque, 1969), pp. 173, 177.

([8]) *História Intelectual do Liberalismo*, trad. portuguesa Vera Ribeiro (Rio de Janeiro, 1990), p. 7.

se entendermos a crítica como um "método de investigação, de criação, de acção". A modernidade impõe-se por uma "crítica da religião, da filosofia, da moral, do direito, da história, da economia e da política". Com este título, "A aristocracia e os seus críticos", abarcamos este aspecto da modernidade. Daqui poderemos examinar, de uma outra perspectiva, alguns pressupostos do pensamento moderno. E assim também poderemos dizer: "as ideias fundamentais da idade moderna – progresso, revolução, liberdade, democracia – provêm da crítica" [9].

O que significa relacionar a história intelectual da democracia com a história de uma *crítica*? A luta pelo tipo democrático puro foi na história do pensamento político, tal como na acção política, uma *luta*. A democracia não sucedeu às suas alternativas por um processo natural de decadência e morte destas últimas. O pensamento democrático precisou de se empenhar seriamente num combate pela supremacia. Para isso era necessária a destruição dos seus rivais; não era suficiente aguardar por uma qualquer putrefacção trazida pelos tempos. O afrontamento da sua alternativa foi requisito do triunfo do pensamento democrático. Como a guerra parece ter leis próprias, sob as quais se comprometem algumas aspirações mais generosas, também o triunfo do pensamento político democrático precisou de recorrer à tirania para destruir uma das suas alternativas. Daí que vejamos na génese do pensamento democrático o recurso a argumentos e linhas de pensamento que os Antigos, como Platão, Aristóteles e Cícero, associaram à teoria e prática das tiranias tradicionais. Como a ditadura representava o momento de excepção ou de interrupção da prática constitucional republicana, sem que estivesse necessariamente em contradição com ela, também o pensamento democrático julgou ser necessário recorrer a algo semelhante à tirania para demonstrar a ilegitimidade da pretensão aristocrática ao governo. Esse é o lugar que ocupa a figura do(s) Príncipe(s) de Maquiavel ou a do Leviatã de Hobbes na linhagem do pensamento democrático. Já Rousseau, e, na vida política concreta, a Revolução francesa, desferiram

---

[9] Zeev Sternhell, "A modernidade e os seus inimigos: da revolta contra as Luzes à rejeição da democracia" in *O Eterno Retorno*, trad. portuguesa Maria Carvalho (Lisboa, 1999), pp. 10-11.

aquilo que se pensava ser o golpe mortal na pretensão aristocrática ao governo.

Maquiavel representa o momento em que a história do pensamento político desce à tirania, de forma a esmagar a aristocracia, antes de ascender à democracia. Claro que a possibilidade nunca completamente esquecida de que a tirania poderia desenvolver-se como subproduto da própria democracia ou da democracia ilimitada por algo que lhe fosse exterior – relação demonstrada pela história da Revolução francesa e por alguns episódios igualmente célebres do século XX – mostrou a necessidade de retornar aos argumentos que sempre defenderam que a morte de toda e qualquer pretensão aristocrática ao governo ou, neste caso, à partilha do governo, significaria a morte da própria democracia. Hoje, esta última linhagem, a do governo "misto", poderá parecer tão obsoleta quanto a da aristocracia pura, mas não esqueçamos que pôde contar nos seus pergaminhos com nomes tão distintos quanto os de Guicciardini, Castiglione, Milton, Harrington, Montesquieu, Burke, Necker, Blackstone, John Adams, Chateaubriand, Guizot, Macaulay, e talvez Tocqueville, para não mencionar Políbio, Cícero ou, de certa forma, Aristóteles.

O caminho das ideias modernas foi percorrido graças aos seus méritos. Muitos dos seus cruzamentos indicam com toda a probabilidade uma certa indeterminação política ou um conjunto relativamente variado de alternativas políticas. Mas é difícil não aceitar que uma das várias vias do pensamento moderno apresentou noções e ideias substantivas próprias que apontavam para um futuro democrático. O carácter natural da *independência* dos indivíduos é apenas um exemplo de união entre alguns dos pensadores modernos como Hobbes, Locke, Mandeville ou Rousseau. E não precisamos sustentar que ideias como esta foram apresentadas também num contexto polémico contra ideias rivais provindas do pensamento antigo ou medieval – ocorre-nos o carácter natural dos laços familiares *e* cívicos defendido por Aristóteles. O que queremos relembrar é que estes pensadores modernos consideraram imprescindível a destruição, ou, pelo menos, a desvalorização radical de ideias ou noções ligadas à forma de governo aristocrática. A estratégia de consolidação do pensamento moderno implicou também, na nossa opinião, o ataque a uma possibilidade política específica: a aristocracia.

A abordagem explicitamente histórica aqui escolhida não deve servir apenas para explicitar uma sucessão de autores e ideias passadas, mas fornecer uma aproximação ao problema político colocado pela vida democrática, que permita desencadear uma discussão fecunda, por vezes inacessível no turbilhão natural dos debates contemporâneos. O propósito é, pois, não o de traçar e definir uma qualquer posição política, mas proceder a uma reflexão através da qual muitos dos pressupostos hoje dados por adquiridos *não* sejam dados por adquiridos. O esforço adicional que tal tarefa implica consiste sobretudo no acolhimento de ensinamentos para que, uma vez mais, possamos *pensar* esses ensinamentos.

Este estudo pressupõe a importância de recuperar o estudo do regime político no contexto da *teoria* política. Durante muito tempo, o regime constituiu a categoria central do pensamento político. Contudo, a *teoria* política dos nossos tempos parece ter condenado à expulsão esta noção fundamental. A ser definitiva, a expulsão afectaria muito negativamente os resultados científicos desse ramo do saber, especialmente se tivermos em conta que o instrumento conceptual que substituiu o regime político foi o *poder*[10]. Ora este é um problema que afecta, se bem que de um outro modo, a ciência política comparada. A ciência política positiva contemporânea quando quer falar do regime político, da *politeia*, fala, quando muito, de um dos seus componentes, da sede do poder – ou para usar a linguagem da filosofia política clássica, do *arkhé* –, do *governo*, num sentido estrito. Não negamos que um regime se possa definir primordialmente pelo *arkhé*, mas é preciso considerar o todo do qual este faz parte, incluindo as leis e o seu espírito. É preciso, pois, prosseguir um caminho alternativo.

Ao que tudo indica, há um número determinado de formas políticas. Segundo um cientista político contemporâneo, essa é uma das "proposições «teóricas»" mais importantes da ciência da política. A proposição resulta do facto de o "mundo humano" não apresentar "uma variabilidade indefinida". Esse mundo é

---

[10] Cf. Pierre Manent, *A Cidade do Homem*, trad. portuguesa Fernanda Oliveira (Lisboa, 1994), p. 232. Ver Kurt von Fritz, *The Theory of the Mixed Constitution in Antiquity* (Nova Iorque, 1975), pp. 51-52.

"articulado" e "ordenado". Quando se vive "politicamente", "vive-se numa forma política", ou então "na transição de uma forma para a outra" (11). Este livro requer a recuperação da noção de regime político, em toda a sua abrangência originária, como será explicitado um pouco mais adiante.

Se excluirmos a democracia, é supérfluo confirmar que, de um *ponto de vista prático*, os outros tipos perderam relevância histórica – com a notória excepção do despotismo ou da tirania. Mas de um *ponto de vista teórico* terão esses outros regimes perdido toda a relevância? Nem ao teórico terão algo a dizer? Julgamos que pelo menos dois argumentos podem ser avançados em defesa da manutenção das tipologias tradicionais de regimes na sua integridade. Em primeiro lugar, a defesa moderna da democracia, ou *uma* das defesas modernas da democracia, tem como génese o ataque ou a crítica ao tipo aristocrático tradicional; para conhecer essa crítica e, portanto, a génese das ideias democráticas modernas, é preciso conhecer o alvo da crítica, a aristocracia. Em segundo lugar, o conhecimento profundo do regime dos nossos dias, a democracia, pode necessitar de uma análise verdadeiramente comparativa. Hoje é mais corrente a comparação *entre* democracias. A circunscrição parece ser suficiente, tendo em conta que há muitas democracias, sendo por vezes difícil querer subsumir todas as variedades sob uma única designação. Provavelmente, a causa dupla da variedade das democracias é, ainda hoje, a mesma que Aristóteles já detectara na *Política*: o *ethos* do povo, que varia de país para país, e as diferenças nas instituições do governo, a partir das quais a ciência política comparada ou positiva estabelece a sua tipologia própria – democracia parlamentarista, semi-presidencialista, presidencialista, etc. O carácter da democracia varia quando variam estes dois factores; mas nem por isso a democracia deixa de ser aquilo que é.

Mas a variedade das democracias não deve iludir outro problema, a saber: nunca compreenderemos suficientemente a democracia se apenas compararmos democracias entre si; é preciso compararmos a democracia com outras formas não-demo-

---

(11) Pierre Manent, *Cours Familier de Philosophie Politique* (Paris, 2001), p. 75.

cráticas. O aprofundamento do conhecimento da democracia e, portanto, do nosso mundo político e social, pode exigir o estudo das suas alternativas de acordo com as tipologias tradicionais. Uma outra dúvida pode ainda subsistir. Se o propósito deste trabalho é tornar a teoria política uma vez mais comparativa, porquê escolher a aristocracia em detrimento da monarquia ou da realeza? Em boa verdade, a realeza também seria um bom objecto de estudo. No espírito de uma teoria política comparativa esse é um facto inegável. Contudo, algo de mais substancial se pode avançar relativamente à preferência aqui dada à aristocracia enquanto objecto de exame. Ao longo da história da Europa moderna, a aristocracia foi o regime mais consistentemente votado ao abandono. Foi a aristocracia o primeiro dos três regimes rectos – nas tipologias de homens como Aristóteles, Xenofonte ou Cícero – a ser ignorado, quer por razões de ordem prática, quer porventura porque padeceria de maiores dificuldades teóricas na adequação ao pensamento moderno. Os séculos XVII e XVIII assistiram ao provisório triunfo da monarquia, regime esse que nem sempre foi justificado ou legitimado por bases estritamente modernas, mas também, e em simultâneo, por esforços que dificilmente podem ser reconhecidos como modernos – por exemplo, na obra de homens como Filmer, Bossuet, ou de André-Michel Ramsay. Não se trata apenas de estes factos por si mesmos justificarem um estudo da forma monárquica. Em *l'Esprit des Lois*, Montesquieu dedica uma considerável atenção à forma de governo monárquica. Não custa perceber que a monarquia de Montesquieu não se pode confundir com a realeza de Aristóteles, por exemplo. O "governo gótico" assente na "feudalidade" tem uma forma própria, aparentemente irredutível e indiscernível nas tipologias clássicas. Na verdade, Montesquieu sublinha essa distinção. Num capítulo intitulado *Porque os antigos não tinham uma ideia muito clara de monarquia*, o magistrado de Bordéus revela que os "antigos não conheciam o governo fundado num corpo de nobreza, e ainda menos o governo fundado num corpo legislativo formado pelos representantes de uma nação". Os poderes "intermédios", "subordinados" e "dependentes", corporizados principalmente na nobreza, e que encontravam a sua mais perfeita institucionalização nos *Parlements* do *Ancien régime* francês, constituíam parte integrante e inseparável desta forma monárquica desconhecida dos Antigos (¹²). Mas como a citação demonstra, também se incluía na monarquia uma qualquer expressão representativa da nação: câmaras de representantes (uma baixa, outra alta) como em Inglaterra, ou Assembleias de Estados-Gerais (ou provinciais) como em França, são manifestações históricas distintas de uma mesma realidade política originária das "florestas" bárbaras. Essa realidade política originária corresponde àquilo que Montesquieu denomina por "governo gótico", "no início, uma mistura de aristocracia e de monarquia", à qual, com o tempo, se acrescentou a "liberdade do povo" e o seu acesso às instituições representativas (¹³). O cariz desta monarquia é tão peculiar que exigiria um tratamento cuidadoso, se fosse esse o objecto do nosso estudo. Todavia, como se pode verificar pela descrição de Montesquieu, o "governo gótico" é ainda uma mistura – se bem que se trate de uma mistura muito particular – de monarquia e de aristocracia, o que parece confirmar a necessidade de se submeter a *aristocracia*, para além da monarquia, a um exame meticuloso. Por outras palavras, o estudo do "governo gótico" implicaria sempre o estudo da aristocracia, na medida em que o elemento aristocrático contribui decisivamente para a mistura política especificamente "gótica".

Existe no entanto, quer na tendência monárquica, quer na tendência democrática, um enviesamento anti-aristocrático correlativo à modernidade política. Alguém apontou que não se tratou de pura coincidência o facto histórico do regime que precedeu as democracias modernas ter sido a monarquia. O "governo gótico", que parecia escapar a esta dualidade, na sua manifestação histórica, não desmente, antes confirma, a sucessão verificada. O esforço teórico de abatimento dos Grandes, que davam vida ao "governo gótico", correspondeu a um movimento histórico geral na Europa. "O problema maior e mais crítico", escreveu Theodor Mayer, "da [era posterior aos Francos] consistiu em como poderia a autoridade monárquica conseguir incorporar no Estado do rei os grandes nobres com os seus domínios, enfraquecer os seus senhorios, fazer súbditos dos senhores autónomos". Bertrand de

---

(¹²) Desconhecida dos Antigos, mas cuja genealogia se apoiava insistentemente na *Germania* de Tácito.
(¹³) *De l'Esprit des Lois*, XI.8.

Jouvenel não só reafirma essa sucessão como a remete para um outro encadeamento mais subtil na história intelectual da Europa. Especialmente a partir do século XVI, um novo conceito começou a apaixonar os pensadores políticos: a soberania. Ora a sucessão que Jouvenel recupera é a da história desse conceito. A soberania popular, afirmada, quer pelo pensamento cristão, em autores como Suárez, Belarmino ou Vitória, quer pelo pensamento secular, desde logo em Hobbes, conduziu à ideia de poder soberano absoluto. O poder soberano absoluto fora fundamentado por Hobbes ou por Espinosa singularmente na soberania popular. A prática política herdada deste pensamento foi a das monarquias absolutas europeias, com duração muito mais curta na Inglaterra do que na Europa continental. Mas a consequência lógica e histórica da afirmação da soberania popular consistiu no regresso às raízes, isto é, se a soberania tinha origem apenas no povo, então o povo teria de *agir* como soberano. A transferência dos direitos de soberania perdia o seu sentido. Não seria possível encontrar uma solução política muito mais congruente com a afirmação da soberania popular do que a transferência desse direito para um monarca? Se o acto constitutivo do Estado, e, portanto, da própria soberania, era essencialmente democrático, porque não poderia ser o *governo* do Estado também ele democrático? A democracia *política* correspondia muito mais fielmente à fundamentação democrática do contrato social [14]. Burke detectou este movimento no interior do seu próprio partido *Whig*, que, pela mesma razão, se separava dos seus fundadores, os homens de 1688 [15].

As raízes da democracia absoluta estavam muito mais próximas das raízes da monarquia absoluta do que a auto-interpretação da Revolução francesa queria fazer crer. Tocqueville, porém, percebeu bem esta afinidade. Não é portanto injustificadamente que Jouvenel refere uma "identidade do Estado democrático com o Estado régio" [16]. A soberania foi um conceito

---

[14] Bertrand de Jouvenel, *Du Pouvoir* (Paris, 1998), pp. 59-77.

[15] Burke, *An Appeal from the New to the Old Whigs* in *Further Reflections on the Revolution in France*, Daniel E. Ritchie, ed. (Indianápolis, 1992), p. 123.

[16] Ver também as cartas de Mirabeau para o rei Luís XVI (9 de Julho de 1790, 28 de Setembro de 1790). Um excerto duma destas famosas cartas é citado por Tocqueville (*O Antigo Regime e a Revolução*, trad. portuguesa Laurinda Bom [Lisboa, 1989], I.2, p. 25).

que pretendia renovar a monarquia e acabou por destruí-la: "se o direito é a criação da vontade, porquê da vontade de um só homem?". Desta confrontação histórica resulta a seguinte reflexão: "Os dois sistemas que se pensa estarem mais opostos, o que atribui ao rei uma soberania ilimitada e arbitrária e o que atribui ao povo precisamente a mesma coisa, são construídos sobre o mesmo modelo intelectual" ([17]). Poder-se-ia dizer que os dois regicídios mais famosos da história da Europa, o de Carlos I de Inglaterra, em 1649, e o de Luís XVI de França, em 1793, resultam de duas lógicas anti-monárquicas substancialmente diferentes. Uma, a da oposição à noção de soberania; a outra, a da substituição do *titular* da soberania. E se quiséssemos obter um momento da história do pensamento político que nos fornecesse um exemplo análogo, poderíamos ainda dizer que o caso da substituição do titular da soberania é reproduzido na passagem da teoria política de Hobbes para a de Rousseau: Rousseau não altera (quase) nada na teoria da soberania de Hobbes; mas substitui o seu titular.

Nunca teremos excesso de precaução quando se trata de evitar a célebre falácia *post hoc, ergo propter hoc*. Não queremos correr tal risco ao assinalar que os tempos democráticos se sucederam aos tempos absolutistas; mas é impossível não conceder algumas afinidades. Hobbes, *malgré lui*, é neste aspecto bastante elucidativo. Tocqueville, por seu lado, assinala que há "épocas em que os homens são tão diferentes uns dos outros que a ideia de uma mesma lei aplicável a todos lhes é incompreensível", e que o triunfo da democracia requisita a devida preparação nas "condições", nos "costumes" e nos "hábitos", e que essa preparação, na história francesa, foi operada por uma monarquia. E todos hoje percebemos a facilidade, não só das monarquias em se republicanizarem, como a das democracias em absorverem e recriarem elementos monárquicos nos seus próprios governos. Basta ver o crescente predomínio dos poderes executivos e do seu chefe na generalidade das democracias ocidentais.

Retirando uma certa inclinação democrática presente em autores monárquicos como Hobbes, descobrimos no entanto no

---

([17]) Bertrand de Jouvenel, *Sovereignty*, trad. inglesa J. F. Huntington (Indianápolis, 1998), pp. 233, 239.

pensamento monárquico desenvolvido pela modernidade um enviesamento anti-aristocrático muito explícito. Hobbes alinharia perfeitamente com Bossuet quando este escreve: "Mas enfim o repouso público obriga os reis a manter toda a gente no receio, e mais ainda os Grandes do que os particulares ; porquanto é do lado dos Grandes que é preciso esperar os maiores problemas" ([18]).

Mas o nosso objecto de estudo não é nem a monarquia, nem a democracia. Porquê então a aristocracia? Kant compreendeu bem que a bifurcação política fundamental é detectada no dualismo entre aristocracia e democracia. Em certo sentido pode haver pouca ou até nenhuma disparidade entre a aspiração à igualdade democrática e a soberania expressa na figura do monarca, através da qual o soberano reina igualmente sobre todos. Sem dúvida que se o soberano se limita à pessoa do príncipe ou ao povo estamos perante mundos políticos distintos, mas talvez não *essencialmente* diferentes. Em termos mais práticos, a monarquia é mais amigável para a democracia, ou para um certo entendimento de igualdade democrática, do que a aristocracia alguma vez poderá ser ([19]). Thomas Jefferson, depois de se reconciliar com John Adams, já em plena velhice, também reflectia o mesmo dualismo:

> Os Homens têm divergido nas suas opiniões, e se têm dividido em partidos segundo essas opiniões, desde a primeira origem das sociedades, e em todos os governos onde têm permissão para pensar e para falar. Os partidos políticos que agora agitam os E.U. existiram em todos os tempos. Se era o poder do povo, ou o poder dos αριστοι que deveria prevalecer, eram questões que lançaram os Estados da Grécia e Roma em convulsões eternas (...). E, de facto, os termos *whig* e *tory* pertencem não só à história civil, mas também à história natural. Estes termos denotam o temperamento e a constituição do espírito de indivíduos diferentes ([20]).

([18]) Bossuet, *Politique tirée des propres paroles de l'Écriture sainte* (Paris, 1709), IV.1.7.

([19]) Kant, "Teoria e Prática" in *A Paz Perpétua e outros Opúsculos*, trad. portuguesa Artur Morão (Lisboa, 1995), p. 88, nota 13.

([20]) Jefferson-Adams, 27 de Junho de 1813.

INTRODUÇÃO | 23

Muito antes do diálogo entre Jefferson e Adams, Cícero já havia reconhecido que houve sempre em Roma a divisão em dois grupos de todos aqueles que se ocuparam da política. Uns queriam passar por amigos do povo (*populares*) e os outros por amigos dos excelentes, dos homens de bem (*optimates*) ([21]). Tocqueville reafirma o mesmo facto da vida política dos povos: a divisão da nação em "duas opiniões" tão "antigas como o mundo", a que quer "restringir o poder popular" e a que pretende "alargá-lo indefinidamente"; de um lado, as "paixões aristocráticas", do outro, as "paixões democráticas". Era também confirmada por Aristóteles a assumpção de que as duas variações mais fortes e substantivas de toda a pluralidade de formas políticas correspondiam à democracia e à aristocracia. É certo que Aristóteles falava de *oligarquia* e democracia, e nós acabámos de referir a *aristocracia*. E não queremos introduzir uma confusão terminológica num assunto desta importância. É preciso reparar que, para Aristóteles, no contexto dessa discussão, a aristocracia devia ser considerada como uma forma de oligarquia, assim como a *politeia* devia ser considerada como uma forma de democracia ([22]). Daí que a separação política essencial que propusemos seja, apesar de assentar em razões diferentes, compatível com esta que Aristóteles apresenta. E, se regressarmos à justificação da escolha da confrontação política essencial como sendo a que separa a aristocracia da democracia, é particularmente útil reparar que mesmo Aristóteles reconhecia que a "realeza revela uma índole aristocrática" ([23]). Quer isto dizer que por a realeza fazer assentar a sua superior legitimidade também na virtude, na excelência e no mérito, que preenchem esse regime, ela será, sob este ponto de vista, subsumível na categoria aristocrática, cuja natureza pode, por direito, reclamar como princípios organizativos próprios o mérito, a virtude e a excelência e o facto de ser "estabelecido pelos melhores cidadãos de acordo com a virtude [excelência]". É preciso perceber que o dualismo monarquia/democracia, enquanto antítese política por excelência,

---

([21]) Cícero, *Pro Sestio*, XLV.96.
([22]) *Política*, 1290a10-1294a30.
([23]) *Política*, 1310b2-3. Comparar com Platão, *República*, trad. portuguesa Maria Helena Rocha Pereira (Lisboa, 1996), 544c-d.

aparece mais facilmente se o critério de classificação dos regimes for exclusivamente o *número* de governantes. No tratamento aristotélico do governo aristocrático, o número de governantes é fundamentalmente indiferente na caracterização da *politeia*. Como Gomme relembra, o primeiro uso do termo *aristocracia* na *Guerra do Peloponeso*, de Tucídides, não designava um regime político próprio, mas estendia o "governo dos melhores" a qualquer um dos governos da classificação tríplice. Isócrates, bem como o Péricles de Tucídides, tentavam apresentar a democracia ateniense precisamente dessa perspectiva, como uma espécie de democracia aristocrática, na qual o povo vive sob uma igualdade de direito, superada apenas pela desigualdade conferida pelo mérito e pela excelência.

Também Vico, em pleno século XVIII, entendia que por as monarquias e as democracias serem governos "humanos" adequavam-se à mesma "natureza civil", ao passo que as aristocracias – governos "heróicos" ou "bárbaros" – definiam uma "condição civil" bem diferente. É por essa razão que o mundo moderno, na opinião de Vico, podia oscilar entre monarquias e democracias, mas não podia regressar ao governo aristocrático. Pois, uma vez adquirida a consciência entre os plebeus de que seriam iguais aos nobres, eles nunca poderiam tolerar o regresso à desigualdade na lei civil. A vedação ao regresso à desigualdade era sublinhada pela descoberta de que os plebeus podiam obter a igualdade nas democracias bem como nas monarquias. Logo que realizado o precedente, seria celebrado e memorizado para sempre na história da humanidade. Com todo o conforto de quem decifra um dos mistérios da história dos povos, Vico apontava esta dinâmica de aquisição de consciência como o factor explicativo da existência de tão poucas aristocracias no seu tempo ([24]).

Jean Bodin, por seu lado, aponta para a direcção oposta. Considera ele que a aristocracia é absolutamente subsumível no tipo monárquico, e que isso decorre necessariamente do próprio princípio aristocrático. Recapitulemos o argumento engenhoso de Bodin. É reconhecida a validade do princípio aristocrático, a saber, que a "soberania" é devida aos mais dignos. A dignidade politicamente relevante, segundo Bodin, traduz-se, ou em

---

([24]) Vico, *La Scienza Nuova*, (Turim, 1976), V. 2, §1087.

"virtude", ou em "nobreza", ou em "bens" (riquezas), ou nos três em conjunção. Passando sem comentário pela introdução de critérios que dificilmente podem ser associados à aristocracia, como as riquezas, ou até a "nobreza", talvez mais apropriados à oligarquia, avancemos no argumento de Bodin. Se a soberania é devida aos mais dignos, um problema é desde logo suscitado: mesmo entre os mais virtuosos, mais nobres, ou mais sábios, há sempre *um* que supera todos os outros. Pela lógica rigorosa do princípio aristocrático, a soberania é devida sempre a *um só* homem, àquele que invariavelmente excede todos os outros ([25]). A verdade última do princípio aristocrático é, portanto, a monarquia. As alternativas políticas são – segundo este raciocínio, e contra aquele que procurámos estabelecer – a democracia, por um lado, e a monarquia recta (ou realeza), pelo outro.

De certo modo, Aristóteles já havia antecipado este argumento aquando da sua análise da escalada aos extremos dos princípios (democrático ou oligárquico) que subjazem às pretensões de governo na cidade. Se a riqueza for o princípio do governo, então, em última análise, *o mais rico* deve governar. Um raciocínio equivalente deve ser feito para a virtude como princípio do governo. O resultado é, como se sabe, a possibilidade do governante que é "um deus entre os homens". Até numa democracia pode haver justificação em elevar o melhor democrata dentre todos os democratas ([26]). Mas enquanto Aristóteles analisava esta subida aos extremos de modo a moderar e reformar as pretensões partidárias – ou seja, para demonstrar como os princípios partidários são subversivos se forem considerados auto-suficientes –, Bodin, por seu lado, não está interessado em moderar aquelas pretensões que, segundo ele, não são susceptíveis de moderação. Até porque o projecto de Bodin é precisamente o de demonstrar que a pretensão e o princípio monárquicos são a base da política em todos os tempos e em todos os lugares.

Em Bodin, não há salvação para o princípio aristocrático. Mas se o quisermos forçar de modo a escapar a este fim contraditório, o resultado será igualmente contraditório. O que Bodin nos diz é que a alternativa que se coloca ao princípio aristo-

---

([25]) *Les Six Livres de la République* (Paris, 1986), VI.4.
([26]) Harvey Mansfield, *Taming the Prince* (Baltimore, 1993), p. 39.

crático, de modo a não cair na justificação da monarquia, é deslizar para a justificação do "Estado popular", isto é, da democracia. Eis como: se se avançar o argumento de que é preferível um grupo de vários homens a um só governante devido à probabilidade de entre esse grupo haver mais "homens de bem", o que teremos no final é a justificação da democracia. Porquanto se o argumento aristocrático ficar refém da cláusula numérica, se se resumir a uma questão de quantidade, como se pode duvidar de que o grupo onde se encontra um maior número de "homens de bem" é o todo do conjunto popular? E o que é isso senão dizer que o todo popular é o elemento mais virtuoso da cidade? E o que é isso senão dizer que a democracia tem uma superioridade moral inquestionável sobre todas as restantes formas? [27].

No entanto, uma das grandes justificações para a monarquia como o melhor regime, e tal é o esforço de Bodin, consiste em destacar esse regime pela sua capacidade de resolução, de decisão, de "execução", já que governar é decidir: a deliberação assiste a decisão. A segunda é o fim natural da primeira, a segunda goza do primado sobre a primeira. A monarquia é o regime da *decisão*; as democracias e as aristocracias são os regimes da *deliberação*. No entanto, como nestes dois regimes existe uma coincidência infeliz entre os órgãos dedicados à deliberação e os órgãos dedicados à decisão, a acção política resume-se à discussão e a decisão torna-se irremediavelmente frágil. E nem a discussão é especialmente robusta, já que tanto numa democracia, onde todos se consideram iguais, como numa aristocracia, onde os homens *que deliberam* também se consideram iguais, ninguém pretende ceder à superior argumentação do outro. A discussão torna-se caótica, ardendo intensamente numa fogueira das vaidades. Só na monarquia está a deliberação amarrada ao seu fim natural, à decisão. Institucionalmente, o órgão da deliberação está subordinado ao da decisão. A discussão processa-se serenamente, pois o seu propósito é *aconselhar* a decisão, e não determiná-la. O rei *não é* o conselho. O rei, e só o rei, é quem decide.

---

[27] Bodin, VI.4. De certo modo, Aristóteles já havia antecipado este argumento.

Aparentemente, Platão alinharia com Bodin neste aspecto particular. É de prova textual que se diz que, nas *Leis*, a personagem de Platão, o Estrangeiro Ateniense, ao abordar este mesmíssimo assunto, confessa que apenas há duas constituições-mãe, das quais resultam todas as outras: a monarquia e a democracia. Todos os outros regimes, diz o Estrangeiro taxativamente, são variações destes dois. Nesta mesma ocasião, é-nos dito que, de modo a realizar a liberdade e a amizade na cidade uma combinação de monarquia e democracia será necessária. Todavia, o Ateniense irá oferecer uma recomendação para um regime concreto a adoptar na colónia de Creta. Nesse regime não constam reis. Esta observação pode ser complementada com outras duas passagens, desta feita da *República*. No entender de Sócrates, uma forma de constituição, embora una, pode ser designada de dois modos, dependendo *apenas* do número de governantes: a monarquia, "se surgir entre os governantes um homem só que se distinga", e a aristocracia, "se forem mais". E, de acordo com a leitura que Averróis faz da *República*, é melhor que sejam "mais" do que apenas um só ([28]). Os dois tipos – a realeza e a aristocracia – têm uma afinidade quase insuperável e essa constatação faz-nos regressar à observação semelhante efectuada por Aristóteles e citada mais acima.

Uma vez registada a presença da referência aristocrática na história do pensamento político é necessário dar conta do seu eventual desaparecimento. O presente texto é um contributo para a compreensão desse desaparecimento. De um modo sumário, é possível apresentar dois tipos de razões justificativos da exclusão da aristocracia enquanto problema político: razões de ordem *moral* e razões de ordem *intelectual*. Qualquer narrativa histórica do desaparecimento da aristocracia enquanto objecto de primeira ordem da ciência política deve, portanto, incluir o tratamento dos dois tipos de causa. No domínio das causas morais podemos dizer que a aristocracia enquanto forma de governo foi sujeita progressivamente a uma condenação moral (que inclui a condenação política) cada vez mais rigorosa. Esta espécie de condenação está mais ligada à substância, ao funcio-

---

[28] Também para Cícero, numa realeza pode haver mais do que um *rector* ou *gubernator*.

namento interno, à justificação retórica, da aristocracia quando comparada com a crítica de ordem intelectual. Por sua vez, a crítica intelectual relaciona-se directamente com os pressupostos científicos da mentalidade aristocrática. Se a crítica moral da aristocracia visa a revisão ou a refutação da mentalidade (e da prática) aristocrática, já a crítica intelectual tem como seu objecto a *ciência política* da mentalidade aristocrática. Em particular, um dos conceitos basilares da ciência política criticada – o regime político – foi sujeito a um trabalho notável de desvalorização, esvaziamento e de eventual substituição. O movimento de passagem de uma ciência política para outra revela-se em várias inovações científicas do pensamento político especificamente moderno. Uma das inovações mais instrumentais na condenação à obsolescência do regime político foi, sem dúvida, o conceito de *soberania*.

Pode parecer que a relação entre a crítica moral e a crítica intelectual foi apenas de simultaneidade. Mas, na realidade, a sua relação tinha de ser muito mais profunda, mais próxima da simbiose. Porquanto a ciência política estimada pela mentalidade aristocrática absorvia e constituía-se de acordo com o todo estruturante da própria mentalidade aristocrática. Por outro lado, a crítica à pretensão aristocrática implicaria sempre uma crítica à ciência política que insistia em reconhecer validade a essa mesma pretensão. A crítica redobraria de eficácia se, para além de fundamentar os motivos da condenação da aristocracia, pudesse igualmente negar a possibilidade da sua existência, inclusivamente no domínio abstracto da ciência. Que alternativa nos resta, para além da rejeição, se for demonstrado não só que a pretensão aristocrática prejudica e corrói os interesses fundamentais do homem, mas que na verdade não passa de uma ilusão de uma ciência distorcida, aparentemente estabelecida para confirmar a excelência da dita pretensão? Porém, a essência da pretensão aristocrática só se deixa revelar no contexto de instrumentos científicos adequados a esse inquérito. Assim sendo, a tarefa de apresentação da aristocracia enquanto forma de governo exige ou pressupõe a recuperação da ciência política mais adequada ao seu exame. Foi por aí que iniciámos este estudo.

Examinar a aristocracia enquanto forma de governo obriga igualmente ao encontro com a *mentalidade* aristocrática. Quer isto implicar que falámos frequentemente da "mentalidade aristocrática", isto é, do conjunto de pressuposições, crenças, aspirações, proposições e definições de problemas, que podem unir vários autores e modos de pensar em torno do elogio da aristocracia como forma de governo e da vida aristocrática. Se quiséssemos resumir numa palavra os recursos morais e estéticos mais expressivos da mentalidade aristocrática, teríamos de escolher "nobreza". Neste contexto, a nobreza designa não tanto um estamento, ou ordem, ou classe social, mas mais propriamente a marca existencial específica da mentalidade aristocrática. "Nobreza" compreende, antes de mais, uma forma de existência; para a mentalidade aristocrática, a nobreza define a forma inequivocamente *superior* de existência.

Não alimentamos a pretensão de ter efectuado uma reprodução exaustiva da mentalidade aristocrática. Fazê-lo tornaria o presente texto mais extenso do que seria desejável. De igual modo, também não reivindicamos o levantamento exaustivo de *todas* as críticas desferidas contra a aristocracia. Consideramos, apenas, que as críticas aqui tratadas lançam as bases para a maior parte das críticas conhecidas. Tentámos apresentar a mentalidade aristocrática em termos tão amistosos quanto é possível, sem que isso indique qualquer preferência intelectual pessoal. A tarefa do historiador do pensamento político é também a de aproximar-se tanto quanto possível da interpretação que os autores do passado fizeram da sua própria obra e da sua intenção. As dificuldades implícitas nesta tarefa são sobejamente conhecidas. Podem ser resumidas na indicação simplista mas factual de que se trata de uma leitura *no presente* de autores *do passado*. Porém, o trabalho de aproximação fidedigna às obras não é inútil, nem impossível. Para chegar a resultados razoáveis e compatíveis com a integridade histórica não nos parece que uma abordagem crítica deva *preceder* a apresentação tão transparente quanto possível da "mentalidade aristocrática". Por esta estar tão distante de nós, por ser tão estranha, é que se afigura crucial uma introdução à "mentalidade aristocrática" que utilize as suas próprias palavras e que integre seriamente a sua própria defesa. Por a "mentalidade aristocrática" se expor tão evidentemente à *nossa* crítica é que nos parece mais frutuoso apresentá-la nos seus próprios termos. Em suma, procurámos seguir a recomendação de

Charles Taylor quando observa que "é realmente difícil distinguir os universais humanos das constelações históricas e não elidir as segundas nos primeiros, de modo a que o nosso rumo particular pareça ser de alguma maneira inexorável para os seres humanos enquanto tais, como somos sempre tentados a fazer" ([29]). Por outro lado, quisemos deliberadamente entregar a crítica, ou uma parte da crítica, a autores como Maquiavel, Hobbes e Rousseau incomparavelmente mais competentes do que nós para esse efeito. A história da "mentalidade aristocrática" é a história da mentalidade aristocrática *e* da crítica a que foi sujeita. O historiador tem de compreender que essas são, do ponto de vista intelectual, e não cronológico, duas partes distintas da história a estudar, e que nada se ganha em misturar o que é distinto. Pelo contrário: em termos de rigor e de conhecimento, temos tudo a perder.

Em contrapartida, é preciso admitir a extraordinária complexidade do que aqui é designado por "mentalidade aristocrática". Vários autores e épocas são abrangidos por esta denominação inevitavelmente simplificadora. A unidade da expressão "mentalidade aristocrática" não deve iludir as diferenças importantes que existem entre autores como Platão e Cícero, ou entre a filosofia política de Aristóteles e o debate renascentista sobre a "verdadeira nobreza". Não é a totalidade da obra de homens como Xenofonte ou S. Tomás de Aquino ou Castiglione que perfazem a "mentalidade aristocrática". Apenas se pretende com esta categoria nomear alguns aspectos fundamentais que unem todos esses autores. A "mentalidade aristocrática" é mais do que uma disposição comum; é uma orientação e inclinação para determinadas soluções ou, mais rigorosamente, problematizações da questão política. No conjunto dos autores que podem ser identificados com a "mentalidade aristocrática" são variadas as divisões e divergências. Mas tendo em conta que uma das tarefas primordiais do presente texto consiste em definir dentro de limites razoáveis a "mentalidade aristocrática", não é surpreendente que as divisões e divergências entre esses autores tivessem sido menos enfatizadas quando comparadas com as semelhanças e convergências.

([29]) Charles Taylor, *Sources of the Self* (Cambridge, 1992), p. 112.

INTRODUÇÃO | 31

À primeira vista a "mentalidade aristocrática" é solidária de uma determinada metafísica ou de uma determinada ontologia. Essa é a opinião de Andreas Kinneging. Segundo este comentador, o que chamamos "mentalidade aristocrática" fundamenta-se em "pressuposições ontológicas do ser" muito precisas, tais como a essencial permanência da realidade, a natureza hierárquica da ordem universal, ou a concepção teleológica da natureza, inclusivamente da natureza *humana* (30). Platão e Aristóteles estão unidos pelo mesmo conceito de ciência ou de um "saber imutável do ser imutável", como descreve Pierre Aubenque. Ambos os autores estão unidos pela mesma "tese da incompatibilidade entre o saber e o movimento" e pela correlativa "exigência científica de estabilidade"(31). De acordo com Kinneging, o pensamento aristocrático estaria dependente da *filosofia perene*, ou seja, de um corpo de verdades filosóficas básicas sobre o que é perene, permanente, eterno. Os méritos da análise de Kinneging não podem ser ignorados e procurámos absorvê-los no decurso do nosso trabalho. Mas é impossível disfarçar alguma insatisfação assim que notamos a presença de certos autores que partilham a "mentalidade aristocrática". Homens como John Milton, Nietzsche, Jacob Burckhardt ou, mais próximo dos nossos tempos, Ortega y Gasset, fazem parte da "mentalidade aristocrática", sem partilharem as mesmas concepções metafísicas ou ontológicas. E, no entanto, podemos conceder a Kinneging que todos eles aceitam a natureza intrinsecamente hierárquica do mundo. Por outro lado, seria fácil demonstrar que os críticos da aristocracia por nós escolhidos partilham uma metafísica e uma ontologia do *movimento*, do fluxo interminável – por contraposição à *estabilidade* ou *imutabilidade* do eterno –, algo que indirectamente corroboraria a tese de Kinneging. No mesmo sentido, não custa reconhecer que as concepções metafísicas, epistemológicas e ontológicas de um Hobbes, por exemplo, são contraditórias com a aceitação dos princípios políticos aristocráticos. A tentação seria a de resolver este problema por recurso à apresentação de uma "aristocracia

---

(30) Andreas Kinneging, *Aristocracy, Antiquity and History* (Londres, 1997), pp. 24-28.
(31) Pierre Aubenque, *La Prudence chez Aristote* (Paris, 1976), pp. 7-8.

política, não metafísica". Mas no estudo da história intelectual da Europa semelhante solução deve ser declarada como ilegítima por ser irreconhecível aos olhos dos autores aqui estudados. Em termos genéricos e provisórios, é possível dizer que a crítica da aristocracia implica sempre a rejeição de grande parte do pensamento antigo. Daí que a crítica da aristocracia possa aparecer como mais uma das faces da famosa querela entre Antigos e Modernos.

Como não poderia deixar de ser, recorremos às designações "democracia" e "aristocracia". Sempre que possível, tentámos precisar o sentido dessas expressões, que devem ser sempre compreendidas à luz do contexto textual em que aparecem. Contudo, visto que na nossa contemporaneidade as duas palavras são sujeitas a diferentes leituras – especialmente a "democracia" –, justifica-se um esclarecimento adicional. Este trabalho não é mais do que um exercício na história do pensamento político. Por esse motivo, retirámos o significado de "democracia" e de "aristocracia" apenas das reflexões presentes nos autores normalmente associados a uma história "canónica" do pensamento político. É certo que a abordagem tem as suas limitações. Não tanto devido às variações que as referidas palavras sofrem nessa mesma história "canónica" do pensamento político europeu (e que tentámos reproduzir), mas sobretudo porque a análise contemporânea da democracia tem contributos que a tradição desconhece. Hoje, a interpretação da democracia debruça-se sobre aspectos como, por exemplo, os processos de tradução das "preferências" dos governados em "políticas públicas", em larga parte inconcebíveis para os autores do passado. Mas julgámos que se optássemos por incluir as teorias contemporâneas da democracia num trabalho *histórico* o erro do anacronismo seria muito mais penalizador do que a inevitável imperfeição decorrente da exclusão dos contributos contemporâneos. Na sua vocação científica, o historiador é, antes de mais nada, fiel à história.

Nos nossos tempos podemos não ficar muito satisfeitos com o conteúdo associado à palavra "democracia", tal como é exposto por pensadores como Platão, Maquiavel, Montesquieu ou até Rousseau. Porém, a análise de Tocqueville da democracia, por mais defeitos que se lhe possa apontar, é inegavelmente mais convincente aos olhos do estudioso do século XXI. Mas Tocqueville não escreveu a sua obra num vácuo intelectual. Sabe-se, e é repetido abundantemente, que dois dos seus autores políticos favoritos foram precisamente Montesquieu e Rousseau. Ora estes estudaram afincadamente Platão, Xenofonte, Aristóteles, Cícero, Plutarco, Lívio, Maquiavel, para mencionar apenas alguns dos autores "canónicos". Não pode ser negada originalidade a Tocqueville na sua teoria da democracia; mas também não pode ser recusada a herança valiosa que conscientemente recebeu e assimilou. De qualquer modo, o motivo do presente trabalho não é a análise da democracia contemporânea, nem de uma imaginária aristocracia contemporânea, mas antes a exploração *histórica* da noção de "aristocracia" e a crítica que sofreu.

Escolhemos como autores críticos da aristocracia três figuras maiores do pensamento político moderno: Maquiavel, Hobbes e Rousseau. Porquê estes autores e não outros? Sem dúvida que vários outros autores críticos da aristocracia poderiam ter sido escolhidos, mesmo quando limitamos o nosso período de estudo aos séculos XVI-XVIII. Espinosa e Pufendorf são apenas dois exemplos de pensadores que poderiam ter sido estudados como representantes da crítica da aristocracia. Mas escolher é também rejeitar. Ao escolher Maquiavel, Hobbes e Rousseau, excluímos outros autores importantes. Com os três autores é possível viajar ao longo dos três séculos que separam os começos da chamada Modernidade da Revolução francesa, acontecimento que transformaria radicalmente o juízo da consciência europeia acerca da "aristocracia". Não queremos com isto sequer insinuar que Maquiavel, Hobbes ou Rousseau sejam autores *representativos* dos seus séculos. Mas também é impossível negar que contribuíram como poucos para o debate político dos seus respectivos séculos, para não falar dos posteriores. Pode-se ainda dizer em defesa do estudo da sucessão Maquiavel-Hobbes-Rousseau que nos permite perceber como a crítica da aristocracia, por assim dizer, levanta gradualmente o véu que esconde o pensamento democrático, e permite apreender a crítica da aristocracia enquanto construção do caminho para a democracia.

Maquiavel inicia a nossa exploração da crítica da aristocracia. A sua presença é, no nosso parecer, incontornável. Maquiavel esteve na origem da transformação do pensamento europeu, seja por ter sido o "fundador" da "Modernidade", seja por ter marcado um "momento maquiavélico" na história da Europa. O diplomata florentino foi um dos primeiros autores, e o primeiro grande nome na história do pensamento político, a atacar "sem respeito" as premissas aristocráticas da tradição europeia. Em certos aspectos cruciais, todas as críticas à aristocracia têm a sua origem no pensamento de Maquiavel, nomeadamente na sua denúncia das "repúblicas imaginárias". Se existe um *fundador* moderno da crítica à aristocracia, esse fundador é Maquiavel. Ou talvez mais rigorosamente: se existe um fundador da crítica moderna da aristocracia, ele será Maquiavel. Logo, qualquer narrativa histórica da crítica à aristocracia tem de começar pelo pensador florentino. Maquiavel é imprescindível na narrativa da crítica da aristocracia. É ele quem, em primeiro lugar, denuncia muitos dos pressupostos essenciais da mentalidade aristocrática. É também ele quem desperta, embora não acolhe sem qualificações, o elemento popular da cidade para a sua própria dignidade e importância.

Hobbes é o nome que se segue. No final do século XVI e durante todo o século XVII, podemos encontrar vários autores que procedem a várias críticas à aristocracia e às premissas aristocráticas. Montaigne seria um exemplo mais ou menos óbvio, assim como Espinosa. Mas Montaigne deixa a sua crítica indeterminada no que diz respeito ao plano das consequências. Já Espinosa não o faz. Mas podemos dizer que, de um modo geral, Hobbes abriu caminho para Espinosa. O pensamento de Hobbes desbravou terreno para tornar possível Espinosa. Assim sendo, escolhemos o autor que abriu esse caminho em detrimento do autor que o continuou.

Rousseau permite-nos chegar até às vésperas da Revolução francesa, acontecimento transformador da civilização europeia, e que faria sentir o seu impacto de modo decisivo no que à crítica da mentalidade aristocrática diz respeito. Rousseau é escolhido como o terceiro autor da crítica porquanto permite-nos aceder à transformação decisiva ocorrida no pensamento do século XVIII. Com Rousseau, a crítica do chamado Iluminismo fornece as bases da crítica à aristocracia e aponta em definitivo para uma solução do problema político num horizonte integralmente democrático.

Uma palavra final quanto ao nosso modo de abordagem no que respeita ao exame dos autores aqui focados. Neste estudo procurou-se que o extrinsecamente histórico fosse dispensado o mais possível, *à excepção do político*, tendo em conta que este reúne o lugar onde germinaram as ideias dos autores e onde as suas consequências se fizeram sentir imediata e particularmente. Em contrapartida, os aspectos biográficos, embora não dispensados, foram sempre subordinados à leitura e interpretação das obras. Henri Gouthier, a propósito das várias conversões e apostasias na vida de Rousseau, não nega completamente que estes factos sejam "importantes para compreender a filosofia de Rousseau", mas alerta para a superior decisão de que "a filosofia de Rousseau é importante para explicar esses factos" [32]. Não se procurou no presente escrito compreender as obras melhor do que os seus próprios autores as compreenderam; também não se pretendeu refutar definitivamente esta ou aquela interpretação dessas obras, mas antes fornecer uma perspectiva de leitura diferente da que é usual, pelo menos para os três autores que são aqui focados. É um modo diferente de leitura – e não contraditório com outros, talvez até complementar – que aqui se propõe.

---

[32] *Les méditations métaphysiques de Jean-Jacques Rousseau* (Paris, 1970), p. 36.

Parte I

Capítulo I

O Espírito do Governo Aristocrático

O Governo e a Forma

Se tivéssemos de identificar *um* problema central do presente ensaio, seria o *regime político*. Se tivéssemos de identificar a "área de investigação" específica deste livro, seria a história do pensamento político. Neste sentido, procurámos não evitar as preocupações basilares de uma ciência da política. Estudar o *regime político* significa estudar o "fenómeno" *mais* político da vida humana. "O historiador do pensamento político reconhecerá que a actividade de governar e a experiência de ser governado constitui o contexto específico e directo da sua tarefa" ([33]). A actividade de governar enquanto tal ocorre em qualquer associação perdurável e minimamente funcional. Mas é pelo regime político que a actividade de governar ascende à sua dimensão mais geral, mais universal.

É preciso compreender todas as consequências da proposição de Christian Meier, segundo a qual "no significado especificamente moderno de *político*, não há nada que nos permita distinguir Estados com diferentes constituições" ([34]). Ao que parece, a

---

 ([33]) Michael Oakeshott, *Moralidade e Política na Europa Moderna*, trad. portuguesa António Machuco (Lisboa, 1995), pp. 18, 32, 20.

 ([34]) Christian Meier, *The Greek Discovery of Politics*, trad. inglesa David McLintock (Cambridge, 1990), p. 14.

questão fundamental, a que procura uma resposta à pergunta «Qual a constituição que deve ser escolhida?», a que está ligada uma outra, a da distinção entre governantes e governados, colocou-se de forma especialmente acutilante na cidade de Atenas por altura da exibição da peça de Ésquilo, *Euménides*. O entendimento de que há ordens políticas alternativas, e que o regime da cidade é o objecto fundamental da escolha política data desse período, ou seja, após o ataque – dir-se-ia "democrático" – ao poder político do Areópago, considerado excessivamente "aristocrático". E é também nesse tempo que se deve buscar a origem da democracia enquanto denominação de um regime político, enquanto alternativa constitucional. A própria prática democrática tornou possível a consciência de que as formas de governo constituíam alternativas, ao generalizar na população a importância dos assuntos políticos.

Nesta secção, é nosso único e exclusivo propósito examinar um problema que foi, em tempos, um dos problemas cruciais que ocupava a ciência política: o regime político. A questão que se coloca imediatamente é saber se este exame ainda faz sentido. Aprendemos com Tocqueville e Guizot, Constant e Chateaubriand, a noção da irresistibilidade da marcha democrática; e confirmamos hoje que o conceito de legitimidade política é exclusivamente democrático. A Revolução francesa é o momento histórico fundamental a partir do qual o homem europeu se sentiu autorizado a viver na história; a partir desse momento, a Europa inteira – e já não apenas os seus filósofos – adquire consciência de um "antes" e de um "depois". Essa consciência de um "antes" e de um "depois" não se reduz a uma mera "constatação de facto", mas a uma dinâmica constitutiva da sua vida exterior e interior. Não só o "antes" ficou irreversivelmente para trás no tempo, como a condição do homem europeu era agora irreversivelmente a do "depois". Nós, diziam os homens do pós-Revolução francesa, somos o efeito e a encarnação desse "depois". Dificilmente alguma ideia de Natureza poderia estabelecer o contacto entre o "antes" e o "depois". Na verdade, esta tomada de consciência é a tomada de consciência de duas *humanidades* diferentes: a do "antes" e a do "depois", a nossa. A relação do homem com as coisas, com os outros homens, consigo mesmo, talvez até com Deus, alterou-se porque, se nos é permitido dizê-lo, o "mundo" era outro.

Ora, uma dessas mudanças, no contexto do pensamento político, foi sem dúvida a ideia da marcha democrática irresistível do mundo. Que a generalização da convicção de que a marcha democrática do mundo não pode ser invertida, ou até suspensa, resultou muito mais das reflexões que a Revolução francesa proporcionou do que de qualquer ideia que a possa ter precedido, é um facto que o século XIX constatou por nós. Negar estes factos seria rejeitar a realidade concreta do nosso mundo. Reafirmar este contexto histórico específico constitui um tónico de sobriedade teórica e uma barreira que nos separa da irresponsabilidade política. Mas não é menos verdadeiro que o mero conformismo ao contexto referido impedir-nos-ia de colocar o nosso ambiente sob um ponto de vista histórico e negaria a possibilidade da perspectiva de uma análise dos regimes políticos na sua pluralidade.

Talvez o problema colocado seja considerado arcaico. O sucesso corrente da democracia coloca-nos apenas perante uma escolha entre o regime democrático, por um lado, e tiranias mais ou menos opressivas, por outro, que são definidas cada vez mais como *negações* da democracia vigente no Ocidente, isto é, a democracia liberal. O estudo da democracia liberal assenta na distinção teórica consistente entre o elemento *democrático* e o elemento *liberal* ou *constitucional,* cuja fusão os chamados países ocidentais procuram efectuar há já algum tempo, sem que um e outro elemento o permitam inteiramente. A democracia liberal exprime um "casamento", o casamento entre a democracia e o liberalismo, mas trata-se de um "casamento de conveniência" [35].

A soberania, no entanto, permanece um conceito muito mais firme e acessível do que o de regime político. Dir-se-ia que a questão do regime limita-se hoje a ser uma de grau ou de ajustamento, e não já de tipos substancialmente diferentes. Não sendo nosso objectivo contradizer esta opinião, preferimos, contudo, considerar uma antiquíssima tradição da teoria política ocidental que sempre trouxe no seu seio uma discussão profunda referente aos regimes políticos. Durante muito tempo esforçou-se o pensamento no sentido de se saber que lugar ocupava a

---

[35] Judith Shklar, "The Liberalism of Fear" in *Political Thought and Political Thinkers* (Chicago, 1998), p. 19.

forma política. No cânone tradicional não são figuras de somenos importância um Platão, um Cícero, um Montesquieu, ou um Tocqueville. A tradição legou um grande debate sobre o regime político porque muitos julgaram que essa questão não pode ser insignificante para quem considere seriamente a famosa expressão segundo a qual o homem é um animal político. Noutros termos: a questão não pode ser negligenciada para quem considere seriamente a hipótese de que as comunidades políticas não são meras agregações indistintas de indivíduos, mas que radicam em última análise na natureza relacional e comunicacional da convivência humana, na assunção de que a política é uma dimensão plena do ser humano, e que viver *politicamente* – isto é, numa comunidade que se governa a si mesma – é a forma superior da vida humana neste mundo. Mais: a cidade ou a comunidade política é, nesta óptica e de um ponto de vista metafísico, *necessária*.

"Formada a princípio para preservar a vida, a cidade subsiste para assegurar a vida boa", escreve Aristóteles. Tal significa que a comunidade política não aponta para a institucionalização de uma associação de segurança mútua nem se limita a fornecer um enquadramento de estabilidade para a satisfação dos desejos individuais. Se assim fosse, a comunidade política não seria *natural*, nem o homem um *animal político*. A vida em sociedade é natural porquanto a "natureza humana predisp[õe-se] a uma certa forma social", a qual forma, apesar de não completamente prefigurada, encontra-se desde logo indicada [36]. Neste contexto, a cidade "realiza os fins naturais superiores dos seres humanos ao promover a vida boa, e brota do impulso humano natural para a existência em comunidade" [37]. Dizer que a sociedade é natural e que o homem é um animal político implica desde logo "a socialização política como condição necessária para o desenvolvimento integral da potencialidade inerente à natureza [humana]" [38].

---

[36] Henri Bergson, *Les deux sources de la morale et de la religion* (Paris, 1937), pp. 295-296.

[37] Fred D. Miller, Jr. "Naturalism" in *The Cambridge History of Greek and Roman Political Thought* (Cambridge, 2000), p. 328.

[38] Roberto Gatti, "Il «chi» e il «come»: un problema aperto nella filosofia del governo democratico", *Con-tratto*, Il Poligrafo, 1998, p. 132.

A existência humana, segundo esta hipótese, coloca-se desde logo nos termos de relações de interdependência. Por outras palavras, a realização da humanidade depende da vida em sociedade, porque "apesar de não carecer de auxílio mútuo, os homens desejam viver em conjunto", o que conduz à suspeita de que esta visão não é facilmente conciliável com as versões mais cruas do contrato social, enquanto justificação da *origem* das comunidades políticas ([39]). O homem é um animal político porque justifica o seu modo de vida por recurso a alguma ideia de moralidade pública ou política. Recorre consciente e incessantemente a um qualquer princípio de legitimidade que é sempre, de uma forma ou de outra, uma noção de justiça; por sua vez, esta moral pública só é aceite e interiorizada, uma vez defendida e sustentada publicamente.

O homem é um animal político porque a sua "vida privada" encontra-se sempre, de uma forma ou de outra, por aceitação ou por rejeição, relacionada com a moral pública condensada no, e pelo, regime. Por sua vez, a comunidade política só se torna possível graças a essa faculdade humana de discutir o bem e o mal, o justo e o injusto, o benéfico e o prejudicial ([40]).

> Mas como os ossos ou o esqueleto de um homem (embora a maior parte da sua beleza deste esteja contida na proporção ou simetria daqueles) quando são exibidos sem carne constituem um espectáculo muito horrível; o mesmo sucede às ordens de uma comunidade quando está despida de discursos, e caso ela prossiga assim poderá queixar-se dos seus amigos por estes permanecerem mudos e a olhar fixamente para si ([41]).

A "vida privada" não é impermeável ao "carácter" da sociedade política. O tom dado pelo regime político à sociedade envolve a dimensão pública *e* privada. Não que os antigos nunca distinguissem implicitamente a vida privada da vida pública; e será igualmente evidente que os vários regimes tinham atitudes

---

([39]) Ver Aristóteles, *Política*, 1278b20-25.

([40]) Aristóteles, *Política*, 1253a5-20; S. Tomás de Aquino, *Commento alla Politica di Aristotele*, trad. italiana Lorenzo Perotto (Bolonha, 1996), I.1B.11-12.

([41]) James Harrington, *The Commonwealth of Oceana* (Cambridge, 2001), p. 196.

diferentes quanto à *privacidade* da vida privada. O cerne da questão situa-se em torno daquilo que para a filosofia política clássica constituía objecto de consenso: a existência da vida privada, enquanto distinta da vida pública, dependia do regime político ou da *politeia*. A democracia era já para os pensadores clássicos o regime da *liberdade*, mas nem por isso essa liberdade deixava de ser *democrática*, isto é, não era independente da Constituição democrática que, por assim dizer, a criara. Mas é preciso perceber que o "político" não compreende o traço que constitui a natureza essencial do homem, nem para Platão, nem para Aristóteles. A vida contemplativa goza inequivocamente da primazia sobre a vida política; a primeira forma de existência é superior relativamente à segunda. Para ambos os autores a realização da natureza essencial do homem, da sua mais nobre manifestação, implica que o homem tem a capacidade – se bem que rara – de deixar para trás a (ou de enxergar para além da) comunidade política.

Montesquieu ensina que todos os regimes políticos se orientam por uma finalidade própria, por um valor ou conjunto de valores. E todos os regimes políticos seguem uma lógica de auto--preservação. A primeira orientação diferencia os regimes entre si; a segunda une-os. Mas se este ensinamento for verdadeiro, isso implica que prescindir do exame das finalidades dos regimes é provocar uma análise unilateral. As distinções entre regimes tornam-se incompreensíveis. Quando um historiador dos nossos tempos, Moses Finley, denuncia a "taxonomia que reduz todos os Estados a dois tipos" – ou a "soberania" reside num só homem, ou reside nos cidadãos – por ser destituída de qualquer "utilidade analítica", é incapaz de perceber que esta crítica fere mais as posições contemporâneas do que as tipologias dos "metafísicos políticos" que ele próprio rejeita ([42]).

De qualquer modo, julgamos que o retorno à confrontação com o problema do regime político pode gerar ensinamentos proveitosos para um conhecimento mais profundo e real do nosso próprio regime político, a democracia liberal. Aquilo que floresce de mais excelente nas democracias, as suas virtudes, assim como as suas fraquezas, são difíceis de apreender se tiver-

---

([42]) Moses I. Finley, *Politics in the Ancient World* (Cambridge, 1996), pp. 7-8.

mos presente no nosso espírito apenas a possibilidade democrática. Elas tornam-se muito mais transparentes quando colocamos outras possibilidades. Somente quando estamos perante uma pluralidade de possibilidades é que muitos fenómenos, sentimentos, crenças, comportamentos, ou instituições, se revelam como o que verdadeiramente são. A unicidade de perspectiva, no contexto de uma tipologia política redutora, conduz-nos inconscientemente a supor como "naturais", "necessários" ou correlativos à condição humana enquanto tal, fenómenos, sentimentos, crenças, comportamentos, ou instituições, que têm realmente uma origem política. Isto significa que a presença de um regime como a aristocracia numa tipologia política demonstra certas virtudes da democracia, das quais já só temos hoje uma consciência deficiente. Significa igualmente que vemos demonstrados certos problemas inerentes à democracia que incitam a uma fiel identificação. E a ciência política, enquanto *ciência*, tem o dever de conhecer rigorosamente o presente; ora o nosso presente, em termos políticos, *é* a democracia moderna que requer a coexistência *no plano teórico* de outras possibilidades sob pena de se tornar indecifrável. A título de exemplo podemos avançar o seguinte: sem uma teoria política genuinamente comparativa nunca compreenderemos como a *nossa* democracia, a democracia contemporânea, é na verdade uma democracia *mista*. Isto é: a comparação de regimes políticos leva-nos à conclusão de que a democracia dos nossos tempos mistura elementos que não podem ser, em bom rigor, denominados *democráticos*. Essas alternativas não são meras alternativas históricas, embora certos períodos históricos possam ter acolhido mais ou menos calorosamente umas em detrimento de outras. A importância da consciência dessas alternativas reside antes no facto de elas não serem históricas, mas fundamentais, pois respondem a diferentes aspirações humanas.

A ciência política contemporânea dispensa as aristocracias e as monarquias das suas tipologias. Podemos pensar que essa opção é até bastante razoável e necessária. Afinal, que aristocracias ou monarquias existem no mundo de hoje? Mas este argumento, por plausível que seja, não é suficiente. Alguém como Aristóteles, que incluía, como se sabe, as realezas e as aristocracias na sua complexa tipologia, reconhecia que, nos seus tempos, esses regimes eram muito raros, talvez até inexistentes, e que pelo contrário quase todas as constituições efectivamente existentes eram democracias ou oligarquias. Por seu lado, Cícero, na *República*, encontrou apenas um exemplo histórico de uma aristocracia: a cidade de Massália (ou Marselha). A relevância dos regimes políticos raros ou inexistentes não dependia da abundância empírica. A função que esses regimes ocupavam na ciência política era outra. Na verdade, como aferir as qualidades e defeitos dos regimes *existentes* sem ter como referência regimes raros ou inexistentes?

Pierre Manent coloca a seguinte pergunta: que formas políticas estavam à disposição dos homens depois da queda do Império Romano do Ocidente? A pergunta parece não fazer qualquer sentido. Afinal, num momento histórico de desagregação política generalizada, como supor que havia formas políticas "à disposição dos homens"? A chave da pergunta de Manent, e do nosso desafio à política comparada positiva dos nossos dias, reside em compreender o que significa haver formas políticas "à disposição dos homens". "«À disposição» não significa que essas formas existissem plenamente constituídas". Significa, antes, que elas "estavam presentes na consciência dos homens como possibilidades políticas significativas e eventualmente desejáveis" ([43]).

Repare-se que a ciência política comparativa de hoje prescinde igualmente de conceber uma democracia perfeita, dir-se-ia, com algum abuso terminológico, *ideal*. Essa ciência política atribui-se a si mesma a missão de construir retratos esquemáticos de disposições constitucionais positivas que descrevam o mais fielmente possível, já não o *regime político*, mas o *sistema de governo*. Aqui não existe falta de rigor. Pelo contrário: a ciência política contemporânea conscientemente assume a desistência da compreensão dessa coisa tão vasta e complexa que é o regime político. Porque compreender e classificar o *regime político* – não o sistema de governo – exige, como não pode deixar de exigir, "juízos de valor", algo considerado como um anátema nos procedimentos científicos. É o apuramento dos "factos" constitucionais que permite reproduzir as variantes governamentais das democracias e impede em absoluto a reconstituição do *regime*

([43]) *História Intelectual do Liberalismo*, p. 13.

político. Impede igualmente a determinação de um padrão democrático que autorize a avaliação das práticas democráticas correntes. As consequências desta nova orientação da ciência política são demasiado numerosas para serem recapituladas. Mas é preciso notar que, em certos casos, a rejeição de analisar as sociedades sob a perspectiva do regime político levou parte da academia ocidental – até à queda do muro de Berlim – a verdadeiras aberrações no que dizia respeito, por exemplo, à interpretação do regime soviético.

A reapreciação dos resultados teóricos da ciência política do regime é útil, não só de um ponto de vista histórico, mas principalmente para a compreensão do tempo actual.

> (…) não se pode clarificar o carácter de uma democracia específica, por exemplo, ou da democracia em geral, sem ter um claro entendimento das alternativas à democracia. Os politólogos científicos tendem a limitar-se à distinção entre democracia e autoritarismo, isto é, fazem da ordem política dada um absoluto ao permanecerem nos limites de um horizonte que é definido pela ordem política dada e pelo seu oposto. A abordagem científica tende a levar ao abandono das questões primárias e fundamentais e, por esse meio, à aceitação irreflectida da opinião recebida ([44]).

Tocqueville, por exemplo, encontrou no exame atento da realidade aristocrática a melhor – ou, pelo menos, a mais segura – âncora para a sua viagem intelectual por novas terras democráticas. Tocqueville pôde escrever tão profundamente sobre a democracia porque conhecia bem uma alternativa à democracia. Não só a América, mas também a "nova" França democrática, se tornariam mais inteligíveis, mais permeáveis ao contacto do teórico, quando vistas sob a perspectiva de uma tipologia de regimes. Claro que a tipologia dualista por ele utilizada, quando comparada com tipologias mais ricas, como a de Montesquieu ou a de Aristóteles, pode ser acusada de ser redutora, de deixar escapar aspectos essenciais de forma a prender a realidade política ao binómio aristocracia-democracia. Mas Tocqueville operou uma

---

[44] Leo Strauss, "What is Political Philosophy?" in *Introduction to Political Philosophy* (Detroit, 1989), p. 21.

redução dentro de uma mesma tradição, aquela que conferia ao problema do regime político um lugar incontornável em qualquer pensamento político.

Se lermos a definição de regime oferecida por Aristóteles – "a organização da cidade no que se refere a diversas magistraturas e, sobretudo, às magistraturas supremas"; aquilo que "resulta de um certo modo de ordenar os habitantes da cidade"; "uma ordenação de magistraturas na cidade, e que estabelece a repartição respectiva, qual a autoridade suprema, e qual o fim da comunidade para cada caso" – é possível que pareça quase tautológica. Claro que para nos situarmos na tradição de pensamento político que referimos pressupomos que existe uma *forma* política com a potencialidade de caracterizar o modo de vida político porque a forma de governo *define* a identidade da própria cidade; mais do que isso o regime *é* o modo de vida da cidade. "Dizer que a cidade é o regime" é o mesmo que "dizer que a questão do regime, de certo modo, constitui a cidade" ([45]).

Perguntar "o que é a cidade?" é elaborar uma pergunta fundamental em ciência política. Para responder à pergunta temos de descobrir o ser da entidade a que os gregos chamavam *polis* e os latinos *civitas*. Na medida em que a pergunta tem uma resposta, o início do inquérito para a formular pode, não improficuamente, consistir na abordagem da filosofia política clássica. Para esta abordagem, a resposta ou o início da resposta teria de começar pela descoberta da "forma" ou da "ideia" ou do "carácter" da cidade. A resposta à pergunta "o que é a cidade?" começa pela revelação do seu *eîdos*, o que é visível para todos a partir da superfície do fenómeno. Se, para Aristóteles, o ente de uma coisa é a sua forma (*eîdos*), o regime político (*politeia*) é a forma da cidade. Na filosofia política clássica, a "forma" da cidade corresponde à sua identidade; a "forma" da cidade corresponde ao modo mais verdadeiro de responder à pergunta fundamental, "o que é a cidade?".

Mas Aristóteles entende a "forma" política na medida em que esta se distingue de "matéria". A cidade tem, por isso, uma "forma" e uma "matéria". A "matéria" da cidade, para além do território, da geografia, do clima, é constituída primariamente

---

([45]) Michael Davis, *The Politics of Philosophy* (Lahman, 1996), p. 47.

pelas pessoas que a habitam. Não coincide com o conjunto da cidadania, pois a transformação jurídico-política de homens em cidadãos depende desde logo da "forma"; a definição de cidadão depende da Constituição ou do regime político. Os indivíduos ainda não afectados pelo regime político são a "matéria" primária da cidade. A natureza da cidade, aquilo que a cidade é quando actualiza o que já é em potência, a sua *essência*, resulta da união íntima entre a forma e a matéria. Há uma cidade com identidade própria quando a forma e a matéria se reunem, quando se fundem num todo, porque a natureza de todos os objectos individuais concretos compõe-se de forma e matéria. Mas num sentido aristotélico a "forma" tem prioridade sobre a "matéria", como nos apercebemos pela asserção conhecida de que a cidade é *por natureza* anterior ao indivíduo. Do mesmo modo que uma mão ou um pé perdem o seu sentido funcional quando o todo que os une é dissolvido, também os indivíduos ou os cidadãos podem ficar privados da unidade que permite superar a sua incapacidade para a auto-suficiência. As partes têm uma existência deficiente na ausência do todo.

Porém, neste entendimento de "forma" não está presente um dos lados da cisão entre forma e *conteúdo*, cisão essa que desliga a forma do conteúdo. Essa cisão é tipicamente moderna e encontra a sua expressão no pensamento de Francis Bacon, quando este critica o modo como se atribui à forma o "primado da essência" ([46]). Na filosofia política clássica, a "forma" política "causa" o "conteúdo" político, não exactamente no sentido da causalidade de tipo eficiente, mas, passando o pleonasmo, de tipo formal. O "conteúdo" político é o resultado da forma que a matéria toma ou adquire. Mais: sendo a matéria em si mesma neutra, é a forma que lhe confere finalidades. Porque o que atribui o ser, a acção e a denominação de uma "criatura" ou de uma "coisa" é a sua forma.

A forma parece confundir-se com os fins da cidade e da vida pública porquanto o fim da cidade é viver de acordo com os padrões implícitos da sua forma política. Em cada sociedade

---

([46]) Francis Bacon, *Novum Organum*, trad. portuguesa António M. Magalhães (Porto, [s. d.]), II.2; ver Hegel, *Principes de la philosophie du droit*, trad. francesa Jean-Louis Vieillard-Baron (Paris, 1999), prefácio, pp. 63, 75.

existe uma constelação de coisas e ideias que constituem objecto de reverência e respeito. Ora, essa constelação, objecto de respeito e portadora de valor, confere a unidade própria de cada sociedade. O regime político reflecte, absorve e traduz, o conjunto de coisas e ideias a que se aspira, que se reverencia e respeita. O carácter da sociedade é dado pelo regime político porque é nele que se incrustam de modo mais solene, mais simbólico e simultaneamente mais universal, toda uma hierarquia de bens e valores respeitados pela cidade [47]. Esta é a relação entre o fim da cidade e a sua forma. E por a forma ter uma relação essencial com o fim da cidade ela é superior em dignidade à matéria.

Mas seria incorrecto sugerir que existe um dualismo forte entre matéria e forma. Seria incorrecto dizer que a cidade de alguma maneira transcende a matéria. Isso seria um absurdo. A cidade está "*na* matéria que ela forma, moldando-a na extensão possível" [48]. E esta última qualificação – "moldando-a na extensão possível" – não pode ser ignorada porque há limites para a maleabilidade da matéria. Isso é verdade para todos os regimes, mas é particularmente correcto no caso do regime que aqui estudaremos, a aristocracia. Para Aristóteles, o governo ou a constituição aristocrática depende da reunião de circunstâncias particulares: o "político" e o "legislador" "devem dispor para a sua obra de uma matéria apropriada e nas devidas condições". A forma política aristocrática não é desejável nem viável para um qualquer tipo de povo. Por exemplo, apenas "o povo que produz naturalmente um corpo de cidadãos capazes de serem governados como homens livres por chefes aptos, graças à sua virtude [excelência], a dirigir os negócios da cidade" será adequado para fornecer a matéria para a forma aristocrática [49]. Tal significa que haverá alguns (muito poucos) povos excepcionais que sustentarão um regime político no qual a excelência governará.

Segundo os princípios da filosofia política clássica, não é, portanto, a delimitação geográfica, nem a unidade étnica que fundam a identidade da cidade, mas o seu regime político.

---

[47] Strauss, "La crise de la philosophie politique" in *Niilisme et Politique*, trad. francesa Olivier Seyden (Paris, 2001), p. 134.

[48] Mansfield, p. 36.

[49] *Política*, 1325b34-1326a8, 1288a10-12.

É forçoso que assim seja se se pressupuser que a cidade é uma realidade *humana*; sendo uma realidade deste tipo o elemento mais essencial que a compõe só pode ser a comunidade dos cidadãos, e não elementos de ordem não especificamente humana como a geografia ou a biologia. Como escreveu Isócrates, a *politeia* é a "alma da cidade", pois tem "o mesmo poder" na cidade que o "pensamento no corpo": é a *politeia* que "deve servir de modelo às leis, aos oradores e aos simples particulares" [50]. A atenção dada à forma da autoridade suprema da comunidade política justifica-se pelo facto de que a "gestão dos assuntos políticos, ou seja, a estruturação do ordenamento da cidade encontra a sua realização plena naquele que governa a cidade, e tal aplicação do ordenamento político identifica-se com a própria constituição" [51].

Pode parecer quase estranho que a *forma* do governo – que inclui a organização institucional, mas não se esgota nela – tenha este mundo de consequências. Todavia, "o governo é simultaneamente uma grande influência agindo sobre o espírito humano, e um conjunto de arranjos organizados para dirigir os assuntos públicos", explica John Stuart Mill. Devemos reparar que a mera organização institucional é já um reflexo de atitudes valorativas, disposições e ideias. Ou dito de outra maneira: os regimes políticos inscrevem os seus princípios geradores nas suas instituições. As instituições políticas, Tocqueville esclarece, acabam sempre por sugerir "uma multidão de ideias, de sentimentos, de hábitos, de costumes" que lhes são "como que aderentes". E o mesmo Mill escreve que "a natureza e o grau de autoridade exercida sobre os indivíduos, a distribuição do poder, e as condições do comando e da obediência, são a mais poderosa das influências" – se excluirmos a "crença religiosa" –, à qual estão submetidos os indivíduos numa comunidade. É essa "influência", continua Mill, que faz dos cidadãos "aquilo que eles são" e que "os capacita a tornarem-se aquilo que eles podem ser".

Supunhamos que num determinado país, a organização institucional do Estado consiste num Parlamento eleito por sufrágio

---

[50] Isócrates, *Areopagítico*, §14. Harrington repete a mesma imagem, *Oceana*, p. 19.
[51] S. Tomás de Aquino, III.5.2.

universal. Como pode um Parlamento eleito nestas condições constituir uma sede de determinação daquilo a que se chama o "homem democrático"? Teríamos de averiguar se a ideia de um Parlamento, – com as funções de garantir a publicidade das acções governativas, de fazer leis após discussão e debate, de institucionalizar o consentimento do povo nas acções dos governantes que este elegeu – a que se soma a do sufrágio universal, não implicam um conjunto de outras ideias e atitudes sobre a igualdade entre os homens, sobre a liberdade política, sobre a natureza da comunidade política, sobre a distinção entre público e privado, sobre a moral, sobre *os fins da política*. Só o facto político do sufrágio universal já diz muito sobre o carácter da comunidade política; só esse facto é suficiente para compreender, por exemplo, uma grande parte do comportamento e do discurso dos governantes – e também dos cidadãos em geral. A organização institucional corporiza, de certo modo, estas ideias; por outras palavras, os princípios políticos estão inscritos nas instituições.

O produto das instituições do regime, isto é, as leis e comandos que emitem, o tipo de comportamentos e de conduta que seguem, o tipo de expectativas que geram, transmite aos cidadãos precisamente essas ideias e atitudes. As leis e as disposições constitucionais de um Estado representam a consciência que esse Estado tem de si enquanto corporização de um regime político. Vemos que os direitos e deveres de cidadania são diferentemente entendidos de regime para regime; conjuntos diferentes de opiniões relativamente ao útil e ao justo cristalizam-se em cada forma de governo; tudo isto serve diferentes temperamentos do espírito. Ora o regime político trabalha a existência dos cidadãos porque, de acordo com a ciência política que eleva o regime à categoria central, é a consciência dos homens que determina a sua existência, e não a existência que determina a consciência [52].

O nosso Estado democrático e liberal parece ser, no entanto, o mais resistente a uma análise deste tipo. Os indivíduos que o compõem parecem ser os menos permeáveis à formação política desde que os homens vivem organizados em comunidades políti-

---

[52] Manent, *Tocqueville et la nature de la démocratie* (Paris, 1993), p. 54.

cas. Mas não poderá esse indivíduo ser o resultado de princípios políticos identificáveis? Manent situa a origem do Estado democrático e liberal moderno nas concepções do "estado de natureza". A figura principal desse "estado de natureza" é o indivíduo, sujeito de direitos, "associal" e "apolítico", despido dos laços concretos que todas as pessoas concretas desenvolvem no decurso da sua existência social e política. Ora, em boa parte, esse indivíduo é um ser "imaginário", sem existência concreta. Mas por o dito "indivíduo" ser uma das "ideias principais do liberalismo", tal ser "imaginário" tende cada vez mais a "transformar-se em realidade e experiência". Então, da ideia abstracta fundadora do regime, estabilizada enquanto princípio "gerador" do regime político, tiramos a seguinte consequência: "os membros dos nossos regimes políticos têm-se tornado cada vez mais autónomos, cada vez mais iguais, e têm-se sentido cada vez menos definidos pela sua inserção familiar ou social" [53]. O que era apenas uma ideia abstracta, uma vez erigida em princípio do regime, e uma vez concretizado esse regime, conduz as pessoas concretas a se aproximarem da ideia abstracta que o regime delas faz. Como sintetiza Raymond Aron a propósito da ciência política de Montesquieu, o primado do político é mais antropológico do que causal [54].

Nos primórdios da conceptualização do governo enquanto *forma*, parecia que a relação que se estabelecia entre esta e a cidade era unívoca, de sentido único: da forma política para os conteúdos de vida da cidade. A entidade política era *a* grande determinação da vida humana porque o político correspondia à "sede própria da actividade e iniciativa humanas". "O governo é o elemento supremo em toda a cidade e o regime é, de facto, esse governo" [55]. Daí que os pensadores políticos clássicos falassem com naturalidade de tipos como o de "homem oligárquico", "homem democrático" ou "homem timocrático". Uma das características do pensamento político moderno foi a de abandonar

---

[53] *História Intelectual do Liberalismo*, p. 9, 10. Ver Marcel Gauchet, *La religion dans la démocratie. Parcours de la laïcité* (Paris, 1998), pp. 111-116.

[54] Raymond Aron, *Dix-huit Leçons sur la Societé Industrielle* (Paris, 1962), p. 69.

[55] Aristóteles, *Política*, 1278b10-15; Cícero, *De legibus*, III.5.

este fluxo de determinação do político para o não-político. O abandono deveu-se a várias razões. Veremos que para Maquiavel e para Hobbes as razões eram distintas. Mas mesmo autores como Montesquieu que procuraram regressar a uma discussão sobre a política que tivesse como referência paradigmática as *formas* de governo ou os regimes políticos, hesitam em retornar à velha relação unívoca e unidireccional entre político e não-político. No fundo, esta hesitação reflecte a tensão mais geral no pensamento de Montesquieu entre a pertinência da abordagem clássica e a crítica moderna dessa abordagem aparentemente irrefutável.

Há pelo menos uma razão muito forte que parece justificar essa hesitação, a saber, as leis da educação. Sabe-se que na tradição das tipologias políticas – onde o regime político ocupa o lugar primordial – o regime fornece as leis da educação também para que os cidadãos recém-educados vivam *no* regime. A razão é muito simples: todos os regimes políticos têm como propósito – não exclusivo de outros mais "particulares" – a sua própria conservação. Para assegurá-la, a educação surge como instrumento precioso. Por educação, entende-se as "práticas pelas quais se subjectiva o indivíduo em função do tipo de governo" [56]. Não se trata aqui de educar os cidadãos para a conformidade com os caprichos, desejos ou ordens dos governantes, mas de educá-los para viver e governar de modo coerente com o regime – democrática ou oligarquicamente. Bem se vê que a ênfase na educação política decorre da análise da relação entre *politeia* e *nomoi*, ou entre o regime político e as leis. Aristóteles junta as duas partes com cuidado: "Na verdade, de nada aproveitará uma legislação, por muito útil que seja e aprovada unanimemente por todos os cidadãos, se estes não adquirirem os hábitos nem forem educados segundo o espírito do regime estabelecido (democraticamente se a legislação for democrática, oligarquicamente, se for oligárquica)". S. Tomás de Aquino limita-se a corroborar esta lógica da filosofia política clássica: as leis devem ser, por um lado, virtuosas, e por outro lado, devem atender a uma condição de coerência. As leis, segundo S. Tomás,

---

[56] Bertrand Binoche, *Introduction à* De l'Esprit des Lois *de Montesquieu* (Paris, 1998), p. 108.

serão "coerentes" se, na sua concepção e na forma como são redigidas, se inscreverem na lógica do regime político do qual emanam. Isto é, leis democráticas no seio de uma constituição oligárquica, ou leis oligárquicas no seio de uma constituição democrática, serão leis incoerentes. É devido a esta lógica que Platão e Aristóteles se vêem forçados a encontrar o melhor regime, no qual as respectivas leis serão *absolutamente* – e não apenas relativamente – justas; e é também por este motivo que Aristóteles confronta o bom *cidadão* com o *homem* bom, constatando que só coincidirão no melhor regime político. É por Aristóteles considerar principal a relação reproduzida na citação que aparece a recomendação de que a educação na cidade seja pública e obrigatória, uniforme e universal; a educação pública tem por finalidade o cultivo de um tipo fixo de carácter, de *êthos*. A "substância espiritual da sociedade" deve ser transmitida pela educação, a ponto de permitir que os cidadãos interiorizem esse património espiritual na sua existência. Essa "substância espiritual" tem uma forma concreta: a lei; e a educação conforma o cidadão ao espírito da lei. Para que o conceito original de regime político seja coerente é preciso que se aceite que "o carácter da comunidade se imprime em cada um dos seus membros"; que esse carácter, fornecido pelo regime político, constitui a "fonte de toda a acção e de todo o comportamento". Se o carácter da comunidade se imprime nos seus membros isso deve processar-se de algum modo: "em nenhuma parte o influxo da comunidade nos seus membros tem maior força do que no esforço constante de educar, em conformidade com o seu próprio sentir, cada nova geração" [57]. Ainda segundo esta perspectiva, o regime político reflecte-se no carácter dos homens que o compõem; desenvolve-se um "tipo humano" próprio de cada regime. Numa linguagem mais platónica, a cada forma de governo corresponde uma "forma de alma" [58].

Uma palavra adicional é necessária para que possamos compreender a relação entre os regimes políticos e o "tipo humano" que cultiva. Essa palavra adicional é especialmente necessária no

---

[57] Werner Jaeger, *Paidéia*, trad. portuguesa Artur M. Parreira (São Paulo, 1995), pp. 4, 141-142.
[58] Ver Platão, *República*, 544e.

que toca à democracia. Segundo as relações que se estabelecem entre regimes e "tipos humanos", esperaríamos da democracia a produção do "homem democrático". Mas na verdade o regime democrático inclui um princípio que impede esta geração homogénea. É certo que o tipo humano mais representativo – e o mais qualificado para governar – deste regime será sempre o democrático. Porém, algo mais deve ser dito. A democracia caracteriza-se, entre outras coisas, por entender a liberdade como o direito de cada um viver como quer ou como o direito individual à prossecução da felicidade. Não existe na democracia uma pressão tão grande como acontece noutros regimes para a formação unitária de um só tipo humano precisamente em resultado do princípio de liberdade democrática. Assim sendo, a democracia vai assistir à coexistência de uma multiplicidade de tipos humanos, pois do seu entendimento de liberdade deriva-se a igualdade de todos os modos de vida. Platão, na análise que oferece do regime de Atenas, revela como a cidade "estará cheia da liberdade e do direito de falar" e aí haverá "licença de fazer o que se quiser". Na cidade democrática, continua Platão, "cada um poderá dar à sua própria vida a organização que quiser, aquela que lhe aprouver". A consequência é que nessa forma de governo se encontram "homens de espécies mais variadas". "Tal como um manto de muitas cores, matizado com toda a espécie de tonalidades", a democracia exibirá a sua variedade de caracteres, com inegável deslumbramento. Poderíamos talvez concluir que a democracia não produz nenhum tipo humano particular; a sua liberdade permite o convívio de todas as espécies de homens na mesma cidade, como uma "feira de Constituições" – e por este facto, poderíamos ainda adiantar, fornece o melhor regime para o estudo da ciência política. A menos que se dissesse, como Platão sugere, que o "homem democrático" consiste precisamente no reflexo perfeito do regime, isto é, que o "homem democrático" é ele mesmo uma "feira de Constituições" e de modos de vida ([59]).

Mas como não aceitar que as leis da educação possam receber condicionamentos radicais inesperados que não tenham uma proveniência política? Ou talvez mais rigorosamente: como não

---

([59]) Ibid., 557a-562a.

aceitar que as leis da educação possam ver os seus efeitos atenuados ou até destruídos pelas "impressões de fora" (60)? Uma praga que dizime uma parte da população, um contacto com o estrangeiro que desperte o gosto pela novidade, uma guerra, uma nova religião? Aristóteles confronta a hipótese de um regime, por exemplo, não democrático assumir, em virtude dos hábitos e da educação, um espírito democrático. Mas, segundo Aristóteles, tal sucede sobretudo após uma revolução. Porque "os regimes não se alteram de forma repentina". Significa isto que o político mantém a primazia; ainda não teve, no entanto, o tempo suficiente para "trabalhar" o espírito da cidade. Portanto, a diferença face a Montesquieu permanece, já que este sugere o movimento inverso: do espírito da cidade para o político. Porém, Aristóteles refere, ainda que de forma passageira, que a introdução de inovações com o potencial de afectar o regime se processa, por vezes, na vida privada dos cidadãos. Mas para remediar essa eventualidade é proposta uma solução política: magistraturas que vigiem todos os que vivem nas franjas do regime, e por isso mais propensos a transmitirem essas inovações. Talvez uma síntese fosse possível no que concerne à pertinência do exemplo escolhido: as leis da educação que sofrem inovações de origem exterior, que por sua vez afectam ou transformam o regime político. Essa síntese teria que seguir o seguinte caminho: a educação das pessoas que vivem nas franjas do regime, e que portanto, não seguem exactamente as leis da educação determinadas pelo regime, é susceptível de absorver inovações, as quais, consoante o seu poder de atracção, podem gradualmente generalizar-se ao resto da cidadania. E é o próprio Sócrates quem avisa que "nunca se abalam os géneros musicais sem abalar as mais altas leis da cidade, como Dâmon afirma e eu creio" (61).

Começamos a compreender que talvez a profundidade da palavra grega *politeia* seja impossível de reproduzir nas palavras que temos ao nosso dispor em língua portuguesa. Porque, para além de "cidade" ou "Estado", para além de "Constituição", *politeia* significava igualmente "conduta" ou "maneira de agir". Confiando na autoridade de Plutarco, constata-se que os gregos

---

(60) Montesquieu, IV.5, V.1.
(61) *República*, 424c. Ver Cícero, *De legibus*, II.38-39, III.32.

emprestaram pelo menos quatro significados distintos, embora relacionados, à palavra *politeia*: *politeia* enquanto direito de cidadania, ou, de acordo com a interpretação de Althusius, a "comunicação" (ou, talvez, "o dispor em comum") do "direito (*jus*) na comunidade" [62]; enquanto vida do político e do estadista; enquanto acto político singular e brilhante; e finalmente enquanto Constituição ou forma de governo [63]. Enquanto Constituição, o termo *politeia* era ainda usado para denominar, não o regime político em geral, mas apenas aqueles regimes assentes num princípio de ordem *política*, por contraposição aos governos tirânicos ou arbitrários [64].

Jacqueline Bordes insiste em apontar que *politeia* é dificilmente traduzível pela expressão já esvaziada dos nossos tempos, o "regime político". Aqui, manteremos a identidade de significado por considerarmos ser essa a expressão mais adequada em língua portuguesa. Não será preciso dizer, no entanto, que reconhecemos que o uso corrente de "regime político" dificulta a nossa tarefa. Este significado perdeu-se, não devido à obsolescência natural do termo, mas foi antes, pelo menos na sua maior parte, o efeito de um trabalho incessante de desvalorização efectuado pelo pensamento político moderno [65]. Parte da história desse "trabalho" da filosofia política moderna será objecto dos capítulos que se seguem.

---

[62] Althusius, I, §5.

[63] Plutarco, *Moralia*, 826c-e.

[64] Jacqueline de Romilly, *La loi dans la pensée grecque* (Paris, 1971), p. 147.

[65] Jacqueline Bordes, *Politeia dans la pensée grecque jusqu'à Aristote* (Paris, 1982), pp. 13, n.2, 127-128, 136. Contudo, Bordes (p. 14) salienta que a abordagem romana ao fenómeno político iniciou uma divergência sensível relativamente à sua congénere grega. No seu entender, a tradução latina de *politeia* como *res publica* já indicia essa divergência. Pierre Rodrigo toma esta passagem da *politeia* aristotélica para a *res publica* de Cícero como sinal de uma mudança profunda da abordagem intelectual à realidade política, chegando inclusivamente à comparação com o esquecimento do Ser diagnosticado por Heidegger (cf. "D'une excellente constitution", *Revue de Philosophie Ancienne*, V(1), 1987) p. 85-87). Por outro lado, Neal Wood estabelece que a tradução romana (pelo menos em Cícero) de *politeia* optava pela palavra *civitas*. É certo que a contestação a esta observação não pode basear-se apenas no atentar ao título da obra de Cícero inspirada na *Politeia* de Platão, *De re publica*. Mas as consequências da análise de Wood geram, nem que seja implicitamente, conclusões parecidas com

Ora o que tem a abordagem clássica de fecundo é a possibilidade de compreender as diversas características da sociedade como consequência (directa ou indirecta) dos princípios políticos fundamentais que estruturam a dita sociedade. Mas os regimes políticos nunca são "tipos ideais". Não se trata de obter um modelo abstracto que pretende salientar certos traços ou características, que na realidade existem apenas sob formas imperfeitas e cuja experiência sensível corresponde a uma derivação desfocada e imprecisa. Não se trata de apresentar algo como um teorema geométrico, cuja verdade e coerência últimas não estão dependentes da sua qualidade enquanto representações da realidade empírica. As diversas formas de governo são sempre realidades tangíveis, susceptíveis de experiência concreta no presente ou no passado; as suas conceptualizações, por conseguinte, devem sempre ser fruto da análise da "vida pública dos cidadãos". São "elementos autênticos da condição humana" e os princípios que os constituem "reflectem-se em experiências humanas primárias" ([66]). A "teoria é calcada sobre o real" ([67]). Um contraste simples mas esclarecedor ocorre na apresentação

---

as de Bordes (*Cicero's Social and Political Thought* [Los Angeles, 1991], pp. 125-127, 137; para a mesma tradução de *politeia* por *civitas*, ver Andrew Lintott, "The Theory of the Mixed Constitution at Rome" in Jonathan Barnes, Miriam Griffin [eds.], *Philosophia Togata II. Plato and Aristotle at Rome* [Oxford, 1997], p. 84). Elisabeth Asmis ("The State as a Partnership: Cicero's Definition of *Res Publica* in his work *On the State*", *History of Political Thought*, vol. XXV, nº 4, 2004. pp. 575-577, 591-592, nota 61) sublinha que, no diálogo *De re publica*, Cipião tem ao seu dispor a palavra *civitas* (invocada por Lélio) para apresentar a definição daquilo que nos diálogos gregos seria a *politeia*, e, no entanto, recorre a *res publica*. Mas na passagem citada da obra (I.41), Cipião acaba por tornar *civitas* e *res publica* quase sinónimos. Na opinião de Asmis, o pensamento político grego, e Aristóteles, em particular, deixara subsistir alguma ambiguidade no uso do termo *polis*, na medida em que parecia referir tanto a matéria quanto a forma, ao passo que para Cícero a distinção entre *urbs* e *civitas* anula essa ambiguidade. Asmis prossegue o caminho discutível de considerar *polis* e *politeia* (e *politeuma*) como conceitos indiferenciáveis na filosofia política aristotélica. Ver ainda como George Lawson corrige Hobbes, que traduzira *civitas* por "commonwealth": o equivalente de πολιτεια é *respublica*.

([66]) Hannah Arendt, "On the Nature of Totalitarianism: An Essay in Understanding" in *Essays in Understanding, 1930-1954* (Nova Iorque, 1993), p. 338.

([67]) Bordes, p. 441.

de duas obras políticas modernas. Hobbes, que desvalorizava sem ambiguidades a questão do regime político, não feria a sua coerência ao dizer *I speak not of the men, but (in the Abstract) of the Seat of Power*. O Estado torna-se uma *ideia*. Sem precisarmos recorrer ao pensamento antigo, aparece-nos uma feliz contraposição: "Comecei por examinar os homens", dizia Montesquieu.

Ora, uma vez aceites estes pressupostos, não é difícil detectar a centralidade do regime político na ciência política. Para efectuar esse estudo é preciso recuperar os argumentos que preenchiam as conversas em casa de atenienses bem-nascidos e as discussões travadas nos jardins Oricellari.

A Aristocracia (I)

Qualquer ensaio de apresentação da aristocracia como forma de governo terá necessidade de se estender quase indefinidamente. O objecto é complexo, a sua realidade distante e os seus pressupostos parecem pertencer a um outro mundo. Quando confrontamos o tema é profícuo recordar todos os avisos que previnem a queda no anacronismo ou na rejeição pura e simples de submissão à linguagem e ao espírito próprios da mentalidade aristocrática. Com efeito, quando nós, homens democráticos, partidários e amigos da democracia, contemplamos a possibilidade aristocrática e as suas implicações, e, posteriormente, as comparamos com a *nossa* realidade, parece-nos que comparamos como que "duas humanidades distintas". O propósito deste estudo obriga a fazer distinções. Ao relembrarmos certas distinções somos instintivamente convidados a respeitá-las, apesar da pressão contemporânea para, em matéria de regimes, darmos muitas distinções por obsoletas ou irrelevantes. Muitas serão as coisas associadas ao regime aristocrático impensáveis e até ultrajantes para os nossos tempos e para a nossa formação. Mas o nosso propósito é tentar perceber; e nunca perceberemos o que recusamos perceber. Aqui não faremos mais do que tocar superficialmente em alguns aspectos básicos do regime. Mas por mais superficial que seja a nossa abordagem só poderemos efectuá-la se deixarmos a aristocracia entregue às suas próprias inclinações e inspeccionarmos os seus movimentos livres.

Comecemos por algumas considerações genéricas. "Aristocracia", como é universalmente sabido, é uma palavra grega cujo radical é *aristos*, superlativo de "distinto" e "escolhido", ou literalmente "o melhor". *Aristos*, um superlativo, tinha por substantivo associado a palavra *areté* ou, como é usualmente traduzida desde Cícero, virtude (*virtus*), não num sentido estritamente moral, mas mais próximo da nossa palavra "excelência", e adquiriu desde cedo um uso derivado para designar a *nobreza*. "Aristocracia" significa literalmente *o governo ou o mando dos melhores*.

É certo que no uso corrente "aristocracia" designa uma classe social particular, normalmente associada à "nobreza" do *Ancien Régime*. Haverá, com toda a certeza, razões muito óbvias para esta redução (ou expansão?) semântica da palavra "aristocracia"; trata-se de um problema que abordaremos nas secções seguintes. Contudo, procuraremos manter o seu significado coincidente, ou muito próximo disso, com o de *forma de governo*, distinta da democracia, ou da monarquia, ou da tirania, ou da oclocracia, ou de qualquer outra forma de governo. Ou seja, a aristocracia designa uma realidade político-social global e não apenas uma classe política específica a que normalmente se acrescenta o seu sistema de reprodução. O que não quer dizer que da aristocracia como forma de governo se não deduza logicamente uma "classe política", a saber, a governante dos "melhores", bem como um "padrão" ou "espírito" que conduz, não só essa "classe", como toda a cidade aristocrática. Porque, como salienta Morandi, "a aristocracia antes de ser «classe política» tem como pressuposto uma mentalidade social aristocrática" [68].

Para tornarmos mais rigorosa esta pequena apresentação seguimos uma regra básica, mas disputável: na nossa terminologia, uma cidade, uma forma de governo, um Estado, podem ser "aristocráticos"; uma pessoa, *enquanto mera representante de uma condição ou estatuto social*, não. Utilizaremos ainda "aristocrático" – para além da caracterização de um governo – como adjectivo de um homem, ou de uma atitude, ou de uma mentalidade. O homem aristocrático, ou o aristocrata, poderá então designar

---

[68] Emmanuele Morandi, "Aristocrazia e Physis: un percorso di lettura sui testi platonici", *Con-tratto*, Il Poligrafo, 1998, p. 214.

o governante numa aristocracia ou o homem portador daquele carácter cujas características preenchem a aristocracia de sentido. Todavia, a redução da amplitude normalmente gozada pela palavra "aristocrático" implica a sua substituição, neste contexto específico, pela palavra "nobre". Significa, por conseguinte, que o termo "nobre" também sofre aqui alterações equivalentes às já mencionadas relativamente ao uso que dele é feito nalguma literatura, nomeadamente na de cariz histórico. A raiz desta confusão é complexa. Mas parte dela reside na tentativa de se estudar apenas *situações de facto,* isentas de *juízos de valor,* a que se junta o inevitável sociologismo. Por razões imediatamente compreensíveis, o argumento que se segue não pode acompanhar esse ponto de vista. A nossa análise estaria desprovida de sentido se nos escusássemos de algum problema em virtude de apenas poder ser compreendido por recurso a *juízos de valor.*

De qualquer modo, impõe-se alguma disciplina discursiva. Uma pessoa poderá ser qualificada de "aristocrática" apenas enquanto representante do tipo humano de uma cidade, ou de um Estado, aristocráticos, tal como se pode dizer o "homem democrático" ou o "homem oligárquico", por exemplo. Neste caso, é legítima a utilização de tal designação porquanto a tipificação representa a "personificação de um valor", a saber, o(s) valor(es) que atrbui(em) sentido a uma determinada forma de governo. O tipo humano aqui referido diz respeito à personificação dos valores admirados e portadores de autoridade numa determinada sociedade. O tipo humano celebrado por cada sociedade é o reflexo dos valores que essa cidade celebra. De acordo com a nossa terminologia, não será legítimo, portanto, o emprego do adjectivo "aristocrático" em associação com a pertença de um indivíduo a uma qualquer classe dominante, a uma *"elite",* ou a uma família muito considerada.

A Aristocracia (II)

A aristocracia foi enquadrada pela primeira vez – se não em termos definitivos, pelo menos num texto sobrevivente e não fragmentado – numa teoria tripartida de formas de governo nas *Histórias* de Heródoto, no famoso "debate das Constituições" ou "diálogo dos persas" ([69]), embora ainda não com essa denominação, mas com uma outra mais neutral, a *oligarquia*. Nesse longínquo debate, tal como foi reproduzido por Heródoto e a propósito da crise dinástica dos persas, Otanes começa por oferecer uma refutação da bondade da monarquia enquanto forma de governo. O melhor homem do mundo, o mais virtuoso de todos os homens, nunca resistirá à tentação do abuso do poder. Dotar um só homem de autoridade absoluta, sem precisar prestar contas a ninguém, é convidar a insolência orgulhosa (*hubris*) da tirania. Otanes formula a proposição velha segundo a qual o poder absoluto *faz* tiranos. O monarca absoluto acarinha lisonjeadores, anula os costumes ancestrais, hostiliza os homens de bem, violenta as mulheres, mata sem julgamento. Otanes contrapõe, pois, à realeza o "governo do povo", que recebe o "mais belo de todos os nomes": a *isonomia*, ou a igualdade perante a lei, a igualdade de direitos civis e políticos, a ordem política sob as leis, por contraposição a um poder pessoal. Na *isonomia*, as magistraturas, em conformidade com o espírito democrático, são distribuídas por sorteio; presta-se contas do poder exercido; todas as deliberações são submetidas ao público. Por esta oposição, torna-se mais nítido que Otanes considera imprudente ser o carácter a tomar as rédeas do poder. O poder não será exercido de forma superior por se ter apostado na elevação da virtude ou da excelência à posição máxima de autoridade. Muito simplesmente, o carácter *non basta*. Só a *isonomia*, com a sua dispersão do poder garante aquilo que nenhuma força de carácter alguma vez conseguirá, a moderação do poder. E, como salienta Monoson, é *perigoso*, no entender de Otanes, "reconhecer formalmente qualquer pretensão de uma competência superior". Tal reconhecimento apenas fomentará a "insolência orgulhosa", que, por sua vez, trará para o Estado o governo arbitrário.

Numa *isonomia* é afastada, por princípio, a validade de qualquer pretensão de superioridade e remete-se, em última análise, cada decisão para a esfera *pública*. É recomendação de Otanes que se desista da monarquia e se eleve o povo ao poder, pois "é no número que tudo reside". O povo não é o *dêmos*, ou a massa popular e pobre, mas o *plethos*, ou o conjunto da população que

---

([69]) Heródoto, III.80-83.

pode ser absorvido, aquando da actividade governativa concreta, pela maioria. Se acrescentarmos ao número de governantes o critério da lei, compreendemos que a democracia, pelo menos nesta classificação, irá distinguir-se das outras formas de governo por rejeitar o poder pessoal e preferir o governo das leis.

Segue-se Megabizo, o porta-voz da "oligarquia", pois esta é a palavra utilizada no texto, embora trate da defesa do governo dos *aristoi*. Megabizo corrobora a aversão à tirania, mas considera pouco sensato entregar o poder ao povo. Nada é mais insolente do que uma multidão que é boa em coisa nenhuma. Apenas estaríamos a trocar a tirania de um só pela tirania da multidão. Propor uma democracia é recomendarmo-nos a um "rio furioso", é abraçar a "tolice", a "violência", a "inutilidade", a "ignorância". É mais sensato, julga Megabizo, escolher um grupo de homens de entre os melhores, e investi-los do poder. Não custa conceber que os melhores homens tomarão as melhores decisões.

Falta apenas Dario, o proponente da monarquia. Esta é a melhor constituição porque poderá exercer sobre o povo uma tutela irrepreensível; impedirá mais facilmente o conhecimento pelo inimigo dos segredos do Estado; colocará no poder um homem bom, e, sendo o espírito do regime equivalente ao dos governantes, formará um bom Estado. Mas Dario sabe que deve pôr a descoberto os defeitos das outras constituições. Assim, na "oligarquia" de Megabizo os governantes colocarão a sua "excelência" (*aretê*), ao serviço do interesse comum, mas não sem que se forme um hábito de se formar violentas inimizades pessoais. Pois todos os governantes quererão ser o líder definitivo e fazer triunfar as suas opiniões particulares. Aparentemente, seguimos do governo da virtude para o governo efectivo de um grupo cujos membros se detestarão fortemente: das inimizades nascem as discórdias, das discórdias mortes, e as mortes conduzem à monarquia. Quanto ao governo do povo, *isonomia* para Otanes, *demo*cracia para Megabizo, é inevitável, segundo Dario, que a malignidade se desenvolva. A discórdia se levantará até que um homem se faça protector do povo, colocando um termo às suas convulsões. Eventualmente, o povo fará dele um monarca, institucionalizando a sua gratidão. Tanto a "oligarquia", como a democracia, instáveis por natureza, acabarão por deslizar para a forma monárquica. O discurso de Dario termina com um conselho aos Persas: manter a monarquia, pois foi um só homem quem os libertou (Ciro), e dessa forma manter o governo dos seus antepassados.

Nesta sugestiva troca de discursos, Heródoto refere-se a uma forma de governo que em grande parte corresponde ao que, mais tarde, autores como Platão ou Aristóteles ou Cícero, denominariam *aristocracia*. Mas Heródoto prefere nomear este regime político de um modo mais neutral, simplesmente como o governo de *poucos* (*oligoi*), sem, à primeira vista, considerar necessário proceder desde logo a um juízo mais substantivo. Mas ao falar dos "homens melhores", no contexto da oligarquia, Heródoto anuncia já o uso futuro do termo *aristocracia*. Em Tucídides, *aristocracia* aparece logo como palavra de ordem dos partidários da oligarquia, tal como *oligarquia* seria utilizada, enquanto qualificador pejorativo, pelos partidários da democracia. A substituição da partícula *–arkhia* por – *kratia* revela uma tentativa de reforçar moralmente a denominação do regime, ao tentar afastar essa denominação, derivada do termo prévio *monarkhia*, da referência ao nome de um homem ou de um grupo de homens (*arkhê*), da referência a um poder *pessoal*. *Arkhé* procura traduzir o mando, o comando directo, ao passo que *kratos* estabelece o significado de superioridade, primazia, ou autoridade. Poderíamos dizer que os olig-*arcas comandam*, enquanto o povo em demo-*cracia governa*, num contexto de autodisciplina colectiva.

Para a *denominação* dos regimes, Heródoto satisfaz-se com o critério do número de governantes. Enquanto a tipologia se limitasse a apresentar três formas de governo, "oligarquia" servia os seus propósitos: distinguir este regime, em que *poucos* governam, de outros, nos quais apenas um ou muitos têm responsabilidades de governo. Mas quando as tipologias de regimes políticos evoluíram para um grupo de formas rectas e um outro contendo as respectivas degenerações, o vocábulo "oligarquia" só poderia denominar uma das duas formas, a recta ou a degenerada, que compreendesse o governo de poucos. A expressão neutra, "o governo de poucos", ficaria então reservada para a forma degenerada, e *aristocracia* denominaria o excelente governo de poucos. Contudo, Heródoto ao apresentar, quer a defesa da "oligarquia", quer as críticas oferecidas pelos seus adversários, revela desde logo, a possibilidade de se examinar o mesmo *número* de governantes de modos substancialmente diferentes, ou seja, o mesmo número pode originar governos distintos.

A Aristocracia (III)

Na *Política*, Aristóteles enuncia o princípio aristocrático com extraordinária simplicidade:

> É preciso concluir que a comunidade política existe para as acções nobres, e não para a simples vida em comum. Aos que contribuem mais para este tipo de comunidade, cabe-lhes uma maior parte na cidade do que àqueles que lhes são iguais ou mesmo superiores em nascimento e em liberdade, embora inferiores em virtude [excelência] cívica; e cabe-lhes mais do que àqueles que os superam em riqueza mas não em virtude [excelência] ([70]).

A aristocracia é portanto aquela forma de governo *dedicada à excelência humana*, onde governam os "melhores". A excelência humana é considerada como o bem supremo, e é indispensável para a prossecução de tamanho bem o reconhecimento público--político, para além da institucionalização das suas exigências. Todo um regime político é colocado ao serviço desse bem. O serviço da excelência pressupõe, de acordo com a mentalidade aristocrática, que a governação desse regime deve estar a cargo daqueles que reconhecem a grandeza desse bem, e dos requisitos para a sua aquisição. Numa cidade ao serviço do bem são os bons que a governam; numa cidade ao serviço da excelência são os excelentes que a governam; numa cidade ao serviço do bem maior são os melhores e maiores que a governam. Cícero limita-se a reproduzir o pensamento aristocrático de longa data quando coloca na fala de Cipião a declaração de que é da ordem natural das coisas que os homens superiores em virtude e em *animo* devem governar os mais fracos e que estes devem obedecer voluntariamente aos seus superiores ([71]).

([70]) 1281a2-8.
([71]) *De re publica*, I.51.

Mas não basta que um grupo de cidadãos seja melhor do que os restantes. A mentalidade aristocrática não se auto-interpreta em termos comparativos, mas superlativos. A tradução de *aristoi* para *melhores* pode contribuir para esta confusão. Convém recordar que o radical de *aristoi* é *areté*, usualmente traduzido para virtude, mas cujo significado é melhor reproduzido pelo termo *excelência*. Daí que seja mais correcto, talvez, dizer que numa aristocracia governam os *excelentes* – os *spoudaioi* – ou para manter o superlativo, os *excelentíssimos*. Aqueles que já são *bons* e *capazes* – *epieikeis* – governam a cidade. Não se trata, porém, de homens bons neste ou naquele aspecto, mas daqueles que são bons em termos absolutos e sem qualificações. Só estes homens bons são *aristoi*. É esta asserção simples que Castiglione reproduz quando tenta adaptar o italiano ao latim e às derivações italianas do latim: *il governo dei boni, che chiamavano gli antichi ottimati*. Mais: para a mentalidade aristocrática não só a virtude (ou a excelência) varia quantitativamente de pessoa para pessoa como também se inclui a possibilidade de, em certos aspectos, se registar uma variabilidade qualitativa. Neste caso, a virtude nos governantes desempenharia uma função "directiva", ao passo que entre os subordinados as virtudes da alma e do corpo teriam uma função "executiva" ([72]).

Os "bons", os "melhores", os "excelentes", governam directamente, ou seja, dispensam todo o mecanismo de representação das suas pessoas, e, ou monopolizam as magistraturas, exercendo em exclusivo todos os cargos políticos, ou preenchem aquelas magistraturas mais proeminentes – quer do ponto de vista constitucional, quer do ponto de vista da condução quotidiana dos assuntos públicos mais graves –, entregando as restantes ao *dêmos* ou *popolus*. Em Cícero, aparentemente só a primeira versão constitui rigorosamente a forma pura de aristocracia. Para Marco Túlio, numa aristocracia, os "melhores" cidadãos, de alguma forma seleccionados e destacados dos restantes homens da cidade, exercem a "autoridade suprema". O povo, enquanto agente político, está inteiramente excluído da deliberação política e do poder. O mesmo vale para um grande admirador de Cícero, Montesquieu. Quando Burke avisa que não é "amigo da

---

([72]) S. Tomás de Aquino, I.10.24.

aristocracia", esse "domínio austero e insolente", refere-se à aristocracia enquanto forma de governo pura, ou seja, utiliza essa palavra no sentido em que é "usualmente entendida". O sentido "usual" de aristocracia é o de uma aristocracia pura, onde os Pares não fazem depender a sua "influência" do "favor" do povo ([73]). Por sua vez, Jean Bodin identifica a aristocracia pura com aquela república definida por Platão onde as "pessoas de bem" detêm a "soberania", ou seja, o poder último e absoluto. Significa isto que a aristocracia designa originariamente uma realidade política identificada pelo governo absoluto dos *melhores*, embora historicamente se desenvolva uma evolução para associar a esse termo um governo mais diluído, com uma maior ou menor participação popular. A oscilação será acompanhada por uma outra, a saber, se numa aristocracia são as leis que governam, ou se, alternativamente, o mando directo dos "excelentes" se superioriza às próprias leis.

A Aristocracia (IV)

Montesquieu associou o "espírito de desigualdade" ao regime aristocrático e não o fez em vão. A forma aristocrática de governo assenta no pressuposto da *desigualdade* entre os homens. Uma das vozes da reivindicação aristocrática no século XVII, Baltasar Gracián, afirma-o com indubitável brutalidade: "Há por vezes entre um homem e outro quase outra tanta distância como entre o homem e a besta, se não na substância, na circunstância; se não na vitalidade, no exercício dela" ([74]). A mentalidade aristocrática pretende ver no factor de distinção entre homens e animais validade para diferenciar uns homens dos outros. O "princípio da racionalidade diferencial" decorre da constatação de relações de superioridade que conferem *direito* a governar, em nome da justiça e da harmonia do todo. No caso das relações humanas, o direito a governar que cabe aos superiores em exce-

---

([73]) *Thoughts on the Cause of the Present Discontents* in *Pre-Revolutionary Writings*, pp. 134-135. Também Rivarol, *Le Journal Politique National*, nº 22, 1789-1790, p. 101, nota 2.

([74]) *El Discreto* (Cidade do México, 1969), p. 46.

lência moral e intelectual é justificado por analogia com a superioridade e governo da razão sobre as partes inferiores da alma, as quais, seguindo a tripartição operada por Platão e prosseguida durante tanto tempo pelo pensamento europeu, podem ser identificadas com as partes irascível e concupiscível. É da ordem natural das coisas que tudo o que é melhor e superior governe o que é inferior para benefício de ambas as partes: Deus governa o homem, a alma governa o corpo, a razão a luxúria e a ira, o homem superior o homem inferior. Mas as analogias devem obedecer a um certo rigor mínimo. Quando o homem superior governa o homem inferior tal como a alma governa o corpo, então estamos em plena relação de escravatura; quando o homem superior governa *politicamente* o homem inferior, então a analogia mais exacta solicita a recuperação do governo da razão sobre os desejos. As relações *naturais*, ou *de acordo com a natureza*, de superioridade e inferioridade unem todos estes tipos de domínio/sujeição, mas não deixam de ser tipos diferentes os que se distinguem pela presença (ou ausência) de uma dose de cooperação e de submissão *voluntária* aos comandos da superioridade.

Contrariamente ao pressuposto democrático – no aspecto mais decisivo, os homens são todos iguais – a aristocracia consiste na tradução político-constitucional da desigualdade *natural* entre os homens. Segundo este pressuposto aristocrático, os homens são *por natureza* desiguais, no duplo sentido de que à nascença os homens são dotados de desiguais e diferentes capacidades, e que, nas condições apropriadas, com aprendizagem e com prática, são desenvolvidas desigualdades nessas capacidades. Na verdade, o Sócrates de Xenofonte defende que as "melhores naturezas" exigem até a educação mais perfeita e nobre, caso contrário não só não realizarão o seu potencial, como degenerarão no vício mais perigoso. O perfeito desenvolvimento das capacidades naturais para a realização de actos belos e nobres e para a formação de uma alma robusta, apesar de ser *natural*, não é *espontâneo* [75]. Na educação para a excelência deve haver a consonância harmoniosa de três factores distintos que para ela concorrem: a natureza, a razão e o hábito. As mais sublimes potencialidades são

---

[75] *Memorabilia*, IV.i.4, IV.ii.2-6; cf. III.ix.1-3.

fornecidas, como seria de esperar, pela "natureza". A razão constitui a faculdade que permite a aprendizagem. Por sua vez, o hábito, implicando uma prática constante, opera uma sedimentação efectiva do que se aprendeu e o desenvolvimento das potencialidades fornecidas pela natureza; da contínua repetição em actos e em práticas, a excelência transita de um estatuto virtual para a sua concretização. Se um destes três elementos da educação para a excelência está ausente é a própria excelência que fica lesada. "Pois a natureza sem aprendizagem é uma coisa cega, e a prática sem natureza, nem aprendizagem, é algo sem efectividade". Esta passagem de Plutarco é antecipada na *Ética a Nicómaco* por Aristóteles, onde se pode ler que também a razão ou aprendizagem teórica vê roubada a sua eficácia na ausência do hábito. Do mesmo modo que o solo tem de ser lavrado previamente para que a semente possa germinar, também o espírito do homem tem de ser "preparado pelo cultivo de hábitos, para que possa desejar e repudiar correctamente".

Eventualmente, esta concepção de educação assente em hábitos seria rejeitada por Rousseau. O hábito, segundo Rousseau, como instrumento educativo é o contrário da liberdade, no sentido em que o hábito é apenas mais uma "necessidade que se acrescenta à da natureza". "O único hábito que se deve deixar ganhar pela criança é o de não contrair nenhum". O hábito cunha um carácter específico na alma; ajuda a definir a pessoa. Do ponto de vista da crítica da aristocracia, o hábito parece destruir a espontaneidade, a criatividade, e fixa rígida e artificialmente os comportamentos do indivíduo. A separação de concepções de educação numa variante mais aristocrática e noutra mais democrática torna-se menos estranha assim que notamos as diferentes interpretações do hábito. A mentalidade aristocrática sempre insistiu no papel irredutível do hábito; a mentalidade democrática tende a desvalorizá-lo.

Referir o lugar central do hábito nas concepções aristocráticas de educação é tarefa obrigatória, até porque Plutarco acaba por relativizar o papel da natureza, de modo a moderar possíveis consequências excessivamente fatalistas. A educação, desde que seja correcta, pode suprir falhas em dons naturais. Aristóteles já havia insistido na mesma qualificação. Em caso contrário, a responsabilidade individual pela conduta virtuosa como pela conduta viciosa seria radicalmente posta em causa. A definição da excelência (ou mediocridade) de um indivíduo pelas suas qualidades inatas retiraria às escolhas o seu conteúdo especificamente moral ([76]). Ora se a excelência pressupõe educação, os homens excelentes da aristocracia, os "melhores", serão aqueles mais ricos em excelência *e* em educação. Pela mesma ordem de razão, os "melhores" são os *mais sábios* porquanto a sabedoria é a qualidade dos educados que aspiram a educar.

Dissemos que a aristocracia é *uma* das formas de governo que pressupõe a desigualdade entre os homens. Mas é provavelmente a única que faz depender a sua coerência da desigualdade *natural* entre os homens. E dizemos desigualdade *natural* por contraposição a formas *convencionais* de desigualdade. Essa distinção é necessária se quisermos manter nítidas as diferenças entre a forma aristocrática e a forma oligárquica (ou, se quisermos, um qualquer governo de "elites"). Se mantivermos a separação clássica entre os "muitos" e os "poucos", tanto a aristocracia como a oligarquia são governos de "poucos". Ou seja, é um grupo reduzido dos membros da comunidade que participa na, e decide a, vida política. A questão decisiva que diferencia a aristocracia de outros tipos de governo *stretto* é que a primeira tem como grupo governante os "melhores", ao passo que os outros governos colocam na direcção dos seus assuntos políticos grupos que adquirem esse privilégio por convenção.

Os "melhores", ou o são por natureza, ou não o são. *Por natureza* significa, não o apoio na *eugenia* ou no "bom nascimento", nem em qualidades inatas que, ou se têm, ou se não têm, mas antes no carácter *natural* da virtude ou mais rigorosamente da *excelência*. Não se trata tanto de definir qualidades que nascem com a própria pessoa e que excluem totalmente qualidades adquiridas, mas de perceber que a excelência ou a virtude num sentido específico é o conceito central em torno do qual gira todo o fenómeno aristocrático. A desigualdade *natural* a que a mentalidade aristocrática se refere é então a desigualdade entre os homens no que respeita à possibilidade de atingir a excelência humana.

([76]) Plutarco, *Moralia*, 2a-c; Aristóteles, *Ética a Nicómaco*, 1179b23-29, 1114a30-1114b25.

Mas a aristocracia não reconhece apenas relações de desigualdade; num certo sentido, é reconhecida uma igualdade fundamental. Entre os "melhores" vive-se uma espécie de *isonomia*, sem que isso exclua a competição interna pela superioridade. Aquele que se destaca entre os "melhores" é, no entanto, reconhecido apenas enquanto *primus inter pares*. Em princípio, as relações de igualdade (e, para todos os efeitos, as de desigualdade) serão aquelas que decorrem do princípio de justiça segundo o qual iguais devem ser tratados igualmente e desiguais desigualmente. Por outro lado, a igualdade entre o grupo dos homens "melhores" é espontânea na medida em que resulta do reconhecimento natural e recíproco daqueles que detectam entre si a natureza e a excelência que cada um deles possui ou *é* [77].

A aristocracia faz depender o reconhecimento da (des)igualdade de um aspecto específico das qualidades e bens humanos: a excelência. Só aqueles iguais em excelência são iguais e apenas os desiguais em excelência são tratados desigualmente. Complementarmente, quando a desigualdade em sabedoria e em virtude moral não é manifesta, reconhece-se a igualdade. Numa aristocracia, todos os iguais em excelência são portanto *politai-homoioi*. As relações hierárquicas percorrem todo o corpo social; em cada escalão da hierarquia fixam-se relações de igualdade. A igualdade que regra o governo aristocrático não é, portanto, a igualdade política ou social entre todos os homens. Neste governo supõe-se que haja uma correspondência tão rigorosa quanto possível entre uma "hierarquia natural" dos homens e uma "hierarquia política"; o poder político é entendido como a correspondência jurídica da "ascendência natural" do espírito: "os direitos dos homens são modificados pela sua condição" [78].

A aristocracia é, pois, aquela forma de governo em que as relações de desigualdade têm consequências políticas directas porque a desigualdade na excelência é considerada tão fundamental que não pode deixar de acarretar a consequência da desigualdade no governo. Fazê-lo seria uma violação da justiça.

---

[77] Ver Nietzsche, *Para Além de Bem e Mal*, trad. portuguesa Hermann Pflüger (Lisboa, 1996), §265.

[78] A expressão é de Adam Ferguson, *An Essay on the History of Civil Society* (Cambridge: Cambridge University Press, 1995), II.2, p. 84; I.10, p. 68.

Na *República* de Cícero lê-se uma passagem em que, depois de enunciados os argumentos dos partidários da aristocracia, se afirma ser a igualdade estrita coisa muito iníqua, pois implica que serão atribuídos os mesmos bens pelos superiores e inferiores indistintamente. De acordo com os partidários da aristocracia a quem Cícero dá voz, só nos Estados governados pelos melhores é evitada esta iniquidade. Segundo a pretensão aristocrática, é este tratamento desigual dos desiguais que repõe a justiça, isto é, a equidade [79].

O regime da igualdade pura é a democracia; o regime da desigualdade pura é a tirania. Esta última proposição poderá parecer estranha. Afinal, não nos é permitido duvidar de que Hannah Arendt tem razão quando afirma que "todas as teorias políticas relativas à tirania concordam que esta pertence estritamente às formas de governo igualitárias; o tirano é o governante que governa enquanto um contra todos, e os «todos» que ele oprime são todos iguais, nomeadamente igualmente impotentes" [80]. No entanto, é preciso notar que a igualdade absoluta reinante entre "todos" é resultado directo da relação arbitrariamente desigualitária entre "todos" e o tirano, já que não há intermediações entre o tirano e o indivíduo popular. E se os súbditos são todos iguais entre eles, já o tirano não tem pares, não tem iguais, e nem poderia tolerá-los. Daí que se descreva a tirania como o regime da desigualdade pura. O extremo da desigualdade numa tirania implica paradoxalmente a igualdade absoluta. Nas democracias todos os homens são iguais "porque eles são tudo", nos despotismos eles são iguais "porque não são nada" [81]. A desigualdade na tirania corresponde à distância que separa o zero do infinito.

Para Aristóteles, os súbditos do governo aristocrático, os cidadãos que o estagirita insiste em descrever como "livres",

---

[79] Ver Cícero, I.53. Ver Platão, *República*, 558c; Xenofonte, *A Educação de Ciro*, II.ii.18-27.

[80] Arendt, "What is Authority?" in *Between Past and Future* (Londres, 1990), p. 99.

[81] Montesquieu, VI.2. Ver o argumento "teológico" de Locke para a igualdade natural de todos os homens, *Dois Tratados do Governo Civil*, trad. portuguesa Miguel Morgado (Lisboa, 2006), II.§4, 6; Miguel Morgado, Introdução no mesmo volume, pp. xxxi-xlviii.

serão, eles próprios, virtuosos ou pelo menos inclinados para "atingir o género de vida mais desejável". O governo aristocrático implica que tanto governantes, como governados, cumprem a parte que lhes cabe para realizar a finalidade mais excelente, a vida boa ([82]).

A Aristocracia (V)

O leitor facilmente detectará várias dificuldades *políticas* – para não mencionar as de outra espécie – contidas na exposição até agora efectuada da perspectiva aristocrática. De forma a confrontarmos dificuldades desse tipo, e para continuarmos a clarificar a natureza da forma aristocrática de governo, torna-se muito útil analisar o tratamento dado por Platão à questão das formas de governo no *Político*. Neste diálogo são levantados alguns problemas que, de certo modo, acompanhariam durante séculos muitas das discussões em torno do tema.

O Estrangeiro Eleata que conduz o diálogo aborda o problema das formas de governo começando pelos indícios mais elementares: existe o governo de um só, de alguns e o governo de muitos. Se atendêssemos apenas ao número de governantes como critério de classificação seríamos impedidos de distinguir entre governos rectos e governos degenerados, a qual distinção constituía marca reconhecível da filosofia política clássica. Tomando o número como critério exclusivo ficaríamos com uma tipologia reduzida a três formas. Seria impossível distinguir, como Platão distingue na *República*, a oligarquia da timocracia ou da aristocracia, enquanto governo de *poucos*; seria impossível distinguir a realeza da tirania, enquanto governo de um só. De outro modo não se compreende por que Platão insiste, na *República*, em dizer que realeza e aristocracia são um mesmo regime, ou que uma e outra são produto de uma distinção puramente verbal. As "leis", a "educação", a "instrução", são mais fundamentais para a determinação do regime do que a extensão numérica dos governantes. Daí que no *Político*, o Estrangeiro

---

([82]) *Política*, 1288a9-12, 35-38.

Eleata inclua outros critérios de classificação. Estes novos critérios caracterizam-se por obrigar o espectador a averiguar se o governo assenta na coerção ou no consentimento, na riqueza ou na pobreza, no respeito pelas leis ou no desrespeito contrário. A partir dos critérios mencionados, o Estrangeiro Eleata forma a tipologia tradicional: realeza e tirania, aristocracia e oligarquia, e democracia. Esta, embora na realidade se desdobre numa forma que compreende o governo das leis e numa outra que não compreende esse governo, mantém a mesma designação, quer estejamos a falar de uma forma de governo recta, quer degenerada (83).

O problema fundamental que obscurece este primeiro passo para uma classificação de governos prende-se com o facto de se insistir que o regime justo é o que tem à sua cabeça o bom político, o estadista. Mas o estadista nunca pode ser descoberto com a luz fornecida pelos critérios que acabámos de enunciar. Só existe um critério de definição do grande estadista; esse critério não coincide nem com a riqueza, nem com a existência de leis, nem com o consentimento. O critério que realmente conta para a descoberta do que é a verdadeira arte de governar é a "ciência" da governação. Na opinião do Estrangeiro Eleata, quem detém a ciência da governação é o mais apto a governar, e esse conhecimento tem um cariz mais teorético do que propriamente prático. Mas este conhecimento teorético distingue-se, por sua vez, do conhecimento teorético puro ou o que prossegue os objectos do puro conhecimento. O conhecimento político, a ciência política, consiste num conhecimento que se traduz inevitavelmente na acção; é uma ciência que fala no "modo imperativo". De um modo peculiar, a ciência do governo é simultaneamente teorética *e* prática (84). O conhecimento prático do estadista, o mais elevado dos conhecimentos práticos, parece precisar da iluminação do conhecimento teorético; o conhecimento do estadista é diferente do do filósofo, mas aproxima-se dele. O político é aquele homem que sabe e, sabendo, age. Coloca-se num lugar onde o

---

(83) Platão, *Político*, 291d-292a. Ver Xenofonte, *Oeconomicus*, XXI.12.

(84) Ver Paul Stern, "The Rule of Wisdom and the Rule of Law in Plato's *Statesman*", American Political Science Review, vol. 91, nº 2, 1997, p. 267. Comparar com *República*, 506a-b, 540a-b.

conhecimento não pode deixar de agir. Como é resumido por Cropsey, o regime melhor é aquele onde a ciência do governo ocupa a posição de autoridade ([85]). Mais: para Platão, o melhor regime é a única forma *verdadeira* de governo.

Torna-se evidente, no contexto deste diálogo, que o conhecimento só estará numa posição de autoridade numa realeza ou numa aristocracia, já que o Estrangeiro Eleata considera inviável a noção de que este conhecimento possa algum dia ser detido pela multidão ou pelos ricos ([86]). De acordo com a visão segundo a qual o melhor governo para os homens depende estritamente da ciência ou conhecimento superior de quem governa, não é estranha a analogia com a relação entre o médico e o doente. O médico governa a vida do doente no interesse do último, independentemente do seu consentimento, da sua riqueza ou de regras escritas. Tal como o médico, o governante actua para o bem de quem tem ao seu cuidado, neste último caso, o conjunto da cidadania; torna-se óbvia a presença tácita mas real do bem comum. Ora o médico adquire esta primazia sobre o doente porque apenas ele detém a ciência da reabilitação da saúde.

Mas esta analogia não deve ser aceite acriticamente; a recomendação é sugerida pelo próprio Estrangeiro Eleata. Um paralelo rigoroso e inflexível entre os bens prosseguidos pela política e o bem prosseguido pela medicina – a saúde corporal – não é sustentável. Em resultado desta analogia, o Estrangeiro Eleata pode dizer sem ambiguidades que a ciência ou o conhecimento ou a sabedoria é o único critério válido para julgar qual o governo correcto para os homens ([87]). Todos os outros governos, isto é, todas as outras constituições que podemos registar empiricamente, não podem ser classificados enquanto tal. Pois esses regimes políticos são meras "imitações" do "verdadeiro" regime ([88]). E isso implica que os estadistas desses regimes não o

---

[85] Joseph Cropsey, *Plato's World* (Chicago, 1997), p. 128; ver também Aubenque, p. 41.

[86] *Político*, 292b, 297c, 300e.

[87] Ibid., 293b-e. A outra analogia utilizada é a do piloto que zela pelo bem-estar do navio e dos passageiros. Ver também Cícero, *De re publica*, I.62, II.51.

[88] Comparar com Platão, *Leis*, 715a-d. Veja-se a moderação deste ponto operada por Cícero (*De re publica*, III.43-48) e Aristóteles (*Ética a Nicómaco*, 1135a1-6).

serão verdadeiramente; também eles não passarão de "imitações" dos políticos do melhor governo. O Estrangeiro Eleata não pretende deixar margem para dúvidas e em conformidade qualifica os políticos dos regimes políticos empiricamente verificáveis como "peritos em facções". Como nota Cropsey, este é um juízo muito duro sobre os políticos dos regimes que operam sob as leis. A crítica indica que a lei geral, ao permanecer aquém da universalidade requerida para a realização da justiça e do bem comum, se mantém como um conjunto de regras necessariamente parciais [89]. Não querendo deixar o assunto numa perigosa indiferença entre os regimes empiricamente verificáveis que compreendem o governo das leis e os que não o compreendem, ou seja, para que seja possível efectuar um juízo concreto sobre os regimes rectos e os não-rectos, o Estrangeiro Eleata declara que os primeiros imitam o "verdadeiro" regime para o bem e os últimos imitam-no para o mal [90]. O que resulta da demonstração feita pelo Estrangeiro Eleata é que todos os governos empiricamente verificáveis, mesmo os governos onde mandam as leis, são aproximações defeituosas do padrão absoluto das formas de governo.

É da essência do melhor governo que seja a sabedoria do governante, e não as leis, a prevalecer. Para Platão, o político, o estadista sábio, governa absolutamente. Por a lei ser aquilo que é, por ser geral no seu objecto, um governo das leis nunca poderá realizar a justiça perfeita. S. Tomás de Aquino, comentando a *Política* de Aristóteles, chega à mesma conclusão: sendo a lei necessária e justamente geral, não podendo assim dar conta de todas as situações particulares, surge uma imperfeição (ou imprecisão) inevitável quando se confronta com a vida e as acções humanas, pois estas são compostas por casos e situações sempre particulares. Em resultado do seu carácter intrínseco, a lei nunca pode conter aquilo que é melhor e mais justo para cada um dos homens em todos os momentos. A lei que assegura o melhor resultado em todos os casos e em todas as circunstâncias é uma lei impossível. Existe uma rigidez própria da lei que impede a realização da justiça. Em contrapartida, a sabedoria do governante permite-lhe, em princípio, averiguar cada situação e

---

[89] Cropsey, p. 137.
[90] *Político*, 293e, 297c.

executar a melhor acção adequada a cada caso. A sabedoria do governante não só fornece as melhores soluções como goza de uma flexibilidade contrária à natureza da lei [91]. A lei, *quando contrastada com a ciência*, aparece como um homem seguro de si, mas ignorante, como "o substituto de um saber momentaneamente indisponível". O político não precisa da lei "porque ele coloca a sua própria ciência como lei" [92]. Está também escrito nas *Leis* de Platão que

> nenhuma lei nem nenhuma ordem é mais forte do que o conhecimento, nem é justo que a inteligência (*nous*) esteja subordinada a (ou escravizada por) alguém, mas ela deve governar todas as coisas, se de facto for verdadeira e livre de acordo com a natureza [93].

E o alegado "realismo" superior de Aristóteles não é suficiente para o afastar de Platão neste aspecto particular: "para os seres superiores não existe lei; eles mesmos são a lei" [94].

Neste momento, seria fundamental uma confrontação entre os benefícios da superioridade da flexibilidade e as vantagens da estabilidade fornecida pela lei. Seria importante testar a hipótese segundo a qual toda a vida social pressupõe uma certa estabilidade nas expectativas formadas relativamente aos comportamentos e acções dos membros da comunidade. Neste caso, a estabilidade da lei, e da generalidade da lei, apareceria não como uma "segunda escolha", mas antes como a "melhor" solução do problema político. E seria ainda útil saber se não podemos obter um conceito de lei que a faça conter pelo menos alguma flexibilidade. Afinal, é o próprio Estrangeiro Eleata quem admite que as leis são um produto de homens sábios e experientes.

De qualquer modo, este diálogo de Platão tem também por um dos seus objectivos problematizar o lugar da sabedoria, ou mais rigorosamente da *phronesis* [95]. Essa problematização

---

[91] Ibid., 294a-e.
[92] Aubenque, p. 43.
[93] 875c-d.
[94] *Política*, 1284a13-14.
[95] Para a tradução de *phronesis* por "sabedoria" neste contexto específico, ver Stern, pp. 264-265, 266 n.20.

ocorre mais visivelmente quando é exibida a insuficiência da analogia político/médico. A deficiência na identificação da ciência política com uma ciência de carácter geométrico torna-se evidente até pela mesma razão em nome da qual o governo das leis fora declarado deficiente. Se os assuntos humanos são tão variáveis, se os homens apresentam um comportamento tão variável, a suposição de um conhecimento geral do humano susceptível de infalível aplicação concreta torna-se desadequada. Escreve Stern: "Mais apta é a capacidade cognitiva que possa dar conta da diferença e da alteração, e que não presuma a subsunção dos indivíduos numa categoria geral à maneira do entendimento matemático" ([96]). Por sabedoria designa-se, então, uma forma de juízo sábio relativamente a particulares assente no conhecimento do universal. Porque é da natureza das coisas políticas a exibição de uma variabilidade e diversidade insusceptíveis de uniformização ou massificação.

Mas, de acordo com o Estrangeiro Eleata, é preciso confrontar o facto de a lei ser um recurso essencial na formulação de um governo, que não sendo o melhor, não deixa de estabelecer uma relação política legítima nas cidades que efectivamente existem. Por um lado, é previsível que a sabedoria requerida para a prática do melhor governo esteja ausente. Esse tipo de sabedoria é, ao cabo e ao resto, um dom extraordinariamente raro; seria preciso, como diz Adkins, um "milagre" para a sua concretização ([97]). Mesmo que a sabedoria esteja presente numa situação concreta não é plausível supor outra reacção dos restantes homens que não inclua a suspeita e, em última análise, a sua rejeição. Por outro lado, não é menos incrível supor que um governante, ou um grupo reduzido de governantes, possa acompanhar todo e cada um dos cidadãos de modo a saber sempre o que é melhor para ele. Saber o que é melhor para cada um dos cidadãos exige a hipótese quase hilariante de alguém que teria de se sentar ao lado de cada um dos cidadãos permanentemente ao longo da sua vida. Para o putativo governante sábio a perspectiva de tal tarefa tornaria a alternativa – a formulação de leis gerais – um dispo-

---

([96]) Stern, p. 269.
([97]) Arthur W. H Adkins, *La Morale dei Greci*, trad. italiana Riccardo Ambrosini (Roma, 1987), p. 406.

sitivo pleno de sentido. A necessidade do governo das leis impõe-se portanto, não só devido à resistência que o governo da sabedoria despertaria, como a uma impossibilidade prática insolúvel *para o governante*. O governo das leis aparece como uma recomendação da sabedoria e da ciência política: a analogia político//médico (ou ciência política/medicina) agrava a sua agonia. Até porque as leis também têm uma origem especificamente humana; e o governo das leis inclui a possibilidade da reforma das leis. Por conseguinte, o governo das leis também não pode dispensar a sabedoria, nem excluir aqueles homens que sabem fazer boas leis ou, quando é aconselhável, mudá-las. Se é condição de sabedoria conhecer os seus próprios limites, então o político sábio reconhece que a reivindicação de poder absoluto para si equivale a uma confissão inadvertida de ignorância. O governo das leis e o consentimento compensam os limites da sabedoria. Mas também se reconhece que a sabedoria complementa ou corrige a rigidez do governo das leis. O governo absoluto da sabedoria não é possível; o governo das leis sem *phronesis* não é suficiente. Porque as leis nunca substituem completamente a acção do político que decide, aqui e agora, nas circunstâncias actuais. Neste sentido, a acção do político deve ser informada por uma modalidade específica de sabedoria.

Perante a negação factual ou empírica do melhor regime, o Estrangeiro Eleata é forçado a encarar uma "segunda escolha". Ora a "segunda escolha" afigura-se, sem grandes dificuldades, como o governo das leis [98]. A necessidade da "segunda escolha" decorre essencialmente da suspeita do poder, de qualquer poder, por parte da grande maioria dos homens [99]. A maioria receia, não sem motivo, que o poder sem interferências propicie a miséria e a tirania. A maioria receia o abuso do poder. Porém, mesmo se excluíssemos a perspectiva do abuso do poder, mesmo se excluíssemos, como hipótese de trabalho, o governo opressivo, restaria uma forma de suspeita incontornável. É que, diz o Estrangeiro Eleata, a maioria resistirá sempre ao governo do sábio e associará sempre a alternativa do governo do sábio pelas lentes da ameaça colocada pelo abuso do poder. Assim, a maioria

---

[98] *Político*, 297d-e.
[99] Ver Platão, *Leis*, 875a-d.

não quererá ser governada por nenhum conhecimento superior, por nenhuma ciência política, até porque para quase todos é muito difícil compreender a distinção entre o tirano e o rei sábio. Nos termos em que Platão coloca o problema, essa distinção pressupõe que a maioria reconhece a sabedoria no outro; mas um tal reconhecimento é implicitamente um reconhecimento de inferioridade/superioridade. Ora, para o Estrangeiro Eleata, a maioria não possui a sabedoria, nem a experiência de episódios anteriores, que permitam o mesmo reconhecimento. A maioria quererá sempre garantir que a sua voz não será excluída e nunca submeterá o governo das suas vidas a nenhuma forma de sabedoria exterior. "Nada será mais sábio do que as leis". O governo das leis na realidade concreta substitui o melhor governo. Esta eventualidade não pode ser recusada em nome de um dogmatismo irresponsável. Por isso, o Estrangeiro Eleata, ponderando a alternativa entre o governo das leis e o governo violador das leis, no contexto da impossibilidade de colocar a sabedoria no lugar cimeiro da autoridade política, não hesita em reconhecer que só o governo das leis pode constituir uma boa aproximação ao melhor regime. O mal decorrente do governo sem lei é incomparavelmente maior do que as insuficiências do governo das leis. Porque apesar de todas as insuficiências, a formulação das leis corresponde a uma "imitação da verdade". O governo das leis pode ser informado pela sabedoria política; a tirania, pelo contrário, é sempre o regime da ignorância ([100]). Daqui é legítimo concluir que só existem duas alternativas aceitáveis na solução do problema político: ou o governo da sabedoria, ou o governo das leis fundado no consentimento. A tirania não é opção.

Uma vez demonstrada com segurança que o conteúdo da "segunda escolha" só pode consistir no governo das leis, a legalidade aparece como critério para uma nova classificação dos regimes políticos empiricamente verificáveis. Se o governo das leis é a imitação do melhor governo, então é aceite que a anterior tipologia pode ser outra vez apresentada, mas agora essa apresentação decorrerá sob a perspectiva da *legalidade*. Voltamos a ter a realeza (das leis) e a tirania (sem leis e sem ciência); aristocracia (governo dos ricos de acordo com as leis) e oligarquia

---

([100]) *Político*, 298a-e, 301c-d, 299c, 300a-c, 300e-301a.

(governo dos ricos à revelia das leis); e democracia. Hierarquizando estas formas de governo, o Estrangeiro Eleata declara que a realeza sobressai como o melhor regime e a tirania como o pior. Entre os governos sob as leis, a democracia distingue-se por ser o pior, mas, no que toca aos regimes que não fazem do cumprimento da lei o seu traço característico, a democracia (sem lei) é o melhor dos governos. A justificação é curiosa. A democracia é o governo da multidão; ora a multidão, de acordo com o Estrangeiro Eleata, é débil ou medíocre em todos os aspectos, o que significa que não será capaz de fazer grande bem e não será capaz de fazer grande mal. Esta debilidade ou mediocridade é acentuada se tivermos presente que numa democracia o poder político encontra-se disperso por muitas mãos diferentes, tornando esse poder mais inoperante quando comparado com as outras formas de governo ([101]).

A conclusão de que a aristocracia é o governo da ciência *do* político pode parecer tão especificamente platónica que a impede de ser generalizada para todo o pensamento aristocrático. Apesar de a ênfase na *ciência* ter uma origem inegavelmente platónica, vários indícios proíbem o simples encerramento da ligação entre conhecimento e bom governo nas paredes da obra de Platão. De qualquer modo, existem diferenças de grau quando comparamos Platão com outros admiradores da possibilidade aristocrática. Pierre Rodrigo, após trabalhar cuidadosamente a leitura, por um lado, do *Político* e da *República*, de Platão, e por outro lado, da *Política*, de Aristóteles, debruça-se sobre a inexistência nos textos platónicos do plural de *orthè politeia* – regime recto. O plural – *orthai politeiai* – surge, com efeito, apenas no texto de Aristóteles. Tal dissonância parece indicar que para Platão apenas a cidade governada pelo rei-filósofo seria uma constituição recta, boa, verdadeira, ao passo que para o educador de Alexandre várias constituições podem ser descritas como "rectas". Em Aristóteles, portanto, a "regra" de uma tal rectidão já não se liga à sabedoria do filósofo, mas antes à prudência – *phronésis* – dos governantes, a qual já não é mais a "regra universal do acto moral e justo", trata-se antes da "acção *bem feita*" numa conjuntura marcada pela contingência. Se a prudência em

---

([101]) *Político*, 303a-b.

Aristóteles não se pode confundir com a *sophia* do filósofo, a pluralidade que aquela compreende implica também uma pluralidade de regimes políticos rectos ([102]). Porém, deve-se acrescentar uma ressalva. Não sofre contestação a afirmação de que a *sophia* do filósofo (de Platão) e a *phronesis* do político (de Aristóteles) não têm exactamente a mesma natureza. Mas ambas são virtudes *intelectuais*. De resto, para Aristóteles a prudência é a virtude *específica* do governante, aquela que se dirige especificamente ao exercício do comando e do governo; todas as outras virtudes são comuns a governantes e governados. Platão pode ser conhecido como o autor intelectualista por excelência; mas todo o pensamento aristocrático é, em maior ou menor grau, intelectualista.

Aristóteles escreve que "chamamos" aristocracia ao regime político no qual "governam os melhores" *ou* "se propõe o melhor para a cidade e os seus membros". Aristóteles apresenta, nesta passagem, uma denotação dupla de aristocracia, aparentemente disjuntiva, e que assinalamos explicitamente pela primeira vez. Sobressai a impressão de que uma aristocracia ainda o é, mesmo quando os seus governantes, em conjunto, não podem ser descritos como os "melhores". A outra possibilidade aristocrática, se é lícito usar esta denominação, situa-se num governo onde o que é *melhor* para os cidadãos é prosseguido. Este último critério pode resultar no confronto com uma ambiguidade radical, pois tomado em isolamento de outros critérios conduz à conclusão de que, como notou Filmer, qualquer governo recto – por exemplo, a monarquia – seria igualmente uma aristocracia ([103]). Embora nos pareça que a aparente ambiguidade introduzida pela referida passagem de Aristóteles possa ser resolvida, não se trata de problema que justifique mais espaço. Digamos apenas que o governo que melhor prossegue o que é *melhor* para os cidadãos é o governo entregue aos melhores porque, por definição, os *melhores* são aqueles que sabem o que é melhor para os cidadãos e sabem *melhor* que ninguém as exigências e limitações desse algo que constitui o que é *melhor* para todos os cidadãos, incluindo para eles próprios.

([102]) Pierre Rodrigo, "D'une excellent constitution", *Revue de Philosophie Ancienne*, V (1), 1987, pp. 75-76.

([103]) Filmer, *Observations upon Aristotles Politiques*, pp. 242-243.

Com a perspectiva um pouco mais alargada, podemos ver que a aristocracia nunca é apreendida quando o seu estudo insiste em exclusivo no exame da classe governante. A aristocracia é uma totalidade e a mentalidade aristocrática exige que se contemple a totalidade da possibilidade aristocrática. É a cidade aristocrática como um todo que deve estar perante os nossos olhos, e não apenas uma sua parcela, por mais importante que possa ser. De acordo com a filosofia política que mais insistiu na rectidão do governo aristocrático, um regime político é recto quando as suas magistraturas, especialmente as portadoras de maior autoridade, são entregues àqueles cidadãos capazes de "operar em vista do todo", cidadãos esses que, por esse meio, se afirmam "eminentemente enquanto homens". A mesma capacidade tem menos afinidade com a virtude moral do que "testemunha uma «envergadura» exemplar da existência" [104]. Ser capaz de "operar em vista do todo" traduz, desde logo, o significado político dessa "envergadura exemplar da existência". Mas, segundo Cícero, ser capaz de identificar a superioridade no outro e daí concluir que ele deve governar – e que deve ser obedecido – é próprio de um povo verdadeiramente "livre". Porque um povo "livre" sabe que só pode confiar a sua fortuna e a fortuna da cidade aos melhores homens. Assim, nada pode ser mais nobre e enobrecedor do que o governo da *virtus*, pois neste caso quem governa não é escravo de nenhuma paixão. Quem governa não impõe leis ao povo que ele mesmo não obedeça melhor que ninguém porque a sua vida exibe em cada momento a própria lei. É neste governo, ainda segundo Cícero, garante da maior felicidade, que o povo *confia*: o consentimento do povo em ser governado pelos melhores expressa-se numa relação de *confiança*. *Fides* é o nome latino desta predisposição para estabelecer um laço profundo de confiança mútua, *fundamentado no reconhecimento das hierarquias naturais* [105]. Os governantes de uma aristocracia são confiáveis, não só por serem os melhores, mas por serem, enquanto homens excelentes, capazes de operar em vista do todo.

---

[104] Rodrigo, p. 84.
[105] Cícero, *De re publica*, I.51-52.

Neste passo coloca-se imediatamente uma dificuldade: como reconhecer os *confiáveis* ou os *melhores*? Afinal, a superioridade na virtude não é facilmente reconhecível, não se torna manifesta com facilidade. E, como Maquiavel ensinaria, os políticos podem desenvolver capacidades de dissimulação com notável eficácia. É a partir desta dificuldade que se pode compreender melhor a insistência por parte da mentalidade aristocrática na recomendação daquilo a que se poderá chamar – na ausência de uma expressão melhor – "sociedade fechada", ou talvez "sociedade exígua". Salvaguardando a dimensão necessária da cidade para assegurar a vida auto-suficiente, o facto é que se impõem *limites* ao crescimento, tanto da população, como do território, do Estado que se pretende recto. O objectivo desta recomendação é propiciar o conhecimento directo e recíproco de todos os cidadãos. A condição afigura-se essencial porque se a aristocracia depende essencialmente do ajuizamento do carácter dos homens e da sua excelência pessoal, se a relação entre governantes e governados assenta na *confiança* e na responsabilidade mútuas, se a aristocracia aposta na superioridade da excelência da sabedoria relativamente à uniformidade das leis – o que implica "supervisão das acções e das maneiras" –, ela não é possível numa sociedade em que os cidadãos se possam esconder atrás do anonimato dos grandes números. O princípio de justiça aristocrático – tratar iguais igualmente e desiguais desigualmente – torna-se inaplicável em condições de massificação, pois não se conhece com exactidão quem é desigual e quem é igual. Uma população numerosa ou um território extenso impedem a familiarização dos cidadãos, impossibilitando (ou dificultando bastante) o conhecimento das características morais e intelectuais de cada um. Neste sentido, também o bem comum deixa de ser realizável, pois para a mentalidade aristocrática, a sabedoria política implica "a capacidade para arranjar as partes de uma comunidade política num todo belo e proporcionado" ([106]).

Sem bem comum, não há aristocracia. É quase apenas uma questão de definição, porque, recordemos, para Aristóteles, a aristocracia, tal como todas as *orthai politeiai* ou regimes rectos, era definida de acordo com dois critérios: o número de gover-

---

([106]) Aristóteles, *Política* 1326a5-b25; Platão, *Leis*, 738d-e.

nantes e o propósito da utilidade (ou interesse) comum ou talvez mais rigorosamente da acção em vista do todo. A finalidade da cidade justa é criar as condições para o florescimento da vida boa, da melhor vida para os homens, ou, nas palavras de Aristóteles, "é evidente que o melhor regime será forçosamente aquele cuja ordenação possibilite a qualquer cidadão realizar as melhores acções e viver feliz" ([107]). A obra do político pretende ser a criação de uma comunidade que forneça o contexto necessário para a realização de todas as excelências através de práticas salutares. Para tal é indispensável garantir que os cidadãos procurem e gozem o que é bom e belo. Porém, o bem comum é coisa que não existe em abstracto. Apenas há bens comuns concretos e particulares em cidades concretas e particulares, ligados entre si por uma substância comum, a saber a capacidade da cidade para agir em conjunto para a realização de um fim bom; e "compete a um legislador experiente considerar como uma cidade, um povo ou uma comunidade participarão na vida boa e na felicidade que lhes for possível atingir" ([108]).

Tendo em conta a especificidade de cada cidade ou de cada comunidade, uma das principais virtudes do político será sempre a prudência, já que a particularização da ideia de bem comum requer a adequação do conhecimento teórico aos particulares que constituem o aqui e o agora, bem como a mobilização dos meios exequíveis para atingir os fins bons. A realização do bem comum exige a compatibilidade entre saber teórico e prático pois o bem comum não é auto-evidente, nem depende apenas das boas intenções. A capacidade de discernir o que é bom para si e para os outros, e de deliberar sobre os meios mais adequados para o realizar, é a faculdade mais preciosa do político. Todo o bom político é, por isso, um político *prudente*. Claro que numa aristocracia, como nem todos governam, nem todos precisarão possuir esta excelência tão apurada. Mas *todos* os cidadãos, governantes e governados, exibem virtude: uns na prática do governo, os outros na prática da obediência. A boa cidadania não exige o mesmo de todos: a virtude mais sublime tem sede no governo, a obediência à virtude comanda o comportamento dos restantes

---

([107]) *Política*, 1324a23-25.
([108]) Ibid., 1325a7-10.

cidadãos; mas quem obedece *sabe* que deve obedecer a quem lhe é superior em virtude. Obedecer não é, na lógica aristocrática, submissão automática traçada pela condição brutal de inferioridade, mas outrossim uma acção correspondente à "justa medida". No contexto aristocrático, a obediência requer, apropriando uma expressão que não é nossa, que o conjunto do povo seja plebeu na "posição" e patrício no "sentimento": plebeu na "posição" porque a obediência insere-se ainda numa relação de subordinação, mas patrício no "sentimento" porque a razão da obediência não se reduz ao interesse-próprio nem à pura necessidade [109]. Por conseguinte, obediência não significa servilismo, bem pelo contrário. O carácter da obediência justa é político; o do servilismo é pré-político, estando circunscrito ao domínio do *oikos*. Daí que, como já vimos, Aristóteles e Cícero descrevam os cidadãos de uma aristocracia como "livres". Mais: "se existe um homem superior em virtude e em capacidade para realizar as melhores acções, será *bom/belo* (*kalòn*) segui-lo e *justo* (*díkaion*) obedecer-lhe".

Quer a mentalidade aristocrática que governantes e governados estejam envolvidos num projecto comum de modo a realizar a felicidade da comunidade, que inclui a felicidade dos indivíduos que a compõem. O laço social que permite uma tal *comunidade* adquire, em Aristóteles, o nome de *amizade*, que é também uma virtude. Porém, outras perspectivas do pensamento aristocrático preferem atribuir à amizade a causa da harmonia no seio do grupo dos melhores, e não tanto na sociedade como um todo. Porque a verdadeira amizade, a amizade mais perfeita, a mais sublime, é a que une os *kaloi kagathoi*, os homens belos e bons: os amigos "são uma ajuda para a realização de acções excelentes" [110]. E por aqui descobre-se mais uma diferença entre a oligarquia e a aristocracia. Aqueles que não são bons não conseguem governar em harmonia com outros que não são bons. A governação oligárquica, contrariamente à aristocrática, não compreende a harmonia e a concórdia no seio do seu grupo governante porque a amizade mais profunda é a que se realiza

---

[109] A expressão é de George Santayana, *The Life of Reason or the Phases of Human Progress* (Nova Iorque, 1948), II, p. 132.

[110] *Ética a Nicómaco*, 1155a15-16.

entre homens bons, entre aqueles que se assemelham em excelência.

Poder-se-ia pensar que a amizade não passaria de uma relação pré-política, e que o arcaísmo dos Antigos conduz à ideia completamente implausível de uma cidade de *amigos*, no sentido moderno. Seria uma maneira de responder a um arcaísmo com um anacronismo. Mas é importante salientar que para Aristóteles a harmonia (ou a concórdia – *homonoia*) representa a forma política que a amizade assume. A concórdia não é simplesmente uma outra palavra para acordo ou unanimidade a respeito de qualquer tipo de assunto. A concórdia é atributo de um Estado em que os cidadãos têm "um mesmo parecer concordante acerca dos seus interesses, decidem-se pelos mesmos objectivos e põem em prática as resoluções tomadas em conjunto" ([111]).

A concórdia manifesta-se em assuntos sujeitos a deliberação colectiva, ou seja, de relevância política fundamental: não só se expressa através da deliberação política conjunta, como constitui uma das condições de possibilidade da decisão política harmoniosa. Deliberar em comum, agir em comum, aceitar em comum os benefícios e os custos de certa decisão, revelam e actualizam a concórdia na cidade. Quando o povo e os nobres querem que sejam os melhores a governar a cidade estamos perante um exemplo de concórdia na cidade. Pelo menos, assim o sugere Aristóteles.

Com ou sem referência à amizade, é factual a regularidade com que a mentalidade aristocrática persiste na ideia da harmonia e na condenação do contrário da harmonia: a discórdia, a sedição, o conflito. Plutarco considera até que a tarefa primordial do bom estadista é essa de promover a concórdia e a amizade entre aqueles que ele governa e, em contrapartida, remover todas as desordens, discórdias e conflitos. A harmonia corresponde a uma situação de tranquilidade, de paz, de concórdia. Para Cícero, numa alusão evidente a Platão, a ideia da harmonia na música fornece uma boa analogia para a *concórdia* na cidade. Harmonia e concórdia confundem-se como "o melhor e mais forte laço de união permanente de qualquer comunidade". A justiça é o elemento indispensável na obtenção da concórdia na

---

([111]) Ibid., 1167a27-30.

cidade. Sem justiça não há concórdia. É, portanto, consequente que Xenofonte propague a reflexão socrática segunda a qual cabe aos *melhores* exortarem à concórdia. A harmonia (ou a concórdia) compreende a mobilização e a realização de bens comuns; implica uma visão comum, um acordo fundamental, quanto ao que é desejável, honroso e bom; traduz uma disposição difundida na cidadania para considerar apenas quais são as condições de cooperação entre os indivíduos e para não exigir mais do que é devido a cada um segundo a concepção de justiça partilhada; em suma, fornece recursos adicionais para a acção justa ao nível individual e colectivo, na medida em que leva cada cidadão a conceber a *comunidade* em que vive com os outros, a conceber algo de comum com os outros. Pode-se dizer que numa tirania não existe – ou quase não existe – amizade porque onde não existe nada em comum entre governante e governados não pode haver amizade, nem concórdia, nem justiça. Mas fundamentalmente, como notou Sócrates na *República*, a harmonia não floresce se não for, desde logo, esta "concórdia (…) entre os naturalmente piores e os naturalmente melhores, sobre a questão de saber quem deve comandar, quer na cidade quer num indivíduo". Sendo a harmonia, no entender de Sócrates, o mesmo que temperança (*sóphrosynê*), isto é, uma virtude, então numa aristocracia *toda* a cidade participa da virtude, pelo menos da temperança ([112]).

A harmonia engloba um outro aspecto, que, na verdade, não é senão o mesmo considerado de outro ponto de vista, podendo ser apresentado do seguinte modo. No governo aristocrático não restam dúvidas de que a cidade contém uma parte "melhor" ou mais excelente do que as outras. E, como vimos, essa superioridade é também justificada por cuidar melhor das partes inferiores da cidade. Mas uma coisa é a estrutura hierárquica que ordena as partes da cidade (e, em Platão, da alma); outra coisa distinta é a igual proporção de cada parte da cidade. No dizer de Morandi, a superioridade é colocada ao serviço de "uma igualdade ontológico-moral" de cada aspecto da vida da cidade (e, em Platão, da alma). Pelo mesmo motivo que o inferior não obedece ao superior em razão da sua inferioridade, mas sim porque a

---

([112]) Platão, *República*, 432a.

obediência é expressão da justiça, também o indivíduo enquanto parte da cidade recolhe uma dignidade própria. A dignidade própria do indivíduo no seio da aristocracia torna-se mais visível se explicitarmos que a estrutura hierárquica não se funda na mera relação superioridade/inferioridade; o que está verdadeiramente em causa é o pressuposto *aristocrático* segundo o qual é necessário *para o bem de todas as partes* que a parte melhor possa assumir a sua superioridade e assim se cumprir como elemento melhorador do todo. Porque aquele que age no sentido de dispor os outros a realizar o melhor que há em si revela por esse meio que ele mesmo está já disposto para o que é melhor ([113]). Melhorar o todo, e, por implicação, melhorar cada uma das partes, não significa tornar cada uma das partes idêntica ou semelhante à parte superior, mas antes permitir que cada parte seja e se realize a si mesma. O poder dos governantes aristocráticos deve a sua legitimidade em vista do todo à sua condição de elemento ordenador do todo. O todo é composto por partes cada qual realizando *igualmente* a sua natureza própria. É essa a "igualdade na diferença hierárquica" de que nos fala Morandi; é uma igualdade que reproduz, *por natureza*, desigualdades. Isso é justiça, segundo a mentalidade aristocrática. Uma justiça corporizada numa cidade harmoniosa porque cada parte realiza em si a "justa medida".

É impossível escapar à conclusão de que o governo aristocrático é um governo *pessoal* – justificado por uma ética da virtude pessoal –, por contraposição a um governo *institucional* – justificado por uma ética da *práxis* institucional. E por ser um governo *pessoal* é também um governo da *autoridade*. Dito isto algumas explicações são necessárias, tendo em atenção que o governo aristocrático *não* se confunde com aquilo que nos nossos dias se entende por governo *autoritário*. Hoje em dia é comum associar a "autoridade" ao *poder*. Mas a autoridade (*auctoritas*) de que nos fala a mentalidade aristocrática é algo que se aproxima muito mais de uma virtude ou de uma qualidade *moral*, e este é um significado a que ainda temos acesso quando ouvimos no discurso comum a referência à "autoridade moral" de alguém. A opinião, a recomendação, a exortação, a ordem, emitida pelo

---

([113]) Dante, *Monarchia*, I.xiii.5-6.

homem de autoridade tem autoridade em virtude da autoridade de que ele é portador. *Auctoritas* significa, não o poder, mas algo diferente do poder, quase o contrário do poder ou da força. Neste sentido, a autoridade distingue-se também do *direito*, já que o direito pressupõe o uso da força, nem que seja para obrigar ao seu cumprimento: a polícia e o tribunal são instituições correlativas ao respeito pelo direito. Dizemos que a autoridade é quase o contrário do poder porque pressupõe "uma liberdade da parte da pessoa a ela sujeita" ou, nas palavras de outra autora, "a autoridade implica uma obediência na qual os homens retêm a sua liberdade", pois a autoridade é a "faculdade de adquirir o assentimento de outro homem" ([114]).

Talvez por a autoridade extrair obediência seja ela identificada com o poder; mas na verdade a autoridade exclui o recurso a meios de coerção física: "quando a força é usada, a autoridade falhou" e "a autoridade termina onde o assentimento voluntário termina". Mas a autoridade também não é o resultado da pura persuasão ou do trabalho da argumentação. Como nota Arendt, esse trabalho pressupõe a igualdade, ao passo que a ordem da autoridade é "sempre hierárquica". Também Kojève sublinha que a autoridade é a possibilidade de acção "consciente e livre" isenta de oposição por parte do destinatário da acção. É Cícero quem afirma que a autoridade, acompanhada pela inteligência e pela eloquência, convence por si mesma. A autoridade não é o resultado da persuasão; mas a persuasão é o resultado da autoridade. O substrato da autoridade pode ser descrito como o uso do imperativo seguido dos argumentos justificativos que completam a persuasão. A autoridade é aquela eminência pessoal que exerce influência nas opiniões e que desperta uma confiança que "tem o carácter da objectividade". Neste sentido, a pessoa dotada de autoridade vê as suas opiniões e as suas decisões ser objecto de uma confiança "axiomática". As decisões do homem de autoridade adquirem uma certeza e um "reconhecimento automático que logicamente só pertence a axiomas impessoais e objectivos". Por sua vez, o homem confiável apenas requer a

---

([114]) Alexandre Kojève, *La notion de l'autorité* (Paris, 2004), pp. 51, 60; Georg Simmel, "Domination" in *On Individuality and Social Forms*, trad. inglesa Donald N. Levine (Chicago, 1971), p. 98; Arendt, "What is Authority?", p. 106.

reputação suficiente para inspirar confiança naqueles que devem obedecer voluntariamente. Porque os homens só obedecerão *voluntariamente* ao homem que encarna a razão se nele confiarem ([115]).

De onde provém esta força moral e política da autoridade? Segundo Arendt, só pode provir de um domínio que transcende o plano político e pessoal, que transcende toda e qualquer forma de existência. Não discutiremos esta versão. Limitamo-nos a apontar para uma origem diversa, na nossa opinião mais consentânea com o discurso aristocrático. Retomemos a expressão de Pierre Rodrigo: o homem excelente "testemunha uma «envergadura» exemplar da existência". A «envergadura» *exemplar* da existência refere-se à vida vivida em toda a sua plenitude, na perfeição moral e na dedicação à riqueza da sabedoria. A autoridade surge como uma espécie de secreção desta "envergadura" da existência, produzida instantaneamente no momento do reconhecimento. Porém, reconhecimento e autoridade se não confundem: o reconhecimento é já o reconhecimento da autoridade, e, portanto, sinal da presença da autoridade. A autoridade existe logo *na* envergadura exemplar da existência e manifesta-se pelo reconhecimento. "Brilha em alguns", escreve Gracián, "um domínio inato, uma força secreta de império, que se faz obedecer sem exterioridade de preceitos, sem arte de persuasão". A sua beleza intrínseca é *exemplar*: constitui objecto de admiração nos outros que encaram aquela encarnação da excelência como superior a eles próprios, como a fonte mais adequada da decisão. Por outro lado, o homem da autoridade inicia as acções continuadas livremente pelos outros dando o seu *exemplo*. É da imanência da existência magnífica que decorre a autoridade; a obediência à autoridade decorre, portanto, do reconhecimento da excelência e do reconhecimento do direito da excelência a governar. Sem reconhecimento, é a realidade objectiva da autoridade que é destruída. Nas relações políticas comandadas pela autoridade gera-se uma *confiança* total no conhecimento e responsabilidade dos governantes que só pode advir da consciência plena do significado e bondade do alinhamento pela direcção

---

([115]) Arendt, pp. 92-93; Jouvenel, pp. 39, 87-89; Kojève, pp. 57-60; Cícero, *De Oratore*, II.82.

escolhida pelos superiores. Quando Tocqueville descreve o fim das "influências" aristocráticas, não se limita a constatar uma alteração indiferente das relações sociais: o fim das "influências" aristocráticas coloca em risco mortal a influência intelectual e moral da "aristocracia natural", isto é, a influência que se exerce pela virtude e pela inteligência.

Escusado é dizer que a doutrina da autoridade natural é, de certa maneira, contrária à "ética da individualidade"; ou, dito de modo inverso, a rejeição de tal doutrina "é essencial para a ética da individualidade", se entendermos, claro está, por "ética da individualidade" a teoria moral segundo a qual todo e cada indivíduo tem acesso pelos seus próprios recursos mentais à "verdade" e à "conduta apropriada" ([116]).

Entre a mentalidade aristocrática e aquilo que na ausência de um termo melhor se pode designar por paternalismo parece haver pelo menos uma certa cumplicidade. O colapso dessa cumplicidade começa com a análise da diferença entre o "pai" e o homem "bom" e "sábio". O paternalismo como teoria alternativa da génese e legitimidade da vida política – ou seja, o *patriarcalismo* – dificilmente pode equivaler-se às teorias políticas aristocráticas. A celebração da hereditariedade enquanto elemento central e aglutinador das relações políticas, própria do paternalismo – ou mais especificamente, do patriarcalismo –, a par da possibilidade (em princípio) universal de aquisição da autoridade paternal, seriam apenas dois dos aspectos mais concretos que facilitariam esse trabalho de distinção.

Porém, o pensamento aristocrático tem dificuldade em fugir à acusação de paternalismo, no sentido comum da palavra; na realidade, é um pouco em tais termos que esse espírito se justifica a si mesmo. Mas por paternalismo não se pode tomar a transformação do espaço público-político no domínio privado da *família*; o paternalismo funciona como uma analogia e com todas as limitações que lhe são próprias; a aristocracia não transforma o espaço público, a *res publica*, no *dominium*, na relação literal entre pai e filho, que é pré-política na sua essência, e que define

---

([116]) Geraint Parry, "Individuality, Politics and the Critique of Paternalism in John Locke" in Richard Ashcraft (ed.), *John Locke: Critical Assessments*. (Londres, 1991), vol. III, p. 30. Ver Locke, II.§174.

uma forma de existência caracterizada por formas de desigualdade, de subordinação e força, concretas e tangíveis; o aristocrata não é um *pater familias*; o escravo é apenas o exemplo mais extremo desta subordinação.

É verdade que a aristocracia comporta, pela relação essencial de desigualdade que a caracteriza, uma dimensão que parece afastar-se da essência da política, tendo em conta que "o governo político é exercido pelos que são livres e iguais" ([117]). Mas é revelador que Aristóteles, quando quer desenvolver analogias entre os regimes políticos e a vida familiar, compare a relação entre pai e filho à natureza da realeza, de um governo autocrático. Para a aristocracia, Aristóteles reserva uma analogia algo diferente. É a relação entre marido e mulher que "parece" comparar-se melhor à natureza da aristocracia, pois o marido governa a mulher em resultado de uma superior aptidão, e esse governo limita-se aos domínios nos quais a superioridade masculina se manifesta. "Assuntos de mulher" são entregues à mulher. É apenas num governo de tipo oligárquico, ou seja, desviado da rectidão aristocrática, que o marido tudo governa e tudo controla ([118]). Castiglione, que por certa altura do diálogo sobre o cortesão se mantém no contexto do governo do principado, e portanto autocrático, persiste nas analogias aristotélicas: o domínio dos súbditos será, "não imperioso, como o do senhor sobre o servo, mas doce e plácido, como o do bom pai sobre o bom filho". Mas todo o paternalismo tem esta consequência: quando o filho desobedece não há alternativa ao castigo corrector. A mentalidade aristocrática não presume que a persuasão é sempre suficiente. Os homens bons governam a cidade, harmonizando os cidadãos "pela persuasão ou pela coacção" ([119]).

A Colegialidade, o Senado e a Selecção dos Governantes

Algumas considerações quanto ao carácter institucional da aristocracia, por breves e sucintas que sejam, são necessárias.

([117]) Aristóteles, *Política*, 1255b19-20.
([118]) *Ética a Nicómaco*, 1160b20-1161a.
([119]) Platão, *República*, 519e.

É quase uma tautologia reafirmar que uma aristocracia não é nem uma democracia, nem uma monarquia. Este é o ponto de partida para se estabelecer com mais precisão os contornos institucionais da aristocracia. É preciso manter presente a noção de que na análise da aristocracia o retrato institucional nunca pode ser desligado do problema da legitimidade do regime como um todo, e principalmente não pode ser separado da preparação ou da educação para a excelência. Se assim fosse, alguns dos traços gerais que aqui apresentamos podiam com igual propriedade ser atribuídos a grupos extra-políticos e criminosos como os bandos de ladrões, ou até a certas instituições de governos democráticos e monárquicos. Como as aristocracias foram quase sempre "repúblicas" que "nunca foram vistas ou conhecidas na realidade", e como as apresentações desse governo pressupunham que o problema da educação era muito mais fundamental do que a mera organização institucional, é difícil proceder ao exame detalhado deste aspecto do governo, o qual exame requer uma realidade empírica fornecedora de dados relativamente abundantes. Nada pode servir de melhor preâmbulo às considerações que se seguem do que repetir com Morandi que a especificidade de uma sociedade aristocrática não é a atribuição dos poderes públicos aos presumíveis "melhores", mas antes a sua cultura educativa que torna tal atribuição legítima. Contudo, alguns pontos básicos de carácter conjectural podem ser referidos.

Se tivéssemos de apontar a instituição política mais tipicamente aristocrática a escolha recairia inevitavelmente sobre o Senado. De um ponto de vista histórico, essa associação é constante. O Senado, ou a instituição equivalente, é quase sempre identificado como o lugar do elemento aristocrático num regime misto. Numa aristocracia pura será no Senado ou em conselho político semelhante que reside a autoridade suprema.

A aristocracia, na linguagem dos clássicos, é o governo de "poucos". Como dissemos anteriormente, tal caracterização exclui, por um lado, o governo de um só homem (monarquia e tirania), e, por outro lado, o governo de "muitos" (democracia e oclocracia). Distingue-se a aristocracia da oligarquia – também esta o governo de "poucos" – pelo facto de os "poucos" na aristocracia serem compostos pelos *aristoi*, pelos "melhores", ao passo que numa oligarquia os "poucos" governantes ascendem a essa posição pelas riquezas ou por outras convenções sociais. Assim, o governo aristocrático é constituído por uma pluralidade de pessoas, que não obstante, exclui do seu círculo a maioria da população. O funcionamento das suas instituições mais importantes caracteriza-se pelo princípio da colegialidade. Esta colegialidade refere-se ao exercício da autoridade suprema do Estado. Dentro do referido princípio duas modalidades são possíveis.

A primeira modalidade pode ser descrita nos seguintes termos. No órgão decisor colegial pode ser gerada uma posição de *primus inter pares*, em que um líder destacado governa sujeito à consulta sistemática com membros formalmente iguais. Weber chama-lhe "colegialidade funcional com uma chefia preeminente" ([120]). Ptolomeu de Luca associa ao governo aristocrático (ou *político*) a ditadura da República romana. Para este autor medieval tal associação não é contraditória, visto que a ditadura romana mais não era do que o governo de um só homem por um período muito limitado. Rotação nas mais altas magistraturas e mandatos limitados a distribuir pelos melhores cidadãos, segundo Ptolomeu de Luca, são perfeitamente compatíveis com o governo aristocrático porquanto é congruente com o princípio aristocrático que se conceda existência a magistraturas funcionalmente monárquicas ([121]). O lugar de chefia pode ser ocupado espontaneamente, partindo do reconhecimento espontâneo dos pares, por eleição, ou por rotação entre os melhores; nunca por sorteio.

A segunda modalidade implica que o órgão decisor não contém nenhuma posição de preeminência no seu interior e subordina todos os outros órgãos e cargos políticos às suas decisões colegiais.

Por aqui vemos que as duas modalidades, no essencial, tentam manter intacto o princípio da paridade. Esta é, segundo Harrington, a "verdade da aristocracia": a participação no poder político daqueles considerados especialmente aptos para o exercer desenvolve-se de acordo com uma certa igualdade. Os mem-

---

([120]) Max Weber, *Economy and Society*, trad. inglesa (colectiva) (Los Angeles, 1978), vol. I, p. 272.

([121]) Ver James M. Blythe, *Ideal Government and the Mixed Constitution in the Middle Ages* (Princeton, 1992), pp. 96-97, 218-220.

bros da classe governante são *pares regni*, independentemente da desigualdade económica que entre eles possa haver. É possível dizer, se se quiser usar uma comparação problemática, que numa aristocracia o modo de governação, ou mais rigorosamente, o processo de decisão no âmbito da autoridade política suprema, assemelha-se ao processo de decisão de uma democracia directa da qual estão excluídos todos os que não constituem o grupo dos "melhores". Todos os membros do grupo governante ou senatorial estão em condições de igualdade no reconhecimento, no tratamento por parte da assembleia, e na capacidade para interferir no processo decisório. Não quer isto dizer que todos os membros têm igual capacidade de iniciativa política, mas antes que qualquer iniciativa está sujeita à reacção de todos. E adequa-se ao espírito aristocrático o haver hierarquias de *autoridade* no seio do conselho.

Várias considerações são admissíveis para inscrever a colegialidade na autoridade suprema, mas numa aristocracia a colegialidade releva do espírito do regime político. E Weber está correcto quando afirma que a colegialidade enquanto "produto de um regime aristocrático" é também a resposta ao receio do grupo governante relativamente à ascensão de um qualquer líder que "procure apoio na devoção emocional das massas, tal como o tipo de democracia sem líderes receia a ascensão dos «demagogos»" ([122]). Na aristocracia, o principal inimigo é o potencial tirano que esmaga os "melhores" – ou as espigas mais altas de Aristóteles – com o favor do povo. Este receio aristocrático é fundamental para compreendermos em profundidade como se opera a crítica de Maquiavel a esta forma de governo, para que se torne inteligível o momento "tirânico" na história do pensamento político.

Da colegialidade pode-se retirar vantagens como desvantagens. Por um lado, a colegialidade favorece a maior ponderação e aprofundamento dos fundamentos de uma decisão política ou administrativa. Cícero não tinha dúvidas de que um conselho colectivo aristocrático conduziria melhor a política da cidade do que um só indivíduo ou do que o conjunto do povo. Para ilustrar a excelência do princípio colegial, Plutarco recorreu a uma bela

---

([122]) Weber, vol. I, p. 279.

comparação do dito princípio com a mão humana: do mesmo modo que a divisão da mão em dedos não a torna mais fraca – bem pelo contrário, torna-a mais ágil e versátil – também a acção colegial pode ser mais eficaz através da cooperação entre vários homens ([123]). A moderação é também tendencialmente favorecida, tendo em conta que tudo se realiza num ambiente de discussão entre iguais e homens excelentes.

Por outro lado, as desvantagens que são inerentes à colegialidade são o reverso da moeda das suas vantagens. São estas que retardam a rapidez e prontidão da decisão, considerações especialmente relevantes em questões urgentes que não se compadecem com a temporização. Para além disso, a responsabilidade pelas decisões e resoluções dilui-se no grupo decisor, o que pode implicar a sua tendencial dissipação. Com o declínio da responsabilidade, declina também o poder monocrático para *executar* rapidamente. Uma organização deste tipo parece revelar-se especialmente desadequada para tarefas políticas que exijam especialização técnica apurada fora do alcance do político generalista. Mas a alegada desadequação só se verificaria se o órgão colegial supremo absorvesse para si as decisões relativas a todos os aspectos da governação.

Como é escolhido o conselho aristocrático? Devido à ausência de informação relevante, é difícil responder sem ambiguidades a esta pergunta. Na mentalidade aristocrática, a ênfase é sistematicamente colocada na educação e não nas questões processuais. De qualquer modo, pode-se avançar o seguinte. Historicamente, aparecem quatro métodos diferentes de escolha dos membros de um conselho deste tipo: o sorteio, a eleição, a cooptação e a sucessão hereditária. Montesquieu dá-nos uma indicação que pode ser preciosa. Afirma o magistrado de Bordéus taxativamente: "o sufrágio pelo sorteio é da natureza da democracia; o sufrágio pela escolha é da natureza da aristocracia" ([124]). A desvalorização do sorteio enquanto método de escolha da excelência é definitiva, a menos que se considere que

---

([123]) Plutarco, *Moralia*, 812d-e.
([124]) *L'Esprit des Lois*, II.2. Também Heródoto, III.80; Platão, *República*, 557a; Aristóteles, *Política*, 1273a17-19, 1273b40-41, 1294b6-10; Cícero, *De re publica*, I.51; S. Tomás de Aquino, *Commento alla Politica di Aristotele*, II.16.6.

o sorteio não é filho da arbitrariedade cega, mas da vontade dos deuses; e que os deuses escolheriam sempre os melhores. Rousseau explicita a pressuposição do sufrágio pelo sorteio quando salienta que a escolha entre cidadãos é "quase indiferente" em Estados onde os homens são quase iguais "nos costumes [*moeurs*] e nos talentos, (...) nas máximas e nas fortunas"; isto é, a política verdadeiramente democrática torna a escolha das pessoas "quase indiferente" porque os cidadãos democráticos são já "quase indiferentes" e porque a indiferença da escolha reflecte a hostilidade democrática à preferência, à diferença na desigualdade. Na *Retórica*, Aristóteles opta por uma distinção ainda mais forte: "A democracia é uma forma de governo em que as magistraturas se repartem por sorte [sorteio]. A oligarquia é uma forma de governo em que elas se atribuem segundo o censo. A aristocracia é uma forma de governo em que elas se atribuem com base na educação". Aristóteles parece sugerir que as verdadeiras superioridades afirmam-se por si mesmas, superando qualquer um dos processos de escolha. Plutarco parece fazer eco da fé aristocrática quando descreve a grandeza de Camilo, o grande comandante e ditador da república romana. Quando detinha a autoridade exclusivamente na sua pessoa, Camilo exercia o seu poder como se essa autoridade fosse comum aos seus pares, e ainda assim toda a honra das suas acções era naturalmente remetida apenas para ele. E mesmo quando a autoridade era conferida formalmente a Camilo e aos seus pares, nem por isso o fluxo natural da honra deixava de repousar na sua pessoa. Plutarco diz-nos que a razão para tal resultado residia na sua moderação quando no comando das operações, assim como no seu precioso juízo e na sua sabedoria, que lhe davam a primazia sem controvérsia.

Hobbes apresenta-nos uma visão do sorteio que clarifica o problema da sucessão hereditária enquanto método de selecção. O filósofo de Malmesbury refere o carácter dual do sorteio: este é *arbitrário* ou *natural*. O primeiro, o sorteio simples, exposto à fortuna, serve a igualdade; o segundo, consiste no direito de primogenitura ([125]). Embora a seguinte conclusão não seja retirada explicitamente por Hobbes, podemos dizer que o carácter dual

---

([125]) *De Cive*, III.17-18.

do sorteio aproxima o método tipicamente democrático do método de selecção da tradição monárquica. Isto é: o sorteio genético do governo monárquico hereditário pode ser visto como democrático se for democrática a atribuição dos ofícios governamentais por sorteio tal como na democracia antiga. Neste sentido, seria prudente excluir a sucessão hereditária como modo de escolha tipicamente aristocrático.

Falar sobre o sorteio na realidade política pode parecer um despropositado arcaísmo. Mas foi um autor nosso contemporâneo quem trouxe o tema do sorteio uma vez mais para a discussão política. É difícil saber se Rawls recolheu de Hobbes a problematização dupla do sorteio. Mas é um facto que Rawls também reflecte sobre as consequências daquilo a que Hobbes chama de sorteio arbitrário e sorteio natural. Por um lado, Rawls considera o que Hobbes chama de sorteio arbitrário como parte de uma solução tendencialmente democrática ([126]). Para Rawls, a combinação dos dois princípios de justiça que constituem a justiça como equidade, supera as concepções de justiça "liberal" e a da "aristocracia natural", sendo, por isso, denominada a "interpretação democrática". Por outro lado, e de modo mais significativo, Rawls explora o chamado "sorteio natural", não apenas como o acaso de uma determinada pessoa nascer numa condição social fixa (privilegiada ou não), mas essencialmente como uma "lotaria natural" que abrange os talentos e as capacidades inatas do indivíduo, bem como as "condições sociais e atitudes de classe" dadas à nascença de cada um. Como estes elementos não são objecto de escolha, e constituem factores cruciais no desenvolvimento futuro do indivíduo em termos pessoais e sociais, Rawls considera a sua distribuição uma "lotaria natural", arbitrária do ponto de vista moral. Não é relevante, para os nossos propósitos, explicitar o modo como Rawls confronta esta arbitrariedade moral. Limitamo-nos a constatar que, para o autor, este tipo de sorteio é, em si mesmo, não-democrático, e que, precisamente por esse motivo, deve ser absorvido na sociedade política por um filtro democrático. Poderíamos resumir a posição de Rawls relativamente ao sorteio do seguinte modo.

([126]) John Rawls, *Uma Teoria da Justiça*, trad. portuguesa Carlos Pinto Correia (Lisboa, 1993), p. 289.

O sorteio tem também um carácter dual: de um lado, um sorteio especificamente político, que serve como critério de selecção em determinadas circunstâncias; do outro, um sorteio social, pelo qual se determinam os dons, talentos, capacidades e os ambientes particulares de desenvolvimento, de cada indivíduo. O primeiro é iniciado após uma reflexão sobre a sua validade e, portanto, é já um objecto de escolha; o segundo é prévio a qualquer escolha. Ainda segundo Rawls, o primeiro é aceitável pela "interpretação democrática"; o segundo é moralmente arbitrário e o seu resultado puro e simples não pode ser aceite sem correcções. Contudo, é preciso reconhecer que a ideia da "igualdade de oportunidades", embora normalmente seja um lema democrático, pode reflectir a suposição de que pessoas diferentes com as "mesmas" oportunidades chegarão a resultados diferentes e portanto desiguais. Por outras palavras, a ideia da "igualdade de oportunidades", independentemente do seu grau de realismo, traz implícita a hipótese de que os homens não são iguais. Excluindo as versões mais radicalmente igualitárias, essa ideia parece servir mais a aversão humana à arbitrariedade do acaso do que o desejo de igualdade final. Porque examinando a versão igualitária da defesa da igualdade de oportunidades, reparamos que assenta, aplicando a expressão de Santayana, numa "estranha ilusão metafísica", a saber, na ideia segundo a qual "um homem pode mudar de pais, de corpo, de ambiente inicial, e mesmo assim manter a sua personalidade", quando, na verdade, "nas suas faculdades mais elevadas, a sua personalidade é produzida pelas suas relações especiais". A comparação implícita numa discussão deste tipo entre circunstâncias diversas *e* entre sujeitos diferentes está sujeita a severas limitações, até porque o elemento aparentemente constante – o "eu" – na equação que compreende a comparação das circunstâncias distintas – as "oportunidades" – parece não manter a sua constância durante toda a iteração ([127]).

Seguindo esta breve exposição parece não restar outra opção que não seja a de excluir tanto o sorteio, como a sucessão hereditária, dos critérios de escolha e selecção dos governantes numa aristocracia. Por exclusão de hipóteses, pode-se dizer que a aristocracia escolhe os seus governantes de acordo com a eleição

---

([127]) Santayana, livro II, pp. 102-105.

e/ou a cooptação. Porém, as fronteiras dos regimes políticos, quando vistos por esta estreita perspectiva, ficam, para mais não dizer, demasiado diluídas. Um exemplo notável é dado pelo Péricles de Tucídides, que prefere não caracterizar a democracia enquanto governo do sorteio, mas da escolha fundada na *areté*, aproximando-a, por este meio, da aristocracia. Se tivermos em conta que a prática das democracias modernas consiste no reconhecimento da liberdade democrática – cada um tem o direito de viver como quer – *e* na eleição de candidatos a governantes – negando desse modo o sorteio como via de selecção – teremos de concluir que as nossas democracias contemporâneas contêm uma certa mistura daquele elemento democrático, por um lado, e deste elemento aristocrático, pelo outro. Apesar de tudo, a distinção entre sorteio e eleição é menos nítida do que inicialmente poderia parecer. É Mansfield quem não autoriza uma análise tão rigidamente dualista do problema.

Segundo Mansfield, a oposição entre a escolha e o sorteio padece de várias ambiguidades. No fundo, a construção de tal oposição é essencialmente o resultado de uma aversão humana, a saber, a que repudia a sujeição dos homens àquilo que não escolheram. Aos homens não agrada a ideia de submissão e obediência a coisas e elementos que não podem controlar. Mas essa é uma luta para escapar ao inexorável: a escolha, qualquer escolha, incide sempre sobre alternativas não escolhidas. As alternativas são, por assim dizer, *dadas*, não deliberadamente escolhidas. Isso significa que, mesmo num regime da escolha, continuamos sempre a ser governados pela escolha *e* pelo sorteio, nem que seja o sorteio de que resultam as alternativas de escolha. Mas Mansfield vai mais longe no seu esforço de fornecer uma ilustração política deste problema: "qualquer cargo político estabelecido (…) é uma espécie de lotaria porque ao estabelecermos o cargo político não sabemos quem o vai preencher". Todo o regime que se reclame de escolha ou de eleição é, na verdade, uma mistura mais ou menos consciente de escolha e de sorteio ([128]).

Mas, para que tenhamos uma imagem mais precisa da selecção e sucessão dos governantes, permita-se algumas conclusões

---

([128]) Mansfield, pp. 49, 60, 61.

provisórias. Juntamos a selecção à sucessão dos governantes, pois a dificuldade que o problema da sucessão no poder oferece numa aristocracia pura está intimamente ligado ao problema da selecção dos "melhores". Este é realmente um *problema* porque do seu desenlace depende a sobrevivência do regime. Se da selecção dos governantes não resultar o recrutamento dos "melhores" isso significa tão simplesmente que a aristocracia deixou de o ser; limita-se a ser um governo de "poucos" que não são os "melhores". Logo, já não é mais uma aristocracia. É devido primordialmente a esta dificuldade que as aristocracias se revestem de um carácter utópico, no sentido de que não existem em lugar algum, e só podem ser formadas com palavras. A selecção aristocrática não pode ser feita por recurso a eleições livres, pelo menos se o sufrágio for muito alargado. Não que as eleições por sufrágio universal e directo não possam indicar os "melhores" homens para a governação nesse momento particular. Só espíritos absurdamente cépticos relativamente à sabedoria que perpassa nas eleições populares podem negar que muitas vezes estas produzem os "melhores" governantes disponíveis. Mas as eleições são demasiado inseguras nos seus resultados para se adequarem ao espírito aristocrático, que não pode arriscar uma má escolha sem arriscar igualmente a sua integridade.

Não existe uma solução clara para esta dificuldade inerente ao governo aristocrático puro. A forma de selecção que combina uma eleição muito estreita com a cooptação, foi e é alvo de objecções imediatas. Duas delas seriam certamente a ameaça do nepotismo e o uso da riqueza para corromper os resultados. Em parte por esta razão, Platão, na *República*, reserva para o grupo dos governantes uma vida sem família, nem propriedade privada.

Contudo, para a mentalidade aristocrática, incomparavelmente mais importante do que a explicitação de regras processuais taxativas do funcionamento das instituições é a reflexão em torno do carácter político e moral do Senado ou da instituição equivalente. Ora esta reflexão é iniciada pelo exame das instituições que a história política dos povos forneceu. O estudo dos Senados factuais constituiu o primeiro passo na formação do Senado perfeito e, portanto, genuinamente aristocrático. Procurou-se, através das imagens imperfeitas – e, por vezes, grosseiramente imperfeitas – do Senado perfeito, através da prática empírica, ascender ao conselho no qual vive a verdadeira sabedoria política.

De acordo com Cícero, a palavra *senatus* provém de *senex* ou "homem velho". O *senatus* é uma assembleia de *senes*, de anciãos. Este passo não constitui uma originalidade romana. Cícero reconhece que Rómulo copiou o modelo de Esparta, a qual cidade grega havia já constituído uma assembleia, a *gerousía* ou gerusia, cuja denominação derivava de *gerontes* ou anciãos.

Por que são o senado e a *gerousía* preenchidos por anciãos? A justificação depende da associação da velhice à idade da "reflexão, da razão, e do juízo" ([129]). Esta putativa associação merece alguma atenção e devemos considerá-la em relação com a instituição do senado. Até porque não podemos confundir gerontocracia com aristocracia; e no entanto é preciso averiguar quais são os pontos de associação e dissociação de ambas as formas de governo.

Aristóteles critica ferozmente a *gerousía* de Esparta. Critica, não só a ausência da educação para a excelência, como também o carácter vitalício dos cargos, "uma vez que a velhice tanto atinge o corpo como o espírito", e o modo de eleição dos anciãos. Mas essa crítica começa com as seguintes palavras: "Se fossem homens íntegros e suficientemente educados em ordem às virtudes humanas, poder-se-ia afirmar que esta magistratura seria vantajosa para a cidade". A mentalidade aristocrática não pode evadir-se do princípio que a define: a excelência e a educação definem as suas prioridades. Mas lendo a famosa passagem em que Aristóteles defende que os jovens não estão aptos para estudar ciência política, nem para agir bem politicamente, um ponto de afinidade é revelado entre a gerontocracia e a aristocracia. Segundo Aristóteles, os jovens de idade *e de temperamento* agem emocionalmente e isso não é adequado à boa governação da cidade; daqui parece decorrer uma certa inclinação para a maturidade, para a experiência e para a frieza, qualidades certamente mais identificáveis com a idade avançada do que com a juventude. É por isso que Aristóteles pode dizer, noutro lugar, que "o mais velho e mais desenvolvido está mais apto para mandar do

---

([129]) Cícero, *Cato Maior*, VI.19; Plutarco, *Moralia*, 789e.

que o mais novo e menos desenvolvido" ([130]). Se quiséssemos abordar o ponto de associação e dissociação entre a gerontocracia e a aristocracia, teríamos de repetir o comentário de Strauss: "a velhice pode ser uma imagem da sabedoria – tal como a lei é uma imagem da recta razão – mas não é sabedoria" ([131]).

Por outro lado, vimos como o governo aristocrático recorre à noção moral de autoridade, interpretando-se a si mesmo como um governo que não precisa assentar na violência e simultaneamente como dispensando a persuasão e a argumentação igualitárias. A autoridade é o recurso moral que permite transitar entre estes dois modos de garantir a obediência. Ora, um ponto de associação entre a aristocracia e a idade consiste precisamente na relação mutuamente reforçadora entre idade e *auctoritas*. Esse é, como se sabe, o argumento de Cícero: "a glória máxima da velhice é a autoridade (*auctoritas*)". A velhice grave recheada de honras públicas goza de autoridade. Em contrapartida, é dever da juventude adquirir consciência da sua imaturidade e da necessidade de se fazer acompanhar pela experiência da velhice para a fortalecer e a encaminhar.

Cícero descreve o senado como a "alma", a "razão", a "inteligência" da República. Os senadores, por conseguinte, devem ser homens graves e doutos, habituados a um longo exercício de ouvir, ponderar e decidir os grandes assuntos. A seriedade, a compostura, o respeito pelas formas, a sobriedade, caracterizam as suas sessões. Bodin também conta que Licurgo proibiu a colocação de retratos ou pinturas no local onde a *gerousía* deliberaria, segundo o argumento de que a vista dessas coisas frequentemente distrai a fantasia, e transporta a razão que deve estar inteiramente ao serviço daquilo que se diz. O senador é, segundo Cícero, um homem profundamente familiarizado com a situação política da república, capaz de reter grandes conhecimentos, dotado de uma excelente memória e industrioso no desempenho das suas responsabilidades. Logo, não é surpreendente que Cícero exija que o senado seja constituído apenas por antigos

---

 ([130]) *Ética a Nicómaco*, 1095a2-10; *Política*, 1259b2-4. Ver Platão, *República*, 487a.
 ([131]) Leo Strauss, *The Argument and the Action of Plato's Laws* (Chicago, 1977), p. 20.

magistrados. Essa é a garantia possível de que o órgão colegial máximo da república seja composto por homens experimentados na arte política e que tenham um passado de desempenho susceptível de ser examinado. É muito importante que assim seja, tendo em conta a objecção comum ao governo aristocrático, que afirma que é impossível reconhecer os melhores antes de estes provarem que o são; e, prossegue a objecção, para provarem que são excelentes é porque foram aceites no domínio político antes de se ter alguma certeza quanto ao seu mérito e quanto à sua excelência. Como assinala Raymond Aron: "somente a prova da guerra revela o verdadeiro valor dos generais. Fora do exército, nem sempre existe o equivalente do combate, juiz severo e quase infalível" ([132]). Ora o que Cícero pretende é que aqueles aparentemente melhores possam aceder a graus secundários da autoridade política e possam ascender em ritmo gradual a posições preeminentes, estando sob a vigilância e avaliação daqueles que já ocupam essas posições. Desse modo, um homem promissor que se não cumpra pode ser afastado das altas responsabilidades antes de a elas aceder. A hierarquia política serve como escola e exame contínuo das capacidades e excelências de todos os que aparentam possuí-las, mas cuja inexperiência impede a formação de um juízo inteiramente seguro ([133]).

Outra recomendação, aparentemente pueril, mas de importância extraordinária é aquela proferida por Cícero e que se dirige ao comportamento e conduta dos senadores. Cícero não permite que alguém associado a uma conduta desonrosa possa permanecer no Senado. Todo o conjunto da ordem senatorial será imaculado de qualquer desonra e será um modelo para o resto dos cidadãos. À primeira vista, esta exortação poderá não passar de um optimismo idealista e ingénuo. Mas, na verdade, é crucial se lhe acrescentarmos os seus pressupostos, o que nos obriga a regressar à ciência política do regime político.

Não deve surpreender, pois, que Cícero considere esta a lei mais importante, ao ponto de dizer que se tal for conseguido, tudo correrá pelo melhor. O argumento que Cícero pretende apresentar é partilhado pela filosofia política clássica e por todos

---

([132]) Aron, *Les désillusions du progrès* (Paris, 1996), p. 42.
([133]) *De legibus*, III.10, 27.

os seus herdeiros. Na sua formulação mais directa e crua: a classe dirigente determina os costumes e a moralidade pública. Castiglione, por exemplo, considera a vida do(s) governante(s) "lei e maestrina" dos cidadãos; dos seus costumes dependem todos os outros. Aristóteles, em quem Castiglione deposita grande parte da sua confiança intelectual, declara na *Política*: "o que os dirigentes estimarem como digno de valor, será adoptado pela opinião do resto dos cidadãos; e onde não se estimar sobretudo a virtude, não é possível que o regime seja firmemente uma aristocracia". A vida moral da cidade depende directamente da vida moral dos homens que a governam. Se os homens responsáveis por assegurar a regulação da moral da cidade forem eles mesmos imorais, então tudo estará perdido. Quem goza de uma posição de autoridade é também o cidadão mais respeitado e mais visível da cidade; por ser o mais visível e por ser portador da autoridade mais elevada ele estará sempre rodeado de imitadores. O estadista excelente actua na consciência plena desta realidade: *ele é o exemplo*. Todos os restantes cidadãos verão naqueles que governam, não um reflexo daquilo que são, como é comum pensar, mas como objecto de emulação, tanto para o bem, como para o mal. O cidadão governado sentir-se-á *autorizado* a agir mal se lhe for dado ver um governante que também age mal. Aplicando uma formulação diferente: o senado é guardião das leis *e* guardião dos costumes. Ora o Senado é o ponto imóvel na constelação da cidade sobre o qual todas as luzes incidem.

Cícero insiste nessa lei fundamental porque o Senado fornece o modelo e o padrão de comportamento para o conjunto da cidadania. Uma vez mais, reconhece-se que a obediência a uma lei semelhante a esta só ocorrerá naturalmente onde a educação dos cidadãos for adequada. A magistratura da censura aí está para garantir a exclusão de todos aqueles que se não revelarem dignos das suas responsabilidades, pois há maus exemplos "que são piores do que crimes" ([134]). Na mentalidade aristocrática, a censura, ou seja, a vigilância – e repreensão, assim o caso exija – dos costumes e da conduta dos cidadãos, é uma instituição

---

([134]) Montesquieu, *Considérations sur les causes de la grandeur des Romains et de leur décadence*, cap. VIII, p. 68.

absolutamente crucial para a salubridade do regime (¹³⁵). A resposta mais concreta da mentalidade aristocrática à objecção recorrente, quem guarda os guardiões (*Quis custodiet ipsos custodes*)?, consiste nesta magistratura, embora não seja satisfatória, pois pode-se perguntar: e quem vigia os censores?

Porém, a mentalidade aristocrática possui uma resposta para esta segunda objecção. E, por mais insatisfatória que possa parecer, merece registo. Numa aristocracia, todos os magistrados são homens "excelentes"; por maioria de razão, também o são os censores ou seus equivalentes. E o homem excelente (o *spoudaios*) ajuíza sempre tudo correctamente; ele discerne sempre o verdadeiro do falso, o bom do mau; penetra sempre a aparência e descobre sempre o que realmente é. É o homem judicioso, por excelência. Sendo judicioso, e conhecendo-se a si mesmo, conhecedor dos caracteres humanos, decifra com exactidão as intenções e os fins dos homens que o rodeiam, pesa os méritos, percebe os talentos e as capacidades presentes (ou ausentes) para o desempenho de cargos; em suma, detecta a mediocridade ou a eminência. E como pode o homem excelente ser portador de um juízo sempre correcto? Que critério infalível tem ele? Por um lado, ajuizar bem não significa fazê-lo automaticamente, mas após deliberação. E o homem excelente é sábio porque a sua deliberação é sempre recta. Por outro lado, é preciso compreender que por ele ser o homem excelente, faz da sua própria pessoa o padrão de todas as coisas humanas. Por ser a encarnação do belo e do bom, compara o que vê consigo mesmo. Ele é, na expressão de Gracián, o "censor do valor".

O censor expulsa do órgão político máximo todos os que mostrarem pelo seu comportamento ser incapazes de cumprir as tarefas associadas a uma condição de preeminência política. A prática do censor implica, portanto, "inquisição" e "estigmatização", ou seja, investigação e inquérito, por um lado, e declaração pública de ignomínia, por outro (¹³⁶). Montesquieu reflecte sobre a tarefa do censor: "Assim como o senado vela pelo povo, é preciso que os censores mantenham a vigilância sobre o

---

(¹³⁵) Ver Platão, *Leis*, 945c-947e. Aqui, os censores tomam a denominação de *euthonoi*.

(¹³⁶) Althusius, XXX, §4-5.

povo e sobre o senado"; assim como as "leis punem os crimes", os censores "devem restabelecer na república tudo o que foi corrompido, apontar a indolência, julgar as negligências e corrigir os erros" ([137]). Valério Máximo, depois de descrever como vários censores excluíram senadores por terem atentado contra os costumes, retira o significado da magistratura: a nota ignominiosa que ameaçava os senadores estimulava a sua virtude, pois sob os possíveis golpes da vergonha, todas as energias eram aplicadas em mostrar aos outros cidadãos que se merecia mais o cargo do censor do que as suas sanções ([138]). Por aqui se vê que o carácter irrepreensível é necessário tanto para o senador, como para o censor. Não foi por acaso que o censor mais célebre da história de Roma, Catão, constituía um dos exemplos mais sonantes da vida virtuosa.

No pensamento aristocrático, o senado consiste no único órgão verdadeiramente deliberativo da cidade, pois só os "melhores" estão aptos a proceder a uma deliberação política digna desse nome. Ora não há deliberação política sem discurso público. O senado é o palco por excelência para a produção do discurso público sobre os assuntos da cidade. Como os assuntos políticos são o objecto grave e sério do discurso público, então devem ser reunidas as condições para que seja possível produzir um discurso, também ele, grave e sério. É por esta razão que uma das "leis" de Cícero relativas ao Senado (e também aos *comitia* populares) obriga à preservação da *moderação* nos trabalhos da assembleia. A moderação entre os políticos corresponde ao comportamento calmo e tranquilo, no espírito e na fisionomia. A disciplina na tomada da palavra, na construção do discurso e no objecto da intervenção são as recomendações mais óbvias para a preservação da gravidade e dignidade do senado, em geral, e de cada um dos senadores, em particular. É nesta linha que cabe a recomendação de Harrington para que o senado seja uma instituição retirada, pautando os seus trabalhos pela discrição. O debate político é demasiado importante para ser entregue à violência da discussão apaixonada ou ao ensurdecedor tumulto da multidão. Dizia Valério Máximo que "o senado era como o

---

([137]) *L'Esprit des Lois*, V.7. Ver Lívio, IV.viii.2-7.
([138]) Valério Máximo, *Factorum et Dictorum Memorabilium*, II.ix.9.

coração da república, o confidente seguro do seu pensamento íntimo, que um mistério protector envolvia por todos os lados e defendia como uma muralha". O risco de se transformar o senado num palco de gosto pela disputa e de exibição de rivalidades recomendava estas precauções. O senado é, na mentalidade aristocrática, o reflexo político-institucional da serenidade da razão e, portanto, o oposto de um campo de batalha. A pressa e a precipitação são estranhas a este modo de pensar. Tomás Morus não considerava prudente que se discutisse uma proposta no mesmo dia em que esta última houvesse sido apresentada. Adiar um dia seria boa prática, pois cederia um dia adicional para se reflectir sobre a proposta antes de proceder à respectiva discussão ([139]).

Também relacionada com a aversão aos partidos dentro do senado está a preocupação aristocrática com a *independência* dos senadores. Embora sensível às características morais e intelectuais que desde sempre haviam sido elogiadas – como o juízo recto, a integridade, a prudência, em suma, a ciência e a virtude –, Bodin considera a *independência* do senador uma qualidade mais importante do que todas as outras. Relações de dependência, quer relativamente a outros senadores, quer a poderes exteriores ao senado, condenam o senador sem apelo. Daí que a riqueza pessoal, apesar de nunca poder constituir um critério suficiente, não pudesse ver negada a sua utilidade, pois mais facilmente podia o senador rico – ou moderadamente rico – reclamar independência do que pode o indigente. Os *honoratiores* (ou notáveis) descritos por Max Weber vivem *para* a política sem terem de adquirir o seu sustento *da* actividade política. Aqui, pressupõem-se fontes independentes (do trabalho pessoal) de rendimento que permitam uma existência com abundância de tempo indispensável para o exercício da actividade política e para um modo de vida prestigioso. Neste contexto, a actividade política é entendida como uma "vocação" ou até como um dever natural, e não como uma carreira profissional.

([139]) Tomás Morus, *Utopia*, "Dos Magistrados".

Capítulo II

A *"Verdadeira" Nobreza*

Falar da aristocracia como forma de governo é falar do homem aristocrático, do homem *nobre*. No tratamento da forma aristocrática de governo, a teoria política não pode dispensar o exame da classe governante: a pergunta "*quem* governa?" é a pergunta decisiva. É realmente um "quem" que se procura apurar de modo a classificar a cidade com rigor. O carácter pessoal dos governantes, o "quem" da pergunta, decide se estamos na presença de uma aristocracia, ou não.

A pergunta "quem governa?" pode ser relevante em todos os outros regimes, nomeadamente numa democracia, já que a qualidade dos seus governantes não pode ser indiferente para o bom democrata. No caso de uma democracia directa, onde todos governem, porventura numa assembleia popular, a pergunta pode parecer menos relevante, tendo em conta que "quem governa?" terá como simples resposta, "todos!". De qualquer modo, a pergunta não é esvaziada de sentido na medida em que o bom democrata de uma democracia deste tipo considerará sempre que com *todos* governando, adquire o governo uma qualidade superior, que o povo enquanto agente político reúne mais qualidades morais, ou menos vícios, do que governantes alternativos. Tal parece ser a orientação da ciência política de um Rousseau, por exemplo, especialmente se tomarmos em conta a ênfase que é por esse autor colocada na formação cívica e moral do cidadão soberano. Mas mais nenhum regime político para além da aristocracia (à excepção da realeza de Aristóteles, de Platão e de Cícero) colocará a pergunta "quem governa?" num lugar tão central. A democracia pode, com legitimidade, subordinar a pergunta a questões algo diferentes. Veja-se a prioridade da discussão acerca dos procedimentos, dos mecanismos, das salvaguardas dos indivíduos; estes são alguns exemplos que nos permitem dizer que a pergunta "quem governa?" tem um lugar destacado numa aristocracia, mas potencialmente relativo numa democracia.

Por outro lado, e aplicando a ciência política do regime, precisamos investigar o carácter da "verdadeira" nobreza de modo a compreendermos o tipo humano específico da forma aristocrática de governo. Há um carácter humano determinado que sofre o trabalho do regime aristocrático. Ora este tipo humano pertence com tanta propriedade ao regime aristocrático quanto a sua organização institucional ou os seus pressupostos abstractos.

Pensar a aristocracia conduz-nos a pensar a nobreza, não como classe social estreitamente entendida, mas antes como sinónimo de excelência, tal como se pode falar de uma acção nobre ou da nobreza de carácter; esta nobreza própria da aristocracia como forma de governo não é uma nobreza estritamente *social*, mas antes uma nobreza especificamente *humana*. O homem nobre numa aristocracia é o homem de bem, o homem excelente. Mas o homem nobre não é exclusivo das aristocracias; os homens excelentes existem nas várias formas de governo. Só na aristocracia, porém, é que a sua excelência lhes confere um direito a governar. Só na tirania é que a sua existência é sempre uma ameaça política de primeira ordem.

Encontramos sempre uma obstrução histórica no tratamento da nobreza, e especialmente da "verdadeira nobreza". Estamos ainda dominados por uma certa imagem da nobreza, a que preenchia a corte dos Luíses no século XVIII francês, até às vésperas da Revolução. Aí, deparamos apenas com os traços inconfundíveis da decadência e da corrupção. Tal retrato torna mais difícil a recuperação do significado mais profundo da ideia da "verdadeira nobreza"; a dificuldade decorre de examinarmos o que não é mais do que um reflexo empobrecido e decaído de uma realidade que se esconde. Thomas Paine, por seu lado, propôs que a *Nobility* francesa presente nos Estados-Gerais fosse antes baptizada *No-ability*, de modo a reflectir rigorosamente a sua nulidade política e intelectual. De modo mais significativo, a nobreza deixara de crer em si mesma e na sua justificação tradicional. Mas isso significa também que por detrás de um parecer comandado pela vaidade se descobre a essência de um "ideal", o "ideal" da "verdadeira nobreza"; por detrás da descrença na sua justificação existe uma justificação. A nobreza é uma classe cuja essência nos escapa assim que pretendemos reduzi-la a uma função social, económica ou produtiva sem ligação com a sua natureza moral e, alguns diriam, estética.

Ao assinalarmos estas primeiras diferenças não resolvemos a confusão terminológica em torno da "nobreza" do *Ancien Régime* e do grupo governante – nobreza – de uma aristocracia pura. Tocqueville, que por vezes usa o termo "aristocracia" para designar uma realidade política global e outras vezes para descrever a "nobreza" enquanto classe, estava no entanto bem alertado para as diferenças essenciais.

> Parece que na época em que o sistema feudal se estabeleceu na Europa, *aquilo a que se chamou desde então nobreza* não constituiu de imediato uma casta, mas compôs-se, na origem, por todas as pessoas mais importantes da nação, e deste modo, não foi inicialmente mais do que uma *aristocracia*. (…) desde a Idade Média, a *nobreza* se tornou uma casta, quer dizer que a sua marca distintiva é o nascimento.
>
> Ela conserva bem esta característica específica da *aristocracia*, ser um corpo de cidadãos que governam; mas apenas o nascimento decide sobre aqueles que estarão à cabeça deste corpo. Tudo o que não nasceu nobre está fora desta classe especial e fechada, e ocupa uma situação mais ou menos elevada, mas sempre subordinada, no Estado ([140]).

Esta passagem condensa alguns problemas terminológicos que, no entanto, são igualmente substantivos. Quando o mesmo autor escreve que "quanto mais esta nobreza deixa de ser uma aristocracia, mais parece tornar-se uma casta", convida-nos a manter o significado de *casta* separado do de *nobreza*; e simultaneamente permite-nos compreender que a palavra *nobreza*

([140]) *O Antigo Regime e a Revolução*, II.9, p. 87. Os itálicos são nossos.

pode não corresponder a uma *aristocracia*, mesmo quando ambas designam classes e não formas de governo. No vocabulário de Tocqueville, "aristocracia" denomina a classe dirigente, "nobreza" significa uma classe social com determinadas características que pode estar arredada do poder e que se distingue de outros tipos de classe dirigente. É preciso caminhar para a distinção mais decisiva neste aspecto, sem a qual não poderemos superar a análise sociológica das classes e dos estados. A distinção que é preciso marcar consiste na distinção já muito antiga entre *nobreza natural* e *nobreza convencional*. Muitas vezes, ao falar de uma estamos na realidade a pensar na outra. Montesquieu abre o nosso caminho quando afirma que "os Antigos não conheciam o governo fundado num corpo de nobreza". Os mesmos Antigos que nos falavam da aristocracia enquanto forma de governo não conheciam a organização política medieval. Ora quando os Antigos falam de nobreza referem-se a uma realidade substancialmente diferente do "corpo de nobreza" que apenas as testemunhas medievais e modernas puderam conhecer e justificar.

O "Verdadeiro" Nobre de Poggio Bracciolini

Poggio Bracciolini, logo nas primeiras páginas de *De vera nobilitate* (1440), espantava-se com a ausência de doutrina definidora desse título de "nobreza". Os latinos a ela se referiam com surpreendente economia de palavras e os gregos dispensavam-lhe pouco mais texto. Aristóteles, por exemplo, lidara com essa questão, de importância incontornável, em apenas um livro. Não há dúvida que o lamento abrangia a dissonância discursiva que acompanhava a profusão de obras dedicadas a este tema durante os séculos XIV e XV em Itália. Poggio precisava então, em nome da "utilidade comum", de contribuir para preencher um espaço que, se é lícito dizê-lo, foi deixado em branco ([141]). O seu esforço materializou-se sob a forma de um diálogo entre Niccolò Niccoli (humanista florentino e amigo pessoal de Poggio) e Lorenzo de

---

([141]) Poggio Bracciolini, *De vera nobilitate*, trad. italiana Davide Canfora (Roma, 1999), 2-3.

Médicis (irmão de Cósimo, senhor de Florença) aquando da visita de ambos a Roma.

A dúvida suscitada por Lorenzo no início do diálogo dirige-se ao costume antigo de se ornamentar a casa, os jardins e os pórticos com estátuas várias e retratos dos antepassados de forma a abrilhantar a "glória" e a "nobreza" da linhagem. Niccolò comenta esta observação com a apresentação da "substância" da verdadeira nobreza: a sabedoria e a virtude. Só esta nobreza pode conduzir os homens à "glória". Para Lorenzo, a realidade sensível não se submete assim tão simplesmente. De acordo com o que "observamos", a "nobreza", diz Lorenzo, insiste na "elegância das estátuas", nas "riquezas", nos "meios de que se dispõe". Mas, responde Niccoli, isso não basta para merecer o título de nobreza. Se assim fosse, os escultores seriam nobres, como seriam nobres os usurários ou os ladrões bem sucedidos.

Lorenzo não desarma. É lícito chamar "nobre" ao escultor cuja arte tenha rendido fama, como ao filósofo que se distingue nos estudos literários. O mesmo vale para o ladrão se for um "ladrão famoso". Os antigos chamavam *nobilis* a quem, "por uma qualquer razão particular, fosse notável e famoso", e se tivesse distinguido por "uma acção ou por uma arte célebre entre os seus contemporâneos". *Fazer nome*, como se diz, parece ser a estrada da nobreza; o homem nobre é o que opera acções nobres, e é *nobilis* aparentemente qualquer "acção famosa e notável aos olhos de muitos". Por fim, Lorenzo regressa à definição convencional de nobreza, a nobreza que "todos reconhecem", de acordo com os "nossos costumes", com a "antiga tradição (*consuetudine*) humana" e com o que "pensa o povo". É nobre quem encontra a sua "origem numa família antiga e em antepassados ricos, que tomaram parte na administração do Estado com títulos honoríficos e dignidade".

A reacção de Niccoli que se segue é tipicamente aristocrática: tal assunto deve ser tratado sobre a base do juízo dos "homens cultos" ou do juízo do "vulgo" e da "plebe"? Niccoli procura a nobreza *natural* e adverte que para o fazer em boa ordem os "costumes humanos" não podem ser o infalível guia.

Neste momento, é necessário recordar que o debate sobre a diferença entre a nobreza *natural* e a nobreza *convencional* era apenas mais uma faceta do debate mais geral, e de antiguidade respeitável, em torno da diferença entre lei e natureza, ou entre *nomos* e *physis*. Este debate conhecera toda a sua amplitude na crítica filosófica dos sofistas à noção pretensamente universal de *nomos*. Os sofistas apontavam para a relatividade inerente à noção de *nomos* (no sentido de costumes ou leis), para a sua variabilidade no espaço e no tempo, como, muito mais tarde, Pascal diria tão eloquentemente: "três graus de latitude modificam toda a jurisprudência" e "um meridiano decide acerca da verdade". "Verdade aquém dos Pirinéus, erro além" ([142]). Os sofistas apontavam ainda para o carácter *convencional*, precário e – pelo menos tendencialmente – arbitrário, de *nomos*, o que abria uma *oposição* aparentemente irredutível em relação à natureza (*physis*), universal, imutável, real. Por esta via, *nomos*, a lei-costume, era vista como precisamente isso, um *costume*, como um modo estabelecido de ver e viver. É a opinião, e não o conhecimento, que, segundo esta perspectiva, se associava à lei-costume. Assim, a natureza (*physis*) opunha-se à mera denominação, ao estabelecido; e a lei (*nomos*) opunha-se à realidade imutável. Duas formas de ordenar o mundo se separavam. De um lado, a ordem natural e independente de todo o juízo e vontade humanos; do outro, a imposição de ordem pelo homem com toda a artificialidade e facticidade que daí decorreria.

Não podemos, como é óbvio, recuperar toda a polémica da sofística e muito menos a história da sua superação. Algumas observações breves terão de bastar. Logo com Isócrates a lei (*nomos*) adquire o estatuto de filha da razão (*logos*). Mas foi com Platão que o passo para a superação do dilema da sofística foi dado. A associação da lei à razão é afirmada definitivamente, e já não à razão que discute, delibera e decide – a razão prática (*logos*) –, mas à razão entendida como *nous*, como razão intelectiva. Nas *Leis* de Platão, a lei é o nome dado aos "éditos da razão" ([143]). Com este passo, a lei – e diga-se a justiça – passa a ser expressão de uma ordem válida, boa e valiosa por si mesma, e já não por recomendações de utilidade ou de estabilidade. As leis que governam os povos são agora alvo de uma justificação poderosa, na medida em que correspondem a uma imitação de uma

---

([142]) Blaise Pascal, *Pensées*, #94 (edição Sellier).
([143]) 713e-714a.

ordem superior, racional e perfeita. Evidentemente esta justificação não ratificava cada lei factual; pelo contrário obrigava à sistemática comparação entre a lei factual e a expressão da razão. A comparação implicava – e implica – um esforço incessante de elaboração e de aperfeiçoamento, numa palavra, de aproximação. A lei-costume é vigiada pela lei fundada na razão.

Ora é nítido que a superação levada a cabo por Platão do problema levantado pelos sofistas não apagou a *distinção* entre natureza e lei, mas apenas a sua irredutível *oposição* ou *antítese*. A diferenciação foi mantida, assim como a hierarquia anteriormente sugerida. A Lei, ou a razão, ou a natureza, constituem o modelo da lei. Quanto maior for o afastamento da segunda relativamente à primeira, maior é também o grau de corrupção, abrindo espaço para a censura e a necessidade de correcção.

O mesmo raciocínio feito a propósito do problema fundamental da relação entre *physis* e *nomos* é aplicado pelos renascentistas à questão da nobreza, até porque esse raciocínio fora já aplicado na Antiguidade clássica à distinção entre a vida humana de acordo com a natureza e a vida de acordo com o convencional. Entre nobreza *natural* e *convencional* não se pode duvidar que existam diferenças profundas, embora a afirmação de uma pura oposição fosse inaceitável tendo em conta a inspiração platónica e aristotélica desses autores e portanto a interiorização da necessidade da superação de tal oposição. É a essa questão que agora regressamos.

Existe uma diferença importante entre a nobreza natural e a nobreza convencional. A primeira é una; a segunda é múltipla, "diferenciada" e "contrastante". Ora a verdadeira nobreza não pode ser encontrada nas variações e na diversidade das convenções humanas. Da procura da essência da nobreza natural concluir-se-á que existe uma só nobreza que é a mesma para todos. A categoria de nobreza deve decorrer de algo "determinado" e "seguro" e não da volubilidade da "opinião das nações". Niccoli reconhece que o termo nobreza é usado pelo povo e pela opinião das nações indiscriminadamente, tendo em conta contextos consuetudinários vários. Mais: o uso do termo "nobreza" é muitas vezes produto de uma "disposição arbitrária de alguns homens". Mas guiarmo-nos por tais usos é equivalente a privarmos o substantivo "nobreza" de qualquer conteúdo sólido. É preciso decidir se a virtude gera a nobreza. Se assim for, a virtude, sendo "uma só e sempre a mesma", fornecerá a indicação mais segura do que é a "verdadeira nobreza". A única raiz inequívoca e segura da "verdadeira nobreza" reside na certeza da virtude.

Apesar de persuadido pela descrição que Niccoli faz da variabilidade dos entendimentos de nobreza nos diversos países da Europa e entre os bárbaros, Lorenzo riposta, dizendo que devemos aprender algo precisamente com os costumes e com os hábitos, pois são "de extrema importância na estabilização das usanças dos homens". Devemos mantê-los como guias na nossa discussão, adverte Lorenzo. E da variedade de costumes e entendimentos quanto à nobreza, alguma coisa existe de comum em todas essas manifestações. "Todos estão de acordo" em afirmar que é sinal de nobreza "o facto de se distinguir relativamente aos outros homens por maiores riquezas", por um "modo de vida mais honesto", pelo "desempenho nos assuntos venais", pela "glória" das armas, enfim, por uma maior "magnificência" e "dignidade".

Mas que usos e costumes se afastam da recta razão? Eis a pergunta seguinte de Niccoli, que não desiste de retornar à demonstração da necessidade de encontrar uma fundamentação natural da nobreza. É aceitável que um homem que viva no ócio ou que tenha uma "actividade honesta", mas destituído de "virtude, sabedoria ou cultura", fundando-se apenas na autoridade dos antepassados e na antiguidade da linhagem, seja um homem *nobre*? Assim como as riquezas, em si mesmas, não podem tornar ninguém nobre, também o simples facto de se ocupar magistraturas ou posições de comando é insuficiente para coroar alguém com tal distinção. E se as riquezas foram adquiridas viciosamente? E se as posições de comando forem exercidas sem sabedoria ou imoralmente? E se a linhagem for fundada no crime e na vergonha? A nobreza por antiguidade é uma rendição inadmissível à mera cronologia. "Se a nobreza fosse o produto da antiguidade, todos seriam igualmente nobres", visto que cada homem, rico ou pobre, sábio ou ignorante, pode recuperar a origem da sua progenitura no princípio dos tempos.

A nobreza, diz Niccoli, não pode provir de "bens externos", mas apenas da prática da virtude. Se forem os "bens externos" a conferir nobreza, um príncipe poderoso poderá fazer e desfazer homens nobres como bem entender. Maquiavel, que se esforçou por condenar toda a nobreza à sua forma convencional, tirou precisamente esta conclusão. Por outro lado, se a propriedade da nobreza for a ostentação de "bens externos", então o carácter nobre não passará do contorno mais vulgar da "vaidade humana". Mas qualificar o carácter "nobre" com o adjectivo "vulgar" não será um exemplo flagrante de uma contradição nos próprios termos? Nobre – seja uma pessoa, uma acção, ou uma disposição – é o *contrário* de vulgar. Prendermos a nobreza ao seu entendimento *convencional* é vulgarizá-la, o que equivale a dizer destrui-la.

Se os "bens externos" não conferem nobreza, resta-nos os bens do espírito, que "tomam também o nome de virtude". Niccoli tenta, a partir deste ponto, denunciar a inexistência da nobreza, pelo menos da nobreza que circula nas conversas vulgares; esta subsiste apenas na "opinião do vulgo" e na imaginação dos que se apegam a uma "magnificência vã". Eis o seu argumento. Se as riquezas não fazem o nobre, mas o rico, também as virtudes não fazem o nobre, mas o virtuoso. É isto que impede a mera linearidade do raciocínio. Não existe "nenhuma virtude que tome o nome de nobreza"; nem a "glória de uma acção honesta" deriva do facto de ela "ser nobre". Por outro lado, coloca-se a questão de saber se a nobreza é-nos dada por natureza ou se é adquirida. Se tivesse origem na natureza, então todos seríamos, em algum grau, nobres, o que desafia a ordem elementar das coisas. Se a nobreza for adquirida, então realiza-se no domínio do agir e do fazer. Mas as nossas acções e as nossas obras são "boas", "más", "prudentes", "doutas", e não "nobres".

Contra Niccoli, Lorenzo invoca Aristóteles, que "definiu com precisão a categoria da nobreza e mostrou no que ela consiste". Segundo Lorenzo, na *Política*, Aristóteles escreve que a "nobreza consiste na virtude unida à riqueza antiga". Niccoli corrige-o imediatamente: Aristóteles, nesse lugar, apenas reproduz a opinião comum. O "príncipe dos filósofos" não pretende oferecer aí o seu juízo pessoal; ele faz "mais concessões à riqueza quanto é lícito a um filósofo conceder". Para obtermos a verdadeira opinião de Aristóteles teremos de consultar a *Ética*. Aqui, Aristóteles define como nobre aquele que "tem por natureza o dom de discernir o verdadeiro e de desejar o verdadeiro bem".

Esta é a "coisa mais bela", porquanto não se recebe nem se aprende com os outros. É nobre, portanto, quem está "naturalmente disposto para a virtude" e quem sabe aperfeiçoá-la "colocando-a em prática" e mantendo-a em exercício. Niccoli não se satisfaz com a correcção de Lorenzo; corrige também o próprio Aristóteles a propósito da ligação entre riqueza e nobreza. Os maiores exemplos de nobreza que a história nos legou provêm de gente que morreu na pobreza, como Aristides e Valério Publícola. Não eram estes homens nobres, apesar de serem pobres? Outro problema ocorre durante a hipótese da hereditariedade da nobreza. Se é verdade que a riqueza pode ser herdada, o mesmo não se verificará quanto à virtude. A virtude apropriada é a virtude própria. "Cada um é autor e artesão tanto da própria virtude quanto da própria nobreza". O que os homens de grandes linhagens não querem ver, sugere Niccoli, é que seguindo os ensinamentos de Aristóteles atentamente, ficaremos com muito poucos – ou até com nenhuns – nobres, porque a virtude "é um bem raro e difícil de conquistar".

Lorenzo ainda procura entorpecer o raciocínio de Niccoli chamando a atenção para um aspecto. Aquilo a que os latinos chamavam *nobilitas* era designado pelos gregos como εὐγένεια (*eugenia*), ou bom nascimento, ou nascimento nobre. Isso parece indicar uma certa antiguidade na crença na hereditariedade da nobreza.

Niccoli responde de maneira muito simples: os latinos usavam, neste aspecto, um vocábulo melhor do que o dos gregos. "Nós definimos os nobres" com base nas "acções rectas", na "glória", e na "fama" de cada um. Os gregos pretendiam que a nobreza derivava da linhagem. "Nós" sabemos que a nobreza provém da notoriedade e glória das acções valorosas. A linhagem e a riqueza não integram a equação. A dúvida subsiste se *este* não será também um raciocínio demasiado linear. Porventura algumas acções poderão requerer para a sua execução plena abundância, ou talvez uma abundância moderada, de meios, inclusivamente bens materiais, inclusivamente *riquezas*. Como exercer a virtude da liberalidade sem riquezas? Como ser magnificente sem riquezas? Como alcançar a glória sem pertencer a uma pátria envolvida em acções gloriosas?

Lorenzo regressa ao casamento celebrado por Aristóteles entre a virtude e a riqueza antiga. O verdadeiro nobre utilizará os bens materiais como "instrumento necessário para viver e para exercitar a virtude". Com aqueles poderá "socorrer os amigos", "ser magnífico", "defender a pátria". A virtude privada das riquezas corre o risco de se tornar débil e incapaz. E também é verdade que o uso sábio das riquezas exige virtude.

Mas a disputa ainda não terminou. Niccoli não reconhece a relação simbiótica entre virtude e riquezas. Pelo contrário, aponta as riquezas como propiciadoras da soberba, da luxúria, da arrogância, da inclinação para os prazeres baixos e para os vícios. A virtude é o critério regulador da condição nobre. Isso vale, não só para a relação entre o homem e as riquezas, como para a relação entre o homem e os cargos políticos e as magistraturas. Estes não comportam a "verdadeira nobreza" se não estiverem mediados pela virtude. Os comandos políticos produzem a fama e "uma espécie de sombra de glória" junto do "vulgo ignorante"; mas a nobreza é "produto da virtude". Isto tem como consequência a "possibilidade de se conseguir a nobreza a partir de qualquer condição". Poggio pretende com esta discussão ilustrar não só o carácter da "verdadeira" nobreza, mas também indiciar a precariedade dessa mesma "verdadeira" nobreza. No fundo esse é também um dos temas do diálogo já abordado entre John Adams e Thomas Jefferson quando o primeiro descreve os "cinco pilares" da "aristocracia": a "Beleza", a "Riqueza", o "Nascimento", o "Génio" e as "Virtudes". A precariedade da "verdadeira" nobreza e da aristocracia em geral é que os três primeiros pilares inevitavelmente se agigantam sob a pressão dos preconceitos e do deslumbramento vulgar para derrubar os dois últimos. Qualquer discussão sobre a "verdadeira" nobreza deve começar por compreender a tendência para a derrota do "Génio" e das "Virtudes" às mãos do poder fáctico das outras qualidades. O resultado dessa derrota é a constituição da "aristocracia artificial" que se distingue e contrapõe à "aristocracia natural".

Lorenzo e Niccoli dividem-se quanto à associação entre riqueza e nobreza. Mas, num aspecto crucial, estão unidos pela mentalidade aristocrática. Ambos concordam com o repúdio da *banausia*, e a crítica radical da *banausia* é uma crítica aristocrática. Niccoli recusa admitir a riqueza na lista dos bens externos necessários a uma vida nobre. Mas Lorenzo expressa uma opinião tão antiga quanto a própria mentalidade aristocrática. A riqueza pessoal proporciona o lazer e o acesso a bens necessários à boa educação. As diferentes ocupações profissionais, especialmente as de carácter manual e rotineiro, são consideradas como obstáculos no trabalho educativo e na aquisição das virtudes. Ser excelente pressupõe uma vida rica em lazer, em actividades nobres, pressupõe uma vida isenta das preocupações e dos trabalhos implicados pelo ganho da subsistência. A vida dos *banausoi* é antagónica à vida da excelência: deforma o corpo, diminui o espírito, amarra o homem à mera vida material e afasta-o da tarefa primordial do aprofundamento do carácter.

O homem verdadeiramente nobre tem a "capacidade para o *otium*", não só porque o desafogo material o permite, mas principalmente devido à "convicção incondicional de que, embora uma profissão em qualquer sentido não desonra, decerto rouba a nobreza" ([144]). Na mentalidade aristocrática, a política está vedada a todos os *banausoi*; a política é uma das actividades à qual se entregam os homens que podem levar uma vida de lazer.

Se a nobreza é produto da virtude, é preciso saber qual é a vida virtuosa de modo a compreender a vida nobre. Segundo Niccoli, a vida virtuosa consiste em "viver de modo sábio" e a sabedoria tem como fonte a filosofia. A vida sábia tem como norma a razão, e segue, não a fortuna, "que é um guia falacioso e incerto", mas a virtude, "que é o guia e o maestro mais seguro rumo à rectidão": *nobilitatem ex sola nasci virtute*. Os estóicos celebraram este adágio, mas o seu "autor" e "inspirador" foi, de acordo com Niccoli, Platão. E ao mais nobre cabe por direito a mais elevada posição de autoridade sobre os homens.

As acções nobres são boas em si mesmas e, para o homem virtuoso, são a sua própria recompensa. Mas o homem nobre deseja que a memória das suas acções perdure na posteridade. Assumindo isto, Lorenzo elabora a pergunta óbvia: como se perdura essa memória? Na ausência de respostas alternativas, a Lorenzo só ocorre a linhagem como meio de preservar a memória. Os filhos conservam e preservam a memória da glória dos pais. Não se trata agora de defender a hereditariedade com base no argumento da transmissão genética da virtude. Trata-se,

---

([144]) Nietzsche, *Will to Power*, trad. inglesa Walter Kaufmann (Nova Iorque, 1968), §943.

outrossim, de cuidar do património material (riquezas) e imaterial (glória) legado pelos antepassados para os celebrar, e para que os descendentes cuidem do património que "nós" lhes legaremos. Deste modo, há uma "nobreza de família" que se preserva apenas com nobreza própria, já que uma "vida de vícios e de crimes" destruirá a nobreza recebida. Por esta via, mantém-se igualmente uma referência de imitação propícia à vida virtuosa. A imitação da glória dos antepassados pode ser uma exortação poderosa à prática da virtude e da grandeza, como aliás Cícero recomenda.

Mas Lorenzo aponta uma dificuldade mais grave na identificação da nobreza com a vida filosófica operada por Niccoli. É que essa "virtude estóica" parece completamente "solitária" e "não entra na cidade". Uma vida assim desconhece a "vida civil". A virtude própria da "vida civil" requer como necessárias a "saúde", a "riqueza", a "pátria", e "tudo o que é dominado pela fortuna". Lorenzo, apontando a incompatibilidade da solidão da vida filosófica com as exigências da vida activa, inverte os termos segundo os quais a discussão vinha prosseguindo. Agora é Lorenzo quem é capaz de dizer que um homem retirado no seu estudo, na contemplação, excluindo-se dos "discursos dos outros homens", pode ser virtuoso, mas não possui a nobreza. Será um homem virtuoso, mas não um nobre. A nobreza aparentemente precisa do brilho do espaço político, da interacção com os pares, bem como do seu reconhecimento. Afinal, entre os antigos, os homens nobres enobreceram-se com vidas que não incluíam a "virtude dos estóicos". Deste ponto de vista, todo o aparato e eloquência da vida da virtude estóica aparece como uma forma de escapar à natureza política da vida humana. Se a vida humana mais "nobre" é também a mais humana, ela não poderá, por certo, fugir da sua realidade.

Parte deste argumento é aceite por Niccoli, mas não a superioridade da vida política no que respeita à aquisição da nobreza. A batalha contra vícios interiores é tão nobre quanto a batalha política. Mais importante do que essa equiparação é a insistência na superioridade da vida filosófica *do ponto de vista da nobreza*. Se uns são nobres, os filósofos são *nobilissimi*, pois com os seus escritos enobrecem, não só a sua própria vida, mas também os "nossos costumes". A vida de virtude é a mais auto-suficiente, "perfeita" e "completa". Mas esta insistência não impede Niccoli de reconhecer que existe "uma luz que é colocada em público". A referida luz, embora "acessível a todos", "ilumina mais quem está perto do que quem está longe". Essa luz da glória fornecida pelos exemplos dos grandes homens do passado enobrece quem dela se aproxima.

Se é evidente que os dois interlocutores concordam que a posse da virtude é requisito da nobreza, sobram algumas dúvidas quanto ao conteúdo dessa virtude. Porque, como a discussão em torno da relação do nobre com a "vida civil" parece indicar, são dois tipos de homem virtuoso que estão presentes nos dois lados do debate. Um, refugiado na auto-suficiência da actividade contemplativa, o outro entregando-se às exigências da pátria e da "vida civil". De um lado, o filósofo, do outro, o político. A mesma virtude poderá servir ambos os homens?

O problema é decisivo se queremos perceber melhor a nobreza numa aristocracia. Esta é a questão para onde apontam quase todas as discussões sobre a "verdadeira" nobreza. De certo modo, o diálogo de Poggio Bracciolini reveste-se de um carácter inconclusivo. Não que o diálogo não se incline para uma das teses – a de Niccolò Niccoli, como é evidente. Mas a tese de Lorenzo também consegue manter algum terreno, nomeadamente aquando da discussão em torno da relação da nobreza com a *vita activa*. Transparece assim o propósito dilemático e não-definitivo do tratamento de um assunto que permanece, por assim dizer, aberto. Permite-nos, no entanto, absorver mais eficazmente os dois lados do debate, as duas visões do que é genuinamente abrangido pelo nome "nobre". Uma vez mais, a questão é a de saber quem é verdadeiramente "nobre", se o filósofo, se o político. Poggio aponta o caminho do filósofo.

O "Cortesão Perfeito" de Castiglione

O tipo humano central na discussão sobre a "verdadeira" nobreza é aquela figura que ficou conhecida nos diversos espaços europeus durante toda a história pós-clássica por *gentilhomme*, *gentleman*, *gentiluomo*, ou *gentil-homem*. Como um exame superficial das diversas variações da expressão deixa evidente, a sua origem é comum. É da palavra francesa *gentil* que se derivaram todos aqueles termos. *Gentil* denomina "bom nascimento". Pelo menos era esse o significado atribuído desde o século XII, altura em que uma etimologia própria foi elaborada. De acordo com essa etimologia, o francês *gentil* remetia para o latino *gentiles*, ou seja, os que pertencem ao mesmo *gens* ou linhagem. George Duby ajuda-nos a compreender que todos os nobres que compunham a nobreza carolíngia se reconheciam a si mesmos como *nobilis ortu* ou *gentis-homens*, isto é, o fundamento da sua distinção não repousava sobre o poder ou sobre a riqueza ou sobre a personalidade, mas antes sobre a linhagem a que pertenciam. A gentilidade constituía assim a qualidade partilhada por toda a nobreza. Porém, a gentilidade enquanto qualidade definidora da nobreza não se resumia ao bom nascimento. Desde o início da sua teorização que a nobreza ou a sua gentilidade pretendia traduzir, não uma característica, nem sequer um conjunto de requisitos, mas uma forma de existência. A forma de existência *gentil* podia ser apreciada sob vários prismas taxativos, como o nascimento, o modo de sustento (a oposição ao trabalho manual estava sempre presente, assim como o elogio do rendimento extraído da propriedade fundiária), a ocupação de cargos militares, políticos ou judiciais ou ainda o convívio e mistura familiar com outros *gentis-homens* ([145]). Contudo, se a percepção geral da nobreza se encarregava de insistir na qualidade do nascimento e na ancestralidade da linhagem, a partir do século XII a justificação teórica da "verdadeira" nobreza abandonava cada vez mais esse critério para se concentrar mais e mais na excelência moral. A vida militar foi também progressivamente sofrendo um trabalho de subordinação em relação a outras vocações consideradas mais elevadas: a *nobreza* deixava para trás a *cavalaria*. Como vimos no diálogo de Poggio, esse tema devia ser confrontado de modo a substituir um conceito de nobreza por um outro, digamos assim, mais espiritualizado ou *desmilitarizado*.

Castiglione, em *Il Libro del Cortegiano* (1528), quer fazer-se acompanhar pelos Antigos: Platão, Xenofonte e Marco Túlio

---

([145]) George Duby, *A Sociedade Cavaleiresca*, trad. portuguesa Telma Costa (Lisboa, 1989), p. 13; Maurice Keen, *Origins of the English Gentleman* (Stroud, 2002), pp. 106, 102, 105, 108-109.

(Cícero). À imagem desta tríade do pensamento político e moral clássico, Castiglione pretende discursar sobre o "mundo inteligível", o da "república perfeita", do "rei perfeito" e do "orador perfeito". No seu caso particular, ele sabe bem que não se trata de um esforço vão esboçar o retrato do homem excelente, apesar de ser "muito difícil e quase impossível encontrar um homem tão perfeito quanto eu quero que seja o cortesão". Esse retrato ficará como imagem de aproximação dos homens concretos, como "término" e "meta" ([146]). Trata-se, portanto, de escolher a "forma mais perfeita", vendo mais longe do que os hábitos, costumes e modos, que o tempo verga. Assim, o objecto, ou o *gioco*, deste diálogo é, numa alusão óbvia à *República* de Platão, "formar com palavras um cortesão perfeito".

O início do diálogo é marcado por uma sugestão: o cortesão que começa a ser formado deve nascer nobre numa família nobre. Assim deve ser de modo a que os padrões de virtude do cortesão sejam tão elevados quanto possível. É que o nobre paga um preço mais elevado pelo esquecimento da virtude do que o homem comum. Mancha o nome dos seus antecessores e perde o que já fora adquirido. A nobreza de nascimento lança uma luz especial e inigualável sobre a vida moral dos homens. É menos digno de censura moral aquele homem que, não tendo nascido nobre, carece de virtude. Em contrapartida, a responsabilidade acrescida do homem nascido nobre empurra-o para a procura da virtude. Para ela o nobre é atraído, não só pela experiência positiva do aplauso – pela "esperança do louvor" –, mas também pela experiência negativa do "temor da infâmia". Este duplo estímulo está ausente da vida moral do homem comum. O nobre, pela pressão imposta pelos padrões dos antepassados, sente-o a cada instante da sua vida. O percurso da linhagem reforça este estímulo, pois é dever do nobre superar a virtude dos antepassados. É seu dever, não porque ele deva essa superação a outrem, mas porque a deve a si próprio. Deve, é certo, à memória dos seus antepassados, mas de algum modo essa memória é parte constitutiva de si mesmo.

A defesa clássica da nobreza de linhagem também implica que a "Natureza" – pelo menos tendencialmente – distribui a

---

([146]) *Il Libro del Cortegiano*, "Lettera dedicatoria", 3.

excelência através da genética: é seu argumento que o que é bom gera o que é bom. A liquidez e circulação do sangue simbolizam o fluxo natural de transmissão da virtude. Mas esta defesa da hereditariedade nunca se assume como auto-suficiente. A pertença a uma linhagem não garante a presença das devidas qualidades distintivas. Sem uma boa educação, o homem que nasce "nobre" torna-se num "selvagem". Com diligência e com uma educação cuidada, atinge a "suma excelência".

Contudo, a refutação da defesa clássica da hereditariedade não se faz esperar. Se fosse verdade que a Natureza plantou uma semente no sangue de alguns, e que germinaria infalivelmente por todos os descendentes, então todos teriam a mesma virtude e o mesmo carácter, já que, recuando até ao princípio dos tempos, se verifica terem todos os homens o mesmo antecessor. Por outro lado, é de natureza empírica a conclusão segundo a qual homens de nascimento humilde manifestam frequentemente a sua superioridade perante aqueles de berço dourado e sangue azul, assim como a decadência e a degeneração moram por vezes em palácios. Para Gaspare Pallavicino, a verdade é que a "verdadeira" nobreza não depende de uma regra tão segura como a hereditariedade, mas da Fortuna. Devido aos caprichos da deusa, é impossível prever em que homens estarão as sementes da nobreza.

O homem de nobreza, independentemente das suas origens, está dotado de uma certa "graça", isto é, de uma certa gentileza e elegância. Esta "graça" abrange a "autoridade grave" e uma certa "doçura" nos costumes; é uma "graça excelente" que permite encontrar sempre *il mezzo*, ou um justo meio, nas acções e nas disposições. É a "graça" que possibilita a correcção "em grande parte dos defeitos naturais". O cortesão que se queira verdadeiramente nobre é "afortunado"; tem por natureza o "engenho e a forma bela de pessoa e de vulto"; e principalmente uma "certa graça" que transparece no primeiro contacto, uma graciosidade "viril". Ser e parecer estão em íntima conexão.

Num dos diálogos de Cícero, Cipião confessa a sua profunda admiração por Catão, entre outras razões, pela completa harmonia entre a sua vida e as suas palavras. Sócrates fora apreciado pela mesma razão. Escusado será apontar que Maquiavel quebra este consenso radicalmente. Skinner relata que se trata da "única

diferença" entre o depoimento de Maquiavel e os espelhos-para-
-príncipes da tradição. Mas não será esta "única diferença" *decisiva*? Pelos seus pressupostos, bem como pelas suas implicações
críticas, a ruptura não pode ser desvalorizada. Em Maquiavel, o
parecer adquire a sua maior e mais verdadeira expressão na *dissimulação*, enquanto algo conscientemente oposto àquilo que é. Os
propósitos do Príncipe que aparecem à luz pública são diferentes, quando não contrários, aos seus propósitos reais. Tamanha
oposição é produto do carácter fundamentalmente popular da
apreciação quotidiana da acção política. Quem avalia o Príncipe
é o povo, e este devido à sua simplicidade toma o parecer pelo ser
do Príncipe. O Príncipe virtuoso, através da dissimulação, cria
uma realidade política virtual pois essa criação é um imperativo
da realidade política efectiva. Realidade e aparência confundem-
se, mas não chegam a fundir-se. A realidade muda e não muda.
Muda porque todos, ou quase todos, tomarão o Príncipe e os
seus actos por aquilo que não são, e nesse processo cria-se uma
realidade nova. Não muda porque essa mudança de realidade
está ao serviço daquilo que é necessário. Ora, da realidade da
necessidade não se pode duvidar. Por sua vez, o Príncipe mani-
pula ou dissimula o seu ser para melhor realizar os seus fins, os
quais constituem a única coisa de permanente e de consistente
que pertencem ao seu ser. Em suma, sob a direcção do príncipe
de *virtù*, a aparência não desvenda a realidade, mas serve
outrossim para ocultá-la.

Ora a união do ser e do parecer é sustentada pela "graça" – a
regula universalissima –, elemento proactivo que reveste de nobreza
o comportamento, o falar, o mover-se, o comer, do agraciado.
E a "graça" de que fala Castiglione corresponde à recuperação
renascentista do *decorum* de Cícero. *Decorum* é a palavra latina a
que Cícero recorre para trazer para o vocabulário romano o
grego *prépon* (πρέπον). Este termo grego originariamente perten-
cia à esfera estética e não moral: *prépô* (πρέπω) significava
"notável", "conspícuo", "brilhante", "visível", "bem parecer" ou
"apropriado". *Prépon* parece ser um indício exterior infalível da
presença do homem bom, da boa alma; e o contrário verifica-se
ainda com mais regularidade. Tal como Castiglione insiste, ser e
parecer fundem-se no comportamento decoroso do homem
bom: a aparência é um reflexo genuíno da realidade. *Decorum*

mantém a preeminência da bela aparência exterior, podendo ser traduzido por "ornado", "formoso" ou "egrégio", mas também por "apto", "conveniente" ou "digno". Cícero não pretende esvaziar o seu significado originário, mas tão-só injectar-lhe um significado moral acrescido, fazendo a devida fusão com a virtude grega da *sôphrosyné*, ou aquela moderação harmonizada pela supremacia da razão que permite e facilita a procura do meio entre extremos ([147]).

Mas a referência estética permanece, como podemos ver quando Cícero introduz uma analogia que sugere que o *decorum* está para a virtude como a beleza está para a saúde ([148]). Enquanto qualidade específica do homem de bem, *decorum* refere-se à graciosidade das acções moralmente apropriadas. Há um brilho natural que faz cada virtude cintilar no mundo humano. O comportamento exterior testemunha perante a sociedade dos homens as qualidades individuais invisíveis. Como qualidade moral, *decorum* denota, em primeiro lugar, consideração perante o outro e implica respeito ou *reverentia* por quem dela é digno. Corresponde portanto à ênfase posta no trato ou nas maneiras aristocráticas. Com efeito, de todo o homem de bem se exige um determinado padrão de conduta, assente na *gravitas*, na consciência do seu valor, na elegância, na polidez e no refinamento. É inaceitável para o homem de bem agir (ou falar) precipitada e grosseiramente. A obscenidade é inadmissível, a deselegância imperdoável, a brutalidade inqualificável, a insolência inconcebível, a ignorância mortal.

O *decorum* não autoriza que se mencione ou se faça tudo aquilo que, não sendo imoral, atenta contra o pudor e contra a elegância. Tanto a "beleza", como a "ordem", como "a predisposição para embelezarmos as nossas acções", conjugam-se para tornar manifesto aquele *decorum* que distingue o homem de bem ([149]).

Assim, a "graça" de Castiglione, inspirada no *decorum* de Cícero, recomenda a vida exterior do homem *nobre* – nomea-

---

([147]) Andrew R. Dyck, *A Commentary on Cicero*, De Officiis (Ann Arbor, 1996), pp. 241-253. Cf. Cícero, *De Officiis*, I.93-99.
([148]) *De Officiis*, I.97.
([149]) Ibid., I.126.

damente as suas relações sociais – ao prolongamento da excelência nos gestos e comportamentos externos. Daí que a "graça" seja a "graça do aspecto" (*grazia dell'aspetto*). E, tal como nas profundezas da alma, também na superfície da aparência exterior nunca se perde o sentido estético da excelência. A beleza da imperturbabilidade no homem nobre, e da sua conduta apropriada, é incomparável. Trata-se de uma beleza delicada marcada pela subtileza: dela está ausente a ansiedade da exibição.

Poder-se-á pensar que nada disto constitui assunto político digno desse nome. De qualquer modo, a recomendação da graciosidade torna-se inteligível mesmo que reduzida ao campo estrito da exortação à formação pessoal do homem nobre, não precisando de invadir o domínio político. Mas é de supor que o homem gracioso, uma vez no assento do poder, fará política de modo gracioso. Contudo, ainda valeria a pena perguntar se as "maneiras" ou o "decoro" constituem uma qualidade importante em política. Jouvenel conta-nos como Necker atribuía a este tema aparentemente pueril uma importância não negligenciável. Para Necker, a destruição da civilidade e das formas polidas, durante a Revolução francesa, contribuiu para o colapso da linguagem e da acção política. O argumento de Necker era o de que a linguagem brutal, a familiaridade abusiva, a irreverência grosseira, criavam o ambiente propício para a eventual adequação das acções às maneiras revolucionárias. Jouvenel resume o diagnóstico de Necker: "o homem que se orgulha em não poupar os sentimentos dos seus pares na sua linguagem muito brevemente não se importará de infligir injúrias mais concretas" ([150]).

De acordo com a mentalidade aristocrática, toda a aristocracia é *aberta*. Isto é, a aristocracia enquanto governo da excelência apenas impõe um critério de exclusividade, a própria excelência. Trata-se de um governo *aberto* a todo e qualquer indivíduo que manifeste a mais elevada excelência, sem distinções nem discriminações ulteriores. A nobreza *aberta* de uma aristocracia afasta-se essencialmente de uma casta cuja integridade é mantida por um rigoroso princípio de hereditariedade. Se, numa aristocracia, o critério de ascensão à nobreza é tão-somente a excelência e a virtude, a que se pode acrescentar todo o equipa-

---

([150]) Jouvenel, *The Pure Theory of Politics* (Indianápolis, 1992), pp. 250-252.

mento que as sustentam, como a riqueza e a educação – *desde que estes bens não se tornem eles mesmos critérios de ascensão*, e se limitem a ser instrumentais na aquisição da excelência –, deve parecer mais razoável que o entendimento de casta não seja apropriado à aristocracia, embora o possa ser numa oligarquia. A nobreza verdadeiramente aristocrática é, por conseguinte, incompatível com a nobreza de sangue.

Contudo, não se pode negar que existe uma certa afinidade entre a aristocracia e a lógica aristocrática, por um lado, e a hereditariedade, por outro. Não é difícil supor que a ideia aristocrática pura deslize quase imperceptivelmente para a prática do reconhecimento da hereditariedade. Mas o que demonstra mais profundamente esta afinidade é o facto de muitas vezes, mas nem sempre, o reconhecimento da hereditariedade ser fundamentado de acordo com a lógica aristocrática: o melhor só pode ser gerado do melhor. Noutras ocasiões, é salientado sobretudo o requisito educativo na concepção de nobreza. O homem nobre, diz-se, realiza-se após uma íntima familiaridade com o ambiente propício ao cultivo da nobreza e que começa no berço. Também aqui a defesa da hereditariedade baseia-se na lógica aristocrática. Sem educação apropriada de cariz total, não há nobreza. Todavia, se o início dessa educação não for coincidente com o momento do nascimento, a educação é já deficiente. O ambiente social e, por maioria de razão, o ambiente familiar, determinam as fronteiras de possibilidade do crescimento moral e intelectual. A hereditariedade aparece, segundo esta opinião, como a fonte de estabilidade de ambientes sociais e familiares propícios ao crescimento individual. Não se trata de uma transmissão genética de qualidades, como na outra defesa da hereditariedade segunda a qual o melhor gera o melhor, mas da protecção de um ambiente educativo particular.

No entanto, em *Cortegiano* o conde Ludovico está mais interessado em demonstrar que a condição de nobreza é a profissão das armas. O exame dessa condição é fulcral para a apreciação da "verdadeira" nobreza. É que a nobreza, enquanto *estado*, sempre reclamou os dois elementos fundamentais e inseparáveis da "ética aristocrática da cavalaria": a nobreza de nascimento e a dedicação marcial. Assim, segundo o conde Ludovico, o nobre deve ser reputado pela sua coragem e pela lealdade a quem serve. Deita-se tudo a perder, incluindo uma vida inteira de bravura, com um acto cobarde que tudo cobre de "ignomínia". A excelência nas armas é a excelência da nobreza e a virtude moral a ela associada é a coragem, uma excelência que não se apregoa, mas é acompanhada pela modéstia e pela discrição. A condição militar exige características físicas determinadas: altura mediana, "força", "ligeireza" e "desenvoltura". Exige proficiência em artes específicas: manejar bem armas a pé e em montada, lutar. Acima de tudo, coragem e resolução no combate, e ser o primeiro em destreza e excelência, como Alcibíades.

A coragem é a cronologicamente primeira das virtudes a ser apresentada ao espírito nobre; a espiritualização do carácter nobre ainda vai no princípio. Logo, é a coragem a virtude que aparece em primeiro lugar no início da educação para a excelência, a par do elogio da beleza física e da exortação à prática da arte militar. Com a progressão da educação, e com a espiritualização gradual da vida da alma nobre, a coragem não desaparecerá, mas terá de se acomodar à presença e ao comando de outras virtudes. Poderíamos dizer que o progresso da educação para a excelência faz-se notar quando de algum modo se separa as virtudes a que a guerra faz apelo daquelas exigidas pela vida pacífica. Na guerra vale a "verdadeira fortaleza", que torna o *animo* resistente às paixões e faz-nos não recear os perigos; vale também a "constância" e "aquela paciência tolerante" necessárias para suportar as variações da fortuna. Justiça, continência, temperança, são, no entanto, virtudes que a situação de guerra e a de paz partilham nas suas exigências; existe apenas uma diferença de ênfase.

Assim, a mentalidade aristocrática revaloriza a virtude da coragem, não permitindo a sua ascensão ao primeiro lugar do pódio das virtudes, nem negando a sua função como pré-requisito de todas as outras virtudes. É na medida em que a coragem adquire um carácter mais abrangente que se autoriza a sua centralidade: por coragem entende-se uma coragem moral, revelada no quotidiano, nas pequenas como nas grandes escolhas, e não apenas no domínio militar. Quando lhe perguntaram qual das duas virtudes, a coragem ou a justiça, era mais excelente, o rei espartano Agesilau respondeu: "A coragem não tem valor sem estar acompanhada pela justiça; mas se todos fossem justos, então a coragem não seria necessária".

O inventário das qualidades e características da vida nobre continua. A fortuna – no sentido de riqueza pessoal – tem uma *grandissima* "força na opinião dos homens", a tal ponto que o homem de muitas qualidades e "dotado de muita graça" ver-se-á rodeado de desconfiança e escárnio se a não possuir. Um homem virtuoso, reputado pela boa opinião que provém da sua fortuna, tem o caminho mais aberto para práticas virtuosas e para uma vida bem vivida. É que a "fama" com origem em muitas opiniões gera uma firme credibilidade do valor que se tem. Essas boas opiniões tornam as boas acções mais fáceis e mais naturais. A estima dos outros facilita a estima de si próprio, o que por sua vez, estimula o envolvimento em práticas nobres. O risco desta ligação da nossa opinião à opinião dos outros é claro. Podemos crer na fama que os outros nos atribuem, quando na realidade tudo fizemos para que ela nos fosse atribuída. O triste resultado desta falsa consciência é o de nos crermos excelentes quando não passamos de pessoas vulgares. Este é o lado perverso da dependência da opinião dos outros.

Messer Federico reconhece a dificuldade, mas nota que a opinião credível do valor de alguém não se baseia na primeira impressão que se tem. É no decurso da exposição quotidiana de um homem que a boa (ou má) opinião se forma, porque aquilo que se vê de fora é o que conta menos. O homem de bem procura sempre confirmar a sua boa reputação com obras e práticas que estejam à sua altura, e com este teste começará a crer na fama que tem. Mas parece que, no entender de Castiglione, o valor do homem de bem nunca poderá estar em oposição com uma opinião desfavorável de outros homens bons. Ou existe essa sintonia, ou o homem de bem não o é. Não porque a opinião dos outros *cria* o valor do homem de bem, mas porque o verdadeiro e sublime valor é sempre recompensado com a boa opinião de homens judiciosos.

A consciência da própria nobreza não deve, porém, cegar o homem de bem. Do mesmo modo como os outros louvam as coisas feitas e ditas por ele, também ele as deve louvar quando feitas e ditas por outros. Deve evitar essa "frieza" "soberba e desumana" de pretender reclamar para si o exclusivo dos feitos nobres. Deve efectuar esse elogio devido com "humanidade" e "benevolência". Mesmo aquele que se sente "admirável" e "superior a todos" não deve exibir esse sentimento. É-lhe permitido mostrar a sua qualidade, a sua excelência, e até a sua superioridade; mas o grau exacto da sua excelência deve ser reconhecido e não ostentado. Porque o exagero em todas as coisas é uma deformação, e é "uma certa deformação" que dá consistência ao ridículo. Ora o ridículo é a negação da nobreza.

Na obra de Castiglione, só no início do terceiro dia do diálogo é que surgem os "fins" do homem de bem. A exterioridade do homem de bem é, no quarto dia, complementada com a discussão sobre os propósitos mais profundos da vida nobre. O *signor* Ottaviano inicia a discussão com o enunciado da ortodoxia moral. "As coisas que chamamos boas" são aquelas que são (sempre) "boas em si mesmas"; é a "temperança", a "fortaleza", a "saúde", "e todas as virtudes que dão tranquilidade às almas". Também se incluem entre as coisas boas as "leis", a "liberalidade", a "riqueza" e outras "semelhantes". Estas, no entanto, são boas em virtude do fim ao qual se dirigem; é o fim que é bom, e não elas mesmas. O cortesão perfeito será uma "coisa boa e digna de louvor" se, para além de ser ele mesmo bom, servir um fim digno. Todos os atributos, todas as faculdades, todas as práticas e artes, que caracterizam o homem de bem são duvidosas se se não dirigirem a um bom propósito. É esse fim que conduz rectamente as qualidades e faculdades que o homem possui. Se o "fim" for bom, o homem de bem é digno de "infinito louvor". A isto acrescenta-se a virtude necessária para encontrar os "meios e actos oportunos" para conduzir-se rumo ao fim designado.

O cortesão perfeito faz-se sempre acompanhar pela prudência, e cada acto seu compreende "todas as virtudes". Dizer "todas as virtudes" é o mesmo que não excluir nenhuma. No entanto, algumas são mais notórias do que outras: a magnanimidade é um exemplo; a temperança que se superioriza à continência, outro. Já a justiça é – repetindo a expressão de Cícero – "a rainha das virtudes"; é a "amiga da modéstia e do bem", pois ensina a fazer aquilo que deve ser feito e ensina a fugir do que deve ser evitado. Viver com honra e "dar memória de si à posteridade" são igualmente deveres indeclináveis e sinais de grandeza. Depois aparece a prudência, a "guia" de todas as virtudes", ou seja, um "certo juízo para escolher o bem"; posteriormente, e em conjunto, a liberalidade, a magnificência, o desejo de honra, a mansidão, a aprazibilidade, a afabilidade, entre as demais. E não nos esqueçamos da virtude política, por excelência: "a maneira e o modo de governar e de reinar como se deve". Como as virtudes são indivisíveis, esta última não está desligada de todas as restantes. Só pela vida virtuosa pode um homem aprender a governar-se a si mesmo e os outros.

A educação nobre compreende, portanto, a aprendizagem da obediência. Dificilmente comanda bem quem não sabe obedecer. É considerada "coisa perigosa" quando o cortesão desvia-se das ordens dos seus superiores. Se obedecemos é porque aqueles que ordenam possuem um juízo mais confiável do que o nosso próprio juízo. A desobediência tem causas humanas, sendo uma delas a vontade de exibir suficiente sabedoria e autoridade para desafiar as ordens dos outros. Na desobediência o homem adquire um "uso de estimar pouco os comandos dos superiores". Quando perguntaram a Agis, rei de Esparta, em que consistia a educação da cidade, ele respondeu apenas que se tratava de saber como receber e dar ordens. Para Cícero é indesmentível a proposição segundo a qual para que um homem governasse bem era preciso primeiramente saber bem obedecer, e que aquele que obedece bem prepara-se para uma futura posição de comando. E, pela mesma razão, Isócrates insiste na educação para a virtude, pois é preciso virtude para obedecer à virtude superior: a obediência à virtude indicia a alma justa.

Mas a obediência só é devida a ordens honestas e honrosas. Tudo o que seja danoso e vergonhoso constitui matéria de objecção moral e por conseguinte indigna da obediência de um homem nobre. Insistamos neste aspecto, pois é de importância capital para compreender o espírito da nobreza e a mentalidade aristocrática.

A "verdadeira liberdade" não se pode dizer que seja "cada um viver como quer", mas "o viver segundo as boas leis". Não é "menos natural e útil e necessário obedecer do que seja comandar". O obedecer e o comandar são como duas faces da mesma moeda. Convém salientar que não se trata do mesmo tipo de obediência que se exige de um escravo. O escravo obedece ao seu senhor involuntariamente; a obediência aristocrática dispõe-se voluntariamente na medida em que se faz o que é melhor. A obediência às superioridades corresponde à acção correcta; na mentalidade aristocrática, a consciência da superioridade do outro impõe a obediência, como impõe tudo o que é belo e bom e proíbe o que é vergonhoso e mau. A desobediência ou a resistência ao comando da superioridade significaria a obediência servil a impulsos, paixões ou desejos servis e vulgares. Em particular, seria a manifestação de um orgulho ignorante que recusaria a evidência da superioridade de quem comanda. Mais: o comando aristocrático é também uma forma de obediência. Só a mais fiel obediência – à disciplina, às boas leis, à razão – legitima e autoriza o comando. Aquele que melhor governa é também o que melhor obedece. É senhor de si mesmo aquele que ordena a sua alma de modo a colocar a parte inferior ao serviço da parte superior. Quem não obedece à primazia da razão na sua alma é aquele que apenas pode obedecer a quem comanda. "É a fonte e o fundamento de toda a autoridade. Quem a tem sobre si mesmo merece tê-la sobre os outros. Quem não é senhor das suas paixões nada tem de forte; pois é fraco no princípio" ([151]). É neste espírito que se compreende o dito de Suetónio sobre Calígula: "nunca houve tão bom escravo, e nunca houve tão mau senhor". Assim se aprende a governar. A aprendizagem das virtudes, dos hábitos e da sabedoria requeridas pelo bom desempenho dos cargos de mais elevada responsabilidade começa com o exercício de outras responsabilidades menores; o bom comando começa pela boa obediência. É naturalmente próprio deste espírito a repugnância por toda a forma de servilismo e por toda a forma de lisonja, já que esta é apenas mais uma manifestação de servilismo.

Ora um aspecto intimamente ligado a este é o da adequação do homem à situação do poder. A experiência mostra como o poder tende a corromper e como o poder absoluto tende a corromper absolutamente. Mas, no espírito aristocrático, o poder é como um teste para o homem. Como o vaso que parece não apresentar nenhuma fissura apenas demonstra os seus defeitos quando o líquido é despejado para o seu interior, também o homem de bem é mais rigorosamente testado na posição de autoridade. Enquanto alguns homens serão degradados pelo poder, outros serão melhorados pela experiência do poder. *Magistratus*

([151]) Bossuet, *Politique*, IV.2.3.

virum ostendit ou *power will show a man* ou *i magistrati dimonstrano quali sian gli omini*. Francis Bacon não só recomenda este dito dos Sete Sábios da Grécia como acrescenta o seu próprio adágio: *When he sits in [great] place, he is another man*. Bacon reconhece todas as contrariedades a que o poder sujeita o homem. Mas não reconhece alternativa à verdade profunda de se dizer que o "poder fazer bem é o fim legítimo e verdadeiro da aspiração". Pois "bons pensamentos" não são suficientes; pouco são mais do que "sonhos", excepto quando podem ser praticados. Ora para transformar os "bons pensamentos" em "actos" é imprescindível deter o "comando" ([152]).

Não é preciso negar uma evidência do comportamento humano, a saber, que existe sempre uma *tentação* rodeando cada homem para mobilizar os seus recursos e os dos outros com vista à realização dos seus fins privados. Cada homem dotado de poder é assaltado por esta tentação; é algo de natural, trata-se do "instinto para o despotismo". Mas como qualquer tentação, ela pode ser *resistida* pelo homem de qualidade. Esse é o voto da mentalidade aristocrática.

Também Platão se dirige a esta questão nas *Leis*. Pode uma instituição ser alvo de crítica pela mera antecipação de todos os erros possíveis e imaginários que da sua gestão possam decorrer? Se a crítica tiver apenas este conteúdo, então é preciso compreender que todas as práticas parecerão igualmente defeituosas. Como apreciar a conduta de um piloto inebriado? O fulcro do problema reside, não na instituição enquanto tal, mas na chefia e na sua "sobriedade". O homem excelente controla-se a si mesmo; resiste às tentações porque é "senhor de si", porque a parte melhor da sua alma domina a parte inferior ([153]). Esta excelência específica que se revela na detenção do poder reúne uma virtude, a temperança. *Sôphrosyné*, uma das virtudes cardeais de Platão, acompanha especificamente a práxis. Esta virtude corresponde à disposição ordenada e harmoniosa que se revela no domínio de certos prazeres e desejos, conseguindo que a parte superior da alma governe a inferior. Assim, a razão governa os apetites, mantendo-os dentro de limites. Trata-se do mais pro-

---

([152]) Bacon, "Of Great Place", *Essays*.
([153]) *Leis*, 640d-641a.

fundo modo de auto-disciplina ou de auto-controlo. O resultado desta moderação é belo, pois, para os gregos, a beleza consiste "na moderação e na proporção"; se a *kalokagathia* aponta para a procura da perfeição, a *sôphrosyné* impede a exorbitância dessa senda. Ora esta virtude consiste também no controlo do *libido dominandi* e manifesta-se no não abuso do poder *quando se tem poder susceptível de ser abusado*. É também por isso que, segundo Plutarco, todos os governantes precisam da luz da filosofia. Porque sem filosofia, o governante nunca poderá governar-se a si mesmo, nem ordenar a sua alma. Ora, como pode aquele que cai segurar os outros, ou o ignorante ensinar, ou o desordenado ordenar, ou o ingovernável governar? [154]

No entanto, a mentalidade aristocrática está bem consciente do risco e da factualidade do abuso do poder. A sua aversão constante ao tirano, qualquer que seja a sua origem, testemunha essa consciência viva. Os maiores "erros" do político são a "ignorância" e a "presunção". De certo modo, os dois resumem-se à ignorância: a das "coisas extrínsecas" e a de si mesmo. Em resultado desta dupla ignorância, os "senhores" são levados à "inebriação" da licenciosidade; afogam a sua vida nos prazeres e na "abundância de delícias", corrompendo o *animo*. Como admitir, então, a ignorância dos governantes? Devemos admitir pacificamente que os governados sejam mais sábios do que os governantes? Não seremos vítimas de uma complacência ingénua se tolerarmos a ignorância no poder? Não vêm grandes males ao mundo quando o músico não sabe cantar, por exemplo. Mas de não se saber governar os povos, ou seja, da *ignorância política*, "nascem tantos males, mortes, destruições, incêndios, ruína, que se pode dizer que é a peste mais mortal que se encontra sobre a Terra".

Enquanto homem bom e enquanto homem sábio, o governante participará simultaneamente das vidas activa e contemplativa, tendo em conta o "benefício do povo". Entrega-se à contemplação porque sem sabedoria a governação será sempre desadequada. A vida contemplativa é necessária para conhecer o bem e ajuizar em conformidade com esse conhecimento. O comando recto depende, de uma forma ou de outra, desse

---

[154] *Moralia*, 780b.

conhecimento e desse juízo. Assim, torna-se mais natural que se obedeça convictamente ao comando sábio. Mas Castiglione não pretende colocar a vida contemplativa ao serviço da vida activa; o contrário estaria mais próximo da verdade. O aristotelismo de Castiglione é evidente: o fim da vida activa é a vida contemplativa, como o da guerra é a paz, e o do trabalho é o ócio. Haverá aqui uma contradição entre a vida das armas, típica da condição nobre, e a declaração da paz e da felicidade como o fim da cidade? Não, segundo Castiglione. A cidade deve criar "povos belicosos", não pela "cupidez de dominar" os outros, mas para garantir uma defesa eficaz e evitar a possibilidade negra de serem escravizados por outros. Castiglione aduz ainda outras razões para o cultivo da arte da guerra na cidade da paz e uma delas pelo menos não deixa de ter uma actualidade notável. A cidade da paz não teme a guerra quando pretende vingar uma injúria cometida pelos seus inimigos, ou quando acorre à expulsão de um tirano e à consequente tarefa de governar bem os povos mal tratados. Específica do espírito aristocrático é a razão que se segue. A arte da guerra é especialmente útil para "reduzir à servidão os povos de natureza servil", sempre, claro está, com a "intenção de os governar bem e de lhes dar o seu ócio e o seu repouso e a paz". Como será evidente, para o cumprimento destas tarefas a guerra será apenas um meio, e um meio bastante limitado, já que, uma vez concluída a acção militar, adquire primazia a ciência das leis e da justiça. Seria um absurdo um povo mostrar na guerra "homens valorosos e sábios" e depois, na paz, não passar de um bando de ignorantes.

Poder-se-ia talvez objectar que *Il Libro del Cortegiano* assume o principado, e não a aristocracia como a forma de governo a considerar, bem como a total subserviência do nobre ao príncipe. A defesa da superioridade do principado sobre a república segue exactamente a mesma linha da hipótese aristotélica da realeza como o melhor regime, e já vimos como essa abordagem é coerente, e nunca contraditória, com a mentalidade aristocrática. Mas a subserviência e dependência do nobre relativamente ao príncipe obedece a outros desenvolvimentos. O título parece dar uma resposta definitiva; afinal, este é o livro do *cortesão*. Contudo, uma leitura atenta dos capítulos 31, 32 e 36 do livro IV proporciona-nos uma interpretação diferente. Particularmente interessante é uma passagem que ocorre no livro 36 do livro citado. Aí, *messer* Cesare Gonzaga interrompe o *signor* Ottaviano, que se torna no interlocutor principal do livro IV, para notar que ele, no decurso do diálogo, transformou o "bom cortesão" num "bom mestre-escola" do príncipe, e o "grande príncipe" num "bom governante". Um pouco mais adiante, a dificuldade é retomada. Parece a um outro interlocutor, o *Magnifico* Iuliano, que Ottaviano tornou o príncipe dependente do cortesão, porque este é muito mais excelente do que aquele. Mas se assim é, o "cortesão" terá "mais dignidade" do que o próprio príncipe, coisa evidentemente "inconvenientíssima". A condição do príncipe, observa-se, "pouco difere" da do cortesão. Quem instrui o príncipe nestes moldes não deve ser chamado "cortesão", "mas merece um nome muito maior e mais honroso". Depois da intervenção da duquesa, é caso para perguntar: afinal quem governa quem? Quem educa o governante não é o maior dos governantes? Ou, por outras palavras, quem é o verdadeiro governante senão aquele que possui a ciência da governação? ([155]). Há, e houve, muitos governantes que não só não eram moralmente maus, como desejavam sinceramente fazer o bem; mas é necessário *saber* fazer o bem. A esses governantes, por mais puras que as suas intenções possam ser, não deve ser entregue o poder, pois "a espada não deve ser entregue a uma criança" ([156]).

Como poderá responder Ottaviano a este desafio na presença de senhore(a)s e de cortesãos que, na eventualidade de uma resposta incauta, assistiriam à subversão das relações de subordinação estabelecidas? A resposta de Ottaviano é defensiva sem ameaçar a integridade do seu discurso prévio. O cortesão é como o agricultor que procura a melhor terra (o príncipe inclinado por natureza a governar) onde semear os seus melhores grãos. A excelência do príncipe fica salvaguardada e a do cortesão também. Mas é digna de nota e de sublinhado a equiparação de Platão e de Aristóteles a este "cortesão perfeito". Plutarco pode servir aqui de guia: "Então, se a dignidade apropriada à liderança e ao poder estiverem associadas a um homem de mode-

---

([155]) Ver Platão, *Político*, 259b-e, 292e; *Memorabilia*, III.ix.10, 11-13; Bacon, "Sphynx, or Science", *The Wisdom of the Ancients*.

([156]) Gregorius, *De republica*, X.iii.3, citado em Althusius, XXI, §9.

ração e cultura, o filósofo não evitará ser seu amigo e acarinhá-lo, nem estará receoso de ser apelidado de cortesão e de adulador". Ora numa Itália corrompida, governada por homens ignorantes e inimigos da verdadeira virtude, o filósofo nunca será ouvido. O filósofo, caso aparecesse para tal missão de ilustração do príncipe, seria "abominado como uma serpente" ou "troçado como coisa vilíssima". O cortesão é, para Castiglione, o substituto do filósofo indesejado.

O Homem Nobre e a Magnanimidade

Considerando este conjunto de reflexões podemos concluir provisoriamente: o governo aristocrático, por várias razões, é forçado a auto-interpretar-se na situação mais provável e que consiste na ausência de filósofos em posições de poder; precisa, portanto, adoptar uma solução de recurso sem colocar em causa a sua própria justificação, a saber, que só o governo da excelência pode ser classificado como o melhor em absoluto; a excelência na política só pode provir daqueles homens de acção e de poder que sejam receptivos aos ensinamentos do verdadeiro filósofo. O cortesão de Castiglione é, portanto, o homem, que apesar de ser apelidado de cortesão, é muito mais do que isso: encarna a consciência filosófica do poder.

Em Poggio, mas também em Castiglione, não é difícil detectar aquilo que podemos descrever como a influência do "platonismo" sobre o conceito de nobreza. Aqui, utilizamos a expressão "platonismo", não para designar um problema específico de Platão, mas originando na sua análise da relação entre o filósofo e a natureza da vida política. Se estamos a tentar analisar a nobreza também enquanto grupo governante de uma aristocracia, então o "platonismo" introduz no conceito de nobreza uma espiritualização – ou uma "resistência ao sensualismo" [157] – desconhecida pelo menos dos poetas gregos como Píndaro ou Homero, e que conduz à supremacia incontestável do filósofo. De acordo com este "platonismo", sendo o nobre na verdade um filósofo – porque o filósofo detém o monopólio do carácter

---

[157] Nietzsche, *Para Além de Bem e Mal*, §14.

nobre, e porque o carácter nobre requer a filosofia –, quem governa numa aristocracia são os filósofos. Mas os filósofos não querem governar. Não só os filósofos não desejam governar, como o povo nunca poderia ser persuadido no sentido de os forçar a assumir o poder político. Se os filósofos se entregam à acção, fazem-no por responsabilidade ou por necessidade, e não por desejo; a chefia da cidade é uma tarefa, não propriamente bela, mas "necessária". Para o filósofo de Platão, a acção é aquele momento em que o deleite da contemplação, o único para o qual vive, é interrompido. Por conseguinte, a acção e o domínio da política nunca podem reclamar com legitimidade a entrega total do filósofo.

Outra consequência do "platonismo" revela-se no tratamento das virtudes ou da excelência. Nesta perspectiva sobre a excelência humana, a única verdadeiramente digna desse nome, é a sabedoria, pois se toda a excelência é *conhecimento* do bem, a sabedoria funda todas as virtudes e aparece como a virtude das virtudes, e portanto, a única virtude. Por esse motivo, é-nos proposto que por maior que seja a sua diversidade aparente, e na medida em que sejam produto do *conhecimento* do bem, as virtudes podem ser unificadas numa só virtude, a sageza ou a sabedoria. Uma vez mais, isto tem por implicação a desvalorização da política. Como explica Pierre Aubenque, o verdadeiro nobre para ser político não pode recorrer à ciência, ao puro conhecimento. A política tem por objecto "uma realidade não suficientemente determinada". Nela cabem a deliberação e a prudência, e menos um conhecimento geométrico das coisas. A política é uma prática e só pode ser conduzida inteligentemente adquirindo a sensibilidade própria daquele que pratica. A técnica nunca pode substituir o juízo de quem pratica. Mas como já vimos os gregos conheciam uma virtude particular de orientação da acção: a *sôphrosyné*. Não repetiremos o que dissemos há pouco acerca desta virtude. Resta-nos apenas relacioná-la com o tema agora em discussão. A moderação do governante depende do *conhecimento*. Para Sócrates, a *sôphrosyné* é uma forma de *conhecimento*, pois na unificação das virtudes pela sabedoria também a *sôphrosyné* é sabedoria, ou, mais precisamente, a sabedoria é *sôphrosyné*.

Por outro lado, a tensão entre a vida contemplativa e a vida activa descobre-se também no compromisso absoluto da vida filosófica com o exame racional. A lealdade do filósofo está entregue ao domínio da vida do espírito e às suas exigências. Ora a vida na cidade implica sempre o envolvimento de hábitos, sentimentos e crenças que não são especialmente resistentes ao exame da razão pura. O patriotismo seria apenas o exemplo mais evidente; a futilidade de várias das actividades que sustentam a vida política, a começar pela actividade governativa, seria um outro exemplo mais discutível, mas ainda assim pertinente. Deste ponto de vista, a preocupação com a saúde da política estaria limitada pela preocupação com o agrupamento de condições para eliminar as perturbações ameaçadoras da vida contemplativa. Mas é duvidoso que esta relação de tipo instrumental com a política autorize a dedicação que a actividade política, nomeadamente a governativa, sempre exige. Durante muito tempo se disse que o cristão vivia dividido nas suas lealdades com a cidade do homem e com a cidade de Deus, e que a sua escolha final acabaria por se dirigir para a cidade celeste. Talvez algo de semelhante se possa dizer a respeito da figura do sábio no paradigma "platonista": entre a cidade e a contemplação da verdade só a última pode reclamar amor incondicional.

Esta espécie de impasse é também o impasse ou a dificuldade da aristocracia enquanto forma de governo. O regime aristocrático exige os melhores para o governar, mas os seus proponentes ao querer visualizar ou concretizar o seu funcionamento depressa percebem que têm de prescindir dos absolutamente melhores. Mas, segundo a filosofia política clássica, existe um tipo de homem que, embora não se identificando perfeitamente com o filósofo, é ainda um homem de excelência: o *kalos kagathos*, literalmente o homem belo e bom, o "nobre". O *kalos kagathos* – ou na terminologia latina, o *optimas* – é a personificação de um ideal de perfeição física e moral: ele é bom na sua alma e belo no seu corpo. A união da beleza e da bondade na definição da alma perfeita constituía, como vimos, o traço mais óbvio da caracterização do "cortesão perfeito" de Castiglione: aquele "cortesão" é o *kalos kagathos*. "A beleza é como um círculo, da qual a bondade é o centro; e tal como não pode haver círculo sem centro, também não pode haver beleza sem bondade". Daí resulta que a "beleza extrínseca é verdadeiro sinal da beleza intrínseca e nos corpos é impressa aquela *grazia* em vários graus como um indício da alma, pelo qual esta é conhecida extrinsecamente", tal como "a beleza da flor testemunha a bondade do fruto" ([158]). A conjunção do belo e do bom corresponde ao mais profundo elogio da beleza da excelência moral. Porque na linguagem aristotélica a acção moral é, quando virtuosa, a beleza por excelência. A sua beleza decorre da acção virtuosa ser proporcionada, harmoniosa e desejada por si mesma. Para Aristóteles, as acções virtuosas são simplesmente as "coisas belas". Mas o *kalos kagathos* aproxima-se do filósofo ainda num outro aspecto. Ele é um homem sábio, pois todos os homens que são sábios são simultaneamente bons. A tentativa de resumir este elogio levou os gregos à criação de uma palavra nova, a *kalokâgathia* (Καλοκάγαθια) ou nobreza, no sentido mais profundo e completo desta palavra. A nobreza, conclui Aristóteles, é a "bondade perfeita".

Neste sentido, a nobreza constitui aquilo que é verdadeiramente *admirável*. Embora cantada pela poesia pré-socrática, foi a filosofia política clássica que levou a consciência europeia a associar a *kalokâgathia* à "verdadeira" nobreza ([159]). A "verdadeira" nobreza é essencialmente uma nobreza *moral* ou uma nobreza do *espírito*. Na "verdadeira" nobreza, *o carácter precede a condição social*. Há *acções* nobres como há *homens* nobres. Como vimos, o nobre, por ser bom, é aquele homem para quem as coisas boas por natureza são boas. A sua excelência permite usar bem certos bens externos que exigem um carácter virtuoso para o seu bom uso. Mais: o homem nobre *precisa* desses bens para praticar e viver as virtudes e as excelências das quais a sua alma está dotada. É um homem de acções magníficas que escolhe viver assim a sua vida porque essa é a vida mais excelente e porque ele é digno dessas coisas e dessa vida. Tudo o que é absolutamente bom é também bom para o homem nobre. O homem nobre escolhe as acções intrinsecamente nobres pela sua *nobreza*, isto é, é *nobre* porque identifica a *nobreza* intrínseca de certos actos e estes são alvos da sua escolha por serem belos, por serem bons, por serem *nobres*. A escolha decorre do exercício das virtudes, o que pressupõe que o homem que escolhe assim já possui essas

---

([158]) *Il libro del cortegiano*, IV.52.
([159]) Xenofonte, *Memorabilia*, II.vi.30. Ver I.ii18.

virtudes, que já é belo e bom, que já é *nobre*. O homem *nobre* escolhe a vida das virtudes, não instrumentalmente com vista a outros fins, mas porque é essa a vida mais *nobre*. Escolher essa vida das virtudes com outra finalidade que não a sua nobreza intrínseca seria negar a nobreza da vida humana. Assim, a sua vida é uma vida bela e boa, uma vida *nobre* ([160]). O nobre é aquele que ama o que é nobre (belo e bom) mais do que poderia amar qualquer outra coisa (honra, riquezas, poder).

A magnanimidade é a virtude (moral) aristocrática por excelência. O magnânimo é o *kalos kagathos*, o homem belo e bom, o nobre. Para estudarmos a magnanimidade precisamos de Aristóteles, visto ter sido ele o primeiro a elaborar a noção de *megalopsychia* e a fixar o seu significado especificamente moral. É verdade que a poesia grega pré-socrática cantava a *megalopsychia* dos seus heróis. Mas o conteúdo da *megalopsychia* poética era exclusivamente físico e estético. Tratava-se da virtude manifestada na acção, na luta, particularmente através de actos de valentia e destreza em combate. A magnanimidade nas páginas épicas gregas revelava-se na coragem do guerreiro, no desejo insaciável de vitória e de domínio, na vontade de brilhar e exibir a força e na superioridade perante o aplauso dos outros. Atingir a honra e a glória eram os prémios cujo alcance só essa *megalopsychia* podia simultaneamente proporcionar e justificar. O herói representava o "egoísmo espontâneo da natureza humana", sem sentimentos de culpa, nem arrependimentos, num jogo de paixões atraído pelos extremos que tinha por finalidade a aspiração ao sobre-humano e à imortalidade pela fama.

Devido ao contraste entre esta visão da magnanimidade e o magnânimo de Aristóteles, alguma distinção entre ambas parece ser necessária. Examinar a ideia de magnanimidade ou admirar o retrato do homem magnânimo produz exactamente os mesmos resultados, diz-nos Aristóteles, porque o homem magnânimo, o nobre, é, ele mesmo, "o padrão e a medida do nobre e do prazenteiro" ([161]). A magnanimidade, à imagem das outras virtudes particulares, não é uma mera essência ou "ideal" abstracto; a

---

([160]) *Ética a Eudemo*, 1248b34-1249a18.
([161]) *Ética a Nicómaco*, 1123b1-2, 1113a30-1113b.

virtude manifesta-se na vida humana concreta, na imanência própria da existência quotidiana. Estudar a magnanimidade em Aristóteles é, portanto, o mesmo que apreciar o *homem* magnânimo, o homem que dramatiza a ideia abstracta de magnanimidade e a torna visível aos nossos olhos.

Se a aristocracia é o governo dos *aristoi*, temos de presumir que o magnânimo é um *aristos*. E Aristóteles confirma precisamente este passo. Sendo o magnânimo o melhor, é também, por maioria de razão, quem mais merece, uma vez que quanto melhor for um homem mais ele merece, e o melhor de todos merece mais do que todos. O magnânimo é um *aristos*, merecedor da mais elevada honra, mas também é um *agathos*, um homem bom. Não existe superioridade genuína sem bondade moral. A magnanimidade ou a grandeza de alma é, por todas estas razões, muito rara. O pináculo da vida moral do homem encarna poucas vezes.

Com que tipo de objectos se relaciona a magnanimidade? Se a magnanimidade é literalmente a grandeza de alma, então esse tipo só pode ser o que compreende tudo o que é grande. O magnânimo é aquele que se julga digno. A grandeza de alma só compreende que alguém se julgue digno daquilo que é grande; o que é grande nunca pode ser meramente útil, mas o que é belo e bom em si mesmo. Tudo o que é meramente útil é desprezado pela grande alma. O magnânimo julga-se digno sempre e apenas de grandes coisas; merece muito e, portanto, pretende muito.

A magnanimidade, porém, aparece como um justo meio entre a vaidade e a pusilanimidade. Já a vaidade descreve aquele cujo vício próprio é o de pretender muito, embora não o mereça; em contrapartida, outro que merece mais do que pretende falha por pusilanimidade. São dois extremos que rodeiam a magnanimidade e que devem a sua realidade a uma deficiência em auto-conhecimento; mas é de notar que Aristóteles considera suficientemente importante explicitar que a pusilanimidade está mais afastada da magnanimidade do que a vaidade, observação que homens como Hobbes ou Rousseau não poderiam tolerar. O homem magnânimo pelo contrário revela-se mais complexo. A sua magnanimidade é um "extremo" na medida em que pretende tudo o que é grande, mas como essa pretensão é recta ou ajustada porque ele merece rigorosamente aquilo que pretende, a mesma magnanimidade é também um "meio" (162).

É preciso, no entanto, situar que Aristóteles refere-se a bens externos (poder, riquezas, honra) quando nos fala das pretensões do homem magnânimo, isto é, tudo o que é grande. Ora o maior dos bens externos é a honra. Não espantaria, segundo o raciocínio aqui estabelecido, que o homem magnânimo se julgasse digno de honra, ou da maior honra, porque a honra, diz Castiglione, é *il vero premio delle virtuose fatiche*, ou como recapitula Valério Máximo, "o alimento mais fecundo da virtude", ou ainda, como escreve Francis Bacon, "o lugar (*place*) da virtude", ou, na expressão de Cícero, "a sombra da virtude", todos eles antecipados por Aristóteles. Com efeito, grandes honras atribuídas por pessoas de mérito serão recebidas com um "prazer moderado". Esta moderação decorre do facto de o magnânimo julgar que as honras lhe são devidas em virtude da sua grandeza de alma. E Aristóteles leva este distanciamento um pouco mais longe. Na verdade, como nenhuma honra é suficiente para recompensar a virtude perfeita, o magnânimo sabe que nem o que lhe é atribuído é suficiente para reflectir a sua grandeza. Apesar de saber que nenhum bem externo poderá alcançar em grandeza a sua excelência, aceitará as honras que lhe atribuem porque compreende que os outros nada têm de maior para lhe oferecer.

Em contraste, as honras atribuídas por pessoas falhas em excelência, ou por motivos indignos da sua pessoa, serão repudiadas pelo homem magnânimo. Assim, dita a simples lógica que ele despreze igualmente todas as desonras. Mas se nenhuma honra é digna do homem magnânimo; ou inversamente, se o homem magnânimo nunca encontrará honra que se equipare à sua dignidade, nunca lhe dará grande importância. Também a honra atribuída por homens excelentes, embora não seja alvo de desdém, não será objecto de desejo intenso. Em última análise, a relação do magnânimo com a honra resume-se a uma certa indiferença. Por maioria de razão, se a honra, o "maior dos bens externos", não é grande coisa para o magnânimo, nenhum dos restantes bens externos será muito valorizado por ele. É por essa razão que o magnânimo é visto como um homem altivo e orgu-

---

(162) Ibid., 1123b2-15, 1125a27-33, 1125a11-12; *Política*, 1338b2-4.

lhoso. Resumindo numa bela formulação, "quando se interroga sobre o seu próprio valor, o magnânimo responde: eu valho o mundo" ([163]). Montesquieu repete no essencial a tese aristotélica: "uma grande alma não saberá impedir-se de se mostrar inteiramente: ela sente a dignidade do seu ser". Uma vez mais: não se trata de mera vaidade, porque se a perfeição humana é o que de mais valioso há no mundo, o magnânimo vale o próprio mundo. Mas o magnânimo não irá *exigir* o mundo, embora o mereça; se a fortuna não lhe conceder os maiores bens externos ele permanecerá indiferente perante a indiferença da fortuna. O único respeito que a alma aristocrática cultiva com apego é "*o respeito de si própria*" ([164]).

A honra atribuída aos "bens da fortuna" na ausência de excelência genuína é imerecida. A insolência e o desprezo que se vêem em homens que alimentam falsas superioridades como a do nascimento, a da riqueza ou a do poder são reais mas destituídas de fundamento. Na realidade, estas pessoas, naquilo que é essencial, a virtude, são como todas as outras que injustificadamente desprezam. E Aristóteles aproveita a ocasião para tecer uma consideração talvez chocante. O problema não reside no desprezo pela inferioridade enquanto tal, mas antes no desprezo *injustificado*. O magnânimo orgulha-se do que é digno de orgulho; do alto do seu orgulho despreza quem não é digno de si. O homem que apenas possui os "bens da fortuna" orgulha-se sem ter motivo para tal; esse orgulho é descabido. O desprezo que o magnânimo sente pelos seus inferiores, diz Aristóteles, esse, sim, é *legítimo* e *justificado*.

Mas o desprezo pela inferioridade não implica qualquer hostilidade. Pelo contrário, o magnânimo prestará ajuda aos seus inferiores. Com os humildes será cortês, condescendente e temperará a sua altivez. Não por nenhuma espécie de altruísmo ou de entrega gratuita ao outro, mas porque concede que é muito fácil superar os inferiores. Provar a sua superioridade perante gente comum é um exercício de vulgaridade. A altivez fundada na superioridade demonstra-se perante pessoas de elevada condição e perante aqueles que foram bafejados pela fortuna. Aí,

---

([163]) Gouthier, p. 85.
([164]) Nietzsche, §287.

sim, trata-se de um desafio difícil e distinto. Ser superior aos que já são grandes, eis a demonstração de nobreza. Como grande que é, o magnânimo é um grande entre os grandes; em cada instante da sua vida, o seu comportamento e a sua conduta destacam-se pela sua grandeza, pela sua beleza, pela sua perfeição. Contudo, nenhuma destas práticas é fruto da ansiedade, da procura desenfreada pelo destaque e pelo lugar no pódio, especialmente se as tarefas exigidas não forem as mais importantes, as mais nobres. E, do mesmo modo que a ansiedade está ausente dos impulsos do magnânimo, também a franqueza – no "amor" e no "ódio" – comanda o seu discurso e as suas acções. Esconder pensamentos, parecer uma coisa e ser outra, simular e dissimular, atraiçoa a pequenez de alma.

O magnânimo compromete-se com a verdade em todos os instantes da sua vida; o que os outros pensam não interfere nos seus planos. Mas é preciso sublinhar que este trato franco diz respeito às relações com outros grandes; talvez pensando em Sócrates, Aristóteles avança a possibilidade de o magnânimo falar com ironia quando se relaciona com a gente comum. Acima de tudo, o magnânimo não guarda ressentimento contra ninguém: tal seria um dos maiores sinais de pusilanimidade. Não só o *pathos* do ressentimento é ignorado, como se recupera um dos elementos da magnanimidade nunca inteiramente abolido: o esquecimento pronto das ofensas e a inclinação para a clemência. Mais: por a magnanimidade pressupor a posse de todas as virtudes, o homem dela dotado tem uma predisposição para fazer o bem. A virtude é "fecunda e criativa"; o homem virtuoso, o magnânimo, "faz o bem como a árvore produz os seus frutos". Em termos simples, ninguém é genuinamente grande sem ser *bom*. Grandeza e bondade operam em conjunto na alma do magnânimo. Se quisermos falar em termos de *valores*, podemos dizer que os valores aristocráticos incluem valores *competitivos* ou *agónicos* e, simultaneamente, valores *cooperativos* ou *pacíficos*. Com esta conciliação, Aristóteles tempera o desejo potencialmente perigoso de superioridade e de domínio que a ela está associado.

As acções do magnânimo inspiram-se no desejo do belo, de *ser* belo. Todas as acções magnânimas que se repercutem beneficamente sobre os outros são desempenhadas menos pelo que "devemos aos outros" do que pelo que "devemos a nós mesmos" (¹⁶⁵). A mentalidade aristocrática clássica nunca recomenda actos de crueldade; mas também é verdade que, embora possamos encontrar por vezes o elogio da *philantropía* ou da *humanitas* evidenciadas por este ou aquele indivíduo, só muito raramente vemos atribuída grande importância a essas virtudes. O sentimento e reconhecimento de semelhança entre todos os seres humanos, pressuposto necessário da compaixão ou da fraternidade entre os homens, está ausente da mentalidade aristocrática, sem que isso implique o colapso na tortuosa celebração de práticas cruéis (¹⁶⁶).

A expressão "radicalismo aristocrático" visa designar a distância – e o elogio que se lhe segue – que separa a nobreza enquanto forma de existência de outros grupos humanos. É bem ilustrada por Montesquieu, que escreve: segundo o princípio da honra "não se julga as acções dos homens como boas, mas como belas; não como justas, mas como grandes; não como razoáveis, mas como extraordinárias". O que define o "radicalismo aristocrático" é a insuficiência do que é bom, justo, razoável. Todas essas qualidades não bastam. O belo, o grande, o extraordinário, constituem os objectos da acção aristocrática. Quedar-se pelo bom, justo e razoável, é ficar, de certo modo, aquém. É limitar-se às exigências da moral. Trata-se de um radicalismo porque pretende superar os limites moderadores da moral e almejar algo que nos situa, por assim dizer, fora da moral. Em rigor, não estamos perante uma "moral aristocrática", mas um "esteticismo aristocrático".

A ambição pela admiração gloriosa é necessária como forma de superar os reveses que a vida política impõe. A glória é o estímulo acrescido ao homem envolvido numa actividade – a política – da qual as resistências, as frustrações, as maldades e as derrotas, nunca podem ser retiradas. Mas porque uma ambição mal direccionada pode desencaminhar esse homem do caminho do bem, terá sempre de ser conduzida e limitada pela justiça. Daí que Nietzsche afirme enquanto "sinais de aristocracia" "nunca se

---

(¹⁶⁵) Montesquieu, IV.2.
(¹⁶⁶) Rahe, "Antiquity Surpassed: The Repudiation of Classical Republicanism" in David Wootton (ed.), *Republicanism, Liberty, and Commercial Society* (Stanford, 1994), pp. 240-241.

pensar em rebaixar os próprios deveres a deveres de toda a gente; nunca querer ceder, nem partilhar a própria responsabilidade: incluir nos seus *deveres* os seus privilégios e o exercício dos mesmos" ([167]). Mas, do mesmo modo que não há sabedoria sem justiça, com mais razão reafirma Cícero que não há grandeza de alma sem *justiça*. Cícero encerra o homem magnânimo dentro dos limites da justiça ao argumentar que a verdadeira glória e os elementos que a constituem – a admiração e a confiança dos outros – só serem alcançáveis através de uma conduta sempre recta e justa. Por este meio, o individualismo potencialmente radical das grandes almas é domado e redireccionado para o bem comum, para o bem da *patria*.

Vimos – se bem que de forma excessivamente sumária – como um certo "platonismo" criara um dualismo rígido entre a natureza do filósofo (o homem mais nobre) e a natureza do político; que a esse dualismo era correlativa uma hierarquia de formas de vida na qual se denotava uma clara superioridade da vida contemplativa sobre a vida activa; e que, deste modo, o nobre dificilmente poderia ser um político. Se o mais nobre dos homens é o filósofo; se o conceito de filosofia e de filósofo forem aqueles oferecidos por Platão; e se for mantido o dualismo rígido entre a filosofia e a política; então a "nobreza" filosófica defenderá apenas e exclusivamente os interesses da filosofia e da vida filosófica. Neste caso, lidamos com uma nobreza politicamente irresponsável, no duplo sentido da expressão: nem procura ter responsabilidades políticas; e caracteriza-se por uma perigosa irresponsabilidade, entregando a política a outros e instrumentalizando a política ao serviço do interesse, sempre particular, da filosofia.

O magnânimo de Aristóteles não se afoga num mar de tristeza por não ver a sua excelência recompensada com os maiores bens externos. Estes bens não são meras ilusões, como parece ser ditame de algum estoicismo, nomeadamente do que precede Panécio e Possidónio; para Aristóteles, os bens externos são bens verdadeiros. Porém, a honra, o maior dos bens externos, não pode ser intensamente desejado sem pôr em causa a independência do magnânimo, pois, como escreve Aristóteles, a honra está no poder daqueles que honram, mais do que no poder

---

([167]) Nietzsche, §272. Ver Simmel, "The Nobility", p. 202.

daqueles a quem as honras são atribuídas. A honra é um bem verdadeiro, mas não pode ser confundida com o bem constitutivo da felicidade; este é algo próprio de quem o possui e não lhe pode ser negado facilmente, algo como a virtude ou a excelência. A honra, à imagem dos restantes bens externos, está exposta às vicissitudes da fortuna; logo, não pode conduzir à felicidade, a qual é sempre algo de permanente, algo de estável.

Por outro lado, em Aristóteles, a actividade humana para ser considerada virtuosa não se pode limitar a uma *intenção* recta, a um acto interior da vontade; a acção virtuosa é essa intenção mais a exteriorização da vontade. Sem a acção exterior, não se pode dizer que haja virtude. De outro modo, teríamos a difícil tarefa de admirar um "Rafael sem mãos". A virtude pressupõe a acção. Nesta qualidade, a actividade virtuosa, embora não se confundindo com a posse de bens externos, requer esses bens, como elementos "extrínsecos", pois "muitas acções nobres requerem instrumentos para a sua execução", sejam estes "amigos", "riquezas" ou "poder político". Nesta perspectiva, os bens externos são secundários, mas dificilmente podem ser ignorados pelo magnânimo ou pelo *kalos kagathos*. Mas não será este requisito de posse de bens externos contraditório com a independência do magnânimo? Ao que parece, não. Porque o magnânimo não se limita a precisar de bens externos; ele tem *direito* a esses bens, em virtude da sua superioridade. Como vimos, se a fortuna se recusar a atribuir esses bens, nem por isso o magnânimo perderá a sua serenidade. Aliás, é também em momentos de adversidade que a nobreza de carácter se manifesta. Mas a sua capacidade para realizar acções boas e belas será reduzida. A vida política virtuosa precisa de outros recursos para além dos morais e intelectuais.

Nestes termos, a vida pública é boa e desejável pela oportunidade que fornece à acção e, portanto, à prática da virtude. A participação no governo não é desejável por si mesma, mas por proporcionar uma condição de exercício das virtudes. Ainda recapitulando, o magnânimo, o homem excelente, governa não para promover o bem dos outros, mas para cuidar do seu próprio bem que consiste na vida virtuosa. A actividade política não é um fim em si mesmo, mas uma *condição*. Mas uma condição por ser o que é não pode ser desvalorizada. Estes indícios parecem apontar para uma certa dependência do magnânimo relativamente a outros para o exercício das suas virtudes. Daqui decorreria uma sugestão óbvia: "a grandeza do magnânimo pode ser uma grandeza especificamente social – uma grandeza do mundo do contingente e não do mundo transcendente, uma grandeza que requer outros para a sua manifestação" ([168]). Por outras palavras, a magnanimidade poderia ser uma virtude do político. Se o magnânimo depende de oportunidades externas para o exercício da sua excelência; se a fortuna proporciona essas oportunidades no domínio da vida com os outros, no domínio da vida política; então o magnânimo não pode retirar-se da vida pública. De uma outra perspectiva: se Aristóteles reconhece que pouquíssimos homens poderão viver aquela vida, a mais próxima da dos deuses, a contemplativa, o estagirita acaba por conceder que uma vida humana plena pode ser vivida no mundo da prática, de acordo com os ditames da razão. Porém, a plena dignidade do político depende, em última análise, de uma reflexão que permita saber se a política é, ou não é, um lugar de heteronomia.

Por um lado, a subalternização da vida política relativamente à vida filosófica implica uma certa indeterminação no que diz respeito à actividade do tipo humano superior enquanto governante aristocrático. Por outro lado, a superioridade da vida contemplativa parece colidir com a afirmação de que a actividade política enquanto contribuição para o bem da cidade como um todo é "mais nobre e mais divina" do que a prossecução de um bem mais particular ou menos abrangente ([169]). Mas a aparente colisão tende a desaparecer quando se compreende que a vida contemplativa envolve o cultivo da razão teorética, ao passo que a vida política é apenas o exercício mais nobre e mais divino da razão prática, embora a actividade política implique o exercício não só das virtudes *morais*, mas também das *intelectuais*, como a prudência, por exemplo. Ainda assim, esta tentativa de conciliação não é inteiramente eficaz. Pois só pode haver conciliação se for demonstrado que, no pensamento de Aristóteles, a vida politicamente activa e a vida filosófica não são incompatíveis e que o político pode dedicar todo o seu lazer à contemplação ou que o

---

([168]) Ryan Patrick Hanley, "Aristotle on the Greatness of Greatness of Soul", *History of Political Thought*, vol. XXIII, nº 1, 2002, p. 10.

([169]) *Ética a Nicómaco*, 1094b9-10.

filósofo pode consumar a sua actividade prática no domínio político. Ou se for demonstrado que a vida contemplativa não se realiza fora do político, fora da cidade, mas que, pelo contrário, contribui para a excelência da cidade.

Cícero sugere uma outra alternativa quanto ao problema da nobreza *na* política. Por um lado, queria proteger a filosofia da desconfiança a que políticos como Catão, o Censor, a haviam submetido; por outro, queriam preservar a importância e dignidade do mundo político da hostilidade e do desprezo que uma certa sobranceria filosófica promovera. Um dos vários momentos aproveitados por Cícero para refutar a retirada da política de algumas doutrinas, particularmente do epicurismo, é, com justificação, o prefácio a *De Re Publica*, o livro consagrado à discussão sobre o melhor regime. Nessa passagem, Cícero dirige-se explicitamente ao apelo epicurista, de acordo com o qual é preciso procurar o prazer e fugir da dor para alcançar a felicidade. O prazer seria o bem supremo para o homem; a dor o mal supremo. A vida de paz e tranquilidade constituiria a única vida feliz; a vida de preocupações e receios a negação da felicidade. Daqui os epicuristas haviam concluído que a vida política, feita necessariamente de perturbações, receios, ansiedades e desilusões, seria por natureza avessa à promoção da felicidade. Se o sábio e virtuoso correspondia ao homem feliz, então o sábio – que também seria cioso da sua virtude – nunca se deixaria envolver na vida política. *Lathe biósas*, "viver despercebido", era um dos lemas mais emblemáticos da escola epicurista.

A resposta de Cícero pode ser resumida do seguinte modo. À semelhança de Aristóteles, Cícero considera que a virtude pressupõe a acção. A existência da virtude depende inteiramente do seu uso. Virtude e acção (recta) são duas faces da mesma moeda. E que uso da virtude pode ser mais nobre do que o governo da cidade? Que uso mais nobre do que a realização em concreto, e não em "palavras", de tudo o que está fora do alcance dos filósofos, ou que só pode constituir tema das suas conversas? E se a ênfase for posta na sabedoria, então como não perceber que os bons governantes serão considerados muito mais sábios do que todos os outros que evitarem os *negotii publici*? Plutarco dá um passo acrescido na apresentação da utilidade social da filosofia, concretizada na acção do estadista. Segundo Plutarco, a filosofia não é como um "escultor" que trabalha pedras destinadas a permanecerem ociosas nos seus "pedestais". Pelo contrário, a filosofia torna "activo" e "eficaz" tudo o que toca; "inspira os homens com impulsos que motivam a acção, com juízos que os levam para o que é útil, com preferências para as coisas que são honrosas", com "sabedoria" e "magnanimidade" combinada com moderação e aversão à aventura. A filosofia é, em si mesma, coisa bela; mas quão *útil* e *benéfica* pode ela ser quando os seus ensinamentos extravasam a pessoa privada do filósofo para a pessoa pública do governante, do homem de acção, tal como fez Anaxágoras com Péricles ou Platão com Díon.

Cícero prossegue a sua introdução. Será que não restam nenhuns deveres aos homens sábios? Afinal, o sábio nasceu e foi educado numa *patria*; por estas dádivas, o sábio não deve estar reconhecido? Este facto não será equivalente à contracção de uma dívida, a qual o sábio terá pagar necessariamente? Prestar serviços à *patria* é a única forma de se saldar a dívida. Tal como o sábio tem necessidades, assim tem por vezes a *patria* necessidade da sua sabedoria. Outros argumentos são ainda explorados de modo a persuadir definitivamente o filósofo a descer à caverna. O obstáculo que se segue prende-se com a suspeita do sábio relativamente à inevitabilidade de, na vida política, se defrontar homens maus e demagogos. Se o sábio é superior a eles, não será uma afronta à dignidade dos bons a convivência com a malvadez e com a mentira? Não, responde Cícero. Por um lado, a actividade política é intrinsecamente nobre, pois não há actividade em que a virtude humana se aproxime mais da divindade do que a fundação de cidades ou a preservação daquelas já fundadas. Por outro lado, aquele diagnóstico da vida pública, reconhecendo a existência de homens maus e perigosos, revela o motivo mais nobre que os homens bons, corajosos e magnânimos podem ter para efectuar a sua descida. E o motivo só pode ter como consequência a resolução de não ser governado por homens maus e de não permitir que a *res publica* seja por eles destruída, pois como diria Burke muito mais tarde, "o poder dos homens maus não é uma coisa indiferente" ([170]).

([170]) "Letter to Charles-Jean-François Depont" in *Further Reflections on the Revolution in France*, p. 13.

Mas o filósofo pode conceder este argumento e ainda assim alegar que só uma emergência desse tipo pode legitimamente convocá-lo a descer à vida pública. Cícero antecipa a resposta e apresenta a sua refutação. Como pode o sábio pretender pilotar um barco em mar tempestuoso, quando lhe falta aprender a arte da pilotagem, coisa muito mais viável em mar calmo? A aprendizagem que se negligenciou nas condições mais propícias é superada nos momentos mais extraordinários e difíceis: assim parecem falar alguns sábios. Mas será plausível? Não. A liderança do Estado em circunstâncias de emergência requer o conhecimento da arte de governar, que, por razões óbvias, só pode ter sido adquirido quando as circunstâncias não são extraordinárias, mas normais.

Seja como for, Cícero aborda ainda uma outra perspectiva. Desde há muito que os filósofos se ocupam em reflectir ou meditar sobre a cidade; por outras palavras, há muito tempo que os filósofos abraçam, entre outras ciências, a ciência política. E Cícero retira desta observação uma conclusão peculiar. Dedicar-se à ciência da política é fazer uma certa forma de política. E se repararmos na actividade dos homens conhecidos por os Sete Sábios da Grécia veremos como quase todos juntaram à reflexão especulativa o conhecimento prático das realidades e exigências da política. Daí que Cipião, um dos principais interlocutores do diálogo *De Re Publica*, esteja particularmente habilitado a dirigi-lo, pois alia a habilidade na discussão teórica à familiaridade prática com o tema. Neal Wood efectua uma comparação da *República* de Cícero com a de Platão para concluir que as personagens do filósofo grego estão relativamente pouco envolvidas na política, se tivermos em conta os interlocutores escolhidos pelo orador romano. Na *República* de Cícero todas as personagens são homens de acção e oito das nove são de categoria consular.

Mas Cícero não faz o elogio da sabedoria prática sobre a especulativa; a prática do governo só confere benefícios acumuláveis se for informada por uma reflexão que é sempre de ordem intelectual; daí que o seu pensamento ambicione reunir filosofia e política, e não entregar a política a um percurso independente. A arte de governar do grande estadista é produto da combinação da experiência com a filosofia. Estadistas deste calibre, homens de excelência e "bom carácter", possuem uma "virtude quase incrível e divina". Estes estadistas são superiores a todos os restantes homens e, por conseguinte, os mais *admiráveis* e os merecedores da maior honra. E acima de tudo, Cícero conhece os limites da sua argumentação, e não é por acaso que o diálogo sobre a melhor constituição termina com o *Sonho de Cipião*, passagem imortal que demonstra ou procura demonstrar a superioridade da vida contemplativa, ou talvez a insignificância dos resultados da vida activa. Outro passo da *República* sugere que a vida contemplativa é provavelmente a *mais feliz*, mas a vida do grande estadista é mais digna de *louvor* e mais propícia à conquista da *fama* e da *honra*. Porquê então insistir na combinação da sabedoria especulativa com a *retórica*? Porque, na cidade, os sábios governarão os não--sábios. Em política, o problema não fica resolvido no momento em que se *concebe* uma solução; é preciso torná-la efectiva. Cícero apenas consegue estabelecer que o sábio desça à caverna nos termos de uma *responsabilidade,* e *sugerir* a determinação de um valor intrínseco da vida pública. A *possibilidade* da glória não é negada; pelo contrário, Cícero insiste nesse ponto um pouco por toda a sua obra. Mas a *responsabilidade* não é uma possibilidade; é uma certeza. Sobrepõe-se inclusivamente à *glória*. A "verdadeira" nobreza deve ser animada por um sentido agudo do dever enquanto *acção apropriada,* que, por sua vez, constitui o ponto de referência do seu sentido do limite. Eis o mais profundo significado do famoso adágio *Noblesse oblige*.

Parte II

Capítulo III

Maquiavel

Costumam, as mais das vezes, aqueles que o estudam dizer que as comparações que Maquiavel faz entre Esparta e Roma, ou entre Roma e Florença e Veneza, não são meros exercícios de proficiência histórica. Na verdade, os contrastes oferecidos por Maquiavel, e dispersos um pouco por todos os *Discorsi*, elaboram duas diferentes soluções quanto à forma de governo ou do *vivere politico* dos povos: a turbulenta república mais ou menos popular e a aristocracia sereníssima. Maquiavel não esconde a sua eleição de uma dessas soluções. E embora não seja de todo evidente a sua opção ideológica pela república participativa e popular, como reflectem algumas das mais famosas interpretações do seu pensamento ([171]), é no entanto muito clara a sua rejeição do modelo aristocrático.

A propósito da participação de Maquiavel no grupo que se reunia nos jardins Oricellari, Pocock refere que o autor d'*O Príncipe*

([171]) Ver, por exemplo, Quentin Skinner, *The Foundations of Modern Political Thought* (Cambridge, 1996), vol. I, pp. 159, 124 e "Machiavelli's *Discorsi* and the pre-humanist origins of republican ideas" in Gisela Bock, Quentin Skinner, Maurizio Viroli (eds.), *Machiavelli and Republicanism* (Cambridge, 1993), pp. 140--141; Felix Gilbert, *Machiavelli and Guicciardini* (Princeton, 1965), p. 178; Joseph de Maistre, "Considérations sur la France" in *Écrits sur la révolution*, (Paris, 1989), cap. VIII, p. 160; Rousseau, *Du Contract Social*, III.6 e *Discours sur l'économie politique*, vol. III, p. 247.

não partilhava do "idealismo aristocrático" que caracterizava o círculo, por razões de "nascimento" e de "crença". Pocock escreve que os *Discorsi* devem ser interpretados como uma "dissidência" em relação ao "paradigma veneziano" e como "uma prossecução difusa das consequências dessa dissidência". Também Skinner aponta o desacordo de Maquiavel relativamente ao "paradigma veneziano" como uma "grande excepção à regra". Nomeadamente no que diz respeito à comparação entre Florença e Veneza, Maquiavel abre uma fissura no discurso *republicano* florentino, que, a partir de 1494, via na *Serenissima* o legítimo objecto de emulação para as novas necessidades constitucionais. Para os florentinos afugentadores dos Médicis, as instituições políticas venezianas tinham um valor paradigmático pela harmonia que aparentemente haviam gerado, ao ponto de o átrio do edifício construído de raiz para albergar o novo *Consiglio Maggiore* corresponder a uma cópia perfeita do átrio do *Consiglio Maggiore* no Palácio dos *Doges*.

Mas falta demonstrar que os "remédios" oferecidos por Maquiavel a quem o "entenda", ou a exortação à imitação dos exemplos das antigas repúblicas (ou principados) aquisitivas, são o reverso da moeda que esconde numa das suas faces o abatimento dos *grandi* – ou dos *ottimati* –, enquanto classe governante e enquanto pretensão de governo.

Um Problema Biográfico

Durante os anos da República florentina, Maquiavel fora inicialmente nomeado para estabelecer um contacto diplomático entre a república de Florença e o Sacro Império Romano-Germânico. Mas à última hora essa nomeação seria vetada pelo partido dos *ottimati*, especialmente por Alamanno Salviatti e o seu grupo. Alegar-se-ia que um homem de baixo nascimento era indigno da importância de tal missão, indigno de aceder à corte do Imperador Maximiliano I. Maquiavel seria por fim substituído pelo seu amigo Francesco Vettori.

Os biógrafos que sublinham a importância deste percalço na carreira de Maquiavel apontam invariavelmente para um sentimento de humilhação que geraria um ressentimento irreprimível contra os *ottimati*. Maquiavel, por seu lado, não ignorava que a rejeição do seu nome constituía apenas mais uma manobra para humilhar, não tanto o segundo secretário da Chancelaria, mas o poderoso *gonfaloniere* Piero Soderini. E não o poderia ignorar já que foi assim que os florentinos encararam e interpretaram o episódio. Mas não restam dúvidas que este caso despertaria em Maquiavel uma previsível frustração. O seu amigo Alessandro Nasi viu-se obrigado a dirigir-lhe a consolação devida. Apesar de tudo, Soderini conseguiria alguns meses mais tarde enviar Maquiavel para junto de Vettori, reparando assim a injúria cometida contra Maquiavel e principalmente contra si próprio.

De qualquer modo é plausível a suposição de que a demissão final de Maquiavel das funções que desempenhava na Chancelaria e nos Nove da *Ordinanza*, logo após a queda de Soderini, esteve mais relacionada com as inimizades com os *ottimati*, do que propriamente por *Machia* ter sido considerado um partidário do desgraçado *gonfaloniere*. Por outras palavras, Maquiavel foi demitido, menos por ter sido vítima por associação com o alvo a abater, mas por ter sido gerador de atritos com os *ottimati*. Que a execução do projecto da criação da mílicia florentina, obra que pertenceu quase por inteiro a Maquiavel, sempre despertara imensas suspeitas aos *ottimati* é algo sobejamente conhecido e documentado. Porém, a conclusão de Sebastian de Grazia, segundo a qual os verdadeiros inimigos de Maquiavel seriam os *ottimati*, e não os Médicis, não é tão regularmente aceite ([172]).

Agora, mesmo supondo a posição de Maquiavel como sendo aquela que via a vida política florentina encurralada entre o *popolo* e os *grandi* – distinção que assentava, quer na riqueza, antiguidade e reputação da linhagem de cada um, quer nas qualidades pessoais, como o conhecimento e a educação –, em si mesma esta posição não elimina evidentemente a recusa das pretensões aristocráticas, nem elimina uma preferência pela procura *condicional* do apoio do povo. Mas também não reduz o segredo do pensamento de Maquiavel, neste aspecto particular, à descoberta de uma sua eventual escolha entre *governo largo* e *governo stretto*, mais "popular" ou mais "aristocrático" (ou "oligár-

---

[172] Sebastian de Grazia, *Machiavelli in Hell* (Nova Iorque, 1994), pp. 33, 49. Ver carta de Maquiavel a Francesco Vettori, Fevereiro-Março de 1514 (#224).

quico"); o que em termos constitucionais significava, na Florença do final do século XV e do início do século XVI, escolher, ou um *Consiglio Maggiore* predominante, ou um *Consiglio Maggiore* domado e moderado por um senado vitalício controlado pelos *grandi*, já para não falar da discussão em torno da composição desse *Consiglio Maggiore*, se estreita – apenas "aristocratas" –, se alargada – abrangendo os que se não podiam reclamar da "nobreza". Sabemos até que quando Maquiavel se pronunciou sobre esta grande questão constitucional, num discurso destinado ao então Cardeal (Giulio) Médicis, durante o pontificado de Leão X, a sua preferência, *dada a realidade florentina*, situou-se bem longe do *governo popolare* que Savonarola preconizara mais de vinte anos antes.

Depois de 1494, os *grandi* florentinos nunca se reconciliaram inteiramente com a república, e uma maior ou menor animosidade contra o regime marcou sempre a sua atitude política. A oposição era verdadeiramente *interna*, como se verificou aquando do regresso dos Médicis em 1512, momento em que o poder político dos *grandi* concedido pela república se esvaziou automaticamente, ou aquando da expulsão de Piero Médicis (1494), ocasião que acalentou as esperanças dos "aristocratas". O plano destes *grandi* para o governo de Florença consistia na assunção do poder político pelo seu grupo, por intermédio da reunião de um conjunto de vinte ou trinta dos seus pares que governassem a cidade, ou, de modo menos directo, reduzir o *Consiglio* ao número de duzentos membros e que todos estes fossem de extracção "nobre", transferindo simultaneamente poderes constitucionais importantes para esse órgão. Todos estes planos seriam abortados com o compromisso da designação de um *gonfaloniere* vitalício (Piero Soderini) em 1502, mas nem por isso seria extinta a oposição fundamental àquela república por parte dos *grandi*.

Ora, se Maquiavel trabalhou entusiasticamente em cargos oficiais e prestigiosos da república, ao lado de Piero Soderini, pareceria quase evidente que as consequências de um episódio pessoal do político, mas que no entanto simbolizava a luta entre os *grandi* e a república, se repercutissem sobre a *obra* intelectual do autor, em particular se fosse possível confirmar a frustração e a humilhação que tal episódio teria provocado. Mas este procedimento não oferece muitas garantias. Se a origem das grandes obras sobre política reside, em última análise, nas emoções, como pretendem os vários psicologismos, muitas extrapolações duvidosas podem ser feitas de episódios biográficos dos seus autores, em particular dos mais dramáticos. Por outro lado, este método conduz-nos inevitavelmente à minimização do fundamento racional dos argumentos do autor, o que para alguns historiadores é de uma enorme conveniência. Mais: tal método conduz não só a um processo infindável de descoberta de causas emocionais, mas também de registo das possíveis relações entre as causas emocionais e os respectivos efeitos literários. E, no entanto, a interpretação do biógrafo quanto ao conteúdo emocional dos episódios considerados marcantes é tão-só interpretação, sendo, em princípio, admissível uma matriz muito complexa de relações entre o facto biográfico e as emoções que despertou, por um lado, e as consequências comportamentais e (principalmente) literárias, pelo outro.

Mas acima de tudo a premissa da origem essencialmente emocional das obras tem de ser demonstrada antes do enunciado de extrapolações que daí decorrem. Maurizio Viroli, por exemplo, confessa *inadvertidamente* a dependência destas extrapolações daquela premissa ([173]). Gilbert é outro comentador que recorre abundantemente aos "factos" da "humilhação", da "amargura" e do "ressentimento" sofridos por Maquiavel, bem como ao seu putativo impacto na respectiva obra, para interpretar o pensamento do autor. Estando a premissa da origem essencialmente emocional das grandes obras desprovida de auto-evidência, é dessa demonstração que o leitor necessita para se deixar persuadir.

Nas linhas que se seguem não será esse o método prosseguido; será antes adoptada uma linha de interpretação que toma os argumentos do autor pelo seu fundamento racional e histórico intrínseco. Em termos mais concretos: não faremos depender a apresentação da crítica da aristocracia feita por Maquiavel das suas experiências políticas e pessoais às mãos dos *grandi* florentinos. Em suma, se Pocock comentou que Maquiavel não

---

[173] Maurizio Viroli, *Niccolò's Smile* (Nova Iorque, 2000), p. 153.

partilhava do "idealismo aristocrático" que caracterizava o grupo que reunia nos jardins Oricellari, por razões de "nascimento" e de "crença", então podemos dizer que preferimos examinar as razões da "crença" do que as do "nascimento".

A Crítica dos *Ottimati* e dos *Gentiluomini*

Na língua italiana – e especialmente no século XVI – o significado literal de *ottimati* era precisamente *os melhores*. *Ottimati*, para Maquiavel e para Guicciardini, designava o partido aristocrático do passado e do presente, de Roma, de Florença e de qualquer outro lugar. São *ottimati*, não só os companheiros de Salviatti em Florença, mas também os homens que constituíam o partido aristocrático após a morte de Júlio César e que pagariam caro as manobras inábeis de Cícero.

Como dissemos, *ottimati* designava também um partido de opinião nas cidades italianas dos séculos XV e XVI. Pocock apresenta as seguintes posições políticas tipicamente *ottimati* em Florença após 1494: a idealização do governo de Lourenço de Médicis – embora a relação dos *ottimati* com os Médicis permanecesse, para mais não dizer, ambivalente –; a interpretação da constituição veneziana no sentido de uma "aristocracia fechada"; a ideia de que o *governo stretto* seria preferível para a cidade de Florença em detrimento do alargamento da participação política popular; a criação de um padrão, discernível na história, formado pelo eixo Florença-Veneza-Roma de forma a aferir as propostas constitucionais. Estes *ottimati* estavam pouco ou nada relacionados com as antigas linhagens feudais, de resto quase inexistentes no espaço urbano florentino. Eram sobretudo mercadores, banqueiros, juristas e políticos ([174]). Mas Maquiavel também usa o termo *ottimati* para designar a aristocracia como forma de governo, mantendo com rigor o sentido literal da expressão original, o governo dos melhores.

Para que serve esta digressão aparentemente inútil? Na verdade, a digressão afigura-se crucial para compreendermos um

---

([174]) Pocock, *The Machiavellian Moment* (Princeton, 1975), pp. 120-121, 126--127, 138-139, 142-146, 133.

dos objectos da crítica de Maquiavel. Como não podia deixar de ser – e qualquer tratamento da *aristocracia* acabará por se debruçar sobre este aspecto – a interpretação do significado de *optimates* (e de *ottimati*) dependeu sempre de um juízo de valor moral e político acerca da sua bondade ou da sua malignidade. A voz democrática de Rousseau, por exemplo, informa-nos que, para os antigos, *optimates* significava os "mais *poderosos*", não os "melhores". Contra a autoridade de Rousseau temos, entre tantas outras, a de S. Tomás de Aquino ou uma vez mais a interpretação de Castiglione. Trata-se de uma corrupção da forma recta *quando il governo dei boni si muta in quello di pochi potenti e non boni*. O que Castiglione nos diz nesta passagem é muito elucidativo: o governo dos *poderosos* é uma forma; o dos *melhores* uma outra distinta. Regressemos então a Maquiavel.

Apesar da reputação duvidosa de que Maquiavel goza, não deixa de ser surpreendente a crueza com que o autor fala da nocividade do *gentiluomo*. Nos *Discorsi*, Maquiavel descreve o estado moral da província da Alemanha moderna, o único lugar onde a bondade ainda é o móbil das acções comuns, e o respeito pela religião preservado. E esta resistência à corrupção é exemplificada pelo modo como os habitantes das cidades pagam os seus impostos extraordinários. Com efeito, os magistrados impõem, quando a ocasião assim o requer, sobre todos os cidadãos uma taxa de um ou dois por cento sobre o valor da propriedade de cada um. Esta decisão é acatada e, em conformidade, cada pessoa apresenta-se perante o cobrador de imposto, efectua ali mesmo um juramento comprometendo-se a pagar a soma que lhe cabe e atira o dinheiro devido para dentro de um baú ali colocado para o efeito. Como Maquiavel sublinha, nesse momento de bondosa contribuição "não há testemunha alguma, excepto o homem que paga". Da não verificação de fraude fiscal assume-se que ninguém trapaceou os cofres públicos. Sem coerção, apenas perante essa testemunha discreta e silenciosa que, segundo a sugestão de Maquiavel, é a consciência, cada um cumpre o seu dever cívico da melhor maneira possível. Em si mesma, esta descrição pitoresca nada nos diz quanto à condição dos *ottimati*. Mas Maquiavel quer dar-nos razões explicativas deste estado moderno de pureza moral. A segunda razão é especialmente elucidativa. Nas repúblicas "onde é mantida uma vida política incorrupta, não se suporta que algum cidadão viva à maneira de um *gentiluomo*". Não só assim é mantida uma "igualdade perfeita", como nunca abranda a hostilidade contra os "*signori* e *gentiluomini*" que ainda habitam aquelas paragens. "E se por acaso alguns lhes caem nas mãos, tratam-nos como princípios de corrupção e como causas de cada escândalo, e matam-nos" ([175]). James Harrington, um admirador confesso de Maquiavel, reserva-lhe no entanto algumas críticas a propósito deste capítulo dos *Discorsi*:

> Maquiavel (...), não percebendo inteiramente que uma república (*commonwealth*) só é vexada pela nobreza quando esta é demasiado preponderante, fala da nobreza como se fosse hostil aos governos populares, e dos governos populares como se fossem hostis à nobreza, e quer fazer acreditar que o povo nos governos populares estão tão enraivecidos contra ela, que onde encontra um gentil-homem (*gentleman*) mata-o; o que nunca pode ser provado por um qualquer exemplo, excepto num estado de guerra civil, visto que até na Suiça a nobreza não só está a salvo, como é honrada ([176]).

Maquiavel não se limita a registar a factualidade da raiva popular contra os *gentiluomini*. A passagem de Maquiavel tem tanto de exortativo como de descritivo.

Quem são os *gentiluomini*? São aqueles que "vivem na ociosidade e das abundantes rendas das suas possessões, sem terem de cultivar ou de fazer qualquer outra coisa para viver". O lazer ou a ociosidade reflectem um modo de vida politicamente nocivo; o lazer dos *gentiluomini* é condição suficiente da sua corrupção. A corrupção política, a boa conviva do lazer dos *gentiluomini*, neutraliza a firmeza necessária para manter uma sociedade aguerrida. Do ócio apenas se pode esperar maus hábitos, como a moleza e a efeminação. Muito simplesmente, o lazer é um luxo a que as sociedades no mundo real não se podem dar. O verdadeiro e único oposto do lazer ou da ociosidade é a *virtù* ([177]). Por

---

([175]) *Discorsi*, I.55.
([176]) *Oceana*, p. 15.
([177]) *Discorsi*, I.55, I.10, II.2; *Istorie Florentine*, V.1; Mansfield, *Machiavelli's Virtue* (Chicago, 1998), p. 14. Ver a este respeito Miguel Morgado, "The Threat of Danger: Decadence and *Virtù*" in *Political Reason in the Age of Ideology. Essays in Honor of Raymond Aron* (New Brunswick, 2007), pp. 227-237.

definição, os *gentiluomini* não possuem virtude. É por isso que "tais pessoas são perniciosas para toda a república e para toda a província". Mas mais perniciosos são os *gentiluomini* que possuem castelos e súbditos sob o seu mando. No reino de Nápoles, nos Estados Papais, na Romanha e na Lombardia, diz-nos Maquiavel, existe uma abundância destes *gentiluomini*. E por essa razão nestas regiões nunca surgiu nenhuma república, "nem nenhum *vivere politico*"; tal modo de vida – o do *gentiluomo* – é "totalmente hostil a qualquer forma de vida cívica (*civilità*)". A conclusão é simples: "quem se propuser a estabelecer uma república onde há muitos *gentiluomini* não será bem sucedido se primeiro não se livrar de todos eles".

Mas, segundo Maquiavel, em Veneza, é esta designação – *gentiluomini* – que abrange toda a classe governante ([178]). Será o peculiar republicanismo da república de Veneza uma ilusão ou uma máscara? Ou talvez a origem desta pomposa denominação dos *gentiluomini* venezianos revele a ausência de fundamento natural justificativo das suas implicações políticas. Noutro lugar, Maquiavel sugere um "remédio eficaz" para o novo príncipe que queira adquirir e manter uma província para incorporá-la no Estado que já possui; falamos evidentemente daquilo a que Maquiavel chama principados "quase mistos" ([179]). Embora o título do capítulo correspondente anuncie "principados mistos", Maquiavel, no texto que se lhe segue, designa esses principados "quase mistos". Isto talvez se deva à consciência que Maquiavel tem da sua descrição de um governo que de modo algum se pode confundir com o governo misto tal como Políbio, por exemplo, o definia. Políbio entendia o governo misto como aquele onde se acomodavam ou misturavam diferentes elementos políticos (democrático, aristocrático, monárquico). O regime misto combinava diferentes fins de governo, diferentes pretensões políticas, diferentes configurações de cidadania, para a consagração da justiça na cidade ([180]). Ora num "principado quase misto", isto é, naquele principado em que uma das partes é uma província nova, o novo príncipe pode contar com a adesão, nessa nova

---

([178]) *Discorsi*, I.6.
([179]) *Il Principe*, III.
([180]) Ver Claude Lefort, *Le travail de l'oeuvre Machiavel* (Paris, 1986), p. 332.

província, de "todos os que nela têm pior estado, movidos pela inveja que alimentam contra os poderosos (*potenti*)". Não que o novo príncipe deva entusiasmar-se e dar-lhes "demasiada força" ou "demasiada autoridade". Deve antes aproveitar "os recursos e o favor" dos ressentidos, com o objectivo de "abater os poderosos, a fim de ficar com pleno arbítrio nessa província" ([181]).

Mas Maquiavel não deixa de efectuar uma distinção entre os *gentiluomini* que detêm os privilégios e os castelos e que vivem na ociosidade, e os *gentiluomini* que o são de facto, esses homens de "ânimo ambicioso e inquieto". Estes podem, e devem, ser *usados* pelo príncipe. Mas de um modo prudente: o príncipe que ofereça os castelos, as honrarias, as riquezas, mas de um modo que deixe perceptível que tudo se encontra na sua absoluta dependência. Títulos nobiliárquicos independentes apenas geram poder próprio para os *gentiluomini* – fazem-nos *grandi* –, o que representará, tarde ou cedo, um obstáculo sério para o poder e a acção do príncipe. Apenas aos *gentiluomini* de facto, mas não de nome, se pode mostrar o poder radical do principe em fazer e desfazer homens, tal como César Bórgia, o terrível duque Valentino, demonstrou ao cortar Remirro de Orco em dois na praça de Cesena. E Maquiavel ainda recorda o novo príncipe que, embora ele sempre viverá com o mesmo povo, o mesmo não será necessariamente verdade com os Grandes, "desde que pode fazê-los e desfazê-los todos os dias, e tolher-lhes ou dar-lhes, a seu talante, a reputação" ([182])

É a propósito deste último aspecto que é mais visível a tentativa de Harrington de moderar os ensinamentos de Maquiavel. Harrington lê a crítica ao *gentiluomo* tal como é exposta pelo pensador florentino, nomeadamente no capítulo 55 do livro I dos *Discorsi*, em termos qualificados. De acordo com Harrington, para Maquiavel apenas a nobreza que detêm "propriedade" ou "domínio" desproporcionado relativamente ao povo é que é incompatível com uma comunidade equilibrada. Com esta interpretação ficaríamos com um Maquiavel crítico apenas de uma certa nobreza avassaladoramente dominadora, e por conseguinte

---

([181]) *Il Principe*, III.
([182]) Ibid., VII, IX. Contrastar com S. Tomás de Aquino, I.iii.27, que considera este padrão de conduta próprio do tirano.

corruptora, enquanto se legitima a presença de uma nobreza, por assim dizer, mais contida. Mas Pocock observa com grande acerto que Maquiavel não faz essa qualificação. Em Maquiavel, a condenação dos *gentiluomini* é total. Harrington lê Maquiavel à luz dos termos do debate renascentista sobre a "verdadeira nobreza", e, por esse meio, o autor florentino aparece como um crítico da nobreza "convencional" e apologista da "verdadeira nobreza". Mas se quisermos ler Maquiavel à luz do contexto fornecido pelo debate renascentista sobre a "verdadeira nobreza" temos de notar que Maquiavel apenas elabora a *crítica* da nobreza convencional. Em momento algum é avançada a apresentação, e o consequente elogio, da "verdadeira nobreza". Tal omissão não deve espantar. Como vimos, a descrição da "verdadeira nobreza" pressupõe um acordo fundamental com a mentalidade aristocrática. Ora, Maquiavel rejeita esta mentalidade.

A crítica da filosofia política clássica e dos pressupostos aristocráticos: a *verità effettuale* da política

Maquiavel, na sua oposição à forma aristocrática, não avança uma fórmula democrática no domínio do mais desejável. Para um encadeamento desse tipo, a Europa teria de esperar ainda algum tempo. Para Maquiavel, o problema levantado pela forma aristocrática está mais ligado à sua crítica geral à filosofia política clássica:

> Mas sendo meu intento dizer coisas úteis para quem as entenda, pareceu-me mais conveniente ir direito à verdade efectiva (*verità effettuale*) das coisas do que à imaginação delas. E muitos imaginaram repúblicas ou principados que na verdade nunca foram vistos ou conhecidos (...) ([183])

Esta passagem, tão frequentemente citada, indica de modo muito sintético que, ao contrário do que os pensadores políticos clássicos queriam fazer crer, nada existe de constante ou de

---

([183]) *Il Principe*, XV. A crítica de Maquiavel seria repetida por muitos dos seus sucessores.

eterno que sirva de referência exterior ao homem e à sua acção concreta na história. A acção e os acontecimentos não são exteriores à acção nem aos acontecimentos. Logo, não há alternativa à reflexão política que recolhe tudo da aceitação da acção concreta e histórica como a única "realidade". Assim, aquilo a que os clássicos chamavam aristocracia é uma outra república imaginada que nunca se viu ou foi conhecida. "A verdade factual das aristocracias que sabemos que existem ou tenham existido é a oligarquia" ([184]), pois "é a força que facilmente adquire os títulos (*nomi*), não os títulos que adquirem a força" ([185]). Em *Discorsi*, I.37, Maquiavel conclui, com base no exemplo da república romana, que na verdade a nobreza romana estimava mais a sua propriedade do que as suas honrarias e títulos. Por um lado, a nobreza romana conhecia bem a verdade factual da sua posição de superioridade. Por outro, a suprema preocupação com a propriedade, ao ponto de desvalorizar as honrarias (ou até a glória), revela o móbil primordial da acção humana, incluindo a dos *grandi*: a preservação daquilo que é nosso. A *verità effettuale* da nobreza romana que constituía o Senado permite verificar o absurdo das pretensões aristocráticas ao governo, baseadas na sabedoria, ou na moderação, ou na educação, ou numa superior prossecução do bem comum, ou, mais essencialmente, numa *hierarquia de fins*. Preferir a preservação de si mesmo à glória denuncia a própria fraqueza.

A pretensa forma do regime aristocrático está e esteve sempre em conflito com a sua realidade. A sabedoria ou a virtude de que fala a mentalidade aristocrática nunca poderia constituir pretensão válida ao governo porque desafia as mais elementares realidades humanas. O homem armado e o homem desarmado encontram-se já numa relação de comando/subordinação, tendo em conta que "não é razoável que quem está armado obedeça a quem está desarmado" e assumindo a impossibilidade de que "o senhor desarmado esteja seguro entre servidores armados" ([186]).

A trindade romana – autoridade, tradição, religião – está ao serviço de uma relação de força, legitima-a, empresta-lhe uma

---

[184] Strauss, *Thoughts on Machiavelli* (Chicago, 1978), p. 270.
[185] *Discorsi*, I.34.
[186] *Il Principe*, XIV.

boa aparência, justifica-a aos olhos do povo. Isto faz-nos ver que o termo "aristocracia" está carregado de um juízo injustificadamente favorável a essa forma de governo. Bernardo del Nero (a personagem do *Dialogo* de Guicciardini que em parte representa o pensamento de Maquiavel) designa o governo dos *ottimati* de governo de "poucos", perante os seus interlocutores partidários de uma solução aristocrática. Assim, Bernardo del Nero sublinha o superior rigor da neutralidade da expressão "governo de poucos" em detrimento da qualificação implicitamente elogiosa "governo dos *ottimati*". Descrever um regime como o "governo dos melhores" encerra uma armadilha de compromisso que espreita o observador. A denominação "aristocracia" é rejeitada por ser pouco imparcial. Mas, implicitamente, a substituição de uma designação por outra é o primeiro passo para a perda do significado tradicional da distinção clássica entre regimes rectos e não-rectos ([187]).

A apreciação numérica aparentemente mais rigorosa é uma consequência desse passo. Mais tarde, Jean Bodin afirmaria de forma explícita que não havia, nem nunca houvera, "aristocracias puras, onde os mais virtuosos tenham a Senhoria", embora isso não o impedisse de reconhecer simultaneamente a existência factual de repúblicas de soberania "aristocrática". Mas a soberania "aristocrática" tomava o termo "aristocracia" como designando apenas o número de governantes – a *minoria* – sem atender às suas qualidades, virtudes ou vícios. "Sejam então os nobres, ou virtuosos, ou ricos, ou guerreiros, ou pobres, ou plebeus, ou viciosos, a ter a Senhoria: se forem a menor parte dos cidadãos nós a chamaremos com o nome de Aristocracia". Muito mais à frente na sua longa *opus magnum*, Bodin extrai a inevitável conclusão pela voz do *Gonfaloniere* florentino Piero Soderini: *L'estat de peu de seigneurs est l'estat de peu de tyrans*. Aristóteles, de certo modo, antecipara a confusão quando escreveu:

> A aristocracia tem grandes afinidades com a oligarquia: em ambos os casos os magistrados são em número reduzido. Apesar

---

([187]) Guicciardini, I, p. 21; II, p. 96. Todavia, apelidar um regime de governo de "poucos" não é necessariamente sinónimo de neutralidade. Ver Walter Donlan, *The Aristocratic Ideal in Ancient Greece* (Illinois, 1999), pp. 127-129.

de as razões dessa restrição numérica não serem as mesmas que se verificam na oligarquia, tal facto poderia levar-nos a supor que a aristocracia é uma oligarquia ([188]).

Uma das origens da identificação de um regime com o outro é assim identificada: se *apenas* atendermos ao *facto numérico*, a verdade factual ou "efectiva" da aristocracia *é* a oligarquia. Bodin pôde avaliar como um puro arcaísmo a distinção que os Antigos sempre fizeram entre aristocracia e oligarquia. Não se tratava, para Bodin, simplesmente de se considerar que a inclusão das virtudes ou vícios dos governantes como critério do apuramento da forma da república constituía um mau princípio de ciência política; o próprio conceito, atendendo às realidades elementares da vida política, não é, na sua opinião, minimamente operacional.

Num ataque dirigido explicitamente contra Aristóteles – o filósofo político cuja opinião sobre a aristocracia é descrita por Bodin como "totalmente contrária" ao que este expõe –, Bodin coloca outra dúvida elementar: como entender essa qualificação de homens "melhores" ou até de homens "de bem"? Pois se se toma a "bondade como o mais elevado grau de virtude, não se encontra ninguém"; se se submete a bondade à "opinião popular", então constatamos que "cada um se diz homem de bem". E esse juízo é tão difícil que o "sábio Catão", escolhido para "árbitro da honra", não ousou pronunciar-se sobre se Luctácio seria homem de bem ou não. Na continuação dessa polémica com o filósofo peripatético, Bodin insiste: se tivermos de atender às qualidades dos governantes, porquê ficarmo-nos por apenas quatro espécies de aristocracia? Em coerência, as espécies devem ser multiplicadas: a aristocracia como o governo dos mais altos, dos mais belos, dos mais fortes, dos mais belicosos, dos mais eruditos, e por aí em diante. A própria noção de aristocracia como forma de governo está emaranhada numa impossibilidade moral, lógica e política. Os círculos de raciocínio que a pudessem legitimar são falaciosos e desprezam as realidades políticas e morais mais elementares. A cisão definitiva com os Antigos estava operada; a irrelevância da aristocracia como forma de governo assegurada.

([188]) *Política*, 1306b22-27.

Dir-se-ia que a aristocracia está *aquém* do bem e do mal: ela é simplesmente um *logro*.

Retomemos a leitura de Maquiavel. Na sua interpretação, a República Romana nunca poderia ter sido uma aristocracia. E tal não se devia somente à famosa doutrina maquiavélica que defende que uma cidade de vocação expansionista precisa recrutar as energias do povo e, para tal, conceder-lhe (algum) poder político. A guerra de conquista exige o desmantelamento do monopólio do poder dos aristocratas. Mas uma razão adicional se impôs. Se não fosse pelo "grande" poder dos tribunos da plebe romana, a "ambição" da Nobreza teria destruído ou corrompido a república logo nos seus primeiros tempos. Era "necessário" que o poder dos plebeus fosse considerável de modo a poder travar a ambição desenfreada dos Grandes ([189]). Enquanto os Tarquínios vivessem, os "nobres" romanos colocaram de parte a sua "soberba", tornando-se suportáveis aos plebeus. Assim, gerou-se uma "união" harmoniosa aparente. Mas a moderação dos nobres devia-se apenas ao medo que tinham dos Tarquínios e ao receio de que a reacção dos plebeus à opressão nobre fosse o seu apoio ao regresso dos tiranos. Com a morte dos Tarquínios, morreu igualmente o medo que apoquentava a nobreza. Todo o "veneno" que a nobreza havia guardado no seu "peito" foi libertado depois de desaparecido o medo moderador. A opressão sobre os plebeus seguiu-se necessariamente. Assim que os nobres se viram livres da necessidade que lhes impunha uma conduta ordenada seguiu-se a "confusão" e a "desordem" ([190]). Por fim, foi preciso travar o poder, que ameaçava ser excessivo, dos próprios tribunos, sob pena de serem estes a corromperem a república.

Guicciardini comenta que os poderes dos tribunos nunca tiveram as consequências descritas por Maquiavel. Se era verdade que os tribunos moderaram o poder dos patrícios, já não era verdadeira a afirmação de que os mesmos tribunos moderaram igualmente a licenciosidade dos plebeus. Para Guicciardini, os tribunos eram essencialmente um instrumento de destruição do

---

([189]) *Discorsi*, III.11.
([190]) Ibid., I.3. Ver também I.47.

patriciado (¹⁹¹). Maquiavel sabe muito bem que esta era a intenção e prática da instituição tribunícia; mas, refreando o patriciado, e protegendo os que queriam ser protegidos, isto é, mantendo os nobres no seu lugar, os tribunos tornaram-se os protectores da república, até porque essa era – e é – a única protecção de que a república precisava – e precisa. O perigo para a república vem de cima, nunca vem de baixo. Daí que a crítica de Gucciardini a Maquiavel, a saber, que os tribunos foram criados para proteger os plebeus da opressão, e não como guardiões gerais da república, como Maquiavel subrepticiamente deixa implícito, perde o seu sentido. Parecendo querer corrigir Maquiavel, Guicciardini vê-se obrigado a reafirmar que o governo dos plebeus não serve nem a expansão do Estado, nem a sua conservação, e que o governo de Roma era misto e não plebeu. Logo de seguida, Guicciardini reconhece que esta conclusão é partilhada por todos os que escreveram sobre as repúblicas *e que preferem o governo dos ottimati ao governo da populaça.*

A aristocracia apenas se distingue da oligarquia cruel quando subjugada por uma necessidade que lhe é exterior. Entregue a si mesma confrontará a abundância de escolhas pela única perspectiva que lhe é acessível. Não o bem comum, certamente, mas o desejo de oprimir. Sem leis nem instituições que a submetam, a aristocracia apenas gerará opressão, confusão e desordem, porque o mal político também lhe pertence e não é propriedade exclusiva de uma qualquer forma degenerada; somente a submissão da nobreza a uma necessidade que lhe seja exterior pode reparar um mal de outro modo inexorável (¹⁹²).

Claro que todas as formas de governo assentam na opressão. Esse é o significado da primeira frase do capítulo I d'*O Príncipe*: a diferença entre governos é de grau, e não de espécie, isto é, os governos diferenciam-se por uns oprimirem extremamente e outros oprimirem o necessário. A lição a retirar desta reflexão é o *desmentido* do recorrente dito comum a tantas tradições, "a violência gera violência". É tanto menos verdadeiro quanto é certo

---

(¹⁹¹) Guicciardini, "Considerations on the «Discourses» of Machiavelli" in *Selected Writings*, trad. inglesa Cecil Grayson (Oxford, 1965), III, p. 67. Comparar com Cícero, *De re publica*, II.59.

(¹⁹²) Comparar com Lívio, II.xxi.5-6, II.xxxii.2-12.

que o governo, o que também vale por dizer, a violência prudentemente utilizada reduz ou atenua a violência. A pretensão aristocrática, por sua vez, prefere falar da sabedoria ao serviço do bem comum como se pudesse dispensar a opressão e como se tal retórica fosse suficiente para camuflar o seu desejo de opressão.

Eis a correcta interpretação do ideal aristocrático: a aristocracia foi, é e será sempre uma fórmula de disfarce da realidade crua e cruel da oligarquia, do mero *stato de pochi*. A realidade factual da política mostra-nos que a trindade romana foi sempre substituída pela trindade *virtù, fortuna, necessità*. A nova trindade pode agora assumir-se em pleno, pois descobriu-se o esqueleto da antiga. A nova visão da realidade política justifica grandes receios face a projectos aristocráticos. A suspeita deve ser automática. Aprendemos com Maquiavel a desvalorizar radicalmente as intenções, as pretensões anunciadas, os propósitos proclamados; queremos averiguar a materialidade dos efeitos, dos resultados. Muito será preciso para nos convencer que não existe um fosso colossal entre a "verdade factual" na política e as "profissões de bondade" que a acompanham. Mas a consciência do hiato entre a "verdade" e as "profissões de bondade" não é suficiente para nos salvar da tirania.

A espécie de neutralidade que Maquiavel aparenta face à tirania e à república, e que leva os seus leitores a associá-lo perigosamente à tirania ou salutarmente ao povo, não implica que ele se entenda a si mesmo como um partidário, quer da tirania, quer da república, "mas indica o seu ataque à condenação tradicional da tirania e ao elogio tradicional da aristocracia" ([193]). No início d'*O Príncipe*, Maquiavel informa-nos que existem dois tipos de Estado: as repúblicas e os principados. Aqui é mais notável a ausência da tirania, ou a tradicional distinção entre poder legítimo e poder ilegítimo, do que da aristocracia que pode muito bem estar contida nas repúblicas. Ocorre aquilo a que podemos designar redução da *politeia* à *arkhé*. É plausível supor que o desaparecimento da distinção entre principado e tirania n'*O Príncipe* se deve ao facto de o desígnio central desta obra centrar-se na natureza do novo príncipe, ou seja, do fundador de "novas ordens e modos" e ignorar tanto quanto possível as distinções

---

[193] Strauss, p. 294.

antigas entre formas de governos, entre fins específicos de cada forma de governo, entre tipos humanos formados por cada regime político. Tais distinções apenas exibem a sua relevância uma vez estabelecida a ordem, qualquer ordem humana; até lá são irrelevantes, desprovidas de sentido prático. Ora o acto da fundação é precisamente aquele que fornece o momento em que o fundador impõe ordem onde ela não existe, em que a matéria caótica assume uma forma. A ordem é humanamente criada. É expressão da subjectividade do criador político. É fruto do trabalho ou da criação humana; é, na verdade, "a suprema tarefa da criatividade humana" ([194]). Neste sentido, o Estado aproxima-se de uma obra de arte. Por analogia, a criação do Estado, no pensamento de Maquiavel, só pode ser interpretada enquanto criação na esfera da política. O grande Legislador ou o príncipe virtuoso é o criador por excelência. Assim, a política surge como uma realidade fechada, auto-suficiente, sem depender de nenhuma realidade que a transcenda. Os fins em política são sempre políticos. Talvez se possa dizer que o resultado – ou a *verità effettuale* – da ciência política, *quando se supõe que nada há para além da política*, é a ciência política maquiavélica.

Para o momento da fundação é mais importante que o novo Príncipe compreenda as diferentes formas de *aquisição* do Estado do que outras distinções que pressupõem uma ordem já estabelecida. Nesta nova ciência da política, a compreensão dos modos de aquisição do Estado é muito mais fundamental do que o conhecimento das formas do governo. A situação de "excepção", o acto da fundação, é o momento político mais fundamental, mais revelador da realidade humana, nem que seja pelo simples *facto* de todos os Estados conhecidos – principados ou repúblicas – terem sido, na sua origem, principados *novos*. Esta é a raiz comum de *todos* os Estados. A *excepção* conduz paradoxalmente à *generalidade*. Da análise da excepcionalidade resulta a atenção sobre o denominador comum. O exame do que é comum a toda a realidade política é prioritário sobre o conhecimento do que não é comum a todas as experiências políticas ou do que lhe é apenas acidental. Como já foi suficientemente observado, a

---

([194]) Friedrich Meinecke, "Raison d'État in Machiavelli" in De Lamar Jensen (ed.), *Machiavelli* (Westmead, 1960), p. 82.

filosofia política tradicional preferia ocupar-se da condição de *normalidade* política; Maquiavel confere prioridade ao que poderíamos chamar a condição a-normal ou pré-normal, a que antecede e preside à imposição de ordem e de normalidade ([195]), e daqui resulta, até um certo ponto, não só a irrelevância da distinção tradicional entre tirania e governo legítimo, como também uma certa indistinção entre principados e repúblicas. O irregular é mais expressivo ou mais revelador do que o regular; o extraordinário do que o ordinário; a guerra do que a paz. Se Clausewitz podia dizer que a guerra é a continuação da política por outros meios, o que parece sugerir a subordinação da guerra à política, seria mais consonante com o espírito da obra de Maquiavel dizer que a política é a continuação da guerra, sem mais condições.

Mas ninguém pode contradizer que a aristocracia enquanto forma de governo se reveste de um carácter igualmente excepcional. Porém, contrariamente à excepcionalidade estudada por Maquiavel, o carácter extraordinário da aristocracia não conduz (nem por recurso ao paradoxo) à generalidade, ao denominador comum. É duplamente excepcional, se é permitido dizê-lo, e tão extraordinário que roça o absurdo ou o ridículo.

Algumas das dificuldades que assombram a interpretação dos problemas morais levantados pel'*O Príncipe*, ou talvez mais rigorosamente, do afrontamento da moralidade tradicional por algo diferente, podem ser superadas se entendermos que Maquiavel contesta a validade das distinções morais no momento político fundamental. Não têm aplicação se atentarmos na *verità effettuale* das coisas, e não na imaginação delas. Maquiavel força-nos a confrontar este aspecto decisivo ao nomear a excelência específica do novo príncipe, isto é, do fundador: a "virtude". Se considerarmos o significado tradicionalmente atribuído à "virtude", concluiremos (assim espera Maquiavel) que a "virtude" está totalmente desadequada à realidade da fundação. A sobreposição de dois conceitos diferentes de "virtude", o antigo e o novo, é ilustrado pelo exemplo de Agatócles, o Siciliano, no capítulo VIII d'*O Príncipe*. Aí Maquiavel relata-nos em breves palavras a vida de

---

([195]) Strauss, *Natural Right and History* (Chicago, 1971), pp. 179, 162. Ver Carl Schmitt, *Political Theology*, trad. inglesa George Schwab (Cambridge, 1988), pp. 13-15, e comparar com Tocqueville, *Da Democracia na América*, I, II, v.

Agatócles, vida essa sempre acompanhada por uma "conduta criminosa", mas que descreve a trajectória de alguém que, de "ínfima e abjecta fortuna, chegou a rei de Siracusa". Depois de chegar a pretor de Siracusa, Agatócles "decidiu tornar-se príncipe", disposto a "possuir com violência e sem dívida para com outrem" o que desejava.

Mas a sobreposição de "virtudes" aparece logo a seguir na passagem referente a Agatócles. Maquiavel segue um raciocínio moral tradicional – "não se pode também chamar virtude o matar os seus concidadãos, atraiçoar os amigos, não guardar a palavra dada, a piedade ou a religião; rasgos que podem fazer que se ganhe o império, mas não a glória" – para logo o interromper com um outro raciocínio bem diferente – "porque se se considera a *virtude* de Agatócles no entrar e no sair dos perigos, a sua grandeza de ânimo no suportar e superar a adversidade, não se vê porque tenhamos de o julgar inferior a qualquer outro grande capitão" ([196]). Esta passagem poderia não ter valor comprovativo se se demonstrasse que não passava de uma anormalidade da obra. Mas os *Discorsi* oferecem-nos uma outra passagem semelhante, desta vez com Severo como protagonista. Severo, diz Maquiavel, é um homem "mau" *e* de "grandíssima fortuna e virtude". Um outro exemplo muito semelhante ao de Agatócles é o de Teodorico, eventual rei de Itália no final do século V / início do século VI. Teodorico cometeu muitas crueldades – daí que não possa esperar "honra" – *e* era dotado de grande "virtude" ([197]). Maquiavel ironiza os preconceitos em torno da noção tradicional de virtude dizendo, na passagem sobre Agatócles, que "não se pode *chamar* virtude" a actos *reprovados* (e não *reprováveis*). Claro que a tradição repreende quem *chama* virtude a coisas dessas; mas Maquiavel convida-nos a ir para além da tradição e *chamar* virtude à virtude. A virtude é energia criadora "isenta de moralina" ([198]).

Aquilo a que *chamamos* "bom" nem sempre é bom, nem sempre produz *bons efeitos*. Aquilo a que *chamamos* "mal" é insepa-

---

([196]) Os itálicos são nossos.
([197]) *Istorie Florentine*, I.4-6.
([198]) Nietzsche, *Ecce Homo*, trad. portuguesa Paulo Osório de Castro (Lisboa, 2000), 'Porque sou tão Perspicaz?', 1.

rável, nas ocasiões relevantes, daquilo a que *chamamos* "bem". O bem absoluto e imaculado não existe porque é da natureza das coisas que o bem implique o mal, e que o mal implique o bem. O obstáculo fundamental a qualquer política assente na perfeição não decorre da natureza da política propriamente dita, mas da natureza do mundo, ou das coisas do mundo. Quando quisermos fazer o bem, traremos no mesmo momento e pela mesma operação algum mal, de modo que "parece impossível ter um sem o outro". E este princípio de não-segregação do bem e do mal impõe-se a "todas as coisas que os homens façam". As "profissões de bondade" não submetem tal princípio; apenas contribuem para fazer mais mal à cidade, já que "é coisa fácil ficar com o mal, acreditando tomar o bem". Não há justificações da nossa intervenção sobre a realidade que nos salvem deste resultado perverso. Os florentinos, diz Maquiavel ao seu amigo Guicciardini, com certeza prefeririam um pregador que "lhes ensinasse o caminho para o paraíso"; mas Maquiavel julga muito mais útil alguém que lhes aponte o "caminho para o Diabo". Porque a melhor maneira de fazer o bem é "aprender o caminho para o Inferno" de modo a sabermos mantê-lo afastado.

O novo príncipe tem de perceber que, não só o bem supremo tem tanta existência quanto a República de Platão, como o acto criativo da fundação de um Estado próspero requer dele a aprendizagem de "não ser bom, e usar ou não [esse conhecimento] conforme a necessidade" porque *necessitas non habet legem*. Portanto, o príncipe não pode ser – e tem de *aprender* a não ser – um *bonus vir simpliciter* – um homem bom em todos aspectos, como aponta Jacques Maritain, sob pena de carregar com males o Estado que deveria proteger, mas deve ser um homem prudente, pois a prudência em mais não consiste do que "em saber conhecer a qualidade dos inconvenientes, e tomar os menos maus como bons". O homem bom inofensivo é até tolo e fácil de intrujar.

Ora se Maquiavel assume este raciocínio como verdadeiro tem necessariamente de rejeitar qualquer ideia de *bom* governo, assim como a ideia de *bem* comum. O *melhor* governo implica uma subtracção de males e o bem comum não pode ser mais do que o bem da *maioria*, que por ter a força própria da maioria reduz à insignificância os poucos que são prejudicados por esse "bem".

Nos *Discorsi*, Maquiavel explicita que o princípio de não-segregação do bem e do mal adquire suprema importância precisamente nas *cose umane*, em cujo domínio "não se pode cancelar um inconveniente, sem que surja um outro". Os regimes rectos são uma ilusão da imaginação causada por uma deficiente ciência política. A aristocracia, ou a realeza do melhor homem da cidade, são impossíveis. A sua prossecução, por assentar numa visão falsa da realidade, apenas conduz os homens à ruína, como o viandante no deserto desperdiça as suas últimas energias correndo para o oásis que, afinal, não passava de uma miragem.

Mais do que isso, o governo eficaz pressupõe um despertar constante do medo na cidade. Não falamos da presença inevitável do receio que acompanha necessariamente qualquer esquema de castigo e recompensa, componente incontornável do governo das leis. Trata-se antes do medo original, do medo que assistiu o acto da fundação da cidade, ou talvez, da *recordação* do medo fundador e do medo que assombra a vida humana *antes* da fundação. É esse o significado do retorno aos princípios referido no importante capítulo I do livro III dos *Discorsi* ([199]). Numa linguagem que não é a de Maquiavel dir-se-ia que desvanecer a memória da ameaça do estado de natureza conduz ao sentimento do carácter não necessário do Estado. Da confiança injustificada que os homens já nada têm a recear decorre a "ambição humana" e a "arrogância" que colocam a cidade na esteira da corrupção. O "terror" original, que execuções extraordinárias ajudam a despertar, reconduz os homens à obediência e relembram-lhes os motivos pelos quais devem obedecer. O terror relembra a nossa fragilidade e as razões que motivam o nosso desejo de segurança; a nossa segurança exige a nossa obediência a quem nos protege. Precisamos da ameaça do terror para não vivermos no terror. O bom governo não dispensa o terror porque a ordem política consiste numa "alquimia do mal"; consiste na "supressão, jamais completa, do medo pelo medo", e, num outro nível, no reavivamento de um medo primordial que subordina o medo do inferno ([200]).

([199]) Comparar com Lívio, XXIX.xli.4.
([200]) Manent, *História Intelectual do Liberalismo*, p. 35; Maquiavel, *Istorie Florentine*, III.13.

Este aspecto ocupa a parte inicial do diálogo composto por Guicciardini sobre o governo de Florença. Nesse diálogo, Bernardo del Nero, a tal personagem que, pelo menos em parte, veicula o pensamento de Maquiavel sobre este assunto, defende que, se assumirmos que os efeitos produzidos por um qualquer governo são mais rigorosos para a sua avaliação, ao invés de recorrermos às distinções tradicionais entre bons e maus governos, então um governo tradicionalmente considerado ilegítimo poderá ser melhor do que outro governo tradicionalmente considerado legítimo ([201]). A "política dos efeitos", chamemos-lhe assim, torna obsoletas as tipologias dos "vossos" filósofos Antigos – recuperadas, segundo o diálogo, pelo maior estudante de Platão da Florença do século XV, Marsilio Ficino – e corrói a substância das formas de governo que as suas tipologias compreendem. Os efeitos são tudo; a forma do governo – e, dir-se-ia, as "profissões de bondade" que a acompanham – é nada.

Maquiavel reconhece a existência de um tipo humano que adquire primazia no governo dos povos, independentemente do regime político que os envolve. Existem príncipes nos principados, assim como nas repúblicas. Maquiavel não só reconhece a sua existência, como o fazem os modernos proponentes da teoria das elites, como parece escrever quase exclusivamente para eles. Com uma ressalva: o príncipe a quem Maquiavel se dirige é o novo príncipe, que pode ser, mas não é necessariamente, o chefe do governo ou magistrado semelhante – tal como os *príncipes* de Tácito ([202]). Na epístola dedicatória dos *Discorsi*, Maquiavel deixa isso bem claro, bem como na transição do capítulo II para o capítulo III d'*O Príncipe*. São aqueles que merecem ser príncipes, podendo sê-lo ou não, os verdadeiros destinatários dos seus ensinamentos. Ao dedicar os *Discorsi* "escolhi não aqueles que são príncipes, mas aqueles que, pelas suas infinitas boas qualidades, merecem sê-lo" ([203]).

Homens destes serão sempre raros; são o produto restrito de uma natureza avarenta. Aparentemente, Maquiavel, ao fazer a

---

([201]) Guicciardini, *Dialogo del Reggimento di Firenze*, trad. inglesa Alison Brown (Cambridge, 2002), I, pp. 10-16.

([202]) Tácito, *Germania*, XI, XIII.

([203]) Epístola Dedicatória dos *Discorsi*; também *Il Principe*, VI. Ver Xenofonte, *Memorabilia*, III.ix.10-13.

apologia de um tipo humano superior, opera pelo mesmo meio uma apologia aristocrática, se bem que de uma aristocracia diferente da que havia sido exposta pelo cânone da filosofia política clássica. E embora haja muitas e sólidas indicações que apontam para esta interpretação, julgamos ser mais consequente o esforço de demonstração que descobre a fundamentação não-aristocrática do pensamento de Maquiavel. Mansfield indica que a ideia do que é hoje conhecida por teoria elitista do governo – isto é, em todos os governos existe uma elite que compete entre si pelo favor do povo – começa com Maquiavel [204]. A observação é de extrema utilidade se quisermos começar a distinguir rigorosamente a ideia *elitista* de governo da ideia *aristocrática* de governo. Maquiavel limita-se a dizer que em cada república há homens *grandi* e *populari*; em todas as repúblicas há os que "querem adquirir" e os que "querem conservar" [205].

Um desses homens raros para quem está reservado o papel de herói na obra de Maquiavel é aquele que retorna a Constituição aos seus "princípios". Mas este retorno vital pode ser efectuado, ou pela "virtude de um homem", ou pela "virtude de uma ordem". Exemplos destas "ordens" foram, na república romana, os tribunos da plebe, os censores e "outras leis que se opunham à ambição e à insolência dos homens". Contudo, para dar vida a estas instituições ou ordens (através de execuções notórias) é preciso *um* homem animado pela virtude. Significa então que, para além do momento da fundação da cidade a que *um só* homem pode presidir, também nestes momentos necessários que assinalam a perpétua (re)fundação da constituição é da virtude de *um só* homem que a cidade resistente à fortuna depende. Ora, a natureza do governo aristocrático, pelo contrário, é sempre, em maior ou menor grau, colegial, como, aliás, Maquiavel bem sabe. Entre as peculiaridades que a república romana partilhava com a república florentina, uma delas é segura: o carácter colegial das respectivas formas de governo. Mais: o convívio aristocrático autêntico é o trato com *iguais*; é o olhar *para a frente*. Esse é o significado de se estar *inter pares*.

---

[204] *Machiavelli's Virtue*, p. 115.
[205] *Discorsi*, I.5. Comparar com Aristóteles, *Política*, 1254a30-1254b.

Mas querer escapar à necessária solidão no poder através de fracas concepções de igual autoridade dividida por vários, como na república romana com os vários tribunos de poder consular, apenas fornece "ocasiões ao inimigo" e "inestimável confusão". Em caso de escolha que se não hesite: "é melhor enviar numa expedição um homem só de prudência comum do que dois homens valentíssimos com a mesma autoridade" ([206]). A posição típica do novo príncipe como o inovador isola-o das pretensões à cidadania activa no poder por parte dos *ottimati*. E, no entanto, Maquiavel mantém o *"pathos* da distância" intacto. Maquiavel divide a espécie em tipos diferentes que se não aproximam; divide a cidade em partes desiguais que se relacionam politicamente pelo domínio e pela subordinação. A tensão entre os extremos da estrutura social é insuperável, e o seu relativo atenuamento, como se viu, pode servir o projecto de distinção radical de uma das partes. O novo príncipe pode obter o favor do povo (contra os Grandes) e o povo comprazer-se com o favor que presta, mas é o primeiro que cumpre a distinção plena; a cidade torna-se, sob este ponto de vista, ainda mais desigual. A "opressão" continua e não provém de uma qualquer estrutura impessoal. A possibilidade da grande política necessita desta desigualdade radical, porque o príncipe, o novo príncipe, é uma "figura isolada num mundo hostil, com o qual as suas relações são defensivas ou ofensivas" ([207]). E neste sentido teremos que reconhecer a sobrevivência vital em Maquiavel de um certo aristocratismo, porque ainda se trata de considerar que *um* dos extremos da escala social deve governar a cidade.

Porém, a natureza especial que constitui o novo príncipe não é suficiente para o seu triunfo. Ele deve ser objecto de uma educação apropriada. Não tanto de uma educação tradicional, direccionada para o aperfeiçoamento da alma, simultaneamente moral e intelectual, mas da educação fornecida pelo próprio Maquiavel. O florentino desenha, portanto, mais um "espelho para príncipes", mas um espelho cujo reflexo preferimos, as mais das vezes, não olhar. O novo príncipe deve aprender a usar atributos tradicionalmente ignorados ou reprimidos de modo a

---

[206] *Discorsi*, III.15.
[207] Ralph Roeder, *The Man of the Renaissance* (Nova Iorque, 1935), p. 295.

evitar a ruína e a prosseguir o desejo de glória, ou talvez de modo mais rigoroso, o desejo de criar. Enquanto "homem prudente", seguidor do "caminho percorrido pelos grandes homens" e imitador dos "excelentes" ([208]), deve aprender sobretudo uma nova moralidade que se sobreponha à tradicional e um novo sentido da realidade. Maquiavel é uma nova espécie de Centauro, um Quíron distorcido, que educa os novos Aquiles numa nova arte. E essa nova arte da educação principesca exige o aprofundamento da natureza bestial do homem com a introdução do leão e da raposa. Não que a representação da natureza bestial do homem por recurso ao leão ou à raposa fosse algo de novo. Cícero já a utilizara no manual aristocrático *Dos Deveres* que nenhum senhor respeitável do Renascimento italiano dispensava. Mas Cícero introduz a raposa e o leão na discussão da *in*justiça ([209]).

Maquiavel atribui um significado diferente a esta imagem clássica. O facto de o centauro Quirão, um ser metade animal e metade homem, erigir-se num educador de príncipes só pode querer dizer "a necessidade em que o príncipe se encontra de saber usar uma e outra natureza; e que uma sem a outra não é durável". O homem pode ser uma natureza composta, humana e bestial, mas o príncipe está "necessitado de saber usar bem a besta". Usar bem a besta significa usar bem a raposa e o leão "porque o leão não se defende das armadilhas, e a raposa não se defende dos lobos". A ferocidade e a sensualidade orgulhosas do leão não é suficiente sem a manha astuciosa da raposa, assim como esta é insuficiente sem aquelas. O leão e a raposa já não "são indignos do homem", como reprovava Cícero, mas formas de existência vitais perante as armadilhas e os lobos que a fortuna reserva. De mais a mais, o hábito enquanto processo educativo crucial é radicalmente desvalorizado, para não dizer simplesmente reprovado: "pois um homem que está acostumado a agir de certo modo, nunca muda (...). Assim, quando os tempos mudam e já não se adequam aos seus modos, ele arruína-se inevitavelmente". O elogio aristocrático do governante cultivado

---

([208]) *Il Principe*, VI.
([209]) *De Officiis*, I.41.

pelos (bons) hábitos é agora visto como a receita para a catástrofe, pois viola de forma elementar as exigências da realidade. A absorção flexível de naturezas bestiais é muito mais proveitosa do que a obediência às recomendações educativas da mentalidade aristocrática. A constância do hábito choca directamente com a volubilidade da realidade. O homem prudente é o que sabe adaptar a sua conduta à necessidade dos tempos ou das ocasiões. Prudência para Maquiavel designa a capacidade do novo príncipe de antecipar as "vicissitudes" futuras. Mas como nenhum homem deve confiar num putativo *bem* futuro; como nenhum homem deve confiar em milagres; como nenhum homem deve confiar nos bons desígnios da Providência; deve o príncipe tentar antecipar os "males" ocultos no futuro. Porque se choverem bens no futuro do príncipe, tanto melhor; mas é para os males que ele deve estar preparado, para que lhes possa dar algum "remédio". A antecipação prudente implica adaptação prudente à variabilidade da fortuna. Da cultura educativa tradicional resta ao príncipe a racionalidade inerente à prudência de Maquiavel: a que permite oscilar entre o leão e a raposa. O que sobra de propriamente humano no novo príncipe, a única excelência que o homem não partilha com outro animal, é um recurso racional que reconhece a *necessidade* e se limita a fornecer a melhor base para a escolha prudente entre duas variantes da sua natureza bestial. É certo que o humano está presente no combate pelas "leis", algo que parece indicar a justiça como o caminho especificamente humano. Mas como Maquiavel faz questão em sublinhar, o caminho das leis, o caminho da justiça, *non basta*; o especificamente humano, o que distingue a superior dignidade humana, é insuficiente.

Todavia, Maquiavel sabe que será muito reduzido o número de homens que escolherá o caminho do mal; o bem é apresentado como uma *tentação* para o príncipe. A tentação de fazer o bem (ainda que irregularmente) é sugerida, não só pela visão cristã do mundo, mas por toda uma tradição educativa e moral. Na verdade, "os homens preferem seguir os caminhos do meio (*vie del mezzo*), que são nocivíssimos". No mundo dos assuntos humanos, os homens procuram equilibrar com bons actos o mal a que a necessidade os obriga, de modo a reparar o passivo moral em que incorreram. Se *in medio stat virtus* resumia a fórmula do aristotelismo ético, *in medio stat corruptio* assume-se como a fórmula do maquiavelismo ([210]).

O *mal* dos homens é não saberem "ser nem inteiramente maus nem inteiramente bons". Que os homens não conseguem ser totalmente bons já se sabe que é a própria condição humana que não o consente. Quanto ao mal, o problema é diverso. Não que os homens não saibam agir mal; para demonstrar que isso é falso basta um exame atento das coisas antigas e modernas. Mas aos homens é ensinado que os maus actos têm limites, e que podem ser compensados, reparados ou redimidos. Em última análise, a incapacidade de ser inteiramente mau revela a incredulidade no poder do homem, na recusa em aceitar que o *homem* é realmente o dono do seu destino. A oscilação entre o uso da besta e a autoridade da vida moral, que torna o homem temente aos símbolos da ordem moral tradicional – como, por exemplo, as figuras dos deuses ou os sacerdotes – é a origem da ruína de príncipes promissores. Mas o desrespeito pela substância da ordem moral tradicional, em simultâneo com um respeito quase inexplicável pelas suas formas, implica que o príncipe continua a guiar-se por uma estrutura social-moral que cabe ao *novo* príncipe superar. Querer percorrer caminhos contraditórios de bem e de mal impede a interiorização da nova moralidade do príncipe virtuoso. Os antigos Romanos, verdadeiros mestres da política, "evitavam a *via del mezzo* e preferiam os extremos".

A fixação com esta estranha *via del mezzo* a que poucos conseguem resistir condenou homens como Giovampagolo Baglioni de Perugia. Baglioni cometera incesto com a própria irmã e assassinara os primos e os sobrinhos para garantir o poder. E, no entanto, rendeu-se perante o Papa-leão Júlio II estando este perfeitamente desarmado e sendo a ocasião única para garantir a sua segurança. A religião, ou a educação inspira uma tal reverência que o armado rende-se ignominiosamente ao desarmado; um príncipe inferior hesita em ser inteiramente mau. A religião dos modernos, o Cristianismo, rejeita a glória mundana, a ousadia virtuosa, a magnanimidade e exorta à humildade, à abnegação, ao desprezo pelas *cose umane*. Esta educação cria homens

---

([210]) Bernard Guillemain, "Machiavel, Lecteur d'Aristote" in *Platon et Aristote à la Renaissance* (Paris, 1976), p. 169.

contemplativos e reprova os "activos". Porém, para o homem de suprema virtude essa reverência e majestade são muito mais frágeis do que aparentam. Ser totalmente mau exige uma certa grandeza. Eis o ensinamento de Maquivel. Grande não é o homem sábio ou o homem de bem; grande é o homem que retira a máscara do bem.

Da perspectiva do príncipe, a vitória e a manutenção do Estado são os fins a atingir, o que nada nos diz quando à amplitude moral do feito, apenas que uma acção egoísta gerou um resultado benéfico para o príncipe. Mas, da perspectiva dos restantes homens, a manutenção do Estado, desde que estável, desde que propiciadora de uma vida em sociedade com tudo o que ela traz – segurança, prosperidade, artes, ciências, civilização – representa a superação do terror original, o medo que surge da total exposição dos indivíduos aos elementos exteriores – a natureza, os outros homens predadores. Existe, pois, um serviço do bem comum pela motivação egoísta do príncipe. O desejo de criação gloriosa tem como efeito necessário a consagração do bem comum. Eis uma – talvez a primeira – das variantes do princípio de que vícios privados podem constituir virtudes públicas. A *verità effettuale* dos grandes feitos públicos, do serviço do bem comum, é a sua raiz num desejo individual de criação imortal. Mas o bem comum significa o bem do todo, ou o bem de todos. Porém, para Maquiavel, a prossecução do bem comum exige muitas vezes o sacrifício de vidas inocentes. Os homens sacrificados variadas vezes nem se reconhecerão como inimigos do bem comum; muitos não serão Catilina. Contudo, isso é irrelevante. O essencial do bem comum é que traduz necessariamente apenas o bem de uma maioria, de uma grande maioria. O bem de que o príncipe mais fácil e sabiamente pode prescindir na prossecução do bem comum é o bem dos *grandi* e dos *potenti*. A história de Roma ensina-nos, diz Maquiavel, que, a menos que a imensurável "ambição" dos Grandes seja "abatida" de "várias maneiras e vários modos", a cidade será "levada à ruína" ([211]). Agatócles – tal como Oliverotto Firmiano ou César Bórgia ou Clearco ou Castruccio Castracani ou Agis – chacinou os Grandes. Essa tarefa aguarda também o eventual libertador de Itália.

([211]) *Discorsi*, I.37. Ver III.11.

O príncipe que ascende ao "principado civil" só o consegue mediante o "favor do povo" ou através do "favor dos Grandes". Mas os *grandi* só apoiam o príncipe quando vêem que não poderão "resistir ao povo". As maiores dificuldades estão reservadas para o príncipe que o é devido ao favor dos Grandes por contraposição àquele que adquiriu o principado apoiado no povo. "Porque, uma vez príncipe, se encontra no primeiro caso cercado de muitos que se julgam seus iguais, e a quem, por isso, não pode nem comandar, nem manejar a seu modo". Em contrapartida, "o que chega ao principado pelo favor popular, encontra-se sozinho no poder, e tem em seu torno, ou nenhum, ou pouquíssimos que não estejam dispostos a obedecer-lhe" (^{212}). A recompensa pelo apoio dos Grandes é inevitavelmente a "injúria de outrem", pois a sede de poder destes não se satisfaz com menos do que a opressão do povo. Os Grandes que vêem fugir a desmedida recompensa que julgam ser-lhes devida não descansarão enquanto não destruírem o príncipe. Ócio e meios para o fazerem não lhes faltarão. A satisfação do povo, por sua vez, não requer estratégia tão arriscada.

O bem comum é o serviço ou concessão ao bem da maioria, isto é, do povo. Tal resulta do reconhecimento de que o "humor" popular – "não ser comandado ou oprimido pelos nobres" –, por contraposição ao dos Grandes – "desejam comandar e oprimir o povo", é razoável, ou até superiormente moral quando comparados com o dos Grandes (^{213}). Manent vê neste dualismo de desejos uma ruptura com o pensamento político tradicional, mas retira daqui uma conclusão talvez excessiva: "Ao desvalorizar radicalmente as pretensões dos Grandes à «virtude» e ao fazer do povo o suporte da única «honestidade» passível de ser encontrada na cidade, Maquiavel é o primeiro pensador *democrático*". O excesso desta interpretação seria, a nosso ver, reparado se fosse compreendido que o trabalho de crítica à pretensão aristocrática acarreta necessariamente um juízo mais favorável do *popolo* e, consequentemente, do espírito democrático; mas não implica *uma adesão às pretensões democráticas*. Só quando a tese de Maquiavel sobre os humores dos Grandes e do povo chega às

---

(^{212}) *Il Principe*, IX.
(^{213}) Ibid., IX. Ver *Discorsi*, I.5, 58; *Istorie Florentine*, II.12, III.1.

mãos de alguém como Robespierre, é que é, por assim dizer, radicalmente democratizada ([214]).

O povo é o depositário da bondade, isto é, da recomendação da virtude moral tradicional, da coerência ou simetria moral entre meios e fins, da importância primordial da intenção, do horror ao mal, da religião. Não que o povo aja sempre de acordo com as exortações da moral tradicional; trata-se antes da sua incapacidade natural em conscientemente oscilar entre o bem e o mal, entre a justiça e a injustiça, entre a legitimidade e a ilegitimidade. O povo pretende viver sem receio e em tranquilidade, no gozo das coisas da vida, da sua propriedade, dos seus pequenos prazeres. De certa forma a manutenção da moral tradicional é condição essencial da manutenção da cidade e da sua prosperidade. As necessidades comuns geram regras morais. Maquiavel não pretende ir para além do bem e do mal, mas antes recomendar uma gestão prudente do bem e do mal. E se é verdade que a obra de Maquiavel é percorrida mais pela ilustração viva do mal do que do bem, isso talvez se deva menos à consideração de que "o 'mal' é politicamente mais significativo, mais substancial, mais 'real' do que o 'bem'" ([215]), do que à explicitação de que o "bem", ou as condições para o exercício do "bem", dependem intrinsecamente do "mal". Como disse, em jeito de lamento, uma das personagens de *A Mandrágora*, "a verdade é que não há mel sem moscas". Neste aspecto, como noutros, Maquiavel foi o primeiro de uma longa sucessão de "mestres da suspeita".

De uma outra perspectiva, o príncipe deve saber que o povo tem do seu lado a força do número ([216]). Em última instância, o sucesso democrático assenta, não na superioridade moral ou intelectual da sua causa, não na descoberta de direitos individuais e igualitários, não de um qualquer devir histórico, mas na força do seu número. Na opinião de um pensador democrático dos nossos dias, o "poder não pertence aos que sabem, nem aos melhores: o poder pertence aos mais fortes (*aos mais numerosos,*

---

[214] Manent, p. 31. Ver Maximilien de Robespierre, *Discours sur l'organisations des gardes nationales* (Nova Iorque, 2001), p. 112.
[215] Manent, p. 27.
[216] *Il Principe*, IX. Ver *Discorsi*, I.16, 40, 57-58.

numa democracia)". Para o autor, este juízo é de facto *e* de valor, pois o contrário seria a rendição a um quimérico "dogmatismo tecnocrático" que pretende submeter a política à "verdade", à "competência", aos "peritos", ou a um "angelismo moralizador" que pretende submeter a política ao "Bem", à "moral", à "virtude" [217]. A força da democracia, enquanto governo do povo, enquanto governo de *muitos*, deriva de uma demonstração de força [218].

Em política, a centralidade do número – e da força a ele associado – é insofismável. No discurso dos pacificadores da batalha de rua que se preparava entre nobres e povo nas *Istorie Florentine* [219], torna-se nítido que a nobreza não passa de um nome vazio, que evidentemente nunca superará a superioridade do número. E é interessante reparar na ausência da reacção nobre ao discurso; através de Maquiavel, apenas tomamos conhecimento da reacção do partido popular. Possivelmente, Maquiavel quer sugerir com esta assimetria que a superioridade do número é argumento irrefutável.

Ora este é um tema cuja importância não pode ser desvalorizada. Um exame, mesmo que superficial, da história do pensamento político sugere desde logo que esta questão mereceu sempre uma rigorosa atenção. Desde as primeiras impressões que se retira um contraste inequívoco entre a posição de Maquiavel e a posição *aristocrática* de Cícero. Um dos seus fragmentos é talvez suficiente para ilustrar as diferenças que procuramos salientar. Diz Cícero que, mesmo numa situação de tumulto, a virtude importa mais do que o número; assim sendo, os cidadãos devem ser medidos ou pesados, de acordo com a sua virtude, e não *contados* [220]. De qualquer modo, Aristóteles, que duvidava que

---

[217] Comte-Sponville, "Le philosophe et le politique" in *La sagesse des modernes* (Paris, 1998), p. 591. Os itálicos são nossos.

[218] Ver Maurice Joly, *Dialogue aux enfers entre Machiavel et Montesquieu* (Paris, 1999), pp. 38-39; Aristóteles, 1281a14-24, 1283b23-30, 1307a15-20; Mill, I, pp. 213-214; Bodin, IV.1; Platão, 563d-564e; S. Tomás de Aquino, I.i.11. Ver ainda Emmanuel Sieyès, *Qu'est-ce que le Tiers État?* (Paris, 1789), p. 48-54 com Burke, *Reflections on the Revolution in France*, p. 52.

[219] II.14.

[220] *De re publica*, VI.1; Ver Platão, *Górgias*, 488c-d.

um grande número de cidadãos pudesse atingir a perfeição nos tipos de excelência necessários, já não duvidava que as "massas" atingissem a perfeição na "excelência guerreira" ([221]).
O debate é também retomado por Tito Lívio. Um episódio da história romana relatado pelo historiador romano é igualmente relevante. Manlio, o patrício ressentido com a falta de reconhecimento dos seus pares, converte-se num demagogo. O primeiro argumento que Manlio usa perante os líderes plebeus de modo a persuadi-los do necessário sucesso de uma campanha revolucionária popular é muito simples (o segundo argumento residia no favor dos deuses): conhecei a vossa força – "contai os vossos números e o número dos vossos adversários". Manlio chega mesmo a afirmar que a *demonstração* da força da plebe é suficiente para triunfar ([222]). Em Heródoto, Otanes, o partidário da democracia no debate das constituições, termina o seu discurso anti-monárquico, anti-aristocrático e pró-democrático com as seguintes palavras: "é no número que tudo reside" ([223]). E até o proto-liberal John Locke justifica o governo pelo consentimento da maioria com base no argumento do número superior que tem associado a si o argumento da força superior ([224]).

Contudo, em Maquiavel, a superioridade do mando "democrático" não se situa somente numa relação de *forças* particular; resulta também de uma leitura, dir-se-ia moral, de uma relação de *desejos*, na qual uma das partes sai vitoriosa no concurso dos homens morais. O governo democrático (no caso de Maquiavel, o príncipe apoiado no povo) é mais *forte* e, se é lícito dizê-lo, mais *moral*. Não confundamos, porém, as coisas. Não é mais moral por ser menos egoísta; se assim fosse toda a virtude do príncipe estaria destituída de sentido. Se quisermos insistir no egoísmo, então é preciso distinguir o egoísmo dos Grandes, estéril e determinado, do egoísmo do príncipe, fecundo e subordinador de tudo – dos outros homens, da natureza, do futuro, de Deus. Há duas morais distintas que se descobrem reconhecendo "a diferença entre o que um punhado de homens raros pode procurar e fazer

---

([221]) *Política*, 1279a39-b2. Ver 1296b17-34, 1321a1-2.
([222]) Lívio, VI.xi.3-10,VI.xiv.2-xvii.6, VI.xviii.5-8, 9.
([223]) Heródoto, III.80.
([224]) *Dois Tratados do Governo Civil*, II.§96.

e o que a maioria dos homens de facto procuram e fazem" (²²⁵). O governo democrático, segundo esta leitura de Maquiavel, seduz os que se rendem à força *e* à moral de conteúdo não egoísta, isto é, o povo.

Se o traço político fundamental da vida de qualquer cidade for, não uma divisão de opiniões ou entendimentos rivais quanto à justiça, à liberdade, à igualdade, mas antes "humores" viscerais, pré-racionais, imunes à discussão, perde-se para sempre a viabilidade do debate civilizado sobre o melhor governo *para todos*. Estes "humores", estes desejos, absolutamente incompatíveis, e que por nenhuma dialéctica encontrarão pontos comuns de assentimento, são imutáveis e definem existencialmente quem pertence ao povo e deseja não ser oprimido, e quem pertence ao grupo minoritário dos *grandi* e deseja oprimir. A noção estóica, e, em última análise, platónica, de que a condição da vida boa da alma e da cidade reside no efeito disciplinador da razão sobre os apetites perde o seu significado. Torna-se numa "fachada artificial" atrás da qual se esconde a realidade do império dos humores e dos apetites. Não é a razão que governa a cidade, mas os humores que não admitem opiniões sobre o melhor governo para a cidade. A razão que permanece na vida política encontra-se agora ao *serviço* do apetite, e, portanto, surda e impotente. Torna-se insustentável a fundamentação da política na capacidade para a racionalidade moral, traduzida politicamente na faculdade discursiva vocacionada para a deliberação sobre o útil, sobre o conveniente, o justo e o bom. A única coisa que sobra relativamente à importância da discursividade é que esta consiste numa arma com a qual os "humores" se servem, protegem e (des)cobrem. Sabedoria e retórica, *ratio e oratio*, são separadas à nascença (²²⁶). A harmonia de todos os elementos da comunidade é, *por natureza*, impossível; o conflito é um dos elementos – talvez *o* elemento – da vida política de todos os homens em todos os tempos. A explicação do conflito humano não requer o diagnóstico de causas exteriores à natureza humana. Quando

---

(²²⁵) Richard Cox, "Aristotle and Machiavelli on Liberality" in *The Crisis of Liberal Democracy* (Albany, 1987), p. 142.
(²²⁶) Ver Paul Rahe, "Situating Machiavelli" in James Hankins (ed.), *Renaissance Civic Humanism* (Cambridge, 2000), pp. 292-293, 296-297.

não há causas exteriores, a "ambição" fornece todos os motivos para atacar (²²⁷).

Afinal, o *consensus omnium* e a *concordia omnium* cantados por homens como Cícero não passavam de vãs esperanças. Ao contrário de Aristóteles, para quem o conflito era subalternizado e reduzido à categoria de ameaça à vida política da cidade, Maquiavel pronuncia-se – num momento inédito da história do pensamento político – pelo lado do conflito: o conflito, devidamente canalizado, pode ser a causa da grandeza de um povo. Basta ver como os conflitos entre patrícios e plebeus conduziram à liberdade e à grandeza de Roma.

Por outro lado, a exposição dos dois "humores" abre o caminho para uma teoria política da vontade pura. Todos os actos políticos das respectivas partes da cidade são fruto exclusivo da vontade, dispensando um qualquer momento intelectivo ou deliberativo ou racional. Mais: a vida política propriamente dita, a existência política da cidade, deriva da divisão fundamental entre os dois "humores". As diferentes formas políticas que se conhecem representam as diversas soluções que foram dadas para este conflito irreconciliável. Logo, a divisão entre Grandes e povo é, de todos os pontos de vista, mais fundamental do que qualquer conhecimento sobre as formas políticas. O conhecimento dessa divisão é o mais útil que uma ciência da política pode fornecer a quem governa, e não uma classificação quase sempre arbitrária de formas políticas.

Esta orientação implica também que todos os discursos dos homens acerca da sua própria realidade, incluindo as palavras de auto-interpretação proferidas pelos homens enquanto agentes políticos, devem ser radicalmente desvalorizados. A ciência política de Maquiavel recomenda que, quando examinamos o comportamento dos agentes políticos, "não devemos escutar as palavras que proferem mas examinar as necessidades que enfrentam" (²²⁸). Como a classificação dos regimes políticos, de acordo com a filosofia política clássica, dependia (pelo menos, em parte) das palavras enunciadas pelos partidários de cada regime, a sua

---

(²²⁷) *Discorsi*, I.37. Cf. *Istorie Florentine*, II.12.

(²²⁸) Joseph Femia, "Machiavelli and Italian Fascism", *History of Political Thought*, vol. XXV, nº1, 2004. p. 9.

validade é agora drasticamente reduzida. Maquiavel testemunha favoravelmente a observação de Oakeshott segundo a qual, nos tempos modernos, assistimos a um deslocamento do interesse da reflexão política "das constituições para as acções" ([229]).

À luz da nova abordagem da ciência política de Maquiavel, o entendimento correcto do governo e da realidade política rejeita todos os pressupostos onde assentavam as classificações antigas dos regimes políticos. A forma política *não* situa a educação dos cidadãos, *não* condiciona a cidadania, *não* efectua diferentes atitudes face aos valores que a política e a vida comunitária mobilizam. Tudo isso está já determinado pelo império dos humores conflituantes. A luta de (desejos das) classes desenrola-se ao longo de toda a história humana, não depende de nenhum movimento de tomada de consciência e é prosseguida com o nascimento de cada homem ao longo do tempo. Não existe um grupo de homens mais aptos a governar e que vêem a sua superior aptidão reconhecida pelos outros, segundo critérios comuns de justiça e grandeza; existem homens com maior *desejo* de governar porque estão inflamados por um desejo de oprimir aqueles que consideram inferiores. Apenas o príncipe, ou os príncipes, de virtude excelente podem ser considerados na obra de Maquiavel como os predestinados para o exercício do governo. Aí são elevados por um desejo absolutamente egoísta de criação gloriosa e de imortalidade, bem como por um desejo de opressão dos outros ou de poder. Mas trata-se aqui de um desejo criativo e frutuoso. Força de ânimo, prudência e virtude: eis o que determina o sucesso destes homens.

Convém uma vez mais sublinhar que, na obtenção do favor popular, o príncipe nunca confunde o seu interesse com o interesse do povo. Se é verdade que a sociedade é sempre analisada como um todo, fica sempre a impressão de que o ângulo de visão privilegiado é o de quem é sumamente responsável pela sua fundação e pela sua manutenção, quer-se dizer, a ênfase situa-se na perspectiva dos príncipes porque são os *criadores* e *portadores do poder*. O novo príncipe de Maquiavel não é nem um amigo, nem um inimigo, da democracia, mas em todo o caso deve aprender a ser um inimigo da aristocracia. Mais importante do que qual-

---

([229]) *Moralidade e Política na Europa Moderna*, pp. 29, 30.

quer identidade de sentimentos ou propósitos entre o príncipe e o povo é perceber que o príncipe deve ter – ou mais precisamente, tem – a primazia da agência política, isto é, da iniciativa política. A "virtude" e a "prudência", qualidades dos novos príncipes e não do povo, assistem a iniciativa política em qualquer cidade que preze a sua segurança e o desejo de aquisição. Daí que Maquiavel não possa ser um "partidário" da democracia. Mas não deve parecer estranha a observação de que o governo do príncipe pode significar, *in concreto*, a supressão da democracia *numa base democrática*.

Em todas as circunstâncias é benéfico para o príncipe o apoio do povo em prejuízo do favor dos Grandes: é mais fácil, é mais seguro, é mais manobrável. É até necessário que assim seja, já que os Grandes podem ser feitos e desfeitos "todos os dias" por serem poucos. Aliás foi precisamente isso que Maquiavel admirava na figura de César Bórgia, o príncipe que mostrava que "podia fazer e desfazer homens quando assim deseja" ([230]). O povo, pelo contrário, está aí para ficar, como está implícito na terrível declaração de impotência de Calígula: "Quem dera que todos vós, Romanos, tivésseis um único pescoço". Daí que Maquiavel assuma a sua missão de desmentir ou refutar esse "estafado provérbio de que 'quem constrói sobre o povo constrói sobre a lama'".

Para adquirir esse apoio, o príncipe tem de aprender com o fundador do reino de França, um dos "reinos bem ordenados e governados do nosso tempo". Esse fundador conhecia "a ambição e a insolência dos poderosos, julgando ser necessário pôr-lhes na boca um freio que os corrigisse"; conhecia também, e fundamentalmente, "o ódio do povo (*universale*) contra os Grandes, ódio nascido do medo", cuja chama é, em todos os tempos, inextinguível. Quase por definição, o povo ou a universalidade odeia os Grandes porque, diz Maquiavel numa asserção geral, os homens "odeiam as coisas por temor ou por inveja" ([231]); a posição relativa dos Grandes desperta em todos os outros homens a inveja da sua superioridade ou o medo da sua opressão. No relato que faz da famosa revolta dos *Ciompi* em

---

([230]) *Legazione al Duca Valentino*, 26 de Dezembro de 1502, p. 479.
([231]) *Discorsi*, II, prefácio.

Florença – uma revolta plebeia, recorde-se – Maquiavel coloca as seguintes palavras na boca de um suposto (e anónimo) líder da insurreição:

> Não vos deixeis desanimar com a sua antiguidade de sangue, com a qual eles irão nos reprovar; pois todos os homens, havendo tido o mesmo princípio, são igualmente antigos, e foram feitos pela natureza de um mesmo modo. Despi-vos a todos até à nudez: vereis que sois iguais; vesti-vos com as roupas deles e eles com as nossas: sem dúvida que pareceremos nobres e eles ignóbeis, pois apenas a pobreza e as riquezas nos fazem desiguais. Dói-me muito quando ouço que muitos de vós, por consciência, se arrependem das coisas que haveis feito e que desejais abster-vos de novas coisas; e certamente, se isto for verdade, vós não sois os homens em que eu acreditei, pois nem a consciência, nem a infâmia, deviam vos desanimar; porque aqueles que vencem, seja de que modo for, nunca se cobrem de vergonha. E da consciência não devemos dar conta; porque onde há, como há entre nós, o medo da fome e do cárcere, não pode nem deve haver medo do inferno. Mas se notardes o modo de proceder dos homens, vereis que todos aqueles que têm grandes riquezas e grande poder obtiveram-nas ou pela fraude, ou pela força; e depois, para ocultar a fealdade da aquisição, tornam essas coisas apresentáveis sob o falso direito (*titolo*) aos ganhos de coisas que eles usurparam pelo engano e pela violência. E aqueles que, ou por pouca prudência, ou por muita tontice, repudiam estes modos sempre se afogam na servidão e na pobreza; porque os servos fiéis são sempre servos, e os homens bons são sempre pobres; nem escapam eles à servidão se não forem infiéis e audazes, nem à pobreza se não forem rapaces e fraudulentos [232].

Os Grandes são absolutamente inconfiáveis; por eles, o povo apenas nutre ódio e medo; a única relação inteligível entre uns e outros é a do conflito insanável porque todos querem ter mais, sem que haja um título legítimo que autorize uns a ter mais do que outros. Numa luta eterna cujas armas são a força e a fraude, os Grandes são apenas aqueles que *venceram*. A distinção entre *grandi* e *popolo* torna-se muito, muito frágil.

---

[232] *Istorie Florentine*, III.13.

O príncipe deve aprender a explorar e a alimentar o ressentimento que o povo nutre pelos Grandes ([233]). Porque o povo deseja sempre duas coisas: "vingar-se daqueles que foram a razão da sua servidão" – presume-se, dos Grandes e dos tiranos; e "reaver a sua liberdade", isto é, adquirir a condição de homens livres de opressão – de modo a cada um "poder gozar livremente as suas coisas sem estar sob suspeição, não duvidar que a honra das mulheres e dos filhos será respeitada, não temer por si". O primeiro desejo, diz Maquiavel, o "príncipe pode satisfazer na totalidade", o segundo apenas em parte.

O primeiro é fácil de conseguir, pois o príncipe virtuoso sabe como lidar com os Grandes. Saber lidar com os Grandes é condição necessária para a sobrevivência e prosperidade do novo príncipe, como Clearco bem soube ao "cortar em pedaços todos os *ottimati*, com uma extrema satisfação do povo". Assim é administrado o supremo alívio, o narcótico daqueles que são oprimidos. O príncipe defende-se a si mesmo, defendendo o povo, o que significa, atacando o outro. O povo é esse doente sofredor que procura a causa do seu sofrimento; contra essa causa alimenta um desejo de vingança, a qual, ilusão das ilusões, colocará porventura um fim à opressão infindável. Portanto, um dos desejos constitutivos da condição popular, é desde logo, um dedo acusador ou responsabilizador dirigido a um alguém que impede a sua própria satisfação. Logo, o povo define-se *contra* o outro, *contra* os Grandes; logo, os Grandes definem-se *contra* o outro, *contra* o povo. O rancor e o ressentimento, talvez não sem prescindir de reorientação, são elementos essenciais de uma política prudente; mas neste tipo de política a vingança é sempre uma possibilidade ou mesmo uma necessidade. E ainda assim os objectos dessa vingança provavelmente nunca podem ser eliminados por inteiro.

O segundo desejo do povo só parcialmente pode ser atendido. A parte que pode ser atendida está relacionada com a grandíssima maioria que "deseja a liberdade" apenas para "viver em segurança"; a outra pequena parte "deseja ser livre para comandar". Esta minoria, cujo desejo de liberdade não pode ser atendido, é composta por homens que desejam fundamentalmente

---

[233] Comparar com Aristóteles, *Política*, 1310b14-16, 1311a15-22.

ser Grandes, e portanto, oprimir os outros. São os novos Grandes, os novos *ottimati*, pois nenhum golpe do príncipe poderá erradicar esta desigualdade específica – mas decisiva – entre os homens. Estes homens são, a prazo, rivais do novo príncipe. Os seus desejos devem ser vistos com a máxima desconfiança porque são desejos de comando e de opressão do povo. Por isso não é só o príncipe quem os novos *ottimati* ameaçam. Por outro lado, os novos opressores multiplicam os objectos de vingança. Os *ottimati*, ou os melhores, são sempre inimigos da república livre porque nunca respeitarão o desejo de segurança do povo, "como se fosse necessário ofender ou ser ofendido".

O príncipe não pode satisfazer completamente o segundo desejo do povo até porque todo o governo *é* opressão; mas não satisfazendo por completo o segundo desejo do povo, o príncipe mantém a promessa de satisfação do primeiro. Qualquer libertador do povo que tenha por propósito apenas a libertação do povo é refém de uma ilusão ignorante. Mas o príncipe pode satisfazer esse desejo parcialmente *levando* o povo ao consentimento. O povo sempre julga que o seu favor constitui uma espécie de consentimento. Se o príncipe o conseguir, a opressão do governo é menos (res)sentida porque "as feridas e outros males que um homem inflige a si mesmo espontaneamente e por sua escolha, doem muito menos dos que as que são infligidas a ti por outros". Se temos de ser feridos, que sejamos feridos por nós próprios.

Há que atender sobretudo à reputação. Quem a confere é o vulgo ou o povo, pois "no mundo não há senão vulgo, e as minorias só se tornam poderosas quando as maiorias não têm onde se apoiar". Quem decide a reputação do príncipe, não são outros príncipes, nem os homens nobres, bons e verdadeiros, mas a multidão, que apenas atende ao resultado das coisas, porque "todos vêem o que tu pareces, poucos sentem o que és". A *verità effettuale* das coisas subsiste porque o vulgo é incapaz de proceder de outro modo se não atender "às aparências e ao desfecho das coisas". Nos *Discorsi*, Maquiavel começa por equilibrar esta asserção dizendo que a condição do povo não lhe consente mais do que ser "afectado tanto pelo que parece como por aquilo que é". Mas logo a seguir reformula-a de modo a adquirir o sentido exacto do seu pensamento: "assim, muitas vezes o povo move-se mais pelas coisas que parecem do que por aquelas que são". O povo quando afectado pela realidade está tão sujeito ao que parece como àquilo que é. Mas *move-se* mais por aparências do que pela realidade efectiva das coisas. A mobilização do povo, a acção provocada pelos seus desejos, é mais susceptível de ser recrutada pela impressão deixada pelos efeitos das coisas. E é esta que conta. Daí que para propósitos públicos a aparência das coisas possa ser mais *significativa* do que a realidade delas.

Aristóteles, por seu lado, não duvidava que a maior parte dos homens atendia apenas à aparência exterior das coisas, por ser a única dimensão da realidade que podiam perceber. Mas o filósofo assentava a sua teoria moral na adequação à realidade em conformidade com a opinião dos homens sábios, não se importando de radicar o seu pensamento na proximidade das opiniões da minoria. Não era o resultado, ou o efeito, das coisas que constituía para Aristóteles a verdade efectiva ([234]). Também Francis Bacon, um grande leitor de Maquiavel, reconhecia a incapacidade do povo em reconhecer as virtudes mais elevadas; por isso distinguia o reconhecimento popular do reconhecimento oferecido pelos homens sábios e reputados, e atribuía implicitamente um lugar próprio a ambos.

Mas, continua Bacon, em política é importante conhecer o poder que as aparências exercem sobre o povo já que "mentiras são suficientes para gerar opinião, e a opinião traz consigo a substância" ([235]). Esta leitura de Bacon é importante para compreendermos o alcance da reflexão chocante de Maquiavel. Em última análise, segundo o florentino, o povo é incapaz de ir para além da aparência das coisas que constituem o mundo onde vivemos, e se é verdade que o príncipe não deve cair na doce ilusão de supor que o mundo é como o povo julga que é, ele não deve estar menos iludido quanto à possibilidade do povo superar a sua própria condição de relativa cegueira. Pelo contrário. O príncipe deve aprender a manipular a cegueira do povo. Os Grandes são mais difíceis de manipular. Estão mais amarrados à verdade das coisas do que à imaginação delas. Daí que relativa-

---

([234]) *Ética a Nicómaco*, 1179a13-20.
([235]) "Of Praise", "Of Vainglory", *Essays*.

mente aos Grandes o recurso do príncipe deva ser o terror, a intimidação física, a aniquilação.

Portanto, a sabedoria dos Grandes, e com ela a sua pretensão tradicional de governo, é desvalorizada e negada por Maquiavel. No momento político fundamental, no momento da fundação da cidade não é com a sabedoria de alguns homens que se deve contar. "É necessário estar só" aquando da fundação. O fundador é, por necessidade, *um* só, como Rómulo que matou o seu irmão Remo e aparentemente consentiu a morte do seu parceiro Tito Tácio, o Sabino. Neste contexto, Maquiavel alerta o fundador "prudente" e "virtuoso" a não ceder a sua "autoridade" e a sua tarefa de fundação a outros. Muitos serão precisos para "manter" a cidade, mas para fundá-la um só homem pode agir. Porque "muitos" são incapazes de "ordenar uma coisa" por "não conhecerem o bem daquela", desconhecimento que encontra a sua causa na diversidade de opiniões que inevitavelmente sucederá. Mas os "muitos" a quem Maquiavel, neste lugar, se refere não são os "muitos" da multidão popular, mas os "muitos" rivais do príncipe. Não são estes os "muitos" a que normalmente se associa o termo "muitos", mas antes aqueles a que normalmente se associa o termo "poucos", porque estes "muitos", embora "poucos", são já demasiados para a tarefa anormal da fundação. Talvez até se pudesse dizer que os "poucos" são demasiados para cometer o crime original, não tanto por irresolução, mas porque no seu caso não se trata de um fratricídio, nem de um parricídio: trata-se de um suicídio. Os "poucos", já sendo demasiados, devem ser arredados do poder de fundar a cidade porque os "poucos agem sempre ao modo dos poucos".

O que significa os "poucos" agirem sempre ao modo dos "poucos"? No governo de um só príncipe, o interesse do governante identifica-se necessariamente com o interesse da cidade: para que o príncipe se engrandeça ele precisa de engrandecer a cidade e quando a cidade se arruína o príncipe segue-a no mau destino. Mas os "poucos" enquanto grupo governante constituem um corpo distinto, com um interesse respectivo distinto do da cidade e usarão o governo para o servir. Em tudo o que for necessário para servir o interesse da cidade, cada um desses "poucos" seguirá as suas próprias paixões e será tentado a fazer vingar uma solução própria. Estão unidos na defesa do interesse do corpo contra a cidade; e desunidos nas decisões que não dizem respeito ao grupo mas que afectam o bem de toda a cidade. Os poucos estão distantes da cidade. Essa é a origem da sua "insolência". A "insolência" dos cidadãos distintos é consequência da confiança que adquirem na cidade, mesmo que a confiança resulte do reconhecimento de todos de que os seus actos foram meritórios e promotores do bem comum. Esses homens confiam porque não temem o castigo do governo. Eles confiam porque não têm medo. Por não estarem submetidos, são insolentes. Ora essa insolência é intolerável.

Virtude, Movimento e Juventude

O repouso do mundo aristocrático, a serenidade dessa forma de governo, constitui um propósito político que choca com a realidade das coisas humanas. O mundo é caracterizado pela mudança ou pelo movimento, e o repouso é sempre negado. Apenas existem duas alternativas a este movimento: ou as coisas melhoram ou entram em declínio, e "muitas coisas que a razão não te induz, induz-te a necessidade". Porque o que se contrapõe à Fortuna não é a *ragione*, como queria fazer crer o discurso republicano florentino tradicional, mas a *virtù*. Isso é particularmente transparente na análise do conceito peculiar de virtude. A virtude de Maquiavel alimenta-se de "ânimo" e de "impetuosidade" porque é sempre melhor "agirmos e nos arrependermos do que não agirmos e nos arrependermos", e porque "nunca se escapa a um perigo sem perigo".

A única forma de segurança no agitado mundo da política é o risco ou a renúncia ao repouso. Quem se ilude ao ponto de confiar no presente e nos benefícios herdados ou adquiridos? Apenas quem acredita na benevolência da Fortuna – ou de quem a comanda ([236]) – e dos outros homens, ou se encontra possuído por teorias vãs que procuram reprimir a insaciedade do desejo, ou partilha dessa ingenuidade natural própria dos plebeus. A virtude alimenta-se portanto de movimento. O princípio da virtude é movimento, como é movimento o seu fim, a acção.

([236]) Ver Dante Alighieri, *Inferno*, canto VII, 67-96.

Porque não há modo de limitar a exposição dos grandes homens à fortuna, apenas de controlar e submeter a fortuna à qual estão necessariamente expostos no dizer do Castruccio Castracani de Maquiavel, "Deus ama os homens fortes, porque se vê que sempre castiga os impotentes com os potentes". E que espécie de movimento garante o império da virtude – e que em contrapartida nos garante *contra* o império da Fortuna? Um movimento que esteja adequado ao virar da roda da Fortuna. Um movimento que se adeque à agitação do mundo. Assim se elaboram antídotos contra a resignação de homens como Salústio, que lamenta a omnipotência da fortuna e dos seus caprichos. E demonstrado que o mundo humano, assim como o mundo físico, é marcado pelo movimento perpétuo, torna-se absurda a hipótese da perfeição do Estado que o situa para lá do tempo, para lá das borras de Rómulo.

Quanto a formas de governo, Maquiavel associa o alegado repouso do mundo aristocrático a Esparta – nos tempos antigos – e à Veneza *Serenissima* – nos tempos modernos, isto é, pós-antigos *e* cristãos. Nos nossos tempos, fortemente condicionados pela tradição liberal e pela experiência do totalitarismo, a associação de Esparta ao modelo aristocrático pode provocar alguma estranheza. Mas deve dizer-se que Maquiavel na mera classificação tipológica de Esparta não apresenta nenhuma originalidade ([237]), embora dizer o mesmo do juízo político que profere acerca da cidade grega seja menos rigoroso. Vários comentadores chamam a atenção para as inexactidões grosseiras da descrição que Maquiavel oferece de Esparta e de Veneza num determinado capítulo dos *Discorsi*. Maquiavel designa *um* rei para Esparta, quando na realidade havia *dois* – e, diga-se, esta era uma das suas características mais notadas; omite os éforos, magistrados eleitos que desempenhavam uma função de vigia política da

---

([237]) Ver Hobbes, *A Dialogue between a Philosopher and a Student of the Common Laws of England*, E. W.., vol. VI, p. 151; Filmer, *The Anarchy of a Limited or Mixed Monarchy*, p. 166; Montesquieu, VIII.5, II.3, V.8, VII.3, XVIII.1; Bodin, II.1; Guicciardini, II, pp. 102-103; Rousseau, *Du Contract Social*, IV.3; Burke, *A Vindication of Natural Society*, p. 35; Burckhardt, *The Greeks and Greek Civilization*, pp. 54-55; Nietzsche, *Para Além de Bem e Mal*, §262; Plutarco, *Licurgo*, 29; Aristóteles, *Política*, 1270b13-17, 1293b14-18, 1294b18-41; Platão, *Leis*, 691d-692a; Harrington, *Oceana*, p. 143.

conduta dos reis, de certo modo semelhante à dos tribunos romanos – como sugere Cícero –, embora tivessem, em geral, mais semelhanças com as supremas magistraturas das outras cidades gregas; por fim, impede que Esparta possa ser considerada como uma Constituição mista. Pela nossa parte, poderíamos acrescentar o seguinte. Maquiavel aponta o senado veneziano como a sede de todas as decisões políticas, arredando todas as outras instituições das resoluções da cidade. Omite ainda a existência, declarada pelo próprio Licurgo, do conselho de anciãos (a *gerousía*), que, segundo Aristóteles, é o cargo que "recompensa a virtude", embora não isento de defeitos e de riscos. Note-se também que Maquiavel refere a ausência de fundamentação natural da superioridade dos governantes sobre os governados na república veneziana. A superioridade dos governantes sobre os governados, diz-nos Maquiavel, reside essencialmente na *força do seu número*. O mesmo raciocínio é aplicado para explicar a ausência de contestação popular ao regime dos *gentiluomini* em Esparta. Estes restringem fortemente a imigração, controlando assim o número de plebeus.

Já no que diz respeito à *Sereníssima*, Harrington lamenta-se da sua sorte às mãos de Maquiavel:

> E se Maquiavel, avesso a fazer justiça a esta comunidade, tivesse considerado as suas ordens (como quem o lê facilmente perceberá que ele não o fez), nunca atribuiria a sua prudência ao acaso e retocaria a sua obra admirável de acordo com aquela perfeição, que, no que respeita à parte civil, não tem nenhum outro padrão no mundo universal como o de Veneza ([238]).

Porém, Maquiavel está mais interessado num *contraste* que se estabelece se se incluir Roma na equação política. A confrontação directa com a realidade do fluxo permanente (com o tempo e com a contingência) das coisas humanas é associada à república romana. A mobilização dos plebeus para a guerra, a abertura da cidadania aos estrangeiros, os tumultos provocados pela luta de classes entre plebeus e patrícios, afastam Roma dos modelos aristocráticos espartano e veneziano, mas aproximam-na

---

([238]) *Oceana*, p. 160.

do movimento turbulento da realidade humana. Esta superior adequação à natureza das coisas teve um efeito formidável: o caminho da aquisição e da glória abriu-se a Roma e fechou-se para Esparta e Veneza.

E não só se fechou este caminho como a sua própria ruína ficou selada. É o preço a pagar por uma má política e por uma má ciência da política. "Estando ordenada uma república para se manter, e não para se ampliar, e conduzindo a necessidade à ampliação, os seus fundamentos serão subvertidos e em breve será arruinada". Um governo cristalizado pela sua forma é impossível, pois não lhe é permitido acompanhar o movimento permanente de todas as coisas humanas. O governo não pode ter uma *forma* fixa porque o governo e a cidade são pleno movimento. E que movimento é este? Trata-se da aceitação e da reacção inevitável à necessidade. Não que o conteúdo da reacção esteja determinado pela própria necessidade; mas a necessidade impõe-nos uma reacção. Quem não reage à necessidade com prudência arruína-se; mas para reagir bem é preciso libertarmo-nos da inflexibilidade da forma. A forma ignora a necessidade porque deriva da imaginação das coisas e não da realidade delas. O mundo da imaginação é o mundo sem necessidade. Em cada momento, o governo é aquilo que a necessidade impõe, ou melhor, o governo é aquilo que a reacção prudente à necessidade impuser. Tal como o homem é um ser flexível ou maleável, também o governo é, e deve ser, flexível ou maleável para responder prontamente com a sua própria metamorfose. O novo príncipe é flexível; a matéria que a fortuna lhe proporciona, isto é, um povo, é flexível; a obra do príncipe é flexível. As formas de governo são, portanto, bastante irrelevantes. A aristocracia como uma *boa forma* é duplamente fantasiosa.

O repouso, a estabilidade, a ordem – por contraposição ao acidental, ao temporal, ao movimento, à desordem – a que é associada a imagem de um governo aristocrático exclusivamente direccionado para o bem comum ou para o interesse de todos nunca poderia ser real. É também o produto da imaginação das coisas. A verdade é que a ambição consome todas as energias dos homens, especialmente daqueles que constituem a classe governante. Os *melhores* são na realidade alguns dos mais ambiciosos; e são tão ambiciosos que por vezes, em cidades desordenadas,

impedem o caminho de homens virtuosos que podem beliscar-
-lhes a reputação, procedendo como Nícias quando este travou
Alcibíades nos seus projectos. O homem é esse animal estranho
que mesmo quando já não "combate" por "necessidade", combate por "ambição". A ambição é insaciável e, portanto, o "combate" humano é infindável. Porque estaria uma pretensiosa classe
de *melhores* isenta deste elemento constitutivo da própria natureza humana? A hipótese mais fiável seria a de que também os
melhores *facilmente* se corrompem, como Quinto Fábio. Afinal,
"em todas as cidades e em todos os povos", antigos e modernos,
"existem os mesmos desejos e os mesmos humores". Poderia talvez dizer-se, neste contexto, que a diferença entre a tirania de
um só, ou de alguns poucos, e a república, traduz-se pela
monopolização do desejo na primeira e pela multiplicação do
desejo na segunda. A natureza humana comanda os homens a
"desejarem todas as coisas" sem que os permita "conseguir todas
as coisas". Portanto, o desejo é sempre maior do que o "poder de
adquirir" até porque sempre se deseja "coisas novas". O resultado
conduz àquela condição em que os homens vivem sempre numa
insatisfação com o que têm, condenando-os a uma constante
ansiedade. Essa insatisfação alarga-se, por um lado, aos que desejam ter mais, e, por outro lado, aos que receiam perder o que já
adquiriram. A inflamar a insatisfação dos desejos humanos está o
reconhecimento de que os apetites mudam com o tempo e não
necessariamente com as "circunstâncias", afectando inclusivamente a apreciação subjectiva do real. É que para seres cujos
desejos ou apetites não são imutáveis logo as mesmas coisas lhes
parecem coisas diferentes. Aquilo que se desejou em tempos
torna-se depois prescindível ou até inútil. Não existe nenhum
bem fixo cuja prática ou gozo permita satisfação repousante e
tranquila. Em termos mais gerais, podemos dizer que a necessidade de adquirir demonstra que, tanto a existência humana,
como a política, são movimento e conflito, não repouso e concórdia.

 O homem como criatura do desejo encontra-se em permanente sobressalto, tal como o mundo que o rodeia e que o
exorta, por sua vez, ao sobressalto. E o homem mais adaptado à
realidade das coisas do mundo é o jovem, não o ancião. Aquele
é quem melhor submete a fortuna, essa mulher amiga dos jovens,

porque eles são "menos respeitosos, e mais ferozes, e com mais audácia comandam" (²³⁹). Pelo contrário, quando envelhecem, os homens podem adquirir "juízo" e "prudência", mas perdem a "força". Mesmo esse "juízo" e "prudência" acrescidos são pelo próprio Maquiavel rapidamente desmentidos, já que a virtude de um jovem pode exceder a prudência de um velho. Recuperando o argumento há pouco estabelecido quanto às figuras do leão e da raposa, é preciso agora compreender que para se poder ser leão é preciso ser jovem. O vigor e a força da juventude nunca podem ser substituídos por um qualquer esquema de virtudes intelectuais. A fortuna deixa-se *seduzir* pelos jovens. O príncipe para *ser* príncipe precisa de *ser* sensualmente sedutor, para além de saber vergar pela força. A carga erótica da acção política revela-se na relação particular entre o novo príncipe e a figura feminina da fortuna. Ora, só o jovem é sensualmente sedutor.

A idade como indicador de superior sobriedade, reflexão, prudência, moderação, sabedoria, experiência, fica assim fortemente relativizada. Mas todas essas qualidades constituem, do ponto de vista da tradição aristocrática, requisitos necessários para a boa governação. A associação que Maquiavel nega é, na mentalidade aristocrática, responsável por soluções constitucionais como os conselhos de anciãos, de *patres*, de *senes*, dos "homens-bons". Se a luta contra a fortuna requer a flexibilidade nos modos, que é contrariada por uma fidelidade a hábitos antigos, então a juventude corresponde naturalmente àquela fase da existência em que os hábitos antigos menos tempo tiveram de se sedimentar e entranhar no espírito. A juventude é mais reticente ou resistente ao domínio dos hábitos adquiridos; está mais aberta às possibilidades da flexibilidade. O jovem ainda vai a tempo de não permitir a ossificação da sua conduta e da sua "natureza".

A idade como correlativo da autoridade é contraposta à juventude como correlativo da audácia (²⁴⁰). A juventude é acção e a política é acção; logo, a política é domínio dos jovens. Neste particular, não há dissimulação que possa substituir o ser pelo parecer. Na obra de Maquiavel assistimos à exortação de um "movimento de juventude" contra a decrepitude da corrupção

---

(²³⁹) Contrastar com Aristóteles, *Ética a Nicómaco*, 1095a3-12.
(²⁴⁰) Ver Cícero, *Cato Maior*, XVII.61.

envelhecida dos tempos presentes. "A razão e a juventude e a modernidade revoltam-se contra a autoridade, a velhice e a antiguidade" (241). Cícero não duvidava que todos os movimentos revolucionários recorressem ao espírito da juventude, pois a vanguarda revolucionária é jovem; a conservação cabe aos velhos. De um lado, a "temeridade"; do outro, a "prudência" (242). Por sua parte, Nietzsche denunciava "a origem não aristocrática dessas «ideias»" que não pressupunham "o profundo respeito pela idade e pela tradição" (243). Plutarco invocava uma bela analogia: tal como o costume e a lei depositam louros ou uma coroa na cabeça do laureado, também a natureza cobre a cabeça com cabelo grisalho como símbolo do que a velhice conquista (244).

Quem é o jovem senão o mais sobressaltado ou o mais impetuoso dos homens? Quem é o ancião senão o mais resignado dos homens? Um é activo, está no auge da energia da vida; o outro é ocioso, está próximo da morte. A religião dos antigos era uma religião *para* jovens de ânimo e, portanto, *da* vida, ao passo que a religião dos modernos não passa da celebração da *morte*. Alguém como Montesquieu defenderia que é na idade que se segue à juventude que a natureza da nossa felicidade, se nos é permitido dizê-lo, mais se *desmaterializa*. Os prazeres que *sentimos* são mais ardentes durante a juventude; na velhice, "os sentidos podem oferecer-nos voluptuosidades, mas quase nunca prazeres". Nesta idade, "sentimos que a nossa alma é a principal parte de nós mesmos" e que só nela, e já não nos sentidos, moram os prazeres. Maquiavel poderia talvez concordar com o raciocínio, mas utilizá-lo-ia como um argumento favorável à juventude na política e contra a política da idade madura. E Weber observou que sempre que a guerra está na ordem do dia, que a revolução desperta, ou quando a religião decai e a tradição está sob ataque, ocorre uma "inclinação democrática dos grupos jovens contra o prestígio da velhice".

A harmonia na serenidade não pode, pois, ser parte integrante da vida humana. A "inimizade" e a "guerra" emolduram o

---

(241) Strauss, *Thoughts on Machiavelli*, p. 127.

(242) *Cato Maior*, VII.20. Ver X.33.

(243) *Para Além de Bem e Mal*, §260. Ver ainda Rousseau, *Lettre à D'Alembert sur les spectacles*, pp. 211-212.

(244) Plutarco, 789e-f.

convívio do homem com o homem. A natureza não permite que os homens se entreguem a uma vida em comum pela qual sejam realizadas todas as práticas da boa moral e da boa vontade. Aquilo a que alguns *scrittori* chamam *aristocracia* não é menos excepção; é a própria condição humana que não o consente. É que o governo não é outra coisa senão "ter os súbditos de modo a que não possam ou não devam ofender-te, o que se faz, ou com o assegurar de tudo, retirando-lhes todos os meios de te ofenderem, ou com o benefício em tudo, de modo a tornar irrazoável o seu desejo de mudarem de fortuna". Se o governo é isto, sem nada acrescentar ou subtrair, não será também verdade que qualquer outra proposta de governo assente numa autoridade constituída para o bem comum e para a excelência nunca passará de uma aspiração da *imaginação* humana? Que nunca poderá tocar sequer tangencialmente as fronteiras da ciência do humano?

Maquiavel descreve a pátria de Licurgo como o contraponto da Roma dos antigos. Esparta representa a cidade fundada por um supremo legislador que fixou a ordem política durante oitocentos anos, sem exorbitar o seu território, preservando a todo o custo a sua herança, o seu "ser" e a sua "essência". Roma representa a cidade que navegou por acidentes, extrínsecos e intrínsecos, e que por isso refundou-se sem cessar, alargou o seu império, e da desordem essencial inventou a sua própria ordem. A primeira distingue-se pela paz interna, pela estabilidade, pela rígida separação entre a cidade e o ambiente exterior e pela *ilusão* da auto-suficiência; a segunda, pelo conflito interno, pela turbulência e pela sede de conquista do mundo exterior. Contudo, a preferência de Maquiavel declara-se, não por Esparta constituir uma projecção da imaginação dos homens, mas antes por o modelo que ela inspira ser menos adequado à natureza derradeira da realidade. Pois uma natureza da substância, da essência, da continuidade, da regularidade nomológica, do repouso, da ordem, deve ser substituída pela natureza do acidental, da história, do irregular, do movimento, da desordem ([245]).

([245]) Manent, "Toward the Work and Toward the World: Claude Lefort's Machiavelli" in *Modern Liberty and Its Discontents*, trad. inglesa Daniel J. Mahoney, Paul Seaton (Lahman, 1998), p. 54.

Veneza e Esparta partilharam fundações frágeis, escondidas por detrás de sucessos aparentes e fugazes. A primeira ocupara grande parte da Itália, mas quando foi preciso demonstrar a sua força, tudo perdeu numa "única batalha"; a segunda, depois de ter escapado do seu isolamento tradicional, e de ter ocupado quase toda a Grécia, arruinou-se em consequência de incidentes menores. A fragilidade aristocrática é assim denunciada; os espíritos mais reverentes e reticentes são persuadidos.

Ao modelo da Esparta aristocrática poderá ser feito, pelo pensamento político que Maquiavel origina, o mesmo mal que foi infligido pelos partidários de Atenas aos partidários de Esparta na cidade grega de Córcira, aliada de Atenas, por altura da Guerra do Peloponeso. Este episódio em particular, e a guerra do Peloponeso em geral, podem ser vistos como uma luta entre o partido ateniense, isto é, democrático, e o partido espartano, isto é, aristocrático, não só por Maquiavel, mas pelo próprio Tucídides. "Toda a nação helénica estava em tumulto" porque os democratas apoiavam Atenas e os aristocratas apoiavam Esparta. Uma facção apregoava a igualdade política democrática; a outra, a moderação aristocrática. Córcira foi o lugar da primeira e mais selvagem guerra civil desse grande conflito político. É bem representativa tanto para Tucídides como para Maquiavel [246]. Em Córcira, conta-nos Maquiavel (inspirando-se no relato de Tucídides), a população, com a ajuda de Atenas, capturou todos os nobres e fechou-os numa prisão. Depois de ver reunido o grupo de nobres, a população aliciava um número reduzido de prisioneiros (oito ou dez) de cada vez com a proposta de desterro, para melhor os matar com grande crueldade. Os nobres que ainda estavam presos aperceberam-se dos desígnios terríveis da populaça e começaram a defender a porta de entrada da prisão de modo a escaparem a destino tão miserável. A resposta da multidão não se fez esperar: os prisioneiros foram enterrados nas ruínas do telhado e do piso superior do edifício da prisão [247].

Maquiavel não menciona o facto, descrito por Tucídides, da maior parte das mortes dos nobres encerrados na prisão ter sido

---

[246] Tucídides, III.82.
[247] *Discorsi*, II.2; Tucídides, IV.46-48.

auto-infligida; e Tucídides não refere nenhum abatimento do tecto do edifício, e muito menos a consequente morte por esmagamento. Maquiavel tem a noção bem nítida de que a aristocracia dos *ottimati* não se rende, não se auto-destrói, num último gesto digno, perante a pressão dos seus inimigos. Confiar no suicídio do outro é encomendar-se ao arrependimento, quando se verificar que afinal ele apenas se fingiu de morto. Os dois lados da guerra civil bater-se-ão até que um destrua irreversivelmente o outro. As lebres não esperarão pela resposta dos leões, e exibirão com uma ferocidade inesperada as suas próprias "jubas" e "mandíbulas". O ostracismo, essa prática imemorial, não basta; a história de Florença demonstrou-o.

Durante muito tempo foi roubado o vigor às liberdades republicanas pela opressão levada a cabo pelas vozes da aristocracia; mas a aristocracia pode ruir esmagando os seus proponentes sob os seus próprios escombros. Os Grandes são esses partidários das *ordini vecchi* e, por conseguinte, os grandes adversários das *ordini nuovi* [248]; são eles quem o príncipe necessariamente ofenderá. Os Grandes são os representantes vivos e concretos (e não imaginários) da ordem aristocrática, e que escondem, por detrás de uma camuflagem de tradição, autoridade e pretensa sabedoria, a realidade da sua existência: o desejo insuperável e insaciável de oprimir. É preciso preparação para lutar contra a tirania com armas tirânicas, ou esmagar a opressão com opressão. Basta atentar na pequena gaiola onde a aristocracia está enclausurada, essa gaiola forjada pela forma política, pela sua fragilidade relativa, pela precariedade da sua luta contra o ciclo político, pela obsolescência do pensamento que ainda a justifica. Atentando na gaiola aristocrática contemplamos a agonia dos adversários da democracia. Maquiavel insinua uma oposição difícil de admitir: a afirmação da liberdade é mais vigorosa quando confrontada com os seus adversários. Aparentemente, os homens agem menos pela liberdade do que se vingam dos seus inimigos.

O príncipe-fundador tem nele próprio tudo o que precisa para dar rumo à cidade ou para fundá-la, quando antes apenas havia uma massa amorfa. Comanda a necessidade que o príncipe esteja acima da moralidade comum e apenas sujeito à morali-

---

[248] Lefort, p. 388.

dade própria dos príncipes. O crime pode ser *necessário*. Esta é, na expressão de Jouvenel, a "lição de Betsabé", numa alusão directa ao contexto da relação entre o Rei David e Betsabé, a mulher que gerou o futuro Rei Salomão ([249]). Neste momento, usurpa-se o lugar honrado da moral tradicional que proibia inequivocamente o recurso à acção criminosa. O príncipe precisa do povo para vencer e submeter os seus rivais pretendentes a governar, os Grandes. Em termos abstractos, a tirania, ou melhor, a usurpação, precisa do fervor democrático, não certamente para instaurar a cidade democrática, mas para abater o orgulho ou a insolência aristocráticos. Trata-se de um ditame elementar da prudência.

Este é o momento diríamos *usurpador* na história do pensamento político ou se quisermos estabelecer um paralelo entre o curso da história do *pensamento* político e o curso da história *política* de Roma, o seu momento *cesarista*. O momento de usurpação na história do pensamento político traduz-se na usurpação do predomínio aristocrático. Mas o usurpador precisou recolher apoios e aliados. Encontrou-os na força e no espírito democráticos, sem contudo prever como iria no futuro recompensar esse apoio. O sucesso da democracia na história do pensamento político chegaria quando se usurpasse o predomínio do usurpador, tendo em conta que por essa altura os Grandes, abatidos mortalmente, já não constituíam adversário de peso.

Retomemos uma passagem já aqui citada, aquela que afirma que nos *Discorsi* "testemunhamos o nascimento do maior de todos os movimentos de juventude: a filosofia moderna". O nascimento do pensamento moderno adquire esta forma irreverente, vigorosa, polémica, audaz, apaixonada, esta forma, diríamos assim, juvenil. O vigor e a audácia do seu movimento empurram-no para a necessidade de um golpe profundo desferido no coração do alvo da sua *polémica*. O alvo da sua polémica adquirira um certo predomínio nos anais do pensamento ocidental. Esse alvo, esse pensamento, produzia, em termos políticos, uma certa *preferência*. Essa preferência, de acordo com o homem que assistiu ao nascimento do pensamento moderno, tinha de ser substituída no poder que exerce sobre a consciência europeia.

---

[249] Jouvenel, *Sovereignty*, pp. 58-61.

E a dita substituição determinou-se por uma usurpação do trono – ou talvez devêssemos dizer, do senado – do pensamento político.

O Momento Tirânico

O "momento maquiavélico", na expressão de um conhecido comentador, é demasiado importante na história do pensamento político para ser examinado sem a perspectiva histórica. De facto, o pensamento de Maquiavel, devido ao seu carácter problemático e não doutrinário, abre as portas para diversas possibilidades. Uma destas possibilidades deve constituir o nosso objecto de estudo seguinte. No nosso entender, o "momento maquiavélico" é também o "momento tirânico" da história do pensamento político. O que é, então, o "momento tirânico"?

Francis Bacon teve a ideia de ilustrar a história da "filosofia natural" (ou da ciência) por recurso a uma analogia de cariz político. Por alguma razão, Bacon considerou que certas imagens políticas eram especialmente elucidativas para demonstrar o significado de momentos cruciais da história do pensamento. É provável que o tenha feito por pensar que certas atitudes exibidas pelos filósofos obedeciam a propósitos que tinham uma matiz essencialmente política. No entender de Bacon, os momentos de ruptura na história do pensamento assemelhavam-se às lutas pela conquista e manutenção do poder político. Ora um dos momentos, talvez *o* momento, mais examinado por Bacon a esta luz foi a chegada de Aristóteles à preeminência, estabelecendo a partir daí a autoridade máxima em todas as filosofias. Bacon pretendia combater a "muito divulgada opinião" de acordo com a qual o pensamento de Aristóteles "teria sido objecto de um consenso geral e sem reservas", cuja superioridade intrínseca teria quase automaticamente levado à falência natural das outras filosofias rivais. E, segundo Bacon, como conquistou Aristóteles a suma autoridade? Responde o filósofo-chanceler: "através de belicosas refutações engolindo as outras filosofias – como os otomanos fazem aos seus irmãos" [250]. Bacon refere-se

---

[250] *Novum Organum*, I.67.

aqui à prática terrível do sultão otomano, o qual, uma vez no trono, procedia ao assassinato dos seus irmãos para silenciar definitivamente qualquer pretensão rival. De modo análogo, Aristóteles fez guerra aos seus rivais e procedeu à eliminação da concorrência intelectual para gozar sozinho os despojos do poder. Aristóteles e os seus êmulos teriam agido, no campo intelectual, como os "otomanos" no campo do poder político: eliminaram os seus "irmãos". A segurança de Aristóteles, tal como a segurança do déspota otomano, dependia, de acordo com Bacon, da destruição de qualquer ameaça à sua primazia. Assim chegou Aristóteles à posição de "ditador" das filosofias ([251]).

Mas podemos perguntar: porquê esta abordagem política a um domínio aparentemente tão afastado dos seus imperativos? Porque, ao contrário dos "mais antigos filósofos gregos", homens como Empédocles, Anaxágoras, Leucipo, Demócrito, Parménides, Heráclito, Xenófanes ou Filolau, Aristóteles quis fundar uma "escola". À semelhança de outros "sofistas", Aristóteles alimentou a "ambição e a vaidade de fundar uma seita e de conquistar fama". Foi num espírito polémico e belicoso, num "espírito de diferença e contradição", que Aristóteles encetou a "extinção de toda a sabedoria antiga". A tradição da sabedoria grega era, para Aristóteles, apenas um adversário a eliminar no caminho glorioso da formação de um exército de discípulos. A tutoria de Alexandre contagiara Aristóteles com uma vontade de subordinar, "de conquistar todas as opiniões, tal como o pupilo de conquistar todas as nações".

A submissão à autoridade intelectual de Aristóteles, ainda viva na Europa de Bacon, e contra a qual o filósofo-chanceler dedicou os seus esforços, assemelhava-se a uma escravatura, "sinal de uma atitude dócil e gregária". Bacon acreditava que identificara algo na filosofia de Aristóteles que permitia concluir que os seus resultados aparentemente seguros e infalíveis dependiam em absoluto da autoridade do mestre.

Não nos compete examinar se Bacon faz justiça ao "momento aristotélico". O nosso propósito nesta breve exposição não é o de averiguar a adequação das analogias de Bacon relativamente a Aristóteles, mas apenas o de mostrar como a história

---

([251]) *The Advancement of Learning*, I.iv.5.

do pensamento pode ser apresentada numa roupagem política quando tal método parece pertinente. E não é sem uma ponta de ironia que Macaulay procede ao mesmo método (isto é, à analogia política) para analisar a revolta de Bacon contra Aristóteles. "O papel que Bacon desempenhou nesta grande mudança foi o papel, não de Robespierre, mas o de Bonaparte" (252).

Dir-se-ia que, se a vida imita a arte, a história do pensamento político imita os arquétipos da história política. Pois bem, é chegada a altura de avançar uma hipótese relativamente ao pensamento de Maquiavel, e à posição que ocupa na história do pensamento político, *quando esta é analisada do ponto de vista do debate entre a aristocracia e os seus críticos.*

Recordemos a passagem citada anteriormente na qual se destaca a decisão violenta de Agatócles. Agatócles precisou, antes de mais, de se desembaraçar da nobreza, dos cidadãos mais destacados da cidade, e da possível ameaça aristocrática (o senado de Siracusa). Maquiavel e Agatócles aprenderam bem a lição dos Tarquínios, pai e filho, tal como fora relatada por Tito Lívio.

> Aí, andando para trás e para diante sem dizer uma palavra, diz-se que [Tarquínio] cortou as papoilas mais altas com a sua vara. Cansado de fazer perguntas e de esperar por uma resposta, o mensageiro retornou a Gabii, pensando ter deixado a sua missão por cumprir. Relatou o que dissera e o que vira (...). Assim que se tornou claro para Sexto o que o seu pai queria transmitir e qual o propósito daquelas sugestões silenciosas, livrou-se dos principais homens do Estado. Alguns, Sexto acusou perante o povo; contra outros, tirou partido do ódio em que tinham incorrido (253).

A mesma parábola é relatada por diversos autores, mudando apenas as personagens, mas mantendo-se o propósito geral. Fustel de Coulanges conta a mesma história, desta feita protagonizada pelo tirano de Corinto e pelo tirano de Mileto. Termina, concluindo: "Deste modo, a sua regra de conduta era abater as

---

(252) Thomas Macaulay, "Lord Bacon" in *Critical and Historical Essays* (Londres, 1859), vol. I, p. 394.

(253) Lívio, I.54.

cabeças altas e ferir a aristocracia, apoiando-se no povo" (²⁵⁴). Parece que um padrão consonante pode ser detectado e que identifica a incompatibilidade entre a tirania e "as espigas que ultrapass[am] as outras em altura". Políbio declara que os homens mais nobres, de espírito mais elevado, e mais corajosos, são os menos capazes de suportar a insolência dos príncipes. São eles quem conspiram para o derrube das tiranias e assim assistem a revolução do ciclo político ou *anacyclosis*. As democracias e oligarquias tirânicas desenvolveram uma instituição, que sendo menos violenta, servia o mesmo propósito, o ostracismo. É o impulso institucionalizado no ostracismo que Burke descreve na seguinte passagem:

> As Repúblicas têm muitas Coisas em comum com o Espírito da Monarquia absoluta, mas nenhuma é mais comum do que esta; um Mérito brilhante é sempre tão odiado ou suspeito numa Assembleia popular, como numa Corte; e todos os Serviços prestados ao Estado são vistos como perigosos para os Governantes, quer estes sejam Sultões ou Senadores. O *Ostracismo* em *Atenas* foi construído sobre este Princípio (²⁵⁵).

Porque pode o tirano contar com o apoio do povo na luta contra os Grandes? Na *Retórica*, Aristóteles reproduz a sabedoria convencional porque não é preciso superá-la: "é por causa da superioridade que se indignam os homens". Parece que a desigualdade é instável; com a devida tomada de consciência, a ira é despertada no coração dos homens situados na escala inferior da hierarquia, que perdem de vista as razões justificativas da superioridade e concentram-se na factualidade da sua própria inferioridade.

Antes que a nossa sugestão possa parecer ultrajante, tendo em conta a associação do pensamento de Maquiavel – um homem que fisicamente sofreu às mãos do poder político – a um impulso tirânico, algumas considerações reclamam o seu lugar neste texto. Alguma clarificação é necessária. Este argumento de

---

(²⁵⁴) Fustel de Coulanges, *A Cidade Antiga*, trad. portuguesa Fernando de Aguiar (Lisboa, 1998), p. 340.
(²⁵⁵) Burke, p. 36.

modo algum pretende situar Maquiavel entre os defensores do regime tirânico. Repetimos que não é disso que se trata aqui. O que se pretende ilustrar outrossim é a posição de Maquiavel *enquanto pensador da política*. A hipótese colocada é a de que Maquiavel precisou sujeitar as pretensões *intelectuais* de pendor aristocrático com uma força irredutível que só se encontra no impulso tirânico. Repare-se que, por esta via, a rejeição de Maquiavel dos modelos democráticos participados em simultâneo com a consciência da necessidade do favor do povo surge muito mais coerente. A união da força tirânica com o apoio popular, para Maquiavel, só se consuma explorando a inimizade que ambos partilham em relação aos "Grandes".

Mas seria Maquiavel uma daquelas figuras sinistras descritas por Tocqueville para quem "é possível ser-se popular e inimigo dos direitos do povo, servidor dissimulado da tirania e amante confesso da liberdade"? Afinal não será contraditória a reunião da rejeição da tirania, *enquanto proposta de regime*, da admiração da liberdade, e do reconhecimento da presença na política de um elemento tirânico? Para Maquiavel, não. Pelo contrário, a junção destes três princípios constitui a consciência suprema das realidades políticas.

Se a política é feita e dirigida pelos poucos que desejam governar, e se o desejo de governar é, desde logo, o desejo de *comandar* e de *oprimir*, então a política, seja qual for a forma que assume, é sempre uma variante da tirania. Toda a política é por natureza (mais ou menos) tirânica. É impossível erradicar o elemento tirânico da política sem a destruir. O acto mais expressivo da política é o de mandar. Ora mandar implica necessariamente uma obediência, ou antes uma sujeição correlativa. O desejo de oprimir, o desejo de adquirir, as necessidades impostas pela fundação da cidade, a ameaça permanente da corrupção da cidade já estabelecida, e a impossibilidade do bem comum, são elementos constitutivos da política enquanto tal. São inconfundíveis e inelutáveis. Logo, a resposta tirânica é imprescindível. A única tarefa que cabe aos amigos da liberdade é a mitigação da tirania pela proporção dos modos tirânicos à realidade da cidade. Por vezes, o cumprimento das necessidades políticas não requer mais do que – se é permitida a expressão – modos tirânicos cirúrgicos. Mas vezes felizes destas só são possíveis quando as partes da cidade se contêm nas suas pretensões. Tal contenção só poderá ocorrer quando a liderança é forte, quando é *potencialmente* tirânica. O impedimento da exuberância feroz e plena da tirania apenas pode ser considerado quando quem assume a responsabilidade pela cidade está consciente de que poderá ter de actuar como um tirano.

Contudo, o termo tirania utilizado neste contexto também deve ser objecto de uma qualificação particular. Quem é o tirano? Para a devida resposta é útil recuperar a terminologia antiga. Tomemos como guia a erudição de Bodin, mas muitos outros autores poderiam ser citados. Nos textos dos Antigos, o *tirano* é essencialmente o *usurpador*. *Nos tempos antigos*, explica Bodin, a palavra "tirano" não significava senão um "príncipe" que se apoderara do Estado sem o consentimento dos cidadãos, fosse ele justo ou injusto. E acrescenta ainda que Platão escrevera a Dionísio, o tirano, atribuindo-lhe essa qualidade como quem presta um tributo, saudando-o, ao que Dionísio respondera com as correspondentes saudações. Mais: dois dos Sete Sábios da Grécia foram chamados "tiranos", sem que isso afectasse a sua reputação. Em suma, segundo Bodin, o tirano é aquele que, por sua iniciativa e autoridade, se faz príncipe soberano, "sem eleição, nem direito sucessório, nem sorteio, nem guerra justa, nem vocação especial de Deus". Segundo esta definição tão neutral de tirania, ela aparece como um poder absoluto usurpado [256].

Mas nem só os gregos e romanos usavam o termo tirania com um significado neutral. Afinal, foram os mesmos gregos e romanos que começaram a atribuir à mesma palavra um sentido político e moral fortemente pejorativo. É com os gregos e romanos que a tirania se torna no pior de todos os regimes. Outros autores habituados a uma longa tradição de repúdio da tirania insistiram, apesar de tudo, na definição neutral. Poucos o fizeram com menos escrúpulos do que Hobbes. Segundo Hobbes, rei e tirano

---

[256] Montesquieu atribui a todos os gregos e romanos a autoria do significado de tirania que não ia para além do "desígnio de derrubar o poder estabelecido" (*L'Esprit des Lois*, XIV.13, n.). Aristóteles parece distinguir tirano de rei pela diferença entre governo pessoal e governo pelas leis (ver as referências a Pisístrato em Aristóteles, *Constituição dos Atenienses*, XIV.3, XVI.8).

não indicam diferentes tipos de governo, mas antes "*diferentes sentimentos* da parte dos cidadãos sobre o governante". Não existe nenhum problema de semântica; trata-se de diferentes recursos linguísticos para designar apreciações subjectivas, sem fundamento científico algum. Rei e tirano nem diferem no modo como adquiriram o poder. Para Hobbes, o uso frequente da palavra tirano é sintomático de um discurso político que odeia a monarquia. Não passando a tirania de um outro nome para a soberania, "a tolerância de um ódio professo da tirania é uma tolerância do ódio ao Estado em geral". Esta é porventura a passagem em que se constata com mais clareza as consequências últimas da concepção neutral de tirania: a tirania é identificada com a soberania.

E Maquiavel? Teria ele utilizado o termo "tirania" neste sentido particular? Numa passagem das *Istorie Florentine*, Maquiavel relata-nos a concessão feita pelo papa Bento XII aos "tiranos da Lombardia" de modo a que estes "pudessem manter com títulos justos as cidades que haviam usurpado". Fica sugerida uma associação da tirania à usurpação e, portanto, à neutralidade do termo. Mas vários são os momentos em que Maquiavel utiliza a palavra "tirania" para designar um governo despótico e maligno. Assim, podemos dizer que Maquiavel usa a mesma palavra em ambos os sentidos. Precisaríamos encontrar uma passagem especialmente reveladora de modo a podermos associar a linguagem de Maquiavel a este *momento tirânico* com maior legitimidade. Nos *Discorsi*, no final do capítulo 25 do livro I, Maquiavel anuncia que irá falar daquilo a que os "escritores chamam uma tirania" no capítulo seguinte. Porém, a expressão utilizada para denominar o governante do que os "escritores chamam uma tirania" é "novo príncipe", e não "tirano" como seria de esperar. Em suma, é neste sentido específico que usamos a palavra quando nos referimos ao "momento tirânico" de Maquiavel. Trata-se, na verdade, de um *momento usurpador* até porque o "novo príncipe" – *qualquer* "novo príncipe" – é um usurpador.

O pensador florentino justifica o fratricídio de Rómulo pois tal era necessário para que Rómulo fosse *uno solo*. Ele teria que ser *uno solo* para cumprir a sua tarefa de fundar Roma. Esse é o crime original da grande civilização romana. Mas isso significa que o "indivíduo original", ou seja, aquele agente que se situa na origem da pré-história da democracia moderna, é um "tirano" (²⁵⁷). O momento de "tirania" é necessário para se cumprir a tarefa de libertação de todos os indivíduos, e da política como um todo, dos grilhões a que estavam acorrentados. Os grilhões são de vária ordem. Alguns dos ditos grilhões são sem dúvida os tentáculos dos *Grandes*. Os grandes e a restante estrutura social que os acompanha – e mesmo aquela estrutura social que os *não* acompanha –, bem como a estrutura intelectual que os enquadra, são considerados, a partir de certa altura na história da Europa, como algo que desafia a razoabilidade. Sendo verdade que os homens se habituaram a nomear a ausência de razoabilidade com a palavra "tirania" (e foi assim que a realidade aristocrática foi identificada) resta saber se uma das alternativas para lidar com a ausência de razoabilidade ou com a tirania não é uma outra tirania. A "razão da razão" para lidar com a ausência de razoabilidade ou com a tirania apresentou-se no espírito de Maquiavel, por exemplo, como um projecto de certo modo tirânico. Não há dúvidas de que a razão fornece razões diferentes para lidar com a ausência de razoabilidade, mas essas razões não podem ser admitidas por Maquiavel.

Vimos anteriormente como o pensamento de Maquiavel é incompatível com o de Cícero; tentámos estabelecer uma analogia entre a tarefa de Maquiavel – e o seu lugar na história do pensamento político – e a condensação da história política na parábola de Tito Lívio; pressentimos Roma como um lugar histórico fundamental para compreender este problema; estaremos agora em melhores condições para levar até às últimas consequências a observação segundo a qual "o conflito de valores entre a antiga e a nova cultura política romana é em grande medida personalizado como um conflito entre Cícero e César" (²⁵⁸). Maquiavel é o novo César na história do pensamento político que se impõe ao velho Cícero e aos seus pares. Tal como César, Maquiavel precisa de *virtus* para alcançar a preeminência e o poder; como tal, ambos poderiam pertencer àquela nobreza superior. Mas são

---

(²⁵⁷) Mansfield, *Taming the Prince*, p. xvi.
(²⁵⁸) Dyck, p. 32. Como é evidente, Dyck, ao proferir esta observação, não pretende dar-lhe um alcance maior do que a história política do final da república romana.

populares, na medida em que, para abater a autoridade dos *optimates*, descem à rua para obter o apoio do povo. César e Maquiavel, como todos os "novos príncipes" dignos desse título, são homens dotados de uma excelência extraordinária, inconfundíveis com a mera "honestidade" do povo comum. É ao contemplar a decadência de Veneza que Montesquieu finalmente compreende o que o povo romano vira em César.

Com Maquiavel, a crítica da aristocracia e das premissas aristocráticas convida a alguma indeterminação quanto às suas consequências estritamente políticas. O apelo democrático de Maquiavel é inegável, mas esse apelo não é idêntico à proclamação da superioridade política ou moral da pretensão democrática. A democracia é impossível; o povo não pode governar-se a si mesmo. Mas o apelo democrático deve alastrar-se tanto às repúblicas como aos principados. Por outro lado, a caracterização do novo príncipe mantém intacta a premissa da desigualdade entre os homens, na medida em que uns poucos extraordinários, quase incompreensivelmente extraordinários, comandam a acção política digna desse nome e, ao fazê-lo, comandam a vida dos restantes homens.

Capítulo IV

Hobbes

Hobbes dizia, em jeito de brincadeira, que ele e o medo eram irmãos gémeos, já que a sua mãe dera Thomas à luz prematuramente ao ouvir notícias de que a Armada Invencível estaria a chegar para desgraça dos ingleses. Mas poderá o medo ser parte inseparável de uma alma aristocrática? Burke apoia-se em Homero para rebaixar o "escravo" a uma condição em que se perde "todo o Impulso para a Acção", à excepção do "baixo e vil" impulso do "Medo". Por esse motivo, quando se transforma "um Homem num Escravo retira-se-lhe metade do seu Valor". Pode a aristocracia assentar na mesma base em que assenta a *commonwealth* de Hobbes?

Devemos ainda colocar como questão norteadora deste capítulo a seguinte questão: a afirmação da exclusiva legitimidade do *Leviatã* não implica a recusa total da pretensão aristocrática? Neste ponto, Hobbes ainda ecoa no presente se substituirmos o *Leviatã* pelo regime democrático moderno. Sintetizando o ponto de vista democrático dos nossos dias, Pierre Manent escreve: "A democracia moderna não é, para os seus partidários, ou seja, para todos nós, *um* regime político entre outros, nem mesmo o melhor, mas é a *única* organização legítima da vida comum dos homens". Por sua vez, John Dunn refere o "facto extraordinário" do desaparecimento de uma pluralidade de legitimidades políticas no mundo contemporâneo. O problema da legitimidade política confunde-se hoje apenas com a democracia. Burke previu com acuidade, a partir do exemplo fornecido pela retórica da Revolução Francesa, a força deste ponto de vista democrático:

> É então uma verdade tão universalmente reconhecida, que uma democracia pura é a única forma tolerável na qual a sociedade humana pode ser lançada, que a ninguém é permitido hesitar a respeito dos seus méritos, sem recair na suspeita de ser um amigo da tirania, isto é, de ser um inimigo da humanidade? [259]

Hobbes é a figura central deste processo de unificação da legitimidade política. Para a filosofia política clássica protagonizada por Platão, Aristóteles e Cícero, todos os regimes políticos caracterizam-se por realizarem formas mais ou menos imperfeitas de justiça, à excepção, claro está, do melhor regime em absoluto, por um lado, e dos regimes degenerados, por outro. Mas da justiça imperfeita não resultava a negação da legitimidade dos regimes que ficavam aquém do padrão imposto pelo melhor de todos eles. Porém, com Hobbes, o pensamento moderno inicia uma trajectória totalmente diversa. Abandonando conscientemente a tarefa de procurar o melhor regime em absoluto, todos os esforços se concentram em definir um critério claro e, pelo menos, tendencialmente binário. Existe um, e só um, arranjo político que goza de legitimidade em todas e quaisquer circunstâncias. Hobbes afirmaria a unicidade e exclusividade da legitimidade política de um modo que transcendesse toda e qualquer forma particular de governo, sendo o problema da *forma*, de resto, um problema relativamente acessório em qualquer filosofia civil racional.

Não é difícil conceder que a obra de Hobbes constitui uma parte importante na teorização do Estado moderno. Ora o Estado moderno *soberano*, e a sua justificação teórica que se intensifica durante este período da história da Europa, reclama uma posição que está para além das diferenças entre formas de

---

[259] *Reflections on the Revolution in France*, pp. 124-125.

governo a que a filosofia política clássica havia votado tanta atenção. O Estado moderno soberano aparece como *a* realidade política essencial. Condena-se as *formas de governo* à categoria de epifenómenos sem significação real; elas são, por assim dizer, esterilizadas ou neutralizadas na sua expressão política e social. E é preciso averiguar a pertinência da afirmação de que "o Estado nacional é na sua própria raiz democrático, num sentido mais decisivo do que todas as diferenças nas formas de governo" ([260]).

Logo no início de *Leviatã*, ainda na Epístola Dedicatória a Francis Godolphin, Hobbes escreve que "apertado entre aqueles que de um lado se batem pela sua excessiva liberdade, e de outro por uma excessiva autoridade, é difícil passar sem ferimentos por entre as lanças de ambos os lados". Não nos é permitido duvidar que Hobbes conheceu de perto os primeiros movimentos (radicalmente) democráticos modernos. Na caótica década de 40 do século XVII inglês, o radicalismo dos contemporâneos *Diggers* ou dos *Fifth-Monarchists* deixaria os *Levellers* praticamente no campo dos conservadores. Embora, neste contexto, o ataque mais feroz de Hobbes seja dirigido contra os Presbiterianos, o partido mais forte no início da Guerra Civil inglesa e quem primeiro pôs em causa a soberania de Carlos I, Hobbes não esquece um outro tipo de "sedutores". Diz Hobbes que por essa altura, entre homens da "melhor estirpe", havia quem estivesse perdidamente apaixonado pelos "princípios democráticos de Aristóteles e Cícero" ([261]). Oliver Cromwell designava-os pejorativamente por "pagãos". Apaixonados pela literatura da Antiguidade, "colocavam o seu país como um ídolo, e propunham como exemplo para si mesmos os heróis de Plutarco" ([262]).

A Guerra Civil foi um período importante na história de Inglaterra porque constituiu provavelmente o momento mais intensamente anti-aristocrático que a pátria da moderação conheceu, pelo menos até ao início do século XX. Hobbes podia

---

([260]) José Ortega y Gasset, *La Rebelion de las Masas* (Madrid, 1995), p. 185.

([261]) Hobbes, *Behemoth*, vol. VI, pp. 168, 218. Ver *Leviatã*, trad. portuguesa João Paulo Monteiro, Maria Beatriz Nizza da Silva (Lisboa, 2002), XXI, XXIX.

([262]) Macaulay, "John Milton", vol I, p. 25.

partilhar do mesmo sentimento anti-aristocrático e ser simultaneamente um dos seus mais ferozes críticos quando este era inflamado pelas chamas democráticas. O impulso anti-aristocrático dos revolucionários dos anos 40 do século XVII constituía, segundo Hobbes, o prenúncio de uma paixão fundamentalmente democrática, não só de um ponto de vista estritamente constitucional, mas sobretudo no que respeitava a solidificação de um espaço público de exame e crítica de ideias políticas e sociais. Hobbes nunca pretendeu ser um demagogo, nem lisonjear as massas, nem lisonjear o Homem. Descrevendo com grande aprovação as opiniões políticas de Tucídides quanto ao "governo do Estado", Hobbes revela-nos que é "manifesto" que o historiador grego gostasse pouco da democracia. Mas nem por isso Tucídides seria admirador do governo de poucos, da aristocracia ou da oligarquia.

> [Tucídides] elogia o governo de Atenas quando era uma mistura de *poucos* e de *muitos*; mas recomenda [o governo de Atenas] quando Pisistrato reinava (excepto que este era um poder usurpado) e quando no princípio desta guerra [o governo] era democrático de nome, mas efectivamente monárquico sob Péricles [263].

Assim, segundo Hobbes, a Guerra Civil inglesa, e provavelmente muitos colapsos da ordem política noutros países europeus (designadamente a França da *Fronde*), rebentara aquando da caótica tempestade de opiniões sobre o bem e sobre o governo. A quebra da legitimidade teve origem no colapso da linguagem política. Foi este colapso que gerou o *Behemoth*, o monstro terrestre do caos e da anarquia. O fundamento da autoridade do soberano, e, por conseguinte, da obediência dos súbditos, desapareceu, por isso, do discurso político. A tempestade de opiniões fora alimentada, por um lado, por um republicanismo inspirado pelo prestígio da antiguidade clássica, e, por outro lado, pelos "dissidentes", isto é, pelo reformismo religioso radical saudoso de um cristianismo primitivo imaculado. Ambos

---

[263] *Of the Life and History of Thucydides*, vol. VI, p. xvii.

expressavam, embora de modos diferentes, o furor democrático, e ambos olhavam para o passado em busca de um futuro. A este propósito e lamentando a triste capacidade humana para conceber sonhos fantasiosos, e, na sua prossecução, destruir o Estado, Hobbes escreveu: "Ninguém pode ter no seu espírito uma concepção do futuro, pois o futuro ainda não é. Mas das nossas concepções do passado nós fazemos um futuro" (264). As doutrinas "perigosas" que nasceram destes dois movimentos – a rejeição de uma noção unitária de soberania, a distinção e separação do poder temporal e espiritual, a sujeição do soberano à lei, a legitimidade do juízo proferido por todos os homens quanto à justiça ou injustiça das leis, a justificação da resistência ao poder político pela defesa da liberdade de consciência, a teoria da herança histórica da constituição "mista" inglesa, a liberdade das repúblicas em contraposição à tendencial tirania das monarquias – constituem o objecto da expurgação dos espíritos que Hobbes considerava essencial para a preservação da soberania do Estado inglês.

Aparentemente, esta análise da Guerra Civil viola a realidade histórica, já que o Parlamento apenas afrontava a figura jurídica da prerrogativa régia. A assunção da supremacia do Parlamento implicava a derrota, ou pelo menos, o refreamento da capacidade de iniciativa política do rei. Estaríamos portanto perante uma revolta anti-monárquica, e não tanto anti-aristocrática. Ou talvez nem anti-monárquica, se tivermos em conta a insistência do partido Presbiteriano em manter a figura do rei, e a sua oposição à decisão dos Comuns, em Março de 1649, de abolir monarca e Lordes. Mas isso seria assumir que os Presbiterianos, com lugar indesmentível no pódio dos instigadores da revolta no início da década de 40, imprimiram o cunho definitivo dos anos revolucionários em Inglaterra. Seria esquecer toda uma miríade de opiniões políticas (e religiosas) que constituiu a matriz complexa do pensamento político da Guerra Civil. Seria esquecer os milenarismos; seria esquecer o "anti-normandismo"; seria esquecer os debates de Putney levados a cabo pelo *New Model Army*, que revelaram tendências teológicas e laicas em tensão, no auge

---

(264) *Behemoth*, p. 259.

daquilo que por vezes se apelida de revolução "puritana". Essa complexidade, para a qual contribuiu o facto de quase todos os seus componentes conseguirem recolher um número não desprezível de apoiantes, não será tratada neste livro. Como não é difícil adivinhar, tal seria um tema que justificaria um outro livro. Porém, não se pode desvalorizar a complexidade assinalada como se Cromwell houvesse erigido o seu "Protectorado" logo em 1641 (na política como nas ideias), dando por encerradas todas as querelas. Não quer dizer que não se possa traçar claramente uma trajectória democrática no andamento da Guerra Civil. Mas esta consideração geral e breve não deve simplificar o que não é simples nem linear. Uma brevíssima introdução ao pensamento político do poeta John Milton serve para ilustrar as resistências que o debate político inglês no século XVII oferece a tentativas reducionistas de tratamento histórico e para mostrar que nem só do arrebatamento democrático viveram as franjas radicais da revolução inglesa.

Milton foi um fervoroso e eloquente adepto da *Revolução*, ou seja, da Guerra Civil como meio de mudar o regime. Faria a defesa mais ardente do julgamento do rei, e da sua execução, e que lhe valeria a recompensa de Cromwell com a designação para o cargo de *Secretary for Foreign Tongues*, uma espécie de departamento para a difusão e justificação (alguns diriam, propaganda) da Revolução inglesa no estrangeiro. Do ardor revolucionário de Milton a ninguém que tenha lido os seus escritos é permitido duvidar. Do ódio de Hobbes pelo ímpeto revolucionário também ninguém poderá dizer que é meramente circunstancial. Mas o que verdadeiramente demonstra a complexidade do debate político inglês da época não é o facto de os resultados constitucionais da obra de Milton e Hobbes serem radicalmente diferentes, mas o sentido dessa diferença.

Mesmo na fase mais tardia da revolta, John Milton ainda procurava inflamar o ardor anti-monárquico sem recair no horizonte democrático. A república, escrevia Milton, para ser eterna e imortal deve ter um *Grand Councel* cujos membros sejam escolhidos para um mandato vitalício. E os exemplos são bem ilustrativos: os senados, ou instituições semelhantes de inspiração aristocrática, dos Hebreus, de Atenas, de Roma, da Lacedemónia, de Veneza, das Províncias Unidas ([265]). A inimizade radical situava-se entre a república senatorial e a monarquia.

A política de Milton era a política de um *radicalismo aristocrático*. Diz-se que mais importante do que a liberdade, mais importante do que a tolerância religiosa ou do que qualquer outro tema político, para Milton era a "concepção de aristocracia" que fornecia a base do seu pensamento político. Melhor seria dizer que a "concepção de aristocracia" era indispensável para a realização daquele que era o fim último e propósito da vida política: a verdadeira liberdade moral. O melhor governo é o governo dos melhores, dos homens mais nobres, isto é, dos sábios e dos bons; a educação constitui a alavanca de elevação dos homens para os lugares cimeiros da governação, os quais só podem ser ocupados por aqueles que se distinguem nas lides do conhecimento e da sabedoria; as virtudes, e não o nascimento, são a base da nobreza, e, portanto, dos postos privilegiados da sociedade; a finalidade do bom governo é o cultivo espiritual dos cidadãos; tudo isto era parte integrante do pensamento político de Milton que só pode ser classificado como *aristocrático* ([266]).

> Não existe nada mais conforme à natureza, nada mais justo, nada mais útil ou melhor para o género humano do que os inferiores cederem aos superiores, não o número inferior ceder ao número superior, mas aqueles inferiores em virtude cederem aos superiores em virtude, aqueles inferiores em juízo aos superiores em juízo. Aqueles que são superiores em prudência, em experiência, em indústria, em virtude, neles, na minha opinião, não importa quão poucos sejam, estará sempre a maioria e serão mais bem qualificados para exercer o sufrágio do que o mero número, por maior que este seja ([267]).

([265]) John Milton, *The Readie and Easie Way to Establish a Free Commonwealth* in Joyce Lee Malcolm (ed.), *The Struggle for Sovereignty. Seventeenth-Century English Political Tracts* (Indianápolis, 1999), vol. I, p. 516.

([266]) Milton, *A Defence of the People of England* in *Political Writings* (Cambridge, 1991), p. 193.

([267]) *Second defence of the English people*, citado em Rahe, "The Classical Republicanism of John Milton", *History of Political Thought*, vol. XXV, nº 2, 2004, p. 252.

A passagem mais eloquente ocorre no poema épico *Paradise Lost*:

> *Unjustly thou deprav'st it with the name*
> *Of servitude to serve whom God ordains,*
> *Or Nature; God and Nature bid the same,*
> *When he who rules is worthiest, and excels*
> *Them whom he governs. This is servitude,*
> *To serve th' unwise, or him who hath rebelled*
> *Against his worthier, as thine now serve thee,*
> *Thyself not free, but to thyself enthralled;*
> *Yet lewdly dar'st our minist'ring upbraid.*
> *Reign thou in Hell thy Kingdom, let me serve*
> *In Heav's God ever blest, and his divine*
> *Behest obey, worthiest to be obeyed* ([268]);

Sem compromissos, Milton enunciava assim o princípio aristocrático, que não lhe parecia contraditório com a afirmação da liberdade natural de todos homens, sendo estes criados à imagem e semelhança de Deus ([269]). Milton recapitulava o tema aristocrático central, válido no Céu e na Terra: a obediência à superioridade da excelência. O princípio aristocrático era, para Milton, uma dupla arma na luta contra a monarquia – ou tirania – de Carlos I, bem como na resistência às pretensões democráticas que recusavam entregar o governo fosse a quem fosse sem que o conjunto popular fosse ao menos chamado a dar o seu consentimento. Até a sua defesa inflamada do direito à revolução em *The Tenure of Kings and Magistrates* foi esboçada em pleno acordo com os limites do princípio aristocrático. Seriam os magistrados mais sábios quem decidiria quem era – ou não era – tirano; só eles teriam verdadeiramente o direito à revolução. Aos homens mais válidos, mais prudentes, mais sábios, devia ser confiado o dever sagrado da governação. Assim se obteria a sociedade livre, aquela que mais se aproximava dos "preceitos de Cristo" ([270]).

([268]) *Paradise Lost*, VI, 174-185.
([269]) "The Tenure of Kings and Magistrates" in *Political Writings*, pp. 8-9.
([270]) *The Readie and Easie Way*, p. 511

O contexto político em que Hobbes publicaria as suas obras políticas maiores era caracterizado – não só, mas também – pela defesa e exibição das duas doutrinas políticas por ele mais detestadas. Tanto a democracia, como a aristocracia, encontraram na Revolução inglesa vozes preconizadoras. No que diz respeito à aristocracia, reparámos que Milton a pensava em termos razoavelmente ortodoxos; e se reconhecemos a dificuldade em *demonstrar* uma especial influência das obras de Milton sobre os seus contemporâneos, não podemos negar que foram lidos em massa ([271]).

A contraposição de Hobbes a Milton, elaborada neste espaço muito curto, serve para demonstrar a complexidade de um dado contexto histórico, mesmo que o reduzamos ao plano intelectual. Poder-se-á suspeitar que a escolha de Milton é arbitrária. Não nos parece. Milton demonstra como a mentalidade aristocrática pura estava viva em Inglaterra durante a vida de Hobbes. Mais: a notoriedade de Milton é indesmentível. Dir-se-á, então, que as referências a Milton na obra de Hobbes são escassíssimas. Mas as informações preciosas de John Aubrey (amigo pessoal de Hobbes e o biógrafo, por excelência, da época) dão-nos uma outra impressão que vai para além da indiferença recíproca. Ambos reconheciam a excelência intelectual do outro; ambos abominavam as ideias políticas do outro. "Os seus respectivos Interesses e Princípios colidiam frontalmente entre si" ([272]). Podemos sugerir, então, que, do ponto de vista de Hobbes, Milton era um dos representantes da mentalidade aristocrática, a mesma que, por razões que iremos analisar mais adiante, teria de ser definitivamente refutada.

A crítica da democracia fora pensada por Hobbes já na sua tradução de Tucídides, publicada em 1629. Porém, durante os anos da revolução, Hobbes elaborou uma teoria política abrangente que colocava radicalmente em causa as pretensões aristocráticas. Entre a democracia e a aristocracia, pareceria então que a solução de Hobbes aproximar-se-ia, pelo menos na forma, da preconizada por Halifax, Burke e Macaulay. Contudo, essa hipó-

---

([271]) Ver Christopher Hill, *Milton and the English Revolution* (Londres, 1977), pp. 182-183.

([272]) John Aubrey, *John Milton* (Jaffrey, 1999), p. 203.

tese não é sustentável. O caminho de Hobbes foi sempre rejeitado pela tradição histórica inglesa. Alan Ryan nota que os contemporâneos de Hobbes se "alarmaram", não com o seu "autoritarismo" nem com a "defesa do despotismo", mas com o seu "individualismo" sem precedentes, na medida em que o dito individualismo era incompatível, quando não "hostil", com noções tradicionais de comunidade, de valores consensuais, de autoridade eclesiástica ou com a "derivação da autoridade política de uma visão cristã do mundo" ([273]). O comentário é justificado. Mas podemos acrescentar o seguinte. Na Inglaterra dos meados do século XVII, não havia falta de "individualistas", nem faltavam os elogios e as defesas apaixonadas da monarquia absoluta. O que não havia em abundância era um individualismo, a muitos títulos radical, justificativo de uma monarquia absoluta.

Um Problema de Contexto

No debate sobre as metodologias de leitura e as hermenêuticas de obras históricas, não raras vezes os intervenientes deixam a discussão resvalar para um dualismo estéril entre, por um lado, a abordagem puramente "internalista", ou seja, que o texto, tomado individualmente, é suficiente para aceder ao pensamento do próprio autor, e que todas as informações externas prejudicam esse acesso; e, por outro lado, a abordagem puramente "contextualista", ou seja, que o texto em estudo é produto exclusivo de um determinado "paradigma" de linguagem historicamente identificado. Afirmámos que este dualismo rígido é estéril, pois, como os grandes representantes dos métodos "internalista" e "contextualista" demonstram nas suas obras, todo o "contextualismo" que negligencie a letra específica do texto e a sua potencial originalidade e inediticidade arrisca-se a perder de vista o *pensamento* específico dos autores, o qual constitui, não nos esqueçamos, a finalidade que justifica os seus estudos; assim como todo o "internalismo" que ignore os vários "contextos" que enquadram necessariamente qualquer obra arrisca-se a cair em

---

([273]) Alan Ryan, "Hobbes and Individualism" in Vere Chappell (ed.), *Essays on Early Modern Philosophers* (Nova Iorque, 1992), vol. V, p. 226.

tremendos anacronismos, a não compreender as referências nos textos a esses contextos e a transformar de forma gratuita os autores em partes arguentes dos debates particulares da contemporaneidade.

A abordagem "contextualista" dos nossos dias propõe-se à obtenção do máximo de fidelidade histórica e à repreensão do anacronismo. Em termos gerais, alega que a interpretação do pensamento dos autores só é possível se atendermos previamente ao "paradigma linguístico" em que os autores em causa se inserem. Um autor é filho de uma determinada linguagem, ou de certas convenções linguísticas e simbólicas, e dirige-se a uma audiência que partilha essa linguagem e essas convenções linguísticas e simbólicas. O modo mais óbvio de adquirir esse conhecimento reside no estudo do contexto histórico em que os autores viveram e trabalharam. Claro que a dificuldade que se levanta, desde logo, é a seguinte: o "contexto" histórico relevante não é aquele a que o historiador no século XXI tem acesso pelo seu estudo; o que é relevante é antes a interpretação dos autores em estudo do seu próprio contexto histórico. Mas a preocupação genérica com o contexto histórico permite perceber a razão pela qual a abordagem "internalista" parece ser tão insatisfatória. É que esta última abordagem refugia-se na aparente ilusão de que é possível compreender os textos desligando-os do seu contexto histórico, como se os autores dos vários séculos, das várias tradições, discursassem sobre questões "perenes", recorrendo a uma putativa linguagem "universal" e "intemporal". O mais provável é que os "internalistas" projectem nos textos que estudam o seu próprio "paradigma" linguístico e as preocupações intelectuais e morais suas contemporâneas.

Existe um hiato nunca negligenciável entre a experiência vivida e a reconstituição retrospectiva dessa experiência. A própria faculdade de reconstituição da experiência passada depende de obras às quais acedemos no presente, no momento em que operamos essa reconstituição. Se a compreensão total da realidade colectiva, ou do contexto, é sempre uma tarefa imperfeita e inacabada, a compreensão da percepção individual do autor em estudo dessa realidade colectiva ou desse contexto, ou do modo como o autor se apropriou dessa realidade colectiva, é ainda mais imperfeita. As obras ou os textos que o autor nos deixou são os guias mais fiáveis para efectuar a reconstrução do seu *pensamento*.

A aspiração à reconstrução do contexto histórico, pela qual se torna possível perceber a influência sofrida pelo autor, depara-se com o obstáculo óbvio da complexidade e heterogeneidade de qualquer contexto histórico. Salientar este ou aquele aspecto é sempre uma escolha do intérprete ou do historiador. Nessa escolha o historiador não pode reivindicar a expurgação completa do elemento da subjectividade. Por outro lado, se o "contexto histórico" constitui, como regra, o lugar supremo de determinação do pensamento, então essa regra aplicar-se-ia de forma constante. Isto é, o historiador que se dedica à reconstrução de um contexto passado também ele está sujeito na leitura que faz do passado às determinações do contexto *presente*. Na verdade, por mais que se dificulte a tarefa da leitura, o texto da obra legado pelo autor em estudo constitui uma referência de maior objectividade do que a alternativa de compreender o texto à luz do contexto histórico, quando o próprio "contexto" procede de um método portador de uma carga muito forte e inevitável de subjectividade.

A leitura do texto não está isenta da intrusão mais ou menos inconsciente das nossas próprias "expectativas" e "pré-juízos" ([274]). Seria, pois, produto de uma ingenuidade intelectualmente imperdoável supor que a leitura do texto, ignorando a sua origem histórica específica, permite o acesso ao pensamento do autor de forma absolutamente transparente. A dificuldade que a acusação de subjectividade inconsciente encerra para o historiador do pensamento político coincide com a dificuldade na proposta de estudo de um autor através da leitura do "contexto". Se parece implausível aos defensores do "contextualismo" a compreensão completa do que o autor *diz*, o risco que a abordagem "contextualista" implica é o de fazer o "contexto" (com todos os problemas que a identificação do "contexto" levanta) *falar* mais alto do que o próprio autor. A prioridade dada ao levantamento dos grandes "idiomas discursivos" de determinada época conduz, embora não necessariamente, à submersão de um autor individual e da sua palavra no contexto geral, de que dificilmente se

---

([274]) Skinner, *Visions of Politics* (Cambridge, 2002), vol. I, p. 58.

distingue. Quando se estuda o pensamento de Hobbes, por exemplo, não se deve negligenciar o que integra o seu "contexto"; mas é no *pensamento* de Hobbes que o historiador está interessado, na tentativa de compreensão tão aproximada, tão clara e coerente quanto possível da intenção do autor.

Quer isso dizer que a análise do contexto é dispensável? De forma alguma. Apenas indica que a tentação de explicar e reconstituir o pensamento de um autor do passado por recurso quase exclusivo às indicações do contexto em que viveu deve ser resistida como instrumento de primeira ordem. Mas como instrumento, digamos assim, de segunda ordem, que apoia de modo subordinado a leitura dos textos, a análise do contexto afigura-se crucial; tão crucial que torna a sua exortação, de certo modo, banal. Tome-se como exemplo a utilidade de consultar os intérpretes contemporâneos dos autores. Sem dúvida: este recurso cabe na categoria das informações exteriores aos textos dos autores estudados. Mas a consulta dos contemporâneos vale sobretudo para facilitar a aproximação ao *texto*. Por outro lado, convém reservar como regra prudente a distinção, a aplicar aos contemporâneos, entre intérpretes *mais* competentes e *menos* competentes, como de resto se faz quando reunimos uma bibliografia das mais recentes publicações de interpretação dos mesmos autores.

A tarefa de compreensão dos textos dos autores que compõem a "história do pensamento político" não dispensa o estudo *disciplinado* do contexto. A análise contextual permite esclarecer muitos dos argumentos que uma leitura directa dos textos não permite que saiam da obscuridade. No entanto, a análise contextual não pode aspirar a mais do que ao estatuto de auxiliar da leitura. Mais decisivamente: o recurso a instrumentos de análise contextual deve ser disciplinado, tanto quanto possível, pelas indicações e sugestões que emergem do texto que é estudado. E por vezes as indicações que provêm do punho dos autores em estudo podem ser verdadeiramente surpreendentes. Veja-se um exemplo em Hobbes. Hobbes anuncia numa passagem imodesta e deliberadamente provocatória que a "Filosofia Natural" é "jovem", mas ainda mais jovem é a "Filosofia Civil", não sendo "mais velha" do que o seu *De Cive* ([275]). Depois de se assinalar o

---

([275]) *De Corpore*, vol. I, p. ix.

fulgor desta passagem seria estranho não supor que ou o "contexto" de Hobbes se limita a ele próprio, ou que tem de abranger toda a história da "Filosofia Natural" e da "Filosofia Civil". Hobbes acredita que a sua obra refuta inequivocamente quase toda a Filosofia Natural e toda a Filosofia Civil precedente, e que estas enquanto ciências propriamente ditas iniciam com ele a sua verdadeira existência que se prolongaria no futuro.

A "Sede" do Poder ou a Neutralização do Conceito de Regime Político

Hobbes anuncia que a "Filosofia Civil" não é mais velha do que a ciência política exposta em *De Cive*. De facto, Hobbes pretende abalar até aos alicerces a "velha" (ou falsa) ciência da política. Ora um dos conceitos centrais, senão o mais central de todos os conceitos, da ciência política "velha" é, como vimos, o regime político. Hobbes não deixa de proceder à tentativa de remeter tal conceito para o reino da obsolescência. Enquanto conceito operacional, o regime político deve ser, tanto quanto possível, *neutralizado*.

Em *Leviatã*, o primeiro indício de que a análise do fenómeno político vai ser sujeita a uma reformulação drástica ocorre logo na epístola dedicatória a *Sir* Francis Godolphin. Nesse lugar, Hobbes sublinha defensivamente que não vai falar dos "homens no poder", mas antes da "sede do poder" "em abstracto" [276]. Por este meio, Hobbes indica que a chave da compreensão da natureza da vida política reside no *poder* abstraído tanto quanto possível da sua existência concreta. O regime político, como vimos, integra uma outra abordagem. A validade do regime político enquanto categoria científica depende da sua capacidade para absorver a vida política *concreta* como é vivida por homens e pelas comunidades *concretas*: o regime político, ou condensa as experiências primárias e autênticas do *ser cidadão*, ou resume-se a nada. Mas Hobbes considera esta abordagem frágil, na medida em que está dependente da observação empírica e histórica, algo que não substitui, nem pode substituir, a argumentação racional

---

[276] Epístola Dedicatória, p. 21.

dedutiva. A percepção do que é a vida concreta em diferentes comunidades políticas está igualmente sujeita à repreensão epistemológica do cepticismo. O método seguido pela ciência política dos Antigos, não só arreda qualquer possibilidade de conhecimento científico, como também esconde opiniões políticas partidárias sob a capa do pretensiosismo intelectual.

> Nestas partes ocidentais do mundo, costumamos receber as nossas opiniões relativas à instituição e aos direitos do Estado, de Aristóteles, Cícero e outros autores, gregos e romanos, que viviam em Estados populares, e em vez de fazerem derivar esses direitos dos princípios da natureza transcreviam-nos para os seus livros a partir da prática dos seus próprios Estados, que eram populares. Tal como os gramáticos descrevem as regras da linguagem a partir da prática do tempo, ou as regras da poesia a partir dos poemas de Homero e Virgílio. (...) Tal como Aristóteles, também Cícero e outros autores baseavam a sua doutrina civil nas opiniões dos romanos, que eram ensinados a odiar a monarquia, primeiro por aqueles que depuseram o soberano e passaram a partilhar entre si a soberania de Roma, e depois pelos seus sucessores ([277]).

A ciência política dos Antigos e a sua categoria básica do regime político são o resultado de uma incapacidade radical para transcender o contexto primário da experiência política. Segundo Hobbes, as diferenças entre regimes rectos e degenerados – "tirania", "oligarquia", "anarquia" – não correspondem a diferenças reais, mas devem as suas denominações aos "sentimentos" dos cidadãos. Um homem chama "Rei" ao seu governante, outro chama-lhe "Tirano"; para uns o grupo governante será uma "Aristocracia", para outros o mesmo grupo já será uma "Oligarquia", consoante o amem ou o odeiem ([278]).

A ciência política dos Antigos manifesta, segundo Hobbes, uma incapacidade de transcender os sentimentos ou as paixões dos cidadãos na direcção de uma teoria racional do Estado. É uma ciência indigna do seu nome até porque limita-se a reproduzir preconceitos especificamente políticos, e tamanha incom-

---

[277] *Leviatã*, XXI.
[278] *De Cive*, VII.2. Ver X.2, especificamente dirigido contra Aristóteles.

petência torna-se bem evidente pelas suas reflexões ignorantes quanto ao que é a liberdade. Hobbes avança uma definição de liberdade bastante heterodoxa: "Por *liberdade* entende-se, conforme a significação própria da palavra, a ausência de impedimentos externos, impedimentos que muitas vezes tiram parte do poder que cada um tem de fazer o que quer" ([279]). Este conceito "negativo" de liberdade decorre directamente das conclusões a que Hobbes chega no decurso da sua reflexão sobre a questão da liberdade e da necessidade. A noção hobbesiana de que a vontade não pode ser livre – e, por conseguinte, o *livre arbítrio* não passa de uma grande confusão linguística – é constitutiva deste conceito de liberdade. Neste aspecto, existe uma fortíssima ligação entre as meditações metafísicas de Hobbes, a sua resposta à hipótese de Descartes e ao solipsismo, por um lado, e a sua teoria política, por outro. Se coisa alguma pode ser declarada livre; se o *ego* não é, em si mesmo, livre; se só faz sentido falar de liberdade nos termos da acção não obstruída decorrente da vontade entendida como o último desejo na deliberação; se a vontade não se auto-determina ou se a causa da vontade não pode ser a própria vontade; se só a acção individual é livre, e não o indivíduo enquanto tal; então não faz sentido associar a liberdade a um regime político específico. Existem espaços de liberdade no silêncio das leis, situação proporcionada, em princípio, por qualquer forma de governo *soberano* ([280]).

A passagem em que Hobbes acusa os Antigos de não terem derivado os "direitos do Estado" dos "princípios da natureza" e de apenas transcreverem a "prática dos seus próprios Estados" permite-nos verificar a crítica da análise concreta das comunidades políticas. Este passo é objecto especial da indignação de James Harrington, autor ainda versado na ciência política dos Antigos. Dirigir semelhante crítica contra os Antigos, escreve Harrington, é o mesmo que dizer "ao famoso Harvey que ele transcreveu a sua circulação do sangue, não a partir dos princípios da natureza, mas da anatomia deste ou daquele corpo" ([281]).

([279]) *Leviatã*, XIV, p. 115. Ver *De Cive*, IX.9.
([280]) *Leviatã*, VI, XXI; *Of Liberty and Necessity*, vol. IV, pp. 240, 273-274; *The Questions Concerning Liberty, Necessity, and Chance*, vol. V, pp. i, 5.
([281]) *Oceana*, p. 9.

O caminho da abstracção torna-se a via da verdade para a análise do fenómeno político por excelência. Às mãos de Hobbes, a política moderna torna-se deliberadamente numa tremenda abstracção. A etapa final desse caminho coincide com o conceito de *soberania*. Para Hobbes há algo mais importante e mais fundamental do que a organização institucional e moral do governo. Há algo que antecede o governo e que sobrevive às mudanças institucionais: é o pacto social e o seu produto jurídico-político mais relevante, a soberania. É tão importante o conceito de soberania que se pode dizer que, para Bodin, assim como para os seus muitos discípulos – Hobbes e Rousseau figuram destacados neste grupo –, *sem soberania, não há Estado político; sem Estado político, não há soberania*.

Bodin e Hobbes (enquanto teorizadores maiores do conceito de soberania, e portanto, do Estado soberano moderno) e, numa relação menos directa, Maquiavel (com a descoberta do modo de aquisição como o verdadeiro diferenciador das comunidades políticas) podem ser vistos como os primeiros pensadores a iniciar o processo de desmantelamento das tipologias de regimes políticos. Primeiro, Maquiavel e Bodin, mas mais decisivamente Hobbes, encaram a questão do regime político, na melhor das hipóteses, como sendo de importância secundária, e que decorre de um conjunto de pressupostos da filosofia política clássica considerados inadmissíveis. Hobbes, para todos os efeitos, não só desvaloriza radicalmente a discussão tradicional em torno do regime político, como parece considerá-la um empecilho num tratamento verdadeiramente científico da realidade civil. Como se a reprimenda não fosse suficiente, Hobbes acusa a ciência política dos Antigos de promover consequências civis e morais desastrosas. Hobbes prolonga a sua luta contra a ciência política dos Antigos transformando-a numa escola de sedição política e geradora das tensões típicas da guerra civil. A ignorância dos verdadeiros princípios dos "direitos de Estado", eternizada por um fascínio tolo pela autoridade dos Antigos, era, nem mais, nem menos, responsável pela catastrófica guerra civil que dilacerou a Inglaterra no século XVII. À incompetência científica devia ser acrescentada a denúncia das ilusões dos Antigos, bem como da imoralidade das consequências dessas ilusões sobre o mundo humano. É também devido ao ultraje moral que Hobbes escreve a sua obra sobre política. Dito de modo simples, uma má ciência tem consequências catastróficas sobre o mundo dos homens. Não é, portanto, apenas o desejo de conhecer que deve levar o homem a procurar a verdade, mas também uma preocupação moral de primeira ordem.

Claro que a filosofia moral de um Aristóteles também serve um propósito especificamente moral, por mais moderado que fosse. O problema da ética aristotélica, segundo a perspectiva hobbesiana, reside na incompreensão do único verdadeiro fim que as virtudes prosseguem, a manutenção da paz enquanto condição crucial para a preservação individual. A fixação na moral de Aristóteles de um ilusório *summum bonum* constitui uma outra fonte de discórdia ou de início de conflito. Pois, de acordo com Hobbes, tais especulações apenas encorajam os indivíduos a discutir sem término sobre uma perfeição inexistente. A filosofia torna-se num instrumento da vaidade, com toda a divisão e inimizade que daí resulta. Mais: a filosofia moral de Aristóteles incentiva cada indivíduo a ajuizar as suas paixões e a sua conduta de acordo com um padrão exterior. O problema coloca-se quando esse padrão de bem e mal se individualiza, tornando-se numa mera projecção da subjectividade. Por incrível que pareça, Hobbes – como salienta Berkowitz – vê na *aristotelity* uma forma de emotivismo. Somente com a consciência de que a paz e a segurança entre os indivíduos é o único propósito da virtude moral é que será possível definir a verdadeira filosofia moral racional. Somente no momento hobbesiano da ética será viável a percepção de um padrão universal eficaz no juízo da conduta dos homens, porquanto o bem que essa ética pretende preservar, por ser radicalmente imanente à própria existência, será reconhecível por todos. Chegaremos a "leis de natureza" ou a "virtudes morais" "fáceis de obedecer", na medida em que "obrigam apenas a um desejo e a um esforço" "não fingido e constante".

Se a soberania substitui o regime político enquanto categoria primordial da ciência política, a cidade passa a ser definida de acordo com as condições de exercício do poder soberano em detrimento de qualquer outro critério. Bodin afirma-o sem rodeios. A cidade define-se pelo poder, e por um poder particular, pois a soberania é o poder "absoluto e perpétuo de uma República". De acordo com a leitura de Bodin, soberania é o sinónimo moderno da *majestatem* latina ou da *segnoria* (*sic*) italiana; é, em suma, o maior poder de comandar os homens. A soberania é, portanto, poder *absoluto*.

Apesar da derivação parecer implicar a indistinção entre o poder soberano e o poder tirânico, entre muitos partidários da monarquia do *Ancien Régime* era notório o esforço de se separar o *pouvoir absolu* do monarca, por um lado, do *pouvoir arbitraire*, do outro. O poder soberano pode não ser arbitrário, mas é certamente absoluto. Segundo Bodin, o poder é absoluto porque não está limitado por nenhumas leis, lição que Hobbes aprendeu muito bem. O ditador da república romana, agindo por *comissão*, não era soberano porque a soberania não está limitada nem no poder, nem nas competências, nem no tempo. O soberano só presta contas a Deus. Não está limitado por nenhuma lei porque a soberania consiste no poder para *fazer* as leis. As leis produzidas pelo soberano apenas podem provir da sua "vontade pura e livre". E o absoluto do poder localiza-se na última instância de decisão irrevogável. O senado na república romana não constituía, no entender de Bodin, o *locus* da soberania porque não comandava, apenas aconselhava. Não que o senado não tomasse muitas decisões sobre variadíssimos domínios da política romana. Mas as suas decisões tinham um carácter provisório ou condicional. Em contraposição, o poder soberano é *incondicionado*. Se o povo romano podia confirmar ou revogar as decisões do senado, então esse facto é indicativo de que em Roma era o povo o agente da soberania. Quem tem o poder de *ratificar* detém o poder soberano. O senado tinha por função aconselhar e nada mais. Isso pode ser considerado "dignidade" e "autoridade", mas nunca poder soberano. Logo, o senado não comandava, e, portanto, a república romana era um estado "popular". A "autoridade" do senado não passava de um atributo secundário relativamente à realidade do poder soberano. A autoridade como elemento crucial da governação aristocrática é esvaziada do seu conteúdo quando comparada com algo tão insofismável quanto o poder de decidir definitivamente e de *comandar*.

Não há "República", ou, por outras palavras, não há cidade sem poder soberano que una todas as suas partes. Porquanto não é a urbe, nem os indivíduos que a compõem, que fazem a cidade, mas a união de um povo sob um mesmo domínio soberano.

A cidade emana da união de todos os "corpos" particulares só possibilitada pela existência do poder soberano. Por conseguinte, a cidade muda de identidade quando ocorre um *changement de République*, que não é mais do que a alteração dos agentes que exercem o poder soberano, como quando a soberania de um povo se torna no poder de um só "Príncipe". Mudanças nas leis, ou nos costumes, ou na religião, são consideradas inconsequentes ou secundárias quando a soberania permanece. Por outro lado, pode acontecer que a "República mude de Estado", ou seja, que a soberania mude de tipo de agência política, mantendo-se as leis e os costumes. Esta possibilidade é especialmente elucidativa, pois demonstra que a soberania é neutra quanto aos conteúdos de vida da cidade. O elemento mais importante da política, ou deveríamos dizer, o único elemento importante da política, não determina as leis, nem os costumes da cidade.

Com este novo aparelho conceptual, Bodin pode finalmente proceder ao desmantelamento das tipologias provenientes da ciência política dos Antigos. Evitando as "confusões" de Aristóteles, é possível dizer que há três, e apenas três, tipos de Estado. Estes variam conforme o número de detentores do poder soberano. Há Estados monárquicos (quando a soberania reside num só); aristocráticos (quando a soberania reside na "menor parte do povo"); democráticos (quando a soberania reside na totalidade do povo). São estas as diferenças "essenciais" e "formais" por contraposição à obsessão dos Antigos com "acidentes" "inumeráveis". Assim, é possível afastar definitivamente o "Labirinto infinito" a que os Antigos tinham o atrevimento de chamar ciência política. Seguir os Antigos significaria a rejeição da racionalidade e a opção pelo absurdo.

Um dos exemplos mais ilustrativos da obsessão dos Antigos com coisas acidentais era o exame das virtudes e dos vícios dos governantes. Mas Hobbes aprende com Bodin que não pode aceitar tal prioridade. Não só a insistência num tamanho critério, na ausência de um padrão de bem e mal, arrastaria discussões infinitas, com a correlativa conflituosidade. Mais do que isso, o exame dos vícios e virtudes dos governantes constitui uma orientação estéril quando se trata de definir as bases racionais do Estado. A origem do poder soberano, bem como as condições de exercício desse poder e a cidadania que o permite, são os verdadeiros fins da ciência política. O Estado que se enquadre nos elementos da nova ciência política condena à futilidade qualquer discussão sobre os vícios e virtudes dos seus governantes. O soberano, o governante soberano, em Hobbes, pode ser um homem qualquer, um homem *comum*.

Logo em 1657 é publicada uma violenta crítica a *Leviatã* onde, entre outras coisas, se nota que Hobbes aceita de Bodin a rejeição da preocupação com as virtudes e vícios dos governantes. O tema do *bom governo* é radicalmente desligado do *bom governante*. Mas George Lawson, o autor da refutação de *Leviatã*, não se resigna. Toda a forma de governo, por mais excelente que possa ser, sem bons governantes será sempre "vã". A tipologia de Hobbes, no entender de Lawson, não chega a ser uma "distribuição em espécies ou tipos" de governo, mas apenas uma diferença "acidental", pois surge de diferenças relativas à disposição do número de governantes supremos: um, poucos (ou vários) e muitos. Independentemente do número de governantes, na tipologia de Hobbes os "actos essenciais do Governo" são os mesmos em todos os Estados. Somando as premissas da teoria da soberania de Hobbes e a desvalorização dos critérios tradicionais de distinção entre regimes políticos, não surpreende que oligarquias e tiranias sejam consideradas apenas enquanto diferentes *nomes* para as aristocracias e monarquias, apesar do protesto de Lawson segundo qual "estes nomes não significam *quimeras*, mas entidades reais" [282].

Separar o *bom governo* do *bom governante* tem uma outra consequência importante. A ciência política apenas fornece proposições teóricas acerca da geração e estrutura do Estado. E tal é considerado suficiente para cumprir a finalidade moral do Estado. Desde que a institucionalização do Estado esteja assente numa ciência correcta, os bens que se podem esperar da vida social são gerados automaticamente. Assim, desta ciência da política, do esforço humano para compreender a realidade política, fica excluída a *arte* da política, isto é, a acção do estadista. O exame – rejeitado por Hobbes – dos vícios e das virtudes dos governantes também se inscreve numa tentativa de compreender e analisar aquele actor crucial para a saúde da cidade, o político ou

---

[282] *An Examination of the Political Part of Mr. Hobbs His Leviathan*, pp. 36-38.

o estadista. Perante as contingências das circunstâncias imprevisíveis da vida política, o estadista recorre às suas qualidades para obter a resposta mais apropriada. Segundo esta perspectiva, não há esquema institucional que possa absolver definitivamente o cunho particular do estadista. Ora Hobbes afirma sem rodeios que "o talento de fazer e conservar Estados consiste em certas regras, tal como a aritmética e a geometria, e não (como o jogo de ténis) apenas na prática" [283]. Aqui, como ao longo da sua obra, Hobbes é plenamente coerente com o seu projecto, mesmo que isso implique exigir exactidão de um domínio do conhecimento resistente a semelhante esforço. John Bramhall, o autor de *The Catching of Leviathan or the Great Whale* de 1658, denuncia precisamente esta passagem como "muito imprópria" e "muito falsa". O que Bramhall contrapõe é sensivelmente o que a ciência política dos Antigos sempre afirmou: a política e "as circunstâncias de tempo, lugar e pessoas, não é de modo algum como a Aritmética nem como a Geometria", as quais são por natureza "abstracções da matéria". Pelo contrário. Bramhall devolve a comparação a Hobbes. A política é questão de prática e, portanto, muito mais parecida com o "jogo de Ténis". "Um jogo de Ténis tem as suas vicissitudes, assim como os Estados".

> Um jogador de Ténis tem de mudar a sua jogada em cada golpe, de acordo com a ocasião e com os acidentes: assim têm os Estadistas de mover o seu leme de modo diferente, de acordo com as várias faces do céu. Aquele que lida com uma República através de regras gerais, arruinar-se-á rapidamente e àqueles que estão comprometidos com o seu governo. O que é carne para um homem é veneno para outro; e o que são regras Saudáveis para uma Sociedade num determinado momento, podem ser perniciosas para outra Sociedade, ou para a mesma Sociedade num outro momento. Algumas Nações são como Cavalos, uns mais pacientes com os seus cavaleiros do que outros; e as mesmas Nações são mais pacientes num dado momento do que noutro. Em suma, as regras gerais são fáceis, e não significam muito na política. A quintessência da política consiste na aplicação destra e habilidosa daquelas regras à matéria [284].

---

[283] *Leviatã*, cap. XX.
[284] *The Catching of Leviathan, or the Great Whale* in *Leviathan*, pp. 140-141.

Quem supõe o governo e a política matérias de teoremas geométricos pode dispensar governantes virtuosos. Este passo é o início, mas *apenas* o início, daquilo a que Carl Schmitt chamou a "tecnologização do Estado". Entender o Estado como uma "máquina artificial" é o mesmo que entendê-lo como um instrumento tecnicamente neutro. A virtude ou a excelência no governante torna-se irrelevante e a pretensão aristocrática absolutamente *obsoleta*.

Hobbes absorve impecavelmente a teoria da soberania de Bodin. Mas acrescenta-lhe algo de seu, particularmente no que toca aos limites e ao fundamento da soberania. A teoria da soberania de Bodin e dos seus contemporâneos reconhecia alguns limites ao poder soberano. A lei de Deus e a lei natural forneciam limites que nenhum soberano podia, com direito, exorbitar. Mas se se quebra a crença de que governantes e governados estão unidos pela fé cristã, ou se a lei natural sofre uma redefinição radical, as restrições mencionadas entram em colapso. Assim, a emancipação da sociedade face aos comandos políticos e religiosos inaugura a tendência de desvalorização da importância do próprio domínio político. Esta tendência revela a atracção que um modelo da política como superstrutura – mais ou menos independente – de uma infra-estrutura fundamental poderia exercer sobre a ciência política europeia. Neste movimento inscreve-se, em letras mais grossas do que todos os outros, o nome de Hobbes. Jouvenel fala-nos da revogação dos limites à soberania por três factos históricos: a irreligião, o positivismo legal e a soberania do povo. Pode-se dizer que Hobbes deu o seu contributo para a afirmação de todos estes factos históricos.

Com a aceitação da passagem do regime político para a soberania, da passagem da ciência política do ser para a do poder, Hobbes confirma a ideia de que toda a forma social tem por base o poder absoluto. O poder soberano é absoluto por resultar da transferência do poder absoluto do indivíduo no estado de natureza. Ora o que preocupa Lawson é o facto da ausência da "menção da razão, ou da justiça, ou da lei" na teoria hobbesiana do governo. Tanta insistência no *juízo soberano*, na sua *vontade* e no seu *poder*, é essencialmente estranha para a ciência política que Lawson herdou de Aristóteles porque o primeiro "pode estar cego", a segunda "pode estar corrupta" e o terceiro "pode agir mais como uma besta, do que como um homem". Com Hobbes, a instância política, o Estado, torna-se neutro ou indisputável, ao contrário do ensinamento de Aristóteles que via no tema específico do regime uma fonte de divisões políticas na cidade, quanto mais não fosse pela diversidade factual de regimes, e pela evidência de que cada um dos regimes avança a pretensão de que é o melhor, o que proporciona lealdades políticas diferentes entre os cidadãos. Mas, para Aristóteles, a divisão política dos cidadãos quanto aos regimes fornece não só a indicação das paixões políticas que cercam a cidadania, como constitui o ponto de arranque para a reflexão filosófica sobre o melhor regime.

Para não ser acusado de inconsequência, Lawson avança uma outra definição de *common-wealth*: "É uma comunidade de homens ordenadamente sujeitos a um poder civil supremo, de modo a poderem viver de modo pacífico em toda a piedade e honestidade". Nesta definição é possível identificar "a comunidade, enquanto Matéria", o "supremo Poder civil informando esta Matéria" e a "sujeição ordeira" ao poder político em vista da "paz e da vida boa". De seguida, Lawson corrige Hobbes quando este pretende tornar equivalente a *civitas* dos latinos à sua designação *commonwealth*. Lawson aponta o que lhe parece óbvio, que *civitas* corresponde a *polis*, não a *politeia*, e que Hobbes devia ter optado por *respublica* se queria fornecer um sinónimo latino de *commonwealth*. Mas, por intermédio da observação de Lawson, podemos notar como Hobbes utiliza uma simples discussão terminológica para subtilmente atacar a relação entre forma e matéria que suporta a noção de *politeia*, de regime político, e com isso a própria noção de *politeia* ou de *respublica*. Lawson compreende também como a quase redução do regime político à sua matéria permite a Hobbes escusar-se da discussão de um "laço mais estreito" entre os homens que se associam para formar o Estado. Esta mudança de perspectiva sobre o Estado permite ainda a Hobbes omitir motivos de associação entre os homens ulteriores e mais nobres do que a mera segurança.

O desaparecimento do regime político acarreta a distinção moderna entre sociedade e Estado. Hobbes pode ser considerado um dos pais dessa distinção, na medida em que separa o estado de natureza do estado civil. O Estado já não pode ser confundido com a "sociedade civil" porquanto o Estado, enquanto coisa artificial (ou "pessoa artificial"), é a consequência da soberania da vontade. E é preciso sublinhar que a afirmação da artificialidade do Estado decorre da negação de que o homem é um animal político. Se o homem não procura naturalmente a vida em sociedade, então o Estado apenas existe por ser criado pelos homens. O Estado, como qualquer outra máquina, é *feito* pelos homens. Enquanto tal, o Estado separa-se da "sociedade" porquanto o primeiro deve a sua existência à função necessária de regulação da última. Muito mais natural do que o Estado é, então, um estado de natureza pré-social. Como esse estado de natureza é definido como uma condição de conflito radical, de guerra civil, o Estado criado para resolver esse conflito não terá por finalidade criar as condições de *actualização* da natureza humana, mas apenas impedir as condições de *destruição* da natureza humana. Falar de regime político, implicando assim um lugar comum resultante da deliberação sobre o bem, a justiça, a utilidade e a conveniência, não faz sentido. Por um lado, a radicalização da individualidade da existência humana impede a concepção de uma deliberação política que pressuponha uma tarefa colectiva da cidade como um todo. Por outro lado, no estado de natureza, ou seja, na "condição natural da humanidade" anterior às leis, não existe bem, nem mal, nem justiça, nem injustiça. Apenas existem desejos e aversões em toda a sua subjectividade insuperável.

Aristóteles insistia em dizer que "a causa da existência de muitos regimes políticos deve-se ao facto de todas as cidades possuírem uma pluralidade de partes". Parece significar que existem diferentes pretensões de governo, vocalizadas pelas diferentes partes da cidade. As partes da cidade afeiçoam-se a diferentes pretensões, e, em diferentes lugares, partes diferentes da cidade alcançam a primazia política gerando assim regimes políticos substantivamente diferentes. Mas no estado de natureza de Hobbes não há uma pluralidade de partes, mas uma multiplicação de entes iguais, os indivíduos iguais. O problema de Aristóteles é resolvido por simplificação. Essa simplificação reduz o campo de possibilidades da política. A única expressão política que pode brotar do estado de natureza é o consentimento individual – materializado no pacto – e o seu efeito político imediato, a soberania ou o poder absoluto. Pois é de poder, de um poder absoluto, que precisamos para calar o conflito natural que ameaça a natureza. Da individualidade pura segue-se o poder em estado puro. A necessidade de travar o conflito resultante da coexistência de várias individualidades subordina ideias abrangentes de justiça.

Por um lado, a constituição da comunidade é fundamentalmente um exercício de soma: soma de indivíduos, soma de direitos, soma de poderes. A comunidade é questão de quantidade. Porém, a vida em comunidade deveria pressupor uma apreciação qualitativa quanto aos conteúdos que a vida social tenderia a projectar, o que nos conduziria ao debate sobre a justiça que ocorre entre as partes da cidade, segundo a descrição aristotélica. Mas Hobbes, ao negar a existência de partes e ao afirmar a presença de indivíduos iguais, indica-nos pela mesma via que apenas existem opiniões subjectivas sobre a justiça e a injustiça, as quais na sua multiplicidade se cruzam e anulam, destruindo, assim, a possibilidade de um diálogo inteligível sobre o bem da cidade.

No famoso capítulo XIII de *Leviatã* dedicado à "condição natural da humanidade", Hobbes apresenta-nos uma multiplicidade de indivíduos cujos laços sociais ou agrupamentos entre si foram totalmente dissolvidos. É o medo, é o terror do outro, que reúne indivíduos assim atomizados. A totalidade que cada indivíduo constitui gera a guerra de todos contra todos; o medo da morte violenta fornece o único caminho para a sociedade dos homens. O soberano é, não só resultado da conjunção de vontades individuais, mas mais fundamentalmente o produto da multiplicação da angústia de indivíduos que temem morrer às mãos dos seus semelhantes. É o medo e a angústia, e não a vocação política do homem, que trazem a sociedade. O homem não é um animal político: é um animal que receia, e que, na sua individualidade, compreende que precisa de uma solução colectiva para reparar um problema individual.

Mas se o conflito é a condição *natural* da humanidade, é mais necessário dizer que a abolição do conflito através da criação do Estado representa o primeiro passo do trabalho humano na conquista da natureza. Porquanto a natureza ou a condição natural é sinónimo de desordem, e a ordem só pode ser reposta pelo esforço especificamente humano. A Natureza é o "princípio de desordem". Não resta senão verificar que Hobbes coloca o homem – o criador de ordem ou o artífice – no exterior da natureza, com a qual estabelece uma relação de rivalidade e em relação à qual descobre um desígnio de domínio ([285]). A soberania aparece como o conceito político fundamental gerador de um ponto de estabilidade num universo marcado pela mutabilidade e pela ausência de ordem. Convém notar que Hobbes não é o primeiro autor a mobilizar a soberania para a execução desta função; apropria-se e expande as bases lançadas por Bodin ([286]). É desde o momento do seu nascimento que a soberania assume este papel. É pela mesma razão que a soberania assume desde o primeiro momento um carácter absoluto ou ilimitado. Apenas o poder e o *direito* absolutos criariam esse ponto fixo de estabilidade. E é também pela mesma razão que a soberania é *indivisível*. A unidade, que não pode aspirar a mais do que à indivisibilidade, é a qualidade que se opõe à radical desunião do mundo não-político.

A política, na opinião de Bodin e de Hobbes, precisa urgentemente de uma fundação firme. Ora a base dessa fundação não pode ser a História, nem a Natureza. A primeira apenas exibe desordem e uma variabilidade insusceptível de arrumação; é estéril no que diz respeito à definição de princípios universais essenciais para que a fundação da política seja firme e resistente. A História evidencia apenas o *summum malum*. A última, a Natureza, não contém nenhum princípio de ordem, para além daquele que indica que cabe ao homem impor ordem. Assim, as duas dimensões estruturantes da existência humana reprovam no teste decisivo: se estão aptas, ou não, a fornecer os princípios universais de ordem que a política requer. Por um lado, vemos que a soberania é um elemento que se procura situar, por assim dizer, fora do tempo; ou, noutros termos, a soberania tenta cristalizar a ordem política, situando-a num presente contínuo. Rousseau, discípulo de Bodin e de Hobbes, percebeu-o bem.

([285]) Strauss, *The Political Philosophy of Hobbes*, trad. inglesa Elsa M. Sinclair (Chicago, 1984), pp. 123, 168.

([286]) Ver Dan Engster, "Jean Bodin, Scepticism and Absolute Sovereignty", *History of Political Thought*, vol. XVII, nº 4, 1996. pp. 471-478.

Apesar de não cristalizar a vida política – sendo *vontade*, isso seria impossível – o conceito de soberania não deixa de se situar constantemente contra o passado e contra o futuro. Sendo vontade, é eternamente presente. Só assim a soberania poderá ser ordem. Por outro lado, a Natureza oferece o quadro a partir do qual o homem se mobiliza para superar a Natureza. A Natureza evidencia apenas o *summum malum*.

Acrescentemos que o indivíduo libertado por Hobbes de toda a obrigação natural e, por conseguinte, comum, apenas pretende da vida social a eliminação dos obstáculos à livre e radicalmente subjectiva prossecução da felicidade. A própria expressão "bem comum" torna-se problemática. É preciso, portanto, perceber que a emancipação do indivíduo tem como consequência (teórica e política) a emancipação da soberania. Esse é o resultado da dedução operada por Hobbes das necessidades do indivíduo. Como foi observado, a experiência da individualidade enquanto experiência humana por excelência é o ponto de partida da teoria política de Hobbes. O "eu" é, não só o protagonista da obra de Hobbes, mas verdadeiramente a sua única personagem.

Vimos como Hobbes acusa os Antigos de envolverem as opiniões particulares acerca do bem e da justiça na sua análise da realidade política, de não conseguirem operar uma separação eficaz entre a realidade e a opinião subjectiva que a respeito dela formam. Ora uma das condições mais imprescindíveis na construção política de Hobbes é que todas as pretensões de poder ou de governo (e não apenas as reivindicações dos partidos religiosos) sejam radicalmente desvalorizadas ou "desqualificadas". O poder é desligado das opiniões da cidade, do diálogo que decorre na cidade, para ser criado voluntariamente. Se o poder for um "poder puro, cujo conteúdo seja apenas ele próprio e cuja causa seja a pura vontade", esse poder encontra-se destacado e desprendido de *qualquer* opinião, e também por isso, imune aos ataques inevitavelmente desferidos contra qualquer opinião [287]. Como qualquer opinião política, incluindo uma opinião acerca do poder, é em si mesma parcial e insuficiente, para não dizer simplesmente falsa; como todas as opiniões estão envolvidas num debate interminável e incapaz de decidir qual dessas

---

[287] Manent, *A Cidade do Homem*, p. 236.

opiniões é a melhor; é imprescindível que o poder não esteja associado a nenhuma opinião em particular. Não só porque de um ponto de vista científico isso significaria que o poder assentava numa base tão frágil quanto a mediocridade de determinada opinião política, mas também porque o poder sendo, não imparcial, mas *neutro* ou *puro* consegue evitar o desgaste que qualquer opinião sofre estando envolvida numa discussão com todas as suas concorrentes. Só a *neutralidade* do poder autoriza a sua instituição, já que a função do soberano é tornar presente o juiz que dirime as controvérsias entre indivíduos e cuja ausência no estado de natureza fazia deste um estado de guerra lamentável.

Existe um estado de natureza das opiniões; na verdade, o estado de natureza de Hobbes *é também o estado de natureza das opiniões*. Hobbes reconhece explicitamente que os homens são levados a atacar os outros, fazendo naturalmente uso da violência, por considerações de "reputação", nas quais estão incluídas a "diferença de opinião". A vaidade ou a vanglória é a paixão humana que subjaz à suposição por alguém da sua capacidade e da sua superioridade. Esta é mais uma das manifestações da paixão nociva de ser o primeiro, de estar acima dos outros, de *sentir*, através do reconhecimento dos outros, que se está acima deles. Esse desejo de superioridade exprime-se também através da opinião, nomeadamente da opinião política; a opinião é, uma vez mais, a máscara que procura esconder o desejo de poder. Se no estado de natureza "nada pode ser injusto", se aí "as noções de bem e de mal, de justiça e injustiça, não podem ter lugar", então nenhuma opinião pode aspirar a um lugar cimeiro. Não existem nem boas, nem más opiniões; nem sequer opiniões radicadas nalguma das faces da justiça ou do bem, por parciais que fossem. Nenhuma opinião ou pretensão consegue transcender a sua subjectividade; logo, nenhuma consegue adquirir o carácter de objectividade suficiente para garantir a sua justificação. O bem e o mal apenas têm um fundamento subjectivo, na medida em que "seja qual for o objecto do apetite ou desejo de qualquer homem, esse objecto é aquele a que cada um chama *bom*; ao objecto do seu ódio e aversão chama *mau*". As "palavras «bom», «mau» e «desprezível» são sempre usadas em relação à pessoa que as usa", pois "não há nada que o seja simples e absolutamente, nem há qualquer regra comum do bem e do mal que possa ser extraída da natureza dos próprios objectos". As opiniões que expressam os desejos são tão individuais quanto estes. O conflito maximizado pela diversidade e choque de opiniões só pode ser curado pela redução dos juízos individuais a um juízo comum aceite por todos.

Mas como opera Hobbes a redução das múltiplas opiniões e vontades particulares sem sacrificar a individualidade estrita da vontade e, portanto, a própria individualidade? Em primeiro lugar, podemos sublinhar que a redução das vontades a uma vontade pública só se determina no domínio dos imperativos da segurança e da paz. É claro que para Hobbes, como para qualquer homem inteligente, a questão da paz e da segurança abrange uma área muito vasta de preocupações e, por conseguinte, de alcance das opiniões. Tal não quer dizer que as consequências que Hobbes extrai desta relação sejam partilhadas por todos os homens inteligentes. Segundo Hobbes, é direito do soberano "ser juiz de quais as opiniões e doutrinas que são contrárias à paz, e quais as que lhe são propícias": as opiniões nocivas estão sujeitas a rigorosa censura. Contudo, é nítido o esforço de operar a redução das vontades apenas nos assuntos *urgentes* ou *fundamentais*.

Em segundo lugar, e o que é mais importante, percebemos que a redução das vontades individuais a uma vontade pública realiza-se por recurso a uma ficção, a uma ficção desejada por se tratar da condição necessária para o fim do estado de guerra. Cada um compromete-se a agir *como se* a vontade do soberano fosse a *sua própria* vontade. Trata-se de uma ficção porquanto não ocorre nenhuma síntese de vontades, nem nenhum processo de integração de uma vontade pela outra, nem da formação de um juízo intersubjectivo. A vontade é o que é no estado de natureza: intransferível e inalienável. A vontade do soberano é a vontade do soberano; a minha vontade é a minha vontade. Mas eu disponho-me a aceitar a vontade do soberano como se fosse a minha vontade. De outro modo: eu nego em mim a condição de juiz e cedo-a ao soberano.

O poder, por seu lado, não é parcial, não radica em nenhuma opinião particular; o poder está acima de todas as opiniões e, portanto, acima de todas as controvérsias. O único *fundamento* do poder (puro) encontra-se na vontade (pura) – dos indivíduos que o constituem aquando do Pacto; o único *conteúdo* do poder (puro) é também uma vontade (pura) – a vontade do soberano. O Estado adquire finalmente o cariz de um instrumento tecnicamente neutro. A neutralização do Estado, que começa necessariamente pela neutralização do conceito de regime político, significa a neutralização da verdade (de qualquer verdade) em política. A verdade da necessidade – a necessidade de escapar ao medo da morte violenta – sobrepõe-se a qualquer concepção substantiva de justiça ou de bem. A verdade da necessidade revela que é a necessidade que define a justiça e que o maior bem é evitar o mal supremo. O momento hobbesiano é o momento a partir do qual as leis políticas se tornam finalmente independentes do seu conteúdo intrínseco e justificam-se a si mesmas pelo simples facto de serem comandos soberanos. A universalidade do *Leviatã* é permitida por esta cisão entre a lei e os valores ou os conteúdos de verdade que se diferenciam e que são diagnosticados como causa inevitável de conflito. Mais: se as concepções substantivas do bem portadoras de uma pretensão de verdade são responsáveis pelo conflito, ou dito de outro modo, se aquelas não conduzem à paz, então, por esse motivo, não podem ser verdadeiras, sendo legitimamente proibidas. Tal como a uma máquina, a única exigência que recai sobre o Estado diz respeito à sua funcionalidade. A "verdade" de uma máquina corresponde apenas à funcionalidade. Uma máquina ou um Estado não são justos nem injustos; ou são funcionais, ou não o são.

    O facto natural que funda as leis de natureza, que apontam para a solução soberana, consiste na aversão humana mais básica e mais sóbria: o medo da morte violenta. É da efectividade do medo que emerge a sociedade humana pacífica. O absoluto no humano descobre-se neste medo particular, que tem por desejo correlativo o desejo de auto-preservação. Se o desejo de auto-preservação indica e encerra o absoluto no homem, é nesse desejo que se afirma o indivíduo enquanto sujeito de um direito. Todos os deveres a que o indivíduo possa estar sujeito são secundários ou derivados deste direito fundamental. Por conseguinte, a função do Estado, de qualquer Estado, é proteger esse direito individual. Todas as pretensões de governo que atribuam à sabedoria a justificação da soberania – se assim podemos dizê-lo – falham na percepção do verdadeiro fundamento do governo, pois se cada indivíduo é o único juiz dos meios apropriados para a sua preservação, então é razoavelmente lógico que se deduza a prioridade do consentimento sobre a sabedoria. O estado de natureza está aí para demonstrá-lo. A expressão da soberania – e das leis que emanam da sua *vontade*, não da deliberação racional – resume-se ao *dictum* peremptório: *Auctoritas, non veritas facit legem* (288).

Precisamos ver como o estado de natureza permite elucidar a base racional do "Estado por instituição". Se a soberania é elemento de importância insuperável na estrutura do Estado convém compreender o seu fundamento. Sendo a soberania o efeito de uma causalidade humana é da essência da construção teórica de Hobbes que essa causalidade ministre o princípio político primordial. A análise do "pacto" criador da soberania, e consequentemente da comunidade política fornece os elementos fundamentais da realidade política. Foi já mencionado como é o direito natural do indivíduo que fornece a Hobbes o elemento formador da soberania, o que implica a necessidade do consentimento individual na construção da cidade. A instituição do Estado apenas é possível com base no consentimento individual, que cria uma relação de *representação* entre súbdito e soberano. Na realidade, a unidade da comunidade ou do corpo político não é mais do que essa relação. Todos os indivíduos encontram o seu representante na figura do soberano. Por intermédio do pacto, e do consentimento individual do qual o pacto é a expressão jurídica acabada, todos os actos do soberano são *autorizados* pelas partes pactuantes. Na linguagem de Hobbes, cada indivíduo pactuante é *autor* desse grande *actor* que é o soberano. Este é portador de *autoridade* – no significado peculiar que Hobbes lhe dá –, tendo em conta que é criatura dos seus *autores*. A obrigação adquire por meio da construção do grande "homem artificial" o único conteúdo que pode assimilar.

A obrigação civil, os deveres da cidadania, a obediência à vontade e juízos do soberano, são, em virtude da realização do pacto, imperativos cujos desvios são punidos criminalmente. Mas

---

(288) Hobbes, *A Dialogue between a Philosopher*, p. 5. Ver *Leviatã*, XXVI. Ver ainda a muito elucidativa discussão acerca dos milagres em *Leviatã*, XXXVII, XLII.

isto é o mesmo que dizer que a obrigação civil, isto é, *toda e qualquer* obrigação individual provém de um primeiro momento de consentimento individual. E de tal maneira Hobbes não prescinde da experiência da individualidade que a entrada do indivíduo na sociedade não modera, nem transforma, a intransmissibilidade das propriedades individuais num qualquer desígnio comunitário. Se o consentimento do indivíduo é necessariamente um acto de vontade, a comunidade agora edificada não vai pressupor nenhuma comunhão de vontades. As vontades individuais transitam para o estado civil intactas. É verdade que no estado civil a vontade do soberano, por ser uma *outra* vontade, se contrapõe à vontade do indivíduo. Mas tal facto em nada contradiz a preservação da individualidade, nem do princípio do consentimento. Muito simplesmente, no estado civil a vontade do soberano passa a ser incluída pelo indivíduo como mais uma obstrução externa à sua acção. A lei civil contraria sempre a liberdade individual, mas ainda assim Hobbes apela à ficção de acordo com a qual cada indivíduo reconhece a vontade do soberano como a sua, embora Hobbes nunca ouse identificá-las. É a solução possível para o insofismável choque entre duas vontades irredutivelmente distintas. E como Hobbes admite, quando a vontade soberana infringe a condição vital para a acção de acordo com a vontade individual, ou seja, quando a vontade soberana põe em causa a auto-preservação, o súbdito pode resistir-lhe.

No ambiente de desacordo geral que é o estado de natureza só é possível concordar que todos e cada um dos homens se defendam legitimamente do ataque alheio. Perante a impossibilidade de um discurso racional sobre o *bem*, é menos estranho que Hobbes pronuncie o direito natural *a todas coisas* como direito natural *individual*. No estado de natureza, cada indivíduo tem direito a tudo, inclusivamente aos "corpos" dos outros indivíduos. O direito natural decorre da igualdade natural entre os homens. Como o único juiz dos meios necessários à realização do desejo fundamental, o da auto-preservação, é cada indivíduo em causa própria, então não há maneira de decidir externa e objectivamente quais os meios autorizados por uma putativa lei natural para prosseguir o fim de cada homem. A única solução congruente é, segundo Hobbes, conceder a todos os homens um direito natural a todas as coisas, a todos os meios, pois não há nenhum juiz que possa decidir quais os meios necessários e quais os supérfluos, quais os legítimos e quais os ilegítimos. Cada indivíduo sabe, ou pensa saber, o que é melhor para si; mas, como esse juízo é radicalmente subjectivo, é de direito que ele possa recorrer a *todos* os meios: "no estado de natureza a Medida do direito é a utilidade [*utilitas*]".

Por aqui se vê que os indivíduos humanos no estado de natureza de Hobbes não são fragmentos insignificantes num mundo caótico que os esmaga. Hobbes não desvaloriza o valor da individualidade; pelo contrário, considera a individualidade como poucos. O problema do estado de natureza de Hobbes, a guerra de todos contra todos, não resulta de os indivíduos não serem nada, mas de serem tudo. Na verdade, a guerra de todos contra todos é constituída por choques múltiplos, incessantes e inevitáveis entre direitos totais, entre indivíduos que são totalidades. A perpetuidade da guerra no estado de natureza é assegurada pela igualdade dos combatentes. Mais: a única autoridade perante quem o indivíduo responde pelas suas fantasias, pensamentos e acções é ele próprio. O absurdo desta guerra é confirmado não só pela precariedade do bem primário que é a vida, mas também por esta ser uma guerra que ninguém pode ganhar.

Assim, o elemento basilar da teoria política de Hobbes é só um: o indivíduo portador de direitos. O indivíduo é já um todo, mesmo antes de qualquer lei, mesmo antes de qualquer filosofia, mesmo antes de qualquer moral, mesmo antes de qualquer religião. O indivíduo já tem nele "a origem suficiente de todas as suas acções, de direito e de facto". "Todo o homem, antes da lei, é um todo que se basta a si mesmo". No seu interior, é possível encontrar a "causa" da lei, a "causa" da filosofia, a "causa" da moral, a "causa" da religião. Todas estas alegadas dimensões da existência natural são, no fundo, construções de "causas" imanentes ao próprio indivíduo. Ora o que é muito relevante para os nossos propósitos é que "esta ideia de que o homem é tudo o que é anteriormente a qualquer lei, política ou religiosa, será uma componente central da consciência de si do homem democrático" ([289]).

([289]) Manent, pp. 47-49.

Podemos dizer que na obra de Hobbes o modo de geração do Estado e, em última análise, o seu princípio de legitimidade são essencialmente democráticos. Todos os efeitos da causalidade a que Hobbes chama pacto são criaturas do consentimento daqueles que a esses efeitos se sujeitam. Hobbes, o autor que detesta a democracia, confessa que o mero facto do encontro dos vários indivíduos para constituírem a *commonwealth* deve ser descrito, desde logo, como uma democracia. As decisões que tomam por mútuo acordo geram obrigações em virtude do facto de os indivíduos se terem reunido voluntariamente. Cada um dos homens assim reunidos tem direito de voto: eis a confirmação de que o pacto se trata de um acto democrático. Hobbes, um autor, repita-se, que censurava em termos veementes os resultados da democracia, permite-nos testemunhar a verdade que atesta a democraticidade intrínseca das teorias contratualistas. Todas as teorias do Estado que o pretendam fundar na figura jurídica do contrato social, independentemente dos seus contornos posteriores, são teorias democráticas do Estado. Consideremos a opinião de Montesquieu quando relata um dos méritos das repúblicas *democráticas*: "(...) a *douceur* que deve inspirar uma forma de governo que cada um parece ter dado a si mesmo" ([290]). Ora o contrato social é uma forma embrionária da concessão de uma forma de governo por parte de cada um a si mesmo. Forçando o paralelo do sentimento republicano descrito por Montesquieu com a experiência do indivíduo no momento do pacto, temos de concluir que o contrato social é, pelo menos embrionariamente, democrático ou republicano.

É irresistível mencionar a reacção à obra de Hobbes por parte de alguns indefectíveis monárquicos seus contemporâneos. Filmer, por exemplo, dava por si a subscrever toda a teoria de Hobbes no que dizia respeito aos "direitos de soberania" e simultaneamente a repudiar os seus "fundamentos". Aquilo que Filmer aceitava e elogiava sem restrições era o poder absoluto do Estado. Afinal, também ele era um admirador da obra de Bodin. O que despertava a sua mais profunda suspeita era o direito individual de natureza e, claro, o consentimento na construção do Estado. Pode-se dizer que a sua reacção à teoria política de

---

([290]) *L'Esprit des Lois*, V.15.

Hobbes é precisamente a contrária da de Locke, o qual aceitaria e acentuaria, quer o direito individual de natureza, quer o papel do consentimento, e rejeitaria a face absolutista do Leviatã. No entender de Filmer, Hobbes "afirma em palavras" – e que é forçado "por consequência a negar" –, nem mais, nem menos do que a democracia pura e dura, ou seja, o "direito de todo o povo governar". Já algo exasperado, Filmer desabafaria que "se for verdade que todos os homens nascem livres por natureza, e não podem ser governados sem o seu próprio consentimento, e que a auto-preservação deve ser considerada em primeiro lugar, o único governo legítimo no mundo é o autogoverno". Desiludido e incomodado pelas justificações individualistas da sociedade política, Filmer retirava a consequência mais extrema: todo o governo é ilegítimo. Só o homem que é monarca de si mesmo vive sob um governo legítimo. Clarendon, o mesmo que tornou a vida impossível para Hobbes no exílio francês após a publicação de *Leviatã*, e distinto ministro de Carlos II após a Restauração, denunciaria a base democrática da instituição do governo na teoria política do filósofo de Malmesbury por esta ser uma doutrina que poderia "abalar todo o Governo" ([291]).

O vaticínio de Clarendon não pode ser considerado simplesmente como histeria duma voz "reaccionária". Quando Hobbes menciona a origem racional do governo aristocrático, ou antes, do que o autor entende por aristocracia – um "conselho de *optimates* com poder soberano" –, é explicitamente indicada a "transferência de direito de uma *Democracia*". Os homens que numa sociedade se distinguem dos restantes – os *optimates* –, por "nome ou família ou uma qualquer outra marca", são eleitos pelo povo. De outro modo, como conceber o poder soberano de direito da assembleia aristocrática? A democracia funda todas as formas de governo, incluindo a monarquia e a aristocracia. A voz maioritária do conjunto dos indivíduos escolhe o soberano seu representante, e, por maioria de razão, a forma desse soberano. Pois só existe poder soberano pela transferência *democrática* dos direitos e poderes individuais. A aristocracia – e, para todos os efeitos, a monarquia – é simplesmente uma democracia que se não cumpriu totalmente. Democraticamente, os indivíduos deci-

---

([291]) *A Survey of Mr. Hobbes* His *Leviathan*, p. 207.

diram entregar o poder soberano a uma parte do seu conjunto, por vez de se constituírem na sua totalidade enquanto soberano. A constituição da soberania é *sempre* e *radicalmente* democrática; o exercício da soberania pode ou não ser democrático. E se a monarquia tem a seu favor argumentos de *conveniência* especialmente fortes, a aristocracia não se distingue, nem no fundamento, nem nos efeitos práticos, da democracia. Só o número distingue estas duas últimas formas de governo.

Dado o consentimento dos indivíduos, e desde que o poder absoluto esteja assegurado na vontade do soberano, o Estado hobbesiano entra em funcionamento. O consentimento individual é o aliado natural do poder absoluto ou da vontade soberana. O primeiro autoriza o segundo; o segundo protege a individualidade da qual o consentimento é expressão moral e jurídica. Assim, é possível comprovar a democraticidade latente no pensamento de Hobbes, não apenas pela sua ênfase no consentimento individual, mas também pela atribuição de um poder absoluto à vontade do soberano. No contexto da discussão da estrutura das repúblicas *democráticas*, Montesquieu salienta que estas identificam a vontade do soberano com o próprio soberano. Montesquieu associa esta identificação à *prática democrática*. Claro que se poderia pensar que este passo não é mais do que uma idiossincrasia de Montesquieu se Rousseau não tivesse pegado na teoria da soberania de Hobbes e a levasse até às suas últimas consequências democráticas. Na cidade do *Contrato Social* de Rousseau, a vontade do soberano – a vontade "geral" – é ainda e sempre, tal como em Hobbes, o próprio soberano. E é a *unidade* da vontade soberana que constitui a cidade, ou, mais rigorosamente, é a *unificação* da multiplicidade de vontades por intermédio da vontade soberana que constitui a cidade.

Vico relembra que, quer a democracia, quer a monarquia, nascem naturalmente de uma origem comum e que consiste numa aversão à aspiração heróica. As causas de um e outro governo são "não-heróicas", como "o amor do conforto", a "afeição pela mulher e pelos filhos" e primordialmente o "desejo de sobrevivência".

A Guerra às Causas da Guerra

Contrariando toda uma tradição de pensamento político, a que, de resto, Hobbes atribuía pouca ou nenhuma validade, o filósofo de Malmesbury afirma peremptoriamente que o homem *não* é um animal político. Tamanho "axioma" (o homem é um animal político) procede de "uma visão superficial da natureza humana". Os homens não se reúnem *politicamente* por nenhuma inclinação natural, não procuram relacionar-se nos termos descritos pela doutrina clássica da amizade, nem pretendem fruir de um sentimento de partilha de algo que seja comum. O que os homens pretendem dos outros é algo que os beneficie. A vantagem individual menos ambígua, de acordo com Hobbes, é a que provém do domínio sobre os outros. A cidade não é o lugar da realização natural do homem, pois ninguém está autorizado a duvidar de que "na ausência do medo, os homens seriam mais avidamente atraídos para o domínio do que para a sociedade". Os laços de amizade não são naturais; o que é natural é o benefício que um indivíduo pretende retirar de outro.

A concórdia é própria dos seres que vivem exclusivamente da sensação e do apetite "uniforme", como as formigas ou as abelhas. Mas não é assim com os homens: estes são seres que se distinguem dos animais por desejarem "honra" e "dignidade", bens, por definição, relativos ou comparativos. Honra e dignidade são bens especificamente *humanos* que envolvem luta e competição, que implicam necessidade de reconhecimento, que levam cada indivíduo a ver na *relação* que mantém com o outro a fonte de felicidade no regozijo ou, inversamente, o gelo da miséria na humilhação. Ora o "ressentimento" e a "inveja" são pomos de discórdia e conflito. Enquanto os "apetites uniformes" dos animais permitem uma vida comunitária sem perturbações, assim que os homens "vencem a batalha contra a fome e contra o frio" são outros desejos, como os de preeminência e de prestígio, que falam mais alto. A luta pela superioridade é desconhecida das comunidades como a das abelhas, mas é voraz entre os homens. E contrariamente aos animais, os homens são dotados de linguagem. Ora "a língua do homem é o clarim para a guerra e para a sedição", pois é da linguagem que surgem as ilusões quanto ao que é objectivamente bom e mau, justo e injusto. A linguagem é uma arma para a crítica, para a ofensa, para atacar, insubstituível num animal ao qual a natureza não forneceu "dentes", nem "chifres". É certo que se tratam de "abusos da linguagem" que se contrapõem à função da linguagem como assistente indispensável da racionalidade e do convívio pacífico. Mas no estado de natureza devemos esperar da linguagem principalmente os seus abusos.

Contudo, apesar do homem não ser um animal político, é verdade que os homens vivem juntos. Porquanto em Hobbes não podemos confundir a "condição natural da humanidade" – ou o "estado de natureza" – com a existência de um putativo homem "natural" ou "primitivo" que se opõe a um homem da "civilização". Hobbes não é Rousseau. Os homens no estado de natureza são os homens civilizados numa condição de que está ausente um poder comum capaz de os submeter. As relações que se desenvolvem entre esses homens são relações *sociais* propriamente ditas, propiciadas pelas paixões, e causadoras do conflito devido à inexistência de um poder político comum que obrigue o cumprimento de uma lei comum e dos contratos. Contrariamente a Rousseau, Hobbes pretende deduzir a vida do estado de natureza da vida dos homens em sociedade. Da passagem do estado de natureza para o estado civil não ocorre nenhuma transformação, nem da individualidade, nem da natureza das relações inter-individuais. A única diferença que se pode registar entre a luta competitiva do estado de natureza e a luta competitiva no estado civil é que neste último a luta se processa num contexto de lei, ordem e punição para os desobedientes aos comandos comuns, e na consciência mais ou menos adquirida de que a ausência de restrição que enquadra a luta no estado de natureza é auto-destrutiva ([292]).

([292]) Impõe-se um breve comentário à frequente observação segundo a qual o pensamento de Hobbes se caracteriza por um putativo "pessimismo antropológico". Joseph de Maistre, por exemplo, *parece* empurrar Hobbes para esta posição. Mas foi sobretudo graças a Carl Schmitt que a opinião se credibilizou. Em primeiro lugar, algum crédito tem de ser dado ao autor quanto ao conteúdo dos seus princípios teóricos. Ora Hobbes desmente a doutrina "pessimista" da natureza humana. Depois de descrever a desconfiança que reina entre os homens e que dita a universal inimizade, Hobbes escreve: "Não significa isso acusar tanto a humanidade com os seus actos como eu o faço com as minhas palavras? Mas nenhum de nós acusa com isso a natureza humana. Os desejos e outras paixões

Porém, a junção dos homens deve-se a desejos individuais justificados pela independência de cada vontade individual. O que os indivíduos primordialmente desejam fruir não é o convívio com os outros, mas a *glória*. Se o que cada indivíduo procura no encontro com os outros é a apropriação de um objecto da vontade, segue-se que cada um procurará o que é bom para si, dada a intransmissibilidade da vontade. Cada indivíduo deseja o que lhe dá prazer. Ora o prazer divide-se num tipo de origem sensual e noutro de origem mental. Este último tipo de prazer pode ser abrangido por uma única denominação: a glória "ou a boa opinião de si mesmo". Se os homens procuram satisfazer, na sociedade (e fora dela), os seus desejos sensuais, têm uma propensão não menos regular para tentar satisfazer o seu desejo de glória. Contudo, nenhuma sociedade digna desse nome, e que queira perdurar, se pode basear na paixão da glória.

A glória ou a vanglória não é, reconheçamos, a causa mais frequente do confronto entre os homens. Hobbes diz-nos que a mais frequente das causas é a disputa por algo que não pode ser partilhado. Mas a glória é a causa mais expressiva e mais radical

---

do homem não são em si mesmos um pecado. Nem tampouco o são as acções que derivam dessas paixões, até ao momento em que se tome conhecimento de uma lei que as proíba (...)" (*Leviatã*, XIII). Começamos a compreender Hobbes a partir do momento em que percebemos em toda a sua extensão a disjunção entre "natureza humana" e "condição natural da humanidade". O homem é um ser solitário. Enquanto criatura de paixões e de sensações, o homem não contém nenhum defeito intrínseco na sua estrutura interna. O conflito e os obstáculos à felicidade individual só surgem quando o homem está na companhia de outros homens. A coexistência de vários homens, de várias totalidades, gera o conflito, mas isso não se deve a nenhuma depravação natural do homem. Não existe nenhuma inclinação natural para o conflito ou para a beligerância. A guerra é o produto de juízos incomensuráveis e de desejos que disparam em todas as direcções, mas não apontam directamente para a guerra ou para a opressão. A condição miserável do estado de natureza não se deve, por conseguinte, a um vício próprio da natureza humana enquanto tal. As "afeições" humanas em si mesmas não são boas, nem más. Até o orgulho não teria consequências nocivas se o indivíduo orgulhoso estivesse só. A crítica moral do orgulho só é iniciada por Hobbes quando se tem em atenção os seus *efeitos* sobre a sociabilidade. O caos é, por definição, uma condição *colectiva*. Não é a natureza humana, mas as condições de existência no estado de natureza que provocam a destruição. Hobbes pode até ser classificado como um autor "optimista", no sentido de que crê que uma solução não-extraordinária é possível para os problemas do homem.

do conflito humano, até porque a causa mais frequente poderia ser, pelo menos em tese, superada por uma tecnologia de abundância. Mas a glória coloca um problema que na sua essência é irresolúvel por recurso a qualquer tecnologia de abundância. A "auto-estima vazia" que leva cada homem a provocar e a prejudicar o seu igual é criação da paixão e tonalidade de um mundo construído pela imaginação individual.

O indivíduo de Hobbes partilha com os Grandes de Maquiavel o desejo de dominar; mas simultaneamente partilha com o povo de Maquiavel o receio constante de ser oprimido, de ser esmagado pela fúria dominadora do outro. A tarefa primordial da paz e da convivência pacífica é, de acordo com Hobbes, amputar aquilo que o indivíduo tem de "Grande" e a racionalização daquilo que tem de "popular". Porque a origem de todas as sociedades estáveis não reside na "benevolência humana mútua, mas no medo mútuo dos homens", isto é, na "antecipação do mal futuro". É o medo devidamente racionalizado, nomeadamente o medo mais "racional" com que se pode contar, o da morte (porque nem todo o medo é moral e politicamente salutar), que torna o homem cauteloso, desperto e construtivo. O medo "racional" é a cura necessária para a procura suicida da falsa consciência de superioridade.

Mas o medo não é criado do nada; é antes produto das mais rigorosas deduções que se extraem da natureza humana. Os homens receiam-se mutuamente por duas ordens de causa: por um lado, a sua "igualdade natural"; por outro, a sua "disponibilidade para se prejudicarem". A primeira causa nega a possibilidade de cada um cuidar eficazmente da sua própria segurança; a segunda destrói a confiança de que essa segurança seja garantida por outros.

Hobbes é um dos primeiros pensadores políticos a declarar a "igualdade natural" entre os homens. A sua justificação da "igualdade natural" repousa, em última análise, no exame da "condição natural da humanidade", ou seja, do estado de natureza. Não que Hobbes não aponte a igualdade física e intelectual como ponto de partida para a sua reflexão. Mas o seu ponto mais expressivo reside na afirmação de que qualquer desigualdade que empiricamente se possa registar entre um homem e outro é por essência inócua perante as realidades do estado de natureza e as necessidades da vida política. A desigualdade entre os homens mais evidente ao registo empírico, as diferenças físicas, nomeadamente da força física, é também ela *insuficiente* quando inserida no contexto mais definidor da condição humana: a guerra. O homem mais fraco mata, "com facilidade", o homem mais forte. Se o estado de natureza se resume à luta mortal entre indivíduos, a igualdade é o seu traço mais consensual, mais fundamental, mais expressivo. O *poder* comanda a vida humana e "aqueles que têm igual poder são iguais". Logo, "aqueles que têm o maior poder, o poder de matar, de facto têm igual poder". Se no estado de natureza todos os homens têm um poder igual de matar, então é de rigor dedutivo concluir que "todos os homens são iguais aos outros por natureza".

Se o estado de natureza descobre os segredos mais essenciais da existência humana, e se estes correspondem aos movimentos, aos esforços, aos desejos e aversões mais primários dos homens, não é de admirar que a realidade mais crua da existência seja a única verdadeira. E a proposição da igualdade natural dos homens não precisa de mais verificação do que o exame da situação humana em que o indivíduo mais se encontra, por assim dizer, despido dos outros e entregue a si mesmo: a confrontação mortal com o outro. O individualismo radical de Hobbes fundamenta a igualdade natural entre os homens. Independentemente do resultado final, quando uma solidão humana confronta uma outra solidão humana torna-se num espectáculo para o observador, o qual, ainda antes da decisão final, regista desde logo a igualdade na solidão, a igualdade *da* solidão.

Tratar os iguais igualmente e os desiguais desigualmente é um princípio de justiça de pretensão universal. Enquanto tal, não diz respeito particularmente à democracia ou à aristocracia. Ambas as formas de governo são governadas por este princípio de justiça. De um certo ponto de vista, poder-se-ia dizer que a tendência da democracia é tratar os que são desiguais por natureza segundo uma ideia de igualdade convencional, ao passo que a tendência da aristocracia é tratar os iguais por natureza segundo uma ideia de desigualdade convencional. Por outro lado, a democracia quando confronta desigualdades que considera convencionais (como as desigualdades económicas), ou seja, quando confrontada com desiguais por convenção procura tratá-los desigualmente, através, por exemplo, de uma tributação progressiva. Assim, a democracia corresponde à norma universal de justiça referida.

O caso complica-se quando a divergência e desigualdade dos talentos naturais das pessoas são interpretadas como *equivalentes* a divergências e desigualdades convencionais, como impróprias a gerar pretensões a um lugar na comunidade. John Rawls elabora uma teoria da justiça com base nesta determinação. O efeito mais relevante para os nossos propósitos situa-se no facto de que, partindo desta premissa, nenhuma democracia poderá admitir desigualdades *naturais*. Todas as desigualdades devem ser entendidas como se fossem puramente convencionais, apesar de serem tecnicamente *naturais*, ou talvez com mais rigor, genéticas. E talvez seja verdade que o princípio democrático exige ou pressupõe essa premissa. Assim sendo, regressamos à observação de Hobbes: talvez não sejamos iguais, *por natureza*, mas tal é decididamente menos importante do que *reconhecermo-nos* como iguais. O reconhecimento de *desigualdades naturais* entre os homens é porventura demasiado perigoso para uma existência pacífica e próspera; introduz um elemento insuportável de instabilidade. Por outro lado, apenas aceitar esta observação seria pouco, ou, de um ponto de vista alternativo, demasiado hobbesiano. O modo de garantir a perduração desse não-reconhecimento protector da paz e das liberdades, quer no Estado, quer na consciência comum dos homens, será associá-lo a uma espécie de ultraje moral. Todas as desigualdades naturais são arbitrárias; em si mesmas, nunca podem ser objecto de um verdadeiro elogio. Em contrapartida, todas as desigualdades *civis* devem ser interpretadas como tendo sido voluntariamente *consentidas*.

A perspectiva moral de Hobbes sobre a igualdade entre os homens tem por efeito – e talvez tenha também por origem – a degradação da noção de excelência. Assim, todo o discurso sobre as virtudes, sobre a excelência, na medida em que aponta sempre e inevitavelmente para relações de superioridade/inferioridade é tacitamente considerado sob um ponto de vista moral *crítico*. A crítica moral da superioridade dos conteúdos de vida patrocinados pela mentalidade aristocrática fornece o plano de fundo de Hobbes enquanto crítico da aristocracia.

A lei natural tal como é apresentada por Hobbes pode ser caracterizada por três pontos essenciais: o direito natural, os requisitos da paz e a paz como condição da felicidade individual, e a justiça como cumprimento dos contratos. Visto que o primeiro ponto já teve o seu tratamento na secção anterior, examinemos os dois últimos.

Hobbes reconhece que as leis naturais por ele apresentadas não merecem, por várias razões, o nome que lhes é dado. Por isso, sugere que as nomeemos e as consideremos enquanto "virtudes morais". Mas se o objecto das leis naturais ou "virtudes morais" é o de conduzir à paz, então são "virtudes morais" as regras quanto às condutas e práticas mais propícias à vida pacífica. Contudo, só as condutas e práticas que tenham origem na preocupação exclusiva com a auto-preservação e com a paz podem efectivamente conduzir à paz. A conclusão necessária é a seguinte: "Hobbes reduziu a virtude à virtude social da pacificidade". O que quer dizer que as "formas de excelência humana que não têm nenhuma relação directa ou isenta de ambiguidades com a pacificidade – coragem, temperança, magnanimidade, liberalidade, para não mencionar a sabedoria – deixam de ser virtudes em sentido estrito" ([293]). Como todas as virtudes e comportamentos humanos podem ser descodificadas em termos de desejos e aversões (ou paixões), Hobbes inicia um trabalho de crítica moral daquelas paixões motivadoras de condutas estranhas à preocupação com a auto-preservação e com a pacificidade.

A mentalidade aristocrática recomenda um governo de influência e, portanto, de interferência na vida dos indivíduos. O pressuposto é o de que os mais sábios e os mais prudentes são em várias ocasiões melhores juízes das escolhas e dos meios do que os próprios indivíduos em causa. Mas o problema clássico do estado de natureza, o de que cada um é o seu próprio juiz, decorre da igualdade natural entre os homens. Como Hobbes, para não falar de alguns dos seus sucessores, se decide pela igualdade natural entre os homens, é forçado a reconhecer que cada indivíduo será o juiz de quais os meios necessários para garantir o seu direito natural, o direito à auto-preservação. E, conse-

---

([293]) Strauss, *Natural Right and History*, p. 187.

quente como sempre, Hobbes admite que isto é verdadeiro e está de acordo com a lei natural, quer o juízo individual seja benéfico e prudente, quer não. Cada indivíduo procura, com direito, o que lhe *parece* bom, independentemente da realidade ou da adequação do bem em causa ao fim dado por natureza. O juízo individual e a acção individual em conformidade é tudo o que importa.

Todas as desigualdades que podemos ver na sociedade humana – a "riqueza", o "poder", a "nobreza de nascimento" – são convencionais, o que para Hobbes significa que devem a sua origem e a sua manutenção à "lei civil". A "diferença de valor" entre os homens nunca é, segundo Hobbes, "efeito do talento, da riqueza ou do sangue, ou de qualquer outra qualidade natural", mas sempre da "vontade dos que detêm a autoridade soberana". E num ataque directo e explícito à *Política* de Aristóteles, Hobbes refuta a fundação aristocrática do poder político, a qual, como vimos, pode ser resumida na proposição de que alguns homens estão, por natureza, mais aptos para governar, e outros para obedecer. Toda a ideia de que o "conhecimento político" superior confere direitos proporcionalmente superiores é uma ilusão, pois toda a relação de semelhante desigualdade entre os homens só pode advir do acordo entre eles. O "postulado básico" que enuncia a pretensão aristocrática "é não só contra a razão, como contrário à experiência".

Na nona inscrição das tábuas da lei natural de Hobbes, vários aspectos merecem registo. Em primeiro lugar, Hobbes desmente o princípio aristocrático de governo declarando, já não tanto uma estrita igualdade entre todos os homens, mas antes uma "diferença não suficientemente considerável". O argumento de Hobbes contra a mentalidade aristocrática desenvolve-se mais pela negação de relações de superioridade/inferioridade suficientemente expressivas para justificar uma concepção de governo, do que pela afirmação da igualdade natural. Assim, sem dispensar a sua crença na igualdade fundamental dos homens, Hobbes desloca o ónus da prova para o lado da pretensão aristocrática. Nem a experiência, nem a razão, conseguem provar que existe realmente uma desigualdade suficiente entre os homens a ponto de se estabelecer toda uma visão da moral, da política e da natureza, em seu torno. A insuficiência da diferença demonstra-se pelo facto de ninguém ser suficientemente inferior em relação a outro para prescindir do seu próprio juízo quando é a sua vida, os seus desejos e aversões, que estão em jogo. Uma vez esvaídas as diferenças de razoabilidade entre os homens, não há nenhum motivo para confiar na razão de um homem ou de um grupo de homens para o governo da cidade. E como Hobbes está bem ciente de que a pretensão aristocrática assenta essencialmente na promulgação da superioridade da *sabedoria*, é esta forma de superioridade que coloca em risco quando a contrapõe à superioridade da força. Vimos como esta última forma de superioridade é rejeitada pela mentalidade aristocrática, e vimos também como Maquiavel a utiliza para denunciar a fragilidade da superioridade da sabedoria. Hobbes continua, talvez não deliberadamente, o trabalho de Maquiavel. No contexto do estado de natureza, os mais sábios serão provavelmente derrotados pelos mais fortes. O que resta, então, dessa pretensa superioridade?

Não só os sábios serão derrotados pelos mais fortes, algo que poderia sugerir uma "aristocracia" da força, como os mais fortes não são suficientemente fortes para derrotar os mais fracos. Sendo a sabedoria e a força física descodificadas por Hobbes em termos de "poder" – ou seja, o conjunto de "meios de que presentemente [se] dispõe para obter qualquer visível bem futuro" –, e sendo o poder "não mais do que o *excesso* de poder de um homem sobre o outro", percebe-se que o estado de natureza é a condição dos sem-poder ([294]). Neste contexto, é fácil desmentir qualquer princípio de autoridade natural. Não se trata apenas da diferença não considerável entre os homens proibir a racionalidade da autoridade natural de alguns homens sobre outros. A mesma diferença não considerável entre os homens torna insuperavelmente problemática a justificação para a obediência natural aos alegados governantes naturais porquanto a obediência à autoridade natural pressupõe o reconhecimento da superioridade de quem manda. Mesmo no caso da relação de obediência que os indivíduos desenvolvem no Estado artificial de Hobbes, a racionalidade intrínseca dessa obediência não é suficiente.

([294]) Ibid., XIII, X; *Human Nature, or the Fundamental Elements of Policy*, vol. IV, 8.4, p. 38.

É necessária a existência de um soberano cujo poder de castigo mantenha todos os indivíduos, todos aqueles *que consentiram em obedecer*, fiéis às suas promessas. É a vontade, e não a razão, que emerge pela figura do soberano como a faculdade política por excelência. A razão é insuficiente ou impotente para conduzir os homens à vida em comunidade; só a vontade os pode manter lá. O governo racional *é* o governo da vontade, *recomendado* pela razão estando esta *ao serviço* da vontade.

Aristóteles afirma que a cidade é "formada a princípio para preservar a vida", mas que subsiste para "assegurar a vida boa". Daí que um dos elementos constitutivos da cidade, a lei, se dirigisse à comunidade e aos indivíduos que a compunham tendo em vista a vida boa. A lei tinha uma função educativa, pois tinha por propósito conduzir os cidadãos ao exercício da virtude. É por essa razão que Platão insiste no "preâmbulo da lei". Se a lei é a instância educadora da cidade por excelência, então o indivíduo objecto da lei precisa compreender o conteúdo e a finalidade da lei. A persuasão vem antes da regra, embora esta prioridade não exclua a força do castigo quando a persuasão falha. A lei em Platão é uma autêntica prelecção da virtude pela mesma razão que encontramos em Aristóteles: é o viver bem, e não o afã de viver, que ordena a cidade ([295]).

Mas se os homens obedecerem ao conteúdo das leis soberanas sem saberem bem porquê, ou se obedecerem por medo, então isso significa que a preocupação com a vida excelente já desapareceu. O novo entendimento de lei sugere um texto imperativo, impessoal, cuja necessidade é, de certo modo, autónoma do seu conteúdo, porque o propósito da lei já não é a iniciação no bem ou na felicidade. Já não é preciso um preâmbulo, apenas obediência. É certo que Hobbes pretende que o motivo de obediência não se reduza ao medo da punição, mas a um verdadeiro sentido de justiça. Mas quando a justiça é reduzida ao cumprimento dos contratos, e quando, de modo mais significativo, se funda a justiça enquanto cumprimento dos contratos no pacto fundador da comunidade, que consiste no artifício jurídico garante do abandono do estado de natureza, então o homem justo é ainda o homem que receia morrer. O homem justo pratica a

---

([295]) Aristóteles, *Política*, 1252b30-31; Platão, *Leis*, 722d-723b.

justiça pela própria justiça. Todavia, a justiça que orienta a sua vida resulta directamente da ameaça mortal do estado de natureza.

Passando de imediato a um outro argumento de modo a derrotar em definitivo a pretensão aristocrática, Hobbes expõe as únicas alternativas aparentemente relevantes. Não espanta que qualquer uma delas assine a certidão de óbito da pretensão aristocrática. Se os homens são todos iguais, as desigualdades naturais, por definição, não existem; se os homens não são todos iguais, a vida pacífica e segura – a única compatível com os mais profundos desejos e aversões humanos – exige que todos se considerem iguais. Ou a aristocracia assenta numa falsidade quanto à ordem natural das coisas, e não passa, por conseguinte, de uma invenção; ou é perigosa e representa uma das maiores ameaças à sustentação de uma ordem política pacífica e humana, devendo a sua possível verdade ser subordinada às exigências morais e políticas da vida colectiva. Por a pretensão aristocrática negar uma ou outra hipótese, pode ser resumida a um vício, talvez o maior de todos os vícios: o orgulho. Glória, vanglória, orgulho são uma mesma paixão; e só o *reconhecimento* da igualdade de todos os homens a pode curar. Esse *reconhecimento* tem uma tradução jurídica concreta: o *reconhecimento* de direitos iguais para todos. A "insolência" e a *pleonexia* dos que se consideram superiores constituem violações da lei natural. A atribuição, por parte de um terceiro, de mais direitos a uma parte do que a outra implica um "insulto" à parte desfavorecida; a justiça distributiva desliza para a "equidade". Trata-se de substituir virtudes de guerra e de discórdia por virtudes de paz. Daí que o Leviatã seja apresentado como o "Rei dos orgulhosos", o poder que submete o orgulho às necessidades vitais da natureza humana.

Ao longo da sua obra, começando por *Elements of Law*, Hobbes vai reformulando a sua teoria da "glória". Trata-se, no entanto, não da reformulação do significado da glória, nem dos efeitos que essa paixão desperta, mas sim da alteração sensível do seu estatuto enquanto motivo de acção. Mas em todos os momentos Hobbes mantém a sua impressão geral sobre a glória.

> A *alegria* proveniente da imaginação do próprio poder e capacidade é aquela exaltação do espírito a que se chama *glorificação*. A qual, quando baseada na experiência das suas

próprias acções anteriores, é o mesmo que a *confiança*. Mas quando se baseia na lisonja dos outros, ou é apenas suposta pelo próprio, para se deleitar com as suas consequências, chama-se *vanglória*. Nome muito apropriado, porque uma *confiança* bem fundada leva à eficiência, ao passo que a suposição do poder não leva ao mesmo resultado e é portanto justamente chamada *vã* [296].

Hobbes mantém a distinção tradicional entre glória e vanglória. O que as separa é uma falsa consciência da capacidade própria, uma ilusão quanto ao verdadeiro valor do indivíduo. A distinção entre uma e outra parece ser um erro grave de juízo quanto à própria situação motivado pela exorbitância da imaginação. O indivíduo participa no mundo através da sua imaginação, projectando a sua existência num futuro que ainda não existe. Mas, por este meio, cada homem é levado a criar um mundo inexistente e inacessível a qualquer outro homem.

Uma das paixões, talvez *a* paixão, que conduz à "loucura", isto é, a um excesso de intensidade passional que tem por consequência a "violência", é o orgulho, agora identificado com a vanglória. O orgulho ou a vanglória traduz-se por aquele excesso de desejo, quando comparado com a intensidade passional dos outros homens. O orgulho parece ser sempre relativo. Talvez assim tenha de ser, tendo em conta que esse desequilíbrio remete para uma *relação inter-pessoal* de conflito. O orgulho é "o insensato sobrestimar do próprio valor", ou seja, a diferença entre o valor que se atribui a si mesmo e o valor atribuído pelos outros homens. É a recusa em se compreender a si mesmo com base na opinião dos outros homens. E não são as qualidades naturais que fornecem um padrão objectivo do valor dos homens, mas a opinião dos homens (no estado de natureza) ou a vontade do soberano (no estado civil).

Em *Elements of Law*, a distinção entre glória e vanglória e "glória falsa" obedece a dois critérios. Em primeiro lugar, se essas paixões se baseiam em acções reais ou imaginárias. A primeira paixão resulta num "prazer" assente na contemplação de acções reais; as segundas, num "prazer" assente numa ficção, criada ou

---

[296] *Leviatã*, VI.

pela imaginação (vanglória) ou pela falsa opinião de lisonjeadores (falsa glória). Em segundo lugar, a glória motiva o indivíduo para a acção em ordem a confirmar ou aumentar o seu poder; a vanglória não conduz à acção, já que a fonte do prazer reside exclusivamente na imaginação; logo, não é preciso intervir sobre o mundo real para experimentar o prazer resultante. Por último, a falsa glória, baseada em informação distorcida, só pode conduzir à acção fracassada. Porém, como salienta Gabriella Slomp, se é verdade que, em *De Cive*, estas distinções são pressupostas, a sistemática referência à vanglória no estado de natureza parece indicar a indisponibilidade de Hobbes para admitir a possibilidade da verdadeira glória nas condições naturais da existência. Nas condições de natureza, a verdadeira glória é inexistente; por natureza, toda a aspiração de glória é orgulho ou procura da vanglória. Por natureza, a possibilidade da glória está vedada aos homens, não só porque dada a inexistência de valores comuns a todos os homens, o desejo de superioridade não pode ser mais do que o desejo de impor valores subjectivos aos outros, e portanto trata-se de um desejo de guerra; mas também porque se a condição natural do homem é a guerra – provocada pelo desejo de superioridade – a precariedade da existência é também a precariedade do gozo da superioridade e, por conseguinte, é também a precariedade da experiência da glória.

Em *Leviatã*, a "falsa glória" desaparece, sendo absorvida pela vanglória. Esta paixão mantém o seu carácter apoiado na imaginação individual, por contraposição ao genuíno auto-conhecimento. A acção que dela resulta está sempre em choque com a realidade do mundo. Mas a origem imaginária do prazer que resulta da paixão já não serve a distinção entre glória e vanglória. Deve se ter em atenção que Hobbes nomeia "glorificação" a "alegria proveniente da imaginação do próprio poder e capacidade", o que implica a necessidade de construir uma imagem de nós próprios. A contemplação dessa imagem – fundada ou não na realidade das nossas acções – é a fonte do prazer de quem se deixa dominar pela glória. Mas o que é mais importante notar é que *Leviatã* representa o culminar da condenação gradual da glória enquanto paixão destrutiva. Se em *Elements of Law*, Hobbes admite aspectos benéficos na procura da honra e da glória, em *Leviatã* conclui-se um veredicto inequívoco. De certa maneira, esse veredicto coincide com a gradual indistinção entre o orgulho (paixão sempre condenável na obra de Hobbes) e a glória. Em *Leviatã*, torna-se crescentemente difícil distinguir orgulho de glória. A par dessa indistinção, discerne-se igualmente um processo de subjectivação de todas as marcas de superioridade e diferenciação entre os homens: o "valor" de um homem, a sua "honra", são, em *Leviatã*, produtos da "opinião" dos outros, e os problemas de conflito derivam na incompatibilidade entre essa "opinião" e a "opinião" que cada um forma a seu respeito. A "reputação do poder é poder", lê-se em *Leviatã*. Como o "valor" de um homem corresponde à apreciação (subjectiva) do seu poder, e como "a manifestação do valor que mutuamente nos atribuímos é o que vulgarmente se chama honra e desonra", podemos dizer que a reputação da honra é honra ou, o que é dizer o mesmo, "a honra consiste apenas na opinião de poder". Honrar um homem não é mais do que atribuir-lhe um "alto valor", isto é, um valor superior àquele que cada homem atribui a si próprio. É assim que chegamos a *Behemoth*, obra tardia de Hobbes, onde se encontra a seguinte passagem: "Pois o poder dos poderosos (*mighty*) não tem outra fundação senão a opinião e a crença do povo".

A honra é o "reconhecimento do poder", ou mais precisamente, a honra é o reconhecimento da superioridade de poder. Mas essa apreciação que cabe aos indivíduos no estado de natureza é substituída no estado civil pela apreciação e pelo consentimento do soberano. No estado civil, quem decide o que a honra é só pode ser o soberano. Se a linguagem da honra, veículo humano destituído de qualquer conteúdo verdadeiro, é decidida em última instância pelo soberano, independentemente da sua maior ou menor adequação a uma descrição de características morais e intelectuais, então todo o mundo aristocrático é radicalmente convencional. Não só a honra, como também o merecimento ou o mérito, "são redefinidos em termos de actos voluntários, não de excelência intrínseca" ([297]).

O mero enunciado de uma "verdadeira" nobreza por contraposição a uma nobreza convencional é o início maldito de um grande mal-entendido porque não existe uma medida de

---

([297]) Patrick Riley, *Will and Political Legitimacy* (Cambridge, 1999), p. 28.

nobreza. A discussão hobbesiana da honra é tão-só um sintoma desse diagnóstico. Considerar a honra apenas pelo seu lado exterior, ou seja, pelo poder, pela preocupação com a distinção relativamente aos outros e com o reconhecimento pelos outros dessa distinção, é esquecer a dimensão interior da honra, a gravidade do dever que obriga cada homem a viver à altura do seu código de honra. Omitir esta parte essencial da honra é esvaziá-la do seu verdadeiro conteúdo. É fazer uma caricatura da honra. Ora a caricatura é uma arma ao serviço da crítica.

O problema da glória reside na impetuosidade que introduz na competição entre os homens. Querer sempre o primeiro, e deliciar-se na contemplação dos que ficaram para trás, é para Hobbes um desejo absoluta e irredutivelmente conflituoso. O indivíduo que procura a glória não consegue entender a sua felicidade senão na derrota dos outros, porque a sua felicidade está fundada num desejo de superioridade que apenas faz sentido na experiência da *relação* ou da *comparação*. Toda a glória, seja ela vã, falsa ou real, é produto da comparação, pois essa paixão "procede da imaginação ou concepção do nosso *próprio poder* como excedendo o poder daquele que connosco rivaliza" ([298]). A glória, ao contrário de outros desejos como o desejo do conforto, o desejo de conhecimento, o medo da morte e dos ferimentos, nega a possibilidade de cooperação entre os homens. A procura pelo superlativo, e não por um mero comparativo, deixa de definir a pretensão aristocrática. Já não se trata de aspirar a uma suma excelência quimérica; o impulso aristocrático confunde-se agora com a luta para obter superioridade sobre os outros. A pretensão aristocrática resume-se à nociva e perigosa – e, por conseguinte, moralmente censurável – vontade de superioridade. Na ausência de um padrão de excelência, sobra apenas o poder do outro como horizonte de superação. Mas como todos os homens sentem uma aversão natural pelo sentimento de inferioridade, então o desejo de superioridade conduz à ofensa de todos os homens relativamente a todos os homens.

Uma vez compreendida a intenção de Hobbes percebe-se que o orgulho é, nem mais, nem menos, a caricatura da magna-

---

([298]) *Human Nature*, cap. 9, sec. 1, p. 40.

nimidade. A hipótese não é fruto de nenhum trabalho de interpretação. É o próprio Hobbes quem declara que "a magnanimidade não é mais do que glória". Não que a magnanimidade possa ser simplesmente *identificada* com o orgulho. A magnanimidade é *"glória bem fundada* sobre uma certa experiência de um poder suficiente para atingir o seu fim de modo aberto". O orgulho é o nome que acusa a glória quando a superioridade de poder *desagrada*. A diferença entre magnanimidade e orgulho parece residir apenas no espírito dos sujeitos avaliadores da glória. É de esperar que uns chamarão à glória *orgulho* e outros uma *justa avaliação de si*. Mas seja como for, a magnanimidade é sempre a explicitação moral da consciência de superioridade. Ora tal consciência – falsa ou verdadeira – é incompatível com a lei de natureza que pronuncia a necessidade do reconhecimento da igualdade de todos os homens. A magnanimidade não pode ser exteriorizada sem violar os preceitos racionais construtores da paz. A associação da magnanimidade com o orgulho permite concluir que todo o entendimento moral de uma estrutura hierárquica natural de superioridades e inferioridades é não só absurdo, é não só perigoso, como constitui um impedimento imóvel na procura da felicidade.

A repressão da vaidade segue em rota de colisão com o espírito do *agón* aristocrático. Como consequência da liberdade, cada indivíduo que participa da mentalidade aristocrática é levado a envolver-se numa *luta* pela superioridade. Procurar provar a superioridade num confronto com os outros, num confronto que, apesar de apenas terminar com uma vitória, pretende o triunfo sem inimizade, corresponde ao exercício pleno das potencialidades individuais. Trata-se da forma aristocrática de competitividade. Como descreve Burckhardt, "o desenvolvimento pleno do indivíduo dependia da comparação constante com os outros em exercícios desprovidos de qualquer uso prático". A mentalidade aristocrática crê que a educação procede pela competição porque a competição é uma forma de educação. O próprio conceito de amizade em Aristóteles recorre a um contexto de emulação recíproca, de concurso agonístico – competitivo e solidário – das excelências, e requer a possibilidade da exibição da faceta épica da existência humana.

E, se todos competissem fervorosamente entre si pelo alcance da nobreza da acção e concentrassem todos os esforços para agir em vista de bens supremos, nessa altura o bem comum seria de todo em todo como é devido e cada um obteria individualmente o bem supremo, caso a excelência seja justamente algo do género ([299]).

O *agón* aristocrático compreende-se pela rivalidade com vista ao fazer melhor, ao superar em excelência, ao esforço para as acções mais elevadas. O desejo de ser grandioso, de brilhar, e a consciência que é preciso *concorrer* para satisfazer esse desejo, animam a vida aristocrática. Não há como fugir à consequência óbvia da mentalidade aristocrática. Há superiores e inferiores, uns que ganham e outros que perdem; eis uma corrida muito semelhante a uma luta. Se esvaziarmos a realidade dos bens prosseguidos por meio desta competição apenas resta um substrato, o conflito e o desejo irracional e injustificável de glória.

Na célebre interpretação de Michael Oakeshott, o medo da morte em Hobbes não remete principalmente para o medo de deixar de viver. Não que se negue que morrer é uma aversão natural no homem. Mas Oakeshott procura compreender a especificação do medo da morte que ocupa o lugar central na teoria de Hobbes. O medo da morte é o medo de morrer às mãos de outro homem. A morte, segundo Oakeshott, é a aversão fundamental, na medida em que reproduz a aversão humana à derrota, a ser ultrapassado em eminência, nesta corrida pelo primeiro lugar que é a vida. O medo de morrer às mãos de outro homem é, pois, o medo da "morte vergonhosa". Ser morto por outro homem é o mais radical sintoma de inferioridade. Uma tal morte representa o momento da máxima desonra. Daqui Oakeshott retira o ensinamento segundo o qual o desejo se dirige não à sobrevivência enquanto tal, mas à posição primeira, e, por conseguinte, à honra. Deste passo, não é ilegítimo concluir que o medo da morte no estado de natureza corresponde essencialmente ao medo de ser desonrado. Por esta leitura, o maior prazer a que um ser humano tem acesso é o produzido pela "consciência do seu próprio poder". Porém, a dita consciência é

([299]) Aristóteles, *Ética a Nicómaco*, 1169a8-12.

frágil; precisa de confirmação exterior no reconhecimento dos outros. Mas se a consciência do bem que é a vida é possibilitada pelo medo da morte; se o medo da morte é fundamentalmente o medo da morte vergonhosa ou desonrosa; então, a vida humana é constituída por "uma tensão entre o orgulho e o medo". A exigência humana prioritária consiste "numa condição de vida estabelecida na qual a desonra é improvável". Oakeshott compreende as implicações desta exigência: a vida humana transforma-se no sentido de reduzir tanto quanto possível o seu carácter de corrida pela precedência. Para Hobbes, a abolição da guerra de todos contra todos significa basicamente a "ausência de competição desamparada pelo primeiro lugar".

Não discutiremos a adequação textual da interpretação de Oakeshott. Terá de ser suficiente o dizer que está exposta à crítica que indica a tendência de Hobbes para ao longo da sua obra abandonar a universalidade do desejo de glória. Nas primeiras obras a glória e o desejo de superioridade parece ser a paixão que reúne todas as outras paixões. Em obras como *Elements of Law* e até *De Cive*, praticamente em cada ser humano desenrolava-se uma procura frenética pela glória. Mas em *Leviatã*, Hobbes apercebe-se da particularidade da glória, não só no que diz respeito à anatomia das diversas paixões, como também na facilidade que essa paixão tem de possuir a mente humana. Por outras palavras, em *Leviatã*, a glória adquire um novo estatuto na medida em que passa a ser mais uma entre várias paixões independentes. Daí que, como Slomp mostra, *Leviatã* faça notar de um modo inédito a presença no mundo de homens para quem a procura da glória não faz sentido. O facto de Hobbes prescindir de considerar a glória como a "suprema motivação de todos os desejos", e alargar o leque de desejos no qual continua a figurar a glória mas sem o estatuto de modelo de todos eles, permite ao filósofo de Malmesbury explorar a hipótese segundo a qual muitos homens, talvez a maioria dos homens, não desejarem a glória. A glória é desejo particular de um grupo – talvez minoritário – de desordeiros.

O que Hobbes pretende efectivamente é tornar manifesta a necessidade de colocar o medo da morte violenta na mente de todos os homens, ou pelo menos na da maioria dos homens. O medo da morte violenta não é *empiricamente* universal; a sua universalidade é moral: o medo da morte violenta é *sempre compreensível, sempre admissível*. Este é o único caminho para a razoabilidade. Plutarco relata a iniciativa de um rei etíope aparentemente sequioso de esclarecimento. O tal rei etíope enviara perguntas aos sábios para obter respostas, mas escrevera as suas próprias respostas às perguntas. À pergunta "o que é mais comum?", respondeu, "a morte". Tales ripostou que a morte não é a coisa mais comum, pois não afecta os vivos. Num espírito hobbesiano poderia alguém, por sua vez, responder a Tales dizendo: mas o *medo* da morte afecta os vivos. A ansiedade provocada pelo sentimento que podemos deixar de viver é própria dos vivos. Como qualquer ansiedade, o medo da morte é fonte de aversão; o homem corre a dela aliviar-se. De certa forma, todos os homens anseiam pela sua libertação relativamente à ansiedade, o que nos termos da nossa discussão implica que o medo necessário da morte não tem no espírito humano um hospedeiro espontaneamente amigável.

Ora Hobbes tem presente que são aqueles que se sentem seguros, que esquecem a sua insegurança natural primária, que aspiram à honra e à glória. É quando a preocupação com a auto-preservação se desvanece por os perigos estarem distantes que o homem começa a confiar nas suas forças imaginárias. A obsessão com a superioridade é correlativa ao esquecimento do perigo. O indivíduo apenas pretende provar a sua superioridade e lutar por ela quando se esquece da sua natureza vulnerável. Tal esquecimento é propiciado por uma vida de conforto e de segurança, condições que alimentam as ilusões da imaginação ([300]). O homem anseia por segurança, mas Hobbes nota que a segurança pode conduzir ao sufoco do medo da morte violenta, ao fortalecimento da vaidade e à vontade de glória. É por esta razão que o estado de natureza e o intenso medo da morte violenta que nele subsiste fornecem uma experiência de aprendizagem. O retrato da condição natural da humanidade serve um propósito retórico e que consiste no ensinamento tão visual quanto possível da essencial situação humana a espíritos que tendem a esquecê-la. Porque o medo da morte, por ser a mais racional das paixões, ou

---

([300]) David Johnston, *The Rhetoric of Leviathan* (Princeton, 1986), pp. 84-85, 89, 121, 124, 133.

para evitar o oximoro, a paixão que mais eficazmente desperta a razão e a sobriedade, tem de submeter a paixão da glória em ordem a salvar o homem de si mesmo. A intoxicação da procura da glória, essa verdadeira embriaguez, só é expurgada com o tónico frio do medo da morte. O antídoto para a inconsciência provocada pela vaidade ou glória é fornecido pelo medo da morte, que por sua vez implica o "conhecimento do perigo mortal". Se a vaidade é o motivo fundamental do desconhecimento da condição humana, isso deve-se ao facto de a vaidade ser a forma por excelência do esquecimento da mortalidade. Mas se o esquecimento da mortalidade é a fonte da guerra, já que a consciência do perigo mortal, pelo contrário, produz o caminho para a paz, então esse esquecimento – a vaidade – é a fonte da injustiça O caminho da paz pressupõe a capacidade de vermos para além da nossa imaginação, para além do mundo que cada indivíduo constrói para si próprio. Porém, não se pode contar com uma capacidade espontânea. Só se pode contar com essa grande aversão, o medo da morte violenta, que é suscitada pelo contraste abrupto entre o mundo da individualidade e o mundo exterior ou o mundo dos outros homens. A paz venerável precisa sempre da memória da guerra, já que as forças interiores do homem são insuficientes para a tarefa de recordação do que é necessário. O homem tende a confiar em si mesmo e no seu poder; a confiança perde-o. A segurança perfeita é um estado inalcançável, e em certa medida, indesejável, pois afasta o homem da consciência da sua condição.

Se, como diz Angoulvent, o propósito do indivíduo razoável no estado de natureza é fazer da sua angústia individual uma angústia colectiva, então somos forçados a concluir que o Estado hobbesiano, o Estado soberano de Hobbes, é o Estado que corporiza uma angústia assumida. A política torna-se na gestão de uma angústia; a ciência política num discurso sobre a institucionalização de uma angústia. A soberania não é mais do que a voz da angústia. E pode-se dizer que a brutalidade do estado de natureza também serve uma função dramática dirigida contra aqueles que não reconhecem a igualdade natural do homem, nem a nocividade do desejo de glória. Afinal, quando os seus efeitos são tão plásticos, emprestando-se a uma figuração tão inesquecível e aterrorizadora, é mais difícil não reconhecer tais factos.

A angústia de cada homem procura o refúgio de uma condição segura, anestesiante das fontes de angústia, que não exige de si nada para além das fronteiras do território da pequena satisfação. Hobbes inicia a descida à sociedade "mediana". E não nos surpreendemos se este retrato da sociedade hobbesiana for visto como a descrição aproximada da *nossa* sociedade contemporânea. Contudo, por muitas queixas que possamos ouvir sobre os males da nossa "sociedade medíocre", há algo que os críticos esquecem frequentemente. Nem vale a pena mencionar o facto recente da grandeza de alma de dois políticos nascidos em Estados "populares", como a de Winston Churchill ou do General De Gaulle. Esse facto, que não deve ser esquecido, reclama outro lugar que não este. O nosso contexto é o de Hobbes que não tem especial preocupação, quando pensa sobre o Estado, na produção de grandes almas. O argumento é outro. Quando ouvimos falar em sociedade "medíocre" o termo deve ser entendido como "médio", "entre isto e aquilo" ou "nem isto, nem aquilo". Isto é: a nossa sociedade é uma sociedade de classes médias, de gente média, nem muito rica, nem muito pobre, nem muito sábia, nem muito tola, nem muito boa, nem muito má. Mas desde há muito que se reparou que a verdadeira tragédia ocorre quando a cidade se encontra divida entre dois partidos extremos: a cidade dos ricos e dos pobres, dos bons e dos maus, dos sábios e dos tolos, dos superiores e dos inferiores, é a cidade da sedição constante, da guerra civil permanente. Este é um obstáculo seríssimo a qualquer entusiasmo com a constituição de Estados apostados na "grandiosidade". A sociedade "medíocre", a sociedade "média", garante a paz e a tranquilidade, as quais ninguém pode responsavelmente desdenhar. A associação civil de Hobbes, o Estado soberano moderno, nasce também com essa promessa. O medo da morte violenta como gerador da comunidade política tem por consequência a defesa da superior estabilidade de uma sociedade habitada pelo homem que prefere a sua segurança, o seu conforto, a competição apenas nos lugares onde a competição não produz ansiedade, e a preservação da sua individualidade. O cidadão não aspira à "nobreza", à "generosidade", à "magnanimidade", ou à "glória", nem admite que a conduta justa possa apelar a tais virtudes. O cidadão compreende finalmente o factor de união entre os homens, a sua preocupação comum em viver; e compreende, em contrapartida, o factor de desunião entre os homens, a preocupação em viver a vida boa, a que só alguns (poucos) terão acesso.

O debate entre Antigos e Modernos pode ser visto à luz deste contraste entre as exigências do compromisso com a excelência, por um lado, e a "afirmação da vida comum", por outro. Charles Taylor resume o problema sucintamente:

> Com a Reforma, encontramos um sentido moderno, inspirado no Cristianismo, de que a vida comum era (...) o centro da vida boa. A questão crucial era saber como essa vida seria vivida, se na adoração e temor a Deus ou não. Mas a vida dos tementes a Deus era vivida no casamento e na sua vocação. As anteriores formas "superiores" de vida eram destronadas, por assim dizer. E com isto seguia-se frequentemente *um ataque, encoberto ou aberto, às elites que haviam feito dessas formas a sua esfera de acção.*
>
> Creio que esta afirmação da vida comum, embora não sem contestação e aparecendo frequentemente numa forma secularizada, tornou-se numa das ideias mais poderosas da civilização moderna ([301]).

Mas a sociedade contemporânea, a democracia liberal, não está determinada a produzir almas "medíocres" ou "medianas". A *nossa* democracia, na medida em que *não* consiste na tradução constitucional da democracia *pura*, nem se limita a consagrar a ética hobbesiana, reconhece e absorve elementos que não podem ser descritos como estritamente democráticos. A *nossa* democracia é uma democracia que admite e se enriquece com a afirmação de limites ao princípio democrático. O cultivo das aspirações nobres e de uma espiritualidade digna desse nome continua a ser requisito da fortaleza das democracias, tal como as conhecemos.

O grão na engrenagem deste raciocínio foi colocado por Rousseau, que denunciou a diminuição do homem e reivindicou uma outra elevação da alma. E fê-lo no contexto de uma crítica radicalmente democrática da mentalidade aristocrática.

([301]) *Sources of the Self*, pp. 13-14. Os itálicos são nossos.

Capítulo V

Rousseau

O furioso Emmanuel Sieyès exortava no início do ano de 1789 a que o grito de guerra de "todos os amigos da Nação e da boa ordem" fosse *point d'aristocratie*. Dizia ele, no manifesto anti-aristocrático que tão bem representa o espírito maioritário do começo da Revolução Francesa, que os corpos intermédios dividiriam – como haviam dividido durante toda a história – a França contra si mesma, independentemente daquilo que o "aristocrata Montesquieu" tivesse escrito de acordo com o seu preconceito de classe. *Qu'est-ce que le Tiers État?* é, na realidade um manifesto escrito mais contra a nobreza e contra o preconceito aristocrático do que contra o rei ou contra a forma monárquica. O problema fundamental do governo de Luís XVI consistia em ser escravo da corte, e não da vontade soberana do rei. Era a nobreza que devia perecer para dar lugar ao governo da razão. Aparentemente, nada impedia o diagnóstico de Sieyès de concordar que o rei podia em certas circunstâncias encabeçar o governo da razão. Tal como em *Essais sur les Privilèges*, obra anterior a 1789, o inimigo do interesse público eram os "privilegiados". Estes são "estrangeiros" na "Nação". Os tempos eram propícios à declaração de "ódio" ou de anunciação de "uma espécie de guerra civil que agita um Povo dividido entre Privilegiados e Não-Privilegiados". Em perfeita conformidade com a dinâmica tipicamente revolucionária, Sieyès diagnostica um mal-estar geral, uma corrupção arrepiante, divulga um ressentimento contagiante, e por fim declara inapelavelmente o responsável, o culpado. A corrupção e a opressão, por um lado, e a "aristocracia", por outro, são duas faces da mesma moeda.

Expondo o "privilégio" ao exame conduzido pelo critério da utilidade pública, e declarando naturalmente a sua perversidade, Sieyès seguia, entre outros, Rousseau. Por outro lado, Sieyès esforçava-se por libertar a França do elemento que mais complicava a sua homogeneidade. O caminho da França para a modernização exigia o reconhecimento e a facticidade do sentimento de semelhança humana. A solução para o elemento perturbador de uma sociedade em que, à imagem de uma circunferência, todos os indivíduos estivessem à mesma distância uns dos outros, assim como do centro, era a expulsão legal ou então o bisturi. Porque a cidadania só poderia realizar-se uma vez activado o sentimento de pertença a um corpo homogéneo, a uma comunidade de iguais. A única lealdade política possível era a que se dirigia a um espaço unificado e, de uma certa perspectiva jurídico-política, indivisível. Impunha-se uma espécie de *sinoicismo* actualizado.

Antes da democracia poder mobilizar a energia e a força revolucionárias, é o seu contrário, a conspiração aristocrática, que leva ao conflito e à consciência de uma tarefa por realizar ([302]). Sieyès teve o mérito de expor com sucesso o dualismo político fundamental para a época, no que diz respeito à forma política: aristocracia (com ou sem rei) *versus* democracia (com ou sem rei). Claro que para Sieyès e para os seus pares o dualismo não tinha valor meramente tipológico; esse dualismo estava fortemente *moralizado*, era produto de uma abordagem maniqueísta do problema político. De um lado, o bem, a esperança, a redenção política, do outro, o mal político absoluto, restando pouca ou nenhuma margem para intermediações. Em breve esse dualismo seria substituído por um outro dualismo, o da esquerda e direita, que, por ver diminuída a sua ordem de generalidade, representaria um modo muito mais redutor de confrontar o pro-

---

([302]) Ver Furet, *Pensar a Revolução Francesa*, trad. portuguesa Rui Fernandes de Carvalho (Lisboa, Edições 70, 1988), pp. 81-83.

blema político, mas não perderia completamente o tom moralizador.

É supérfluo confirmar que o dualismo aristocracia/democracia interpretado por Tocqueville desapareceu do discurso público contemporâneo. Hoje prefere-se continuar a recorrer, não sem alguma insatisfação, à dicotomia esquerda/direita, ou apelar com crescente sucesso ao dualismo democracia/não-democracia, o que parece indicar que a atenção para com as formas de governo está a regressar, apesar de num modo anárquico, ao discurso público, depois da enorme influência exercida pelas teorias materialistas da política e da história. O segundo termo do novo dualismo – a não-democracia ou a negação da democracia – é muito variável na sua denominação, mas menos variável no seu significado. Surgem termos como "ditadura", "autocracia", "anti-democracia", "totalitarismo", "autoritarismo", muitas vezes com rigor duvidoso, mas que pretendem designar na grande maioria das vezes, a rejeição da deliberação e decisão pelo "consenso", a rejeição da "presunção da igualdade" não necessariamente económica, a inexistência de um processo formal de expressão do consentimento dos governados, e a negação de uma liberdade concreta, a saber, a de expressão. Preside igualmente ao entendimento partilhado do significado da distinção dualista entre democracia e a negação da democracia a distinção entre a protecção dos direitos humanos e a sua violação.

Todavia, é a palavra "ditadura", apesar do seu significado histórico ser bem conhecido, que recolhe as preferências do discurso comum contemporâneo para designar a negação da democracia. Se assim for, existe uma perfeita adequação da utilização desta terminologia ao discurso democrático. Num mundo destinado à concretização de princípios universalmente válidos, o "estado de excepção", ao nível planetário, corresponde, como deve corresponder, ao termo "ditadura". Os problemas surgem quando o triunfo de uma terminologia simples esmaga a *percepção* de diferenças fundamentais.

De Rousseau não podemos dizer que não tivesse a percepção das diferenças políticas fundamentais. Essa percepção é clara ao longo de toda a sua obra. Porém, Rousseau participa na criação do dualismo político que salientámos anteriormente. "Será então

adequado dividir a economia pública em popular e tirânica" ([303]).
A distinção dualista contemporânea entre democracia e a negação da democracia começa, então, com Rousseau. Quando acompanhamos a crítica da aristocracia do momento hobbesiano para Rousseau um outro aspecto merece ser assinalado. Chegando a esta fase da discussão, não dizemos nada de novo quando observamos que a nobreza, enquanto *vida nobre*, aponta para algo que transcende a mera conservação de si, e até a conservação confortável de si. A aspiração mais nobre da natureza humana é, de acordo com a mentalidade aristocrática, a vida de excelência, algo que perde muito do seu valor quando a prioridade absoluta é conferida à vida orientada pelo medo da morte. A vida de excelência encarna a mais sublime aspiração humana e orienta-se pelo amor: o amor à beleza da vida nobre.

Desde os seus primórdios que a mentalidade aristocrática se enamorou da heroicidade da vida excelente. Não é preciso invocar os resquícios deixados pela cultura homérica, pela memória dos heróis dos poetas gregos. A mentalidade aristocrática nunca resiste a emprestar um carácter heróico à vida do homem nobre. A nobreza parece implicar uma forma sublime de heroísmo. O heroísmo do homem corajoso e forte é integrado no heroísmo do homem moral, do homem justo, do homem magnânimo, do homem prudente, do homem sábio. A mentalidade aristocrática parece reclamar um monopólio da vida heróica, e isso é especialmente visível quando se substitui a heroicidade do guerreiro pela da "verdadeira nobreza". É verdade que a crítica da aristocracia saída do punho de Maquiavel não teve de se confrontar com este problema. A heroicidade ainda está muito viva nas páginas do autor d'*O Príncipe*. Mas quando chegamos a Hobbes a perspectiva é muito diferente. Com Hobbes, a crítica da aristocracia parece prescindir de competir pelo brilho do heroísmo. A cidade de Hobbes e o seu cidadão são decididamente avessos ao heroísmo. Pode-se dizer até que a teoria política de Hobbes é anti-heróica. Em grande medida, vários dos críticos posteriores da aristocracia

---

([303]) *Discours sur l'économie politique*, vol. III, p. 247; ver p. 261. Ver *Contrato Social*, II.6.

compreenderam esta fragilidade particular de Hobbes e de todos os que o seguiram. Enquanto Hobbes fundamentou a igualdade natural dos homens e concebeu uma política de igualdade para garantir a segurança da existência individual, Rousseau pretende superar a mediocridade ou mediania moral do propósito securitário sem sacrificar, e, em certos aspectos, até acentuando, o contexto igualitário. Rousseau também não rejeita a finalidade da segurança enquanto justificação crucial do pacto social. Porém, a preocupação exclusiva com a segurança individual, para além das ameaças que criava por tantas outras que resolvia, ignorava a realização de outras necessidades do homem social.

O Estado como protector resumia a vida política ao contexto em que se aplicava uma técnica a um problema. Mas da vida política algo mais poderia ser extraído, algo que cativasse e entusiasmasse. O heroísmo da cidade republicana, a vitalidade da sua cidadania, podiam deixar de ser lendas, para designar novas promessas. O Estado protector de Hobbes e dos seus discípulos não podia convocar um *desafio* ao homem como pôde o republicanismo de Rousseau. Num certo sentido, Rousseau com esta nova orientação moral pode despertar a lealdade democrática com uma promessa nova. É que a democracia, e o seu triunfo, nunca seriam possíveis sem uma qualquer demonstração de superioridade moral sobre os seus rivais, nem sem um conteúdo heróico próprio, de preferência exclusivo. O cepticismo de Hobbes nunca poderia convocar à adesão; a visão de Rousseau de uma vida moralmente íntegra, exigente, entusiástica e até heróica pode despertar o fervor. O projecto democrático necessita de ser seguro, mas também elevado e belo; em suma, *nobre*. Com Rousseau, a aristocracia é afrontada no seu próprio terreno. *Heroísmo para todos*, quando contrastado com o heroísmo para (muito) poucos, é grito capaz de levantar multidões. Raymond Aron dizia que a democracia é o único regime que "proclama que a história dos Estados é, e deve ser, escrita não em verso mas em prosa". Com Rousseau, a vida democrática pretende ser escrita na mais pura poesia.

Um Problema de Retrospectiva

Malouet descreve nas suas *Memórias* o episódio da sua própria eleição para os Estados-Gerais no Inverno de 1788-1789. A agitação na assembleia electiva de Riom era tal que o futuro *Monarchien* hesitou continuar a vaguear por tamanha tempestade. Ocorreu-lhe resignar imediatamente a seguir à sua eleição quando se deparou com "pequenos burgueses, juristas e advogados, sem qualquer informação quanto aos assuntos públicos, a citar o *Contrato Social*, a declamar veementemente contra a tirania, contra os abusos, e cada um a propor a sua própria constituição". Ao imaginar os resultados desastrosos de se transpor tal "ultraje" para o grande palco da política francesa, Malouet desistiu da sua ideia de resignar, o que não lhe evitou dissabores futuros.

Logo no Outono de 1790 foi instalado na Assembleia Constituinte o busto de Jean-Jacques juntamente com uma cópia do *Contrato Social*; assim, a inspiração dos deputados estaria assegurada. Mas a homenagem só ficaria completa mais tarde quando foram atribuídas postumamente honrarias públicas ao pensador de Genebra, e os seus restos mortais trazidos, numa fantástica procissão, para o Panteão dos heróis. Rousseau fez a viagem final para o Panteão aproximadamente na mesma altura em que Jean-Paul "O Amigo do Povo" Marat, o mais famoso dos "mártires" da Revolução, foi transportado para a imortalidade.

Com esta observação não pretendemos reclamar a comprovação (ainda que implícita) da paternidade rousseauniana da Revolução francesa, nem dos seus excessos, nem das suas promessas mais inocentes. Rousseau foi sem dúvida um dos pensadores mais influentes dos homens da Revolução; mas dizer isto é insuficiente, como querer absorver para o pensador genebrino a responsabilidade geral pelos acontecimentos do final do século XVIII em França constitui um excesso reprovável, pois isso seria negar à Revolução francesa a complexidade que lhe é própria, as suas contradições (e nem todas as suas contradições têm origem em Rousseau), os seus triunfos, os seus desapontamentos, a sua imagem, enfim, o seu espírito. Até porque se impõe sempre em discussões deste género uma distinção adequada entre *influência* e *afinidade*. O impacto do pensamento de um autor pode ser analisado historicamente, escreve Jouvenel, desde que se compreenda que a "ligação de algumas [das] consequências com o seu pensamento é lógica e que a ligação de outras [consequências] é psicológica". Peter Gay talvez seja demasiado abrupto ao dizer que "as ideias de Voltaire, dos Enciclopedistas, e de Rousseau desempenharam um papel relativamente menor nos discursos e no pensamento revolucionários". Mas fala com muita propriedade quando acrescenta que "Robespierre não tinha o monopólio de Rousseau", e que não faltaram exemplos de *émigrés* ditos reaccionários atraídos pelas ideias do genebrino.

A perspectiva inversa desmente a influência do pensamento de Rousseau sobre a Revolução. Existe literatura respeitável que proíbe alimentar a ideia de que o *Contrato Social* de Rousseau seria um livro de grande divulgação aquando da tomada da Bastilha. A tentativa mais célebre de afirmar esta proibição é sem dúvida o livro de Daniel Mornet, *Les Origines intellectuelles de la Révolution française*, de 1933. Mais recentemente, deve ser salientado sobretudo o estudo de Robert Darnton ([304]), que reconvocou o problema à actualidade académica. É certo que os problemas levantados pelo chamado "debate Darnton" não se limitam ao fracasso de vendas do *Contrato Social* e a consequente ineficácia revolucionária. Mas seria muito fácil mostrar que o argumento das vendas não esvazia a influência de Rousseau sobre a Revolução.

Todavia, o debate Darnton é precioso enquanto refreador de entusiasmos do historiador que se delicia na detecção de uma alegada relação de causalidade explicativa de um acontecimento político extraordinário. Como referiu Furet, "a ânsia de apresentar Jean-Jacques Rousseau como o autor cujas ideias pressagiaram e dirigiram o curso da Revolução francesa é tão antiga quanto o próprio acontecimento". Portanto, todas as cautelas são poucas quando se procura evitar estabelecer um seguimento linear do Iluminismo para Rousseau, e dele para a Revolução, ou introduzir um entendimento inaceitavelmente teleológico na apreciação histórica da política francesa do século XVIII. A "quimera da origem" é uma armadilha metodológica porque impede o

---

([304]) *The Forbidden Best-Sellers of Pre-Revolutionary France* (Londres, 1995).

historiador de aceitar a singularidade dos acontecimentos. Se o historiador tiver por objecto a Revolução francesa, a tentação teleológica torna-se mais premente, assim como se torna mais problemática a insensibilidade para a singularidade, para o que não tem precedentes, nem causas óbvias. Chartier lembra que a "quimera da origem" contribui para a incompreensão de que a ligação entre o Iluminismo e a Revolução flúi tanto do primeiro para a segunda como da segunda para o primeiro. De certo modo, é possível dizer que foi "a Revolução que inventou o Iluminismo" numa procura pela sua própria legitimidade filosófica. Essa construção de uma continuidade correspondia à procura da "paternidade", tese que evidentemente *não* prova que os pensadores do Iluminismo *não* contribuíram para o começo e desenvolvimento da Revolução. Robespierre foi um dos primeiros a reclamar o nome de Rousseau como génio da Revolução.

Mas fundamentalmente Rousseau forneceu à Revolução um *exemplo de personalidade*. Esse exemplo foi o do estrangeiro num mundo corrupto, o do incompreendido numa sociedade de hipócritas que preferem sufocar a verdade à remissão dos seus vícios. Era como se uma revolução individual encarnada na vida de Rousseau precedesse a revolução colectiva francesa. Jean Starobinski assinala com pertinência que se a sociedade era, segundo Rousseau, "colectivamente a negação da natureza", então "Jean-Jacques será solitária e individualmente a negação da sociedade" ([305]). Adequando este comentário à mentalidade revolucionária francesa do final do século XVIII poderíamos dizer que a sociedade do *Ancien régime* era colectivamente a negação da natureza e Jean-Jacques foi solitária e individualmente a negação da sociedade do *Ancien régime*.

Jean-Jacques, ele mesmo enquanto existência singular, representa o humano na sua luta contra a desumanidade. Uma luta aparentemente individual adquire todos os contornos da luta universal, da mais fundamental das lutas. A recuperação da autenticidade que dirige a vida de Rousseau torna-se no exemplo da recuperação da autenticidade pela qual o mundo, agora, anseia. Como Saint-Preux, Rousseau apenas encontra na civili-

---

([305]) Jean Starobinski, *Jean-Jacques Rousseau. La transparence et l'obstacle* (Paris, 1971), p. 53.

zação moderna, "esse vasto deserto do mundo", obstáculos à sua "alma expansiva", obrigando-o ao recolhimento e a um inevitável afastamento. Eis o exilado, mesmo quando coexiste com os outros homens. Rousseau, destruidor de todas as formas de autoridade natural entre os homens, estabelece por este meio uma nova forma de autoridade. A vida pessoal de Rousseau adquire os contornos de um *exemplo*, e devido ao seu carácter exemplar, torna-se um modelo de emulação e, portanto, de autoridade. Rousseau pertence a um horizonte inexistente mas reconhecível, a sua alma a um outro tipo de vida, o seu corpo a um outro tipo de pátria. A sociedade em que Rousseau seria o primeiro dos cidadãos seria também a sociedade que já não condenaria os fracos e oprimidos a ser estrangeiros no seu próprio mundo.

Mas nem por um momento Rousseau perde de vista a possibilidade de um futuro mais risonho. Chegaria, porventura, o tempo em que a corrupção, o ódio, a vaidade, estariam mais atenuados, e todo o mundo poderia ver finalmente Jean-Jacques tal como ele é. O tempo de redenção dos homens seria igualmente o tempo do triunfo de Rousseau. E vingar Rousseau seria vingar a boa natureza do homem ofuscada pelo preconceito, pelo artifício e pela desigualdade.

O povo revolucionário e os líderes populares puderam amar Rousseau porque este, ao contrário de homens como Montesquieu, Voltaire ou Turgot, estava em colisão com *tudo* o que constituía o *Ancien Régime*. Se tivermos presente que o *Ancien Régime* também era a *république des lettres*, também era os salões de Paris, também era o luxo, as ciências, as artes, a sociedade "burguesa", então compreendemos que Rousseau aparece no imaginário revolucionário popular enquanto líder isolado dos sofredores, dos reprimidos, dos *revoltados*. À medida que a Revolução se radicalizou foi diminuindo o prestígio dos três primeiros autores. Por exemplo, Billaud-Varenne, um dos membros do Comité de Salvação Pública comandado por Robespierre, atacou violentamente Voltaire por este ter afirmado a naturalidade das desigualdades económicas ([306]). Pelas mesmas razões que a popularidade de homens como Montesquieu, Turgot ou Voltaire se

---

([306]) Jacques-Nicolas Billaud-Varenne, *Les Élements du républicanisme*, pp. 169-170.

degradava ao longo do processo de radicalização da Revolução, crescia a admiração por Rousseau.

Num momento mais intenso da Revolução, o povo simples poderia ser levado a confrontar uma questão decisiva quando a *classe social* se tornasse categoria determinante. Que contacto tem um pensador "nobre" com o povo, com as suas misérias, com as suas agruras, com os seus prazeres, quando ele nunca os experimentou? Rousseau estava em condições de ser o denunciador da injustiça e da opressão, um verdadeiro "Homero dos desfavorecidos". "Proclamai-vos a vós mesmos o protector dos desafortunados", assim aconselhava Rousseau os educadores de todo o mundo; ele que era, nem mais, nem menos, do que o educador dos educadores. Mesmo a perseguição de que Rousseau era alvo era comandada por todos os estratos do privilégio. À identificação do privilégio juntava-se a constatação das origens humildes do perseguido. Uma tragédia pessoal era encenada no palco da opressão do homem humilde pelo privilégio arrogante.

Mas dizer apenas isto seria sugerir que Rousseau suscitaria somente uma solidariedade de classe. Que dizer dos "nobres", dos "privilegiados", dos "ricos", que se deixaram envolver pela crítica de Rousseau? Afinal de contas, estes tipos humanos surgem quase invariavelmente como os vilões das narrativas de Rousseau. Contudo, Rousseau não prega o ódio de classe; atinge as classes altas com uma arma muito mais poderosa. Descreve a miséria moral dos ricos e a sua infelicidade. Outros desconhecedores do "sentimento doce da existência", os ricos, cercados por falsos prazeres, mas ignorando os verdadeiros, estão possuídos pela dupla ansiedade gerada pelo fastio da vida e pelo receio de a perder. Rousseau não ensina os pobres a odiar os ricos; "ensina os ricos a odiarem-se a si mesmos" ([307]).

A famosa profecia de Rousseau de que a era das "revoluções inevitáveis" estaria a chegar é insuficiente para estabelecer a sua responsabilidade pelo terramoto que se verificaria. É certo que Rousseau não hesitava em fazer tremer a confiança da nobreza francesa na estabilidade da sua situação. Num aviso directo às classes nobres francesas e europeias, Rousseau prevê que nos

---

([307]) Clifford Orwin, "Rousseau and the Discovery of Political Compassion" in *The Legacy of Rousseau*, p. 310.

"aproximamos do estado de crise e do século das revoluções"; as "grandes monarquias da Europa" não iriam durar muito mais, e como as estrelas, cintilam mais no momento imediatamente prévio à sua implosão. É verdade que Chateaubriand leu nesta passagem a previsão de Rousseau da revolução vindoura *e* dos crimes e horrores que a acompanhariam. Mas pelo menos Chateaubriand estava persuadido de que Rousseau *sabia* que a "revolução virtuosa era impossível".

O certo é que no entender de Rousseau essas grandes revoluções realizar-se-iam independentemente do impacto da sua obra. Mas também isto é insuficiente para isentar Rousseau das suas putativas responsabilidades. Afinal, o anúncio da nova era quase sempre apressa a sua chegada. Já avisava D'Alembert que, uma vez lançadas as fundações de uma revolução, é quase sempre na geração seguinte que a revolução é realizada. Mais: Rousseau não hesita em atribuir à "corrupção política" de "certos Governos" a causa da triste desordem moral do homem contemporâneo. Os vícios morais de que a vida dos homens é um lamentável cortejo "nascem naturalmente" daquela "força moral" degenerada exercida por governos ilegítimos. Semelhante diagnóstico força o leitor a decidir que a origem da decadência moral reside, pelo menos em grande parte, na estrutura política e nas máximas que a animam. A revolução política aparece como um meio evidente de regeneração moral, de recuperação da humanidade do homem.

Não deixa de ser ilustrativa a passagem em que Rousseau, no contexto da crítica à corrupção dos seus tempos, vê o único remédio no regime republicano, que, para ser instituído em França, exigiria uma "grande revolução". Para a restauração da virtude no mundo moderno não há alternativa ao método revolucionário. E essa "grande revolução", por ser "impossível de prever", deve ser "*quase* tão receada como o mal que poderia curar". Perante o "perigo de provocar uma vez as massas enormes que compõem a monarquia francesa", "que homem de bom senso", pergunta Rousseau, "se atreveria a abolir costumes antigos, mudar velhas máximas e dar ao Estado uma forma diferente daquela que 1300 anos de existência criaram".

Como já foi notado por um estudioso da matéria, Rousseau demonstra na sua obra *Du Contract Social* uma surpreendente moderação prática, tendo em conta o potencial revolucionário da sua própria teoria ([308]). Concordando com Montesquieu, Rousseau admite que a liberdade não é fruto de todos os climas. As constrições do clima, a profundidade da corrupção, a resistência da natureza humana à "desnaturação" completa que a sociedade civil livre e justa exige, concorrem para definir um sentido trágico na teoria *política* de Rousseau. No entanto, o trágico podia ser substituído pelo profético quando os revolucionários do final do século XVIII se situaram perante o "horizonte livre". Eles, sim, podiam tentar o que Rousseau considerava impossível. Constant não tinha dúvidas: "Não conheço sistema de servidão que tenha sancionado erros mais nefastos do que a metafísica eterna do *Contrato Social*".

Não se trata de um enriquecimento fácil com subtilezas irrelevantes o apelar à distinção entre as consequências *lógicas* e as consequências *históricas* do pensamento de Rousseau. O que torna difícil a avaliação rigorosa dos dois tipos de consequências é que nem a associação de Rousseau às doutrinas radicais e proto-totalitárias que triunfariam momentaneamente durante a Revolução francesa, nem a consciência nítida do autor da ameaça para a liberdade política que representavam fenómenos como a "tirania da maioria" ou a usurpação do interesse comum pela "vanguarda esclarecida do povo", pecam por falta de veracidade. Por assim dizer, Rousseau é um antecessor das doutrinas totalitárias da política e simultaneamente um crítico arguto e incondicional dessas mesmas doutrinas ([309]).

Mas quando o leitor do *Contrato Social* se depara com o estranho capítulo dedicado ao "Legislador" e prossegue com o capítulo intitulado "Do Povo" é inevitável sentir a fusão improvável do trágico com o profético. O Legislador aparece como uma solução impossível para um problema intratável. Porém, em II.8, Rousseau escreve:

> Assim como, em certas doenças, a cabeça das pessoas se baralha e se apaga a recordação do passado, às vezes, na existên-

---

([308]) Hilail Gildin, *Rousseau's Social Contract* (Chicago, 1983), p. 39.
([309]) Ver Roger Masters, *La philosophie politique de Rousseau* (Paris, 2002), p. 442.

cia dos Estados, há épocas violentas, em que as revoluções têm sobre os povos o mesmo efeito que certas crises têm sobre os indivíduos, em que o horror do passado toma o lugar do esquecimento e em que o Estado, incendiado pelas guerras civis, renasce, por assim dizer, das próprias cinzas e retoma o vigor da juventude, saindo dos braços da morte. Assim foi em Esparta no tempo de Licurgo, em Roma após os Tarquínios; e assim foi entre nós na Holanda e na Suíça após a expulsão dos tiranos ([310]).

Embora Rousseau se apresse a refrear o entusiasmo revolucionário que uma passagem destas pode provocar no leitor, o excerto é muito sugestivo. Afinal, apresentar o estado de coisas presente como a suprema decadência, a corrupção e a opressão, e escrever um texto desta espécie não pode deixar de sugerir a hipótese da correcção. De mais a mais, o passo citado caracteriza a memória histórica como um fardo que pode ser aliviado, o que leva à tentação de refazer um povo jovem, liberto da opressão do passado. Ora, como nos informa Furet, a Revolução francesa consistiu, desde o primeiro momento, numa tentativa consciente de obliteração do passado da nação francesa. De mais a mais, Rousseau afirma sem grandes rodeios que na grande "obra de legislar" está implícita uma tarefa de destruição. E como se sabe a *tabula rasa* não foi uma consequência da Revolução, mas o seu objecto prioritário. Aliás, esse era o elemento que fortalecia a oposição dos *Monarchiens* – de homens como Malouet, Mounier, Clermont-Tonnerre ou Lally-Tollendal – à marcha revolucionária. É desse objecto que se extrai aquilo que Starobinski designou por "ar vazio" ou "horizonte livre" ou o que Furet nomeou a "abertura de uma sociedade a todos os seus possíveis", ambos imitando Tocqueville que mencionara o "espaço deserto e quase ilimitado" aberto no espírito do homem pelo acto revolucionário. A linguagem revolucionária encontra, na obra de Rousseau, pelo menos alguma antecipação. Esta passagem parece ecoar no espírito revolucionário de 89-95; as desilusões que se seguem no capítulo citado do *Contrato Social* foram silenciosamente esquecidas.

([310]) *Du Contract Social*, II.8.

Contudo, também é verdade que o diagnóstico que revela que por toda a parte o homem se encontra agrilhoado não corresponde a um diagnóstico da vida política francesa enquanto tal; trata-se, antes, de um diagnóstico civilizacional. O problema não decorre da situação particular da França, nem sequer dos malefícios particulares do *Antigo Regime*, mas de uma civilização inteira. Não sem alguma surpresa, constata-se que o problema para um político como Robespierre era exactamente o mesmo. O que estava errado não era apenas a França dos "tiranos", mas toda a civilização, como, de resto, a história demonstrava.

Na história da humanidade temos acesso a dois factos, e a dois factos apenas: o estado de natureza inocente e o despotismo prevalecente. Nesta proposição está presente o traço mais espectacular da obra de Rousseau, a negação da ordem existente. Tal negação levada a cabo de modo tão apaixonado, tão eloquente, tão profundo, é, apetece dizê-lo, *necessariamente* revolucionária. E, como parece ser evidente para quase todos, a Revolução francesa não visou somente resolver os problemas particulares da monarquia francesa; visou, desde logo, a transformação de toda a civilização ocidental. Que a revolução francesa operou essa transformação na nossa civilização *pela via fracturante*, não podem restar dúvidas. Num sentido mais amplo, a Revolução francesa foi muito mais do que uma revolução no sentido tradicional do termo. Não se limitou a ser uma fundação de um novo corpo político, e muito menos pôde ser associada a uma simples mudança de regime. Seria a revolução que daria início à era das revoluções, não obstante o prognóstico de Sylvain Maréchal, um dos homens da "conspiração dos iguais", que avisava quem o quisesse ouvir que a revolução não acabara, e que seria apenas a antecessora de uma derradeira revolução que colocaria um termo a todas as revoluções. Como Tocqueville percebeu, seria muito difícil, se não impossível, *fechar* a Revolução francesa. A Revolução era agora *constitutiva* da própria civilização ocidental.

Porém, é durante o governo de Robespierre que a influência de Rousseau se torna mais explícita. Não que as políticas do governo da Convenção fossem literalmente retiradas do *Contrato Social*, ou que não houvesse nítidas contradições entre a prática do Comité de Salvação Pública e a teoria complexa de Rousseau, ou ainda que não houvesse contradição notória entre a soberania da vontade geral de Rousseau e a soberania da Convenção. Mas a devoção de Robespierre a Rousseau é de tal ordem que o "reino da Virtude", em que a França se transformaria pelo Terror contra o culto iluminista da Razão, parece ser com toda a evidência um projecto inspirado em Rousseau. Contudo, é preciso reconhecer que a identificação do "reino da virtude" com o "reino do Terror", feita por Robespierre no discurso de 25 de Dezembro de 1793 (*Sobre os princípios do governo revolucionário*), não é antecipada por Rousseau. Bem pelo contrário. Pela leitura dos seus escritos, Rousseau pode ser facilmente inocentado da paternidade da prática terrorista jacobina. De resto, Robespierre parece ter a consciência viva da novidade dessa sua identificação: "A teoria do governo revolucionário é tão nova quanto a Revolução que o introduziu. Não se deve procurá-la nos livros dos escritores políticos que não previram essa Revolução (...)".

Noutros aspectos da política de Robespierre a disjunção é muito menos nítida. Por exemplo, sentimos a presença das últimas páginas do *Contrato Social* no movimento contra o ateísmo (segundo Robespierre, um preconceito aristocrático), sem regressar às formas religiosas tradicionais, na direcção da instituição de uma religião civil, e que culminaria no festival de adoração do Ser Supremo dirigido pelo mestre-de-cerimónias da Revolução, David.

O desconforto com a representação política vivido por grande parte do partido jacobino também relembra Rousseau. Como a história da famigerada Convenção relata, na mentalidade jacobina – mas também na de homens da Gironda – nunca foi resolvida a tensão entre a necessidade de representação política e a legitimidade da acção directa das secções de Paris *contra* os representantes. A retórica que insistia no direito de petição e associação visava sobretudo garantir o controlo popular das instituições representativas, pois pressupunha-se que a representação política era incapaz, por si própria, de apreender o interesse geral. Foi nos clubes políticos e nas sociedades revolucionárias que se ensaiou e praticou esta forma de existência política, assente na discussão permanente, no direito popular de interferência política imediata, e que pretendia assimilar a acção revolucionária directa à democracia popular (³¹¹). A acção directa, frequentemente violenta, foi sempre identificada com uma imediaticidade salutar e necessária para a realização da vontade popular. As "jornadas revolucionárias" concretizavam a indispensável afirmação da soberania popular directa, e não só para impedir os inevitáveis desvios dos representantes. Tratava-se principalmente de relembrar e trazer à sede do poder organizado a realidade e a legitimidade da capacidade para refazer incessantemente as instituições e activar a "vontade geral". Estas teses atingiram o seu ponto mais extremo pela pena de Marat. Mas é preciso referir que em Marat a violência adquiria um valor libertador e verdadeiramente messiânico, algo definitivamente ausente na obra de Rousseau.

Dir-se-ia que antecipando todo este problema Rousseau escreve: "Conheço a distinção que é preciso fazer entre as intenções de um autor, e as consequências que podem ser tiradas da sua doutrina". O próprio Burke reconhece em parte a pertinência desta distinção aplicada a Rousseau. Mas acaba por afirmar que os "escritos de Rousseau" conduziram "directamente" aos males morais mais vergonhosos da Revolução. Rousseau é, segundo Burke, o "cânone das sagradas escrituras" dos revolucionários franceses, o "Sócrates insano da Assembleia Nacional". Mas talvez seja o veredicto de Jean Starobinski um elemento de sobriedade indispensável no estudo da obra de Rousseau: "Seria preciso *interpretar* a obra de Rousseau para ver nela um factor decisivo no progresso político do século XVIII".

A complexidade da Revolução francesa não pode ser reduzida à categoria de efeito tendo por causa as ideias de Rousseau. Porque "a lógica de uma época revolucionária não está nas ideias; está por inteiro nos factos" (³¹²). E, de modo mais relevante para o presente livro, a obra de Rousseau é demasiado complexa para ser reduzida à categoria de causa de um acontecimento específico, por mais importante que este possa ter sido. A obra deve ser analisada por si mesma, sem concepções implícitas de uma teleologia histórica, que nos obrigariam a ver nos escritos de Rousseau um mero programa de acção política. De

---

(³¹¹) Ver Augustin Cochin, *La Révolution et la libre-pensée* (Paris, 1979).
(³¹²) Jouvenel, *Du Pouvoir*, p. 368.

outro modo, perde-se de vista o facto importante que indica não só a devoção jacobina à figura e obra de Rousseau, mas também a inspiração providenciada pela mesma obra ao pensamento romântico do século XIX, que não pode ser identificado com a causa revolucionária dos franceses do final do século XVIII. Por isso devemos abandonar por agora a Revolução e seguir a obra de Rousseau, segundo Jean-Jacques. Mas o pensamento de Rousseau, incluindo o seu pensamento *político*, nunca será compreendido se nos limitarmos ao estudo da sua dimensão constitucional. A sua crítica da mentalidade aristocrática adquire uma profundidade inaudita assim que contactamos com a sua reflexão sobre o homem. Rousseau declara: "A liberdade não está em nenhuma forma de governo, está no coração do homem livre; ele leva-a consigo para toda a parte". Trata-se de um aviso inequívoco quanto à intenção do pensador.

A propósito da escravatura, Rousseau escreve que "renunciar à sua liberdade é renunciar à sua qualidade de homem, aos direitos da humanidade, até mesmo aos seus deveres". "Não há compensação possível para quem renuncia a tudo". "Tudo" significa que o homem *é* a sua liberdade. A essência do homem, a sua "qualidade", reside na sua liberdade. Daí que a fórmula do contrato social seja peremptória quanto à condição de validade do pacto: que cada homem permaneça "tão livre como antes". Não há fins definidos pela natureza humana, porque esta é *liberdade*. A liberdade, sem qualidades a realizar ou a preservar, é o princípio e o fim de todo o mundo humano. É esse "homem livre" que agora temos de investigar.

A Polidez, a Hipocrisia e a Abolição da Distância

Qual a origem da aversão de Rousseau pelas Ciências, pelas Letras e pelas Artes? Estas não são nocivas em si mesmas, mas apenas na medida em que iludem os homens quanto à sua verdadeira condição, na medida em que contribuem para o estado de corrupção geral. Enfeitam as "correntes de ferro" que aprisionam os homens com "grinaldas de flores"; tornam os homens "escravos felizes", "sufocando neles o sentimento dessa liberdade original para a qual eles parecem ter nascido". Envolvem os homens numa vida privada e colectiva com "as aparências de todas as virtudes sem ter nenhuma". As sociedades que dedicam os maiores louvores às ciências e às artes são, em suma, as sociedades da hipocrisia e da opacidade. Como seria "doce", lamenta Rousseau, viver num mundo onde o "porte exterior fosse sempre a imagem das disposições do coração". Mas o mundo das Luzes não passa do mundo da polidez, moralmente incapaz e sem vontade de se superar na direcção da autêntica virtude ([313]).

Decerto que Rousseau recusaria que a polidez fosse, nas palavras de um autor dos nossos tempos, "a primeira das virtudes e, talvez, a origem de todas elas", que a polidez, sem reclamar o estatuto íntegro de virtude, pudesse constituir uma espécie de introdução às virtudes. Rousseau nem aceitaria que a polidez "é anterior à moral, ou melhor, a moral começa por ser polidez" na aprendizagem da "submissão à sociedade e às suas maneiras". A insuficiência da polidez não é contestada por ninguém: o homem que não seja senão polido não pode aspirar à elevação moral. Mas a declaração de insuficiência da polidez não implica a sua condenação irrevogável. Bem pelo contrário; é compatível com a atribuição de um lugar na iniciação à prática das virtudes verdadeiramente morais porque "é imitando a virtude que nos tornamos virtuosos". O perigo que encerra emerge quando a polidez convida à suficiência. Nesse caso, quando a polidez assume uma importância desproporcionada, é o contrário da "autenticidade" ([314]).

De facto, a polidez pode ser entendida como a introdução ao sentido daquilo que é vergonhoso ou daquilo que é louvável. O *aidôs* aparece quase como uma virtude social por conduzir, através da consideração pelo julgamento alheio, à prática, pelo menos aparente, de todas as outras virtudes. Um homem pouco amigo dos "filósofos pagãos", John Locke, avançava como o "grande Segredo da Educação" o despertar na criança do "amor pelo Crédito" e da "apreensão da Vergonha e da Desgraça".

([313]) Ver *Discours sur les sciences et les arts*, pp. 29, 7; *Observations*, p. 36; *Lettre à Grimm*, vol. III, p. 64; Prefácio a *Narcisse*, vol. II, p. 965; *Dernière Réponse*, vol. III, pp. 72-73, 78. Comparar com Montaigne, I.25.

([314]) André Comte-Sponville, *Pequeno Tratado das Grandes Virtudes* trad. portuguesa Maria Bragança (Lisboa, 1995), pp. 17, 19, 21, 23.

A "Estima" e a "Desgraça" eram, na obra que tanto influenciou o *Émile* de Rousseau, "os mais poderosos incentivos do Espírito" (^{315}). Estes princípios educativos procuravam como apoio directo a preocupação com a reputação, o que parece levar-nos de volta ao mesmo ponto, a saber, que a reputação é apenas *aparência* de virtude. Mas Locke, que não podia ser acusado de cumplicidade com a mentalidade aristocrática, confiava na relação entre reputação e virtude. A formação da reputação, por meio do elogio e da censura, "Embora não seja o verdadeiro Princípio e Medida da Virtude, (…) é no entanto o que mais se lhe assemelha". O cultivo do cuidado com a reputação é o correctivo mais eficaz para o desejo de "domínio" manifestado pela criança quando ela fica entregue às suas inclinações naturais ou espontâneas. A consideração devida aos outros seres humanos é aprendida indirectamente através da escola da vergonha e do louvor.

Mas Rousseau não aceita esta descrição da polidez, nem a exibição da reputação. Uma e outra não passam de intromissões numa relação que se quer transparente entre a pureza interior da alma e a aparência exterior. A polidez e a virtude, na realidade, disparam em direcções contrárias, pois "quanto mais o interior se corrompe, mais o exterior se compõe". Numa sociedade apostada no refinamento do "gosto", a polidez, essa "arte de agradar" reduzida a "princípios" tudo comanda, e faz "reinar nos nossos costumes uma vil e enganosa uniformidade" que mais parece que "todos os espíritos" foram colocados no mesmo "molde". A polidez é um "véu uniforme e pérfido" que separa os homens uns dos outros, ao proibir o acesso às consciências, ao permitir apenas a visita à aparência trabalhada. Neste universo moral, em que a sinceridade é proscrita pelas regras da sociedade, não pode haver "amizades sinceras", nem "estima real", nem "confiança fundada". Tudo é "reserva", "receios", "frieza", "ódio", "traição". O problema de Locke (cujas afinidades com o pensamento de Rousseau eram, apesar de tudo, por este reivindicadas nos termos mais veementes) fora o de ter pretendido educar um

---

(^{315}) Locke, *Some Thoughts concerning Education* (Bristol, 1995), p. 55. Ver também Locke, "Credit, Disgrace" (Journal, 12 de Dezembro de 1678) in *Political Writings* (Londres, 1993), p. 236.

gentleman. Ora é precisamente neste ponto que Rousseau sublinha que não irá imitar o secretário de Shaftesbury. A Rousseau interessa apenas o *homem*, o ser *humano*. No *gentleman* não mora o *homem*.

É muito importante recuperar este tema do pensamento de Rousseau até porque no essencial a crítica da hipocrisia elaborada por Rousseau é ainda, com os seus trunfos, as suas insuficiências e os seus equívocos, a crítica veiculada nos nossos tempos. Essa crítica aponta a divergência entre a palavra e a acção, ou entre a palavra e o pensamento, como *a* fonte das desordens morais e sociais. De acordo com Rousseau e com os seus inúmeros seguidores no que respeita à denúncia da hipocrisia, a ausência de correspondência entre o que se diz e o que se faz (ou o que se pensa) destrói a possibilidade do estabelecimento de relações pessoais sinceras, cuja integridade é condição necessária do entendimento entre os homens. Mais do que isso, o hábito da hipocrisia estrutura toda a sociedade, incluindo a sua dimensão religiosa, política e ética, para a fabricação de máscaras ocultadoras das verdadeiras intenções, dos motivos reais, dos desejos profundos. Toda a confiança é destruída e por toda a parte é lançada a semente da desconfiança. Nesse ambiente as pessoas esquecem-se de viver para se dedicarem a tempo inteiro à fabricação das suas respectivas máscaras. Vive-se num ambiente opaco, em que eu não conheço o outro e vivo uma vida artificial que veda o acesso ao auto-conhecimento. Como se isso não bastasse, o jogo permanente de dissimulação converte-se numa corrida pelo domínio sobre o outro, pois a tentativa de controlar a *opinião* do outro é expressão do ímpeto mais fundamental para controlar a *vida* do outro. Em contrapartida, projectar a existência na opinião do outro, e fazer a existência depender da opinião do outro, pode implicar também a submissão a uma relação de subserviência. Querendo governar os outros, acabamos por render a nossa autonomia. "O que se julga senhor dos outros não deixa de ser mais escravo do que eles", sublinha Rousseau. "O próprio domínio é servil quando está ligado à opinião, pois tu dependes dos preconceitos daqueles que governas com preconceitos. Para os liderares como queres, tens de te comportar como eles querem". Assim, todas as relações pessoais se descodificam nos termos de domínio/dependência. É assim que se gera um estado de guerra secreta de todos contra todos, em que, se não se perde a vida, perde-se a independência e a liberdade.

Por sua vez, a transparência, o ideal moral por excelência, indica o caminho da autenticidade e da humanidade. O que tal denúncia moral pressupõe é que a correspondência entre os actos e as palavras revela um *ego* autêntico. Desde que não haja cisão entre uma coisa e outra situamo-nos no plano da verdadeira e sincera existência. É duvidoso, no entanto, que essa simples correspondência possa equivaler-se a tamanho triunfo do homem sobre si mesmo. As dificuldades que a posição levanta são demonstradas no facto da crítica da hipocrisia tender a perpetuar-se indefinidamente. Todos os argumentos discursivos são sujeitos a uma tal suspeita que a factualidade do *eu* sincero é sempre duvidosa. E assim que se encontra a sinceridade é automático o deslizamento da crítica da hipocrisia para o culto da pura expressividade individual. O juízo moral esgota-se na adequação da palavra à acção (ou ao pensamento); já não está disponível para avaliar o *eu* autêntico e "livre". O que a crítica da hipocrisia não admite é que um sem-número de práticas e instituições sociais solicitem a suspensão, pelo menos parcial, da imposição do *eu* sobre o mundo circundante. A acomodação *incondicional* de múltiplas individualidades num mundo composto e possibilitado por incontáveis instituições e hábitos provocaria o colapso desse mesmo mundo. Neste sentido, o hipócrita pode sê-lo por respeito, por consideração, por auto-controlo, até por amor, na medida em que não diz para não ofender, não faz para não magoar, mente para não humilhar. A polidez constitui uma das expressões dessa contenção do *eu*; a polidez é a manifestação da consciência de que a fricção provocada pelo contacto não preparado e incondicional do *eu* com a realidade exterior, com os *outros*, é potencialmente destrutiva. Por a polidez ser um *compromisso*, é alvo da crítica mais severa [316]. A polidez tem dificuldade em limpar a sua imagem (!) de aliada da hipocrisia. Mas também é preciso reconhecer que a polidez forma um

---

[316] Note-se que no entendimento de Rousseau a sociedade (sua) contemporânea é caracterizada por um estado de corrupção tal que torna o compromisso da polidez *necessário*. Já não se trata dos homens modernos poderem praticar o bem, mas tão-somente distraí-los de fazerem o mal.

hábito. E esse hábito pode ameaçar a consciência da insuficiência da polidez e do seu carácter instrumental ou provisório. A pura identificação da virtude com a polidez anula a primeira e torna a segunda uma aberração. A separação radical entre o *ego* e o mundo que lhe é exterior proíbe, de certo modo, o compromisso. A identificação da verdade enquanto correspondência entre o dito e o feito (ou pensado) tende a anular qualquer outro critério de verdade. O mais verdadeiro é simplesmente o mais sincero. E ao fazer das qualidades do "coração" a essência da bondade e da virtude, qualidades essas imperscrutáveis por natureza, a crítica da hipocrisia encontrou o seu próprio alimento. Por serem imperscrutáveis, por serem íntimos, os sentimentos do "coração" sofrem com a publicidade que o culto da sinceridade exige. Como refere Arendt, as qualidades do coração tornam-se, uma vez mais, "meras aparências", as quais devem apoiar-se noutros motivos ainda desconhecidos. A reclamação por transparência presume de um modo contraditório com os seus pressupostos que qualquer pessoa *conhece* os seus próprios sentimentos, que é capaz de os traduzir em actos e palavras, que não existe dificuldade especial em conformar a exterioridade da vida aos ditames imprevistos do "coração". A partir deste ponto é impossível não constatar que todos somos hipócritas; até o denunciador da hipocrisia pode ser ele mesmo o maior dos hipócritas. Desmascarar a hipocrisia é aquele infindável processo no qual o moralista retira a máscara da máscara da máscara ([317]). Instala-se um cepticismo radical que de tudo suspeita, impossibilitando toda a apreciação moral das relações pessoais e da conduta individual que não se fundamente numa homogénea e estéril condenação.

A crítica de Rousseau à hipocrisia começa por uma crítica à vida vivida na opinião dos outros. Mas a opinião dos outros, com a sua distribuição de elogio e honra ou censura e ignomínia, constitui uma fonte de eficácia das regras morais. Ajuda cada um a viver de acordo com as regras da vida moral, ou pelo menos com as regras da vida moral aceite pelos outros cuja opinião se preza. A hipocrisia é provocada por aquela exacerbação do *aidôs*

([317]) Hannah Arendt, *On Revolution* (Londres, 1990), pp. 96-98. Ver *The Life of the Mind* (Nova Iorque, 1978), vol. I, pp. 36-41.

ou pela extrema sensibilidade ao louvor e censura do outro. É a *exacerbação* que nos permite dizer que já não estamos perante um exercício de temperança, mas perante uma alma hipócrita. Todavia, é necessário mencionar que a explosão do *aidôs* para além dos limites razoáveis é uma exacerbação de uma inclinação de sociabilidade. Em particular, numa aristocracia é preciso viver sob a vigilância da opinião, em particular da opinião dos que são melhores ou superiores. Essa é uma das consequências que se retira do sentido completo da noção aristocrática de *auctoritas*.

Contudo, para Rousseau, viver na opinião dos outros não se traduz numa espécie de iniciação social na aprendizagem e cumprimento das regras morais, mas outrossim na descida aos caminhos da corrupção moral. Para se esconderem mutuamente, os homens alienam-se nas formas premiadas e aplaudidas pelos costumes corruptos da sociedade. Tornam-se inautênticos, e incapazes de sinceridade. Não passam, portanto, de hipócritas. Assim, não custa perceber que o conteúdo moral da honra é completamente inaceitável para Rousseau. A verdadeira origem da honra é o *amour-propre*. A honra é *reconhecimento*; o desejo de honra é o desejo de reconhecimento. Mas reconhecimento de quem? Necessariamente dos outros que não eu, dos não-eu. Ora, se a honra é apenas mais um dos subprodutos do *amour-propre* a ética da honra não é mais do que uma outra receita para a divisão do indivíduo, e para a perpetuação da dependência desse indivíduo relativamente à opinião dos outros. Em suma, nestes termos, a ética da honra recomenda que se viva fora de si mesmo com o resultado esperado, a desumanização do homem. O desejo de reconhecimento não traduz nada de especificamente humano, bem pelo contrário, arrasta o homem para longe do que há em si de humano.

Seria porventura preferível que o vício se descobrisse livremente, consequência provável da ausência de hipocrisia? Sem dúvida que seria preferível, responde Rousseau provocadoramente. Pelo menos seria possível finalmente distinguir os "bons" dos "maus". Rousseau não admite o argumento tradicional segundo o qual o hipócrita é muitas vezes um homem fraco que não consegue viver à altura daquilo em que firme e sinceramente acredita. E a hipocrisia não pode ser, como quer La Rochefoucauld, "uma homenagem que o vício presta à virtude".

Isso seria profanar o templo da virtude. Diz-nos a "experiência" que almas viciosas por vezes retomam os caminhos da virtude, mas "o que nunca ninguém viu é um hipócrita tornar-se homem de bem" ([318]). E, na opinião de Rousseau, nenhum tipo humano é mais hipócrita do que o burguês.

> Sempre em contradição consigo mesmo, sempre oscilando entre as suas inclinações e os seus deveres, [o burguês] nunca será um homem nem um cidadão. Não será bom nem para si nem para os outros. Será um destes homens dos nossos tempos: um francês, um inglês, um burguês. Será nada ([319]).

O burguês é esse homem que, num horizonte que não é mais do que o túnel estreito da existência confortável, tem apenas interesses e nenhuma paixão, apenas obedece a cálculos, nunca a chamamentos. Inconscientemente dividido entre os seus interesses particulares e o bem que pode advir dos outros que são sempre seus rivais, o burguês odeia o conflito e faz do conflito o substrato das suas relações com o mundo. Visiona o mundo apenas nos seus próprios termos, e, no entanto, tem horror à experiência de intimidade consigo mesmo. Reclama privacidade em face de todos os sacrifícios e deveres, para se expandir freneticamente num esforço de controlo do meio que o rodeia e dos homens que com ele coexistem. Anseia por sossego e segurança, mas vive em permanente sobressalto e dissimulação. Ele não *vive*; ele calcula e compara. Demasiado receoso e, de certo modo, tímido, para ser orgulhoso, o burguês espelha apenas um sentimento característico, a vaidade. Incapaz de virtude genuína, a sua "moleza e o amor das comodidades" transformam todas as relações sociais em "dinheiro". Sempre insatisfeito com o lugar que ocupa e com a posição que preenche, o burguês cansa-se dos prazeres que conquistou e anseia por aqueles que não estão ao dispor. Pode-se até presumir a sua "honestidade", mas esta nunca está radicada numa disposição "sincera". O burguês denuncia a hipocrisia do padre ou do nobre apenas para substitui-las por

---

([318]) *Observations*, pp. 51, 52; La Rochefoucauld, *Maximes* (Milão, 1998), #218.

([319]) *Émile*, I, pp. 249-250.

uma "hipocrisia burguesa", a da profissão de honestidade acompanhada por uma expectativa de impressionar o outro, sem o desejo sincero de ser honesto. As consequências morais deste estado de alma, no qual o *amour-propre* é rei e senhor, são previsíveis: a hipocrisia e a inautenticidade. Na formulação de Allan Bloom, o burguês é o "homem que, quando lida com os outros, pensa apenas em si mesmo, e, por outro lado, no entendimento de si próprio, pensa apenas nos outros". Continua Bloom, o burguês está despido de poesia, de erotismo, de heroicidade. Ou, nas palavras do próprio Rousseau, os homens dos "nossos tempos" são "homens duplos, aparentando sempre a ligação de tudo com os outros e nunca se ligando a nada excepto a eles próprios". O homem dos "nossos tempos", o "homem do mundo", o "homem do homem", encontra o seu mais indigno expoente na figura do burguês. O burguês é um actor; desempenha um papel na relação que tem com os outros e na relação que tem consigo mesmo. Mas é personagem sem intérprete. Ele não é nada para além da máscara que usa. Desmascarar a hipocrisia do burguês não revela a sua verdadeira identidade. A hipocrisia foi levada até à sua última degeneração. Por detrás da máscara do burguês está o nada. "O que ele é, é nada; o que aparenta ser, é tudo para ele" [320].

Para a condição burguesa ou hipócrita não está reservada a felicidade, apenas a inquietude, os falsos sentimentos, a inautenticidade. Mas será que esta acusação é exclusiva do burguês? O que dizer do "rico", do "nobre", do "grande", na medida em que estes se julgam superior ao burguês, assim como o burguês os repudia? D'Alembert reclamava numa carta aberta a Rousseau: *Votre philosophie n'épargne personne*. Rousseau, com efeito, não poupa nem o "grande", nem o "burguês". Todavia, o "povo" não só é poupado, como lhe estão reservados todos, ou quase todos, os louvores. Por um lado, o Grande é ainda um hipócrita. Nem poderia ser de outra maneira, já que a sociedade feita à sua imagem assim o exige. Numa sociedade hierarquizada, diz Tocqueville, "a etiqueta é uma arte que ninguém deve igno-

---

[320] *Du Contract Social*, III.15; *Émile*, I, p. 250, IV, pp. 515, 680-681; Allan Bloom, "Rousseau's Critique of Liberal Constitutionalism" in *The Legacy of Rousseau*, pp. 146-147. Ver *Nouvelle Heloïse*, V.2.

rar". Se a hierarquia social define a própria sociedade e o lugar que nela o indivíduo ocupa, então torna-se decisivamente importante que cada um saiba, "de maneira precisa, com que sinal convém assinalar o seu respeito ou a sua gratidão". A polidez ou a "etiqueta" é a manifestação automática em cada um dos membros da sociedade da existência de uma hierarquia e de como esta comanda os comportamentos, as atitudes e os deveres. A polidez torna visível a interiorização da sociedade hierarquizada nos comportamentos individuais. Muito simplesmente, a polidez reflecte a presença de relações de desigualdade porquanto a polidez é também a deferência expressa nas maneiras. Torna-se evidente para Tocqueville que é na sociedade democrática, numa sociedade em que "as diferenças entre as classes se esbatem", que se torna "quase impossível chegar a um acordo total acerca das regras socialmente correctas". Aí, "dá-se mais importância ao conteúdo das acções do que à forma".

A rejeição da polidez ou a sua obsolescência constituem uma propriedade da democracia. E não é difícil supor que a parte mais "democrática" da sociedade, o "povo", nomeadamente o rural, pela sua natural simplicidade, constitua o primeiro lugar da revolta contra a polidez e a sede da autenticidade. Costumes simples são o equipamento moral mais resistente à hipocrisia ([321]).

Mas não basta sublinhar a denúncia da hipocrisia levada a cabo por Rousseau. É preciso compreender a intenção que subjaz a essa denúncia. A crítica da hipocrisia e o culto da sinceridade são ingredientes cruciais na disposição apropriada para a realização da sociedade transparente. Ora, o desejo de transparência é antes de mais o desejo de abolir o *pathos* da distância. A sociedade verdadeiramente humana, segundo esta disposição, é a que aproxima todos os homens num contexto de relações cada vez mais próximas e cada vez mais igualitárias. Só existe proximidade na igualdade; a distância é sintoma de aversão à igualdade. E os modos e as maneiras constituem formas de exteriorizar e cristalizar a distância.

Os códigos de maneiras e de conduta estruturam-se e parecem ganhar vida própria em contextos de relações hierár-

---

([321]) Rousseau, *Lettre a Monsieur l'Abbé Raynal*, vol. III, p. 31.

quicas, isto é, distantes. A grandeza natural, traduzida pela linguagem e pelas maneiras, é o grande factor de distanciamento. Tal grandeza requer uma linguagem e maneiras distintas quando contrasta com a ausência de grandeza. Num mundo em que por toda a parte houvesse grandeza de alma certamente que as maneiras de cada um continuariam a traduzir a sua excelência e o seu modo de vida. Mas já não haveria diferença, nem distância. As maneiras já não traduziriam, nem preservariam uma distância que deixara de existir. Na presença de relações hierárquicas, as maneiras desenvolvem-se no sentido de manter os superiores na sua posição e de recordar os inferiores quanto à distância que os separa dos seus superiores. As maneiras são sinais de superioridade *e* de inferioridade. A chamada informalidade, ou a subtracção mais completa dos códigos de maneiras, visa quase sempre criar um ambiente oposto às relações hierárquicas de superioridade/inferioridade. Segundo Tocqueville, as democracias assistiriam ao desaparecimento de códigos rígidos e uniformes de "boas maneiras". As maneiras de cada homem democrático adaptam-se "aos sentimentos e às ideias individuais de cada um em vez de seguirem um modelo previamente determinado, destinado a ser imitado por todos". Nos povos democráticos, sublinha Tocqueville, as maneiras "muitas vezes são mais *sinceras*".

Nas democracias as boas maneiras perdem a sua relevância, visto que as maneiras servem também como elo de comunicação entre homens que se reconhecem como diferentes ou desiguais. A comunicação entre os diversos homens numa aristocracia não decorre espontaneamente. Precisamente por não ser espontânea, é que se procede a uma preparação da comunicação antes que esta tenha lugar. Na democracia, onde os homens são todos iguais – ou pelo menos não se dividem em categorias distintas –, a preparação para a comunicação é por essa razão (quase) dispensável. Os códigos de maneiras tornam-se obsoletos, como um instrumento para uma operação que deixou de ser necessária. Num contexto democrático, a comunicação entre os homens quer-se espontânea e sem preâmbulos; a aspiração corresponde ao desejo de realizar o mundo igualitário e de permitir aos homens encontrarem o que têm de comum com um mínimo de obstáculos. As maneiras elaboradas podem ser vistas como um obstáculo ao contacto do homem com o homem quando desaparecem as relações desigualitárias, quando se pretende viver uma nova vida social assente na igualdade e no acesso ao que há de verdadeiro em cada um de nós, quando a igualdade parece realizável apenas em associação com a transparência. O que existe de verdadeiro em cada um dos homens é o simultaneamente íntimo e universalmente acessível. O que existe de verdadeiro em cada um dos homens consiste no que é comum a todos os homens. O homem aproxima-se do homem. Torna-se finalmente possível apreender a Humanidade, ou seja, o que o homem tem de comum com o homem.

Lendo Tocqueville tem-se a impressão nítida de que a crítica de Rousseau à sociedade burguesa é a crítica à sociedade *democrática*, tal como o primeiro a viu. Rousseau criticaria então a *democracia* ou o embrião do estado social democrático que preenche as páginas da *Democracia na América*. Rousseau seria assim um *crítico da democracia*. Este raciocínio não deixa de ser, ao menos em parte, verdadeiro. Mas a crítica de Rousseau da sociedade burguesa não o levou ao elogio da sociedade aristocrática. Levou-o, isso sim, a uma crítica ainda mais democrática da sociedade burguesa democrática.

Os vários tipos de crítica da democracia enquanto estado social factual podem obedecer a diferentes propósitos: a crítica anti-democrática da democracia; a crítica da democracia como moderação ou instrução da democracia; ou ainda a crítica da democracia na direcção da democracia. Aquela sociedade burguesa, corrupta e odiosa aos olhos de Rousseau, é para ele uma consequência de relações de *desigualdade*. A raiz fundamental dessa aberração social que é Paris ou Londres é a desigualdade; o que quer dizer que a sua causa é não-democrática. Este diagnóstico revela a tendência democrática na crítica de Rousseau à sociedade burguesa. Antevemos, então, que a democracia coerente não produzirá "burgueses", mas "cidadãos".

A Versão Igualitária da Virtude, a Bondade Natural e a Humanidade

Na abertura do *Discours sur sciences et les arts*, Rousseau avisa os leitores que, nesse texto, não é a "Ciência" que é censurada, mas a "Virtude" que é defendida. A crítica ao mundo da artificialidade e da convenção é a crítica ao mundo da corrupção moral; essa crítica obedece a um propósito inequivocamente moral e moralizador. Os homens contemporâneos apenas recuperarão um sentido moral da sua existência individual e colectiva se renunciarem ao vício e se deixarem orientar pelo caminho da virtude. Mas é preciso perguntar o que é essa Virtude? E como é cultivada?

A virtude política ou o patriotismo aparece como o único recurso moral da política. E, uma vez mais, Rousseau pretende exibir o triunfo do recurso moral democrático *contra* princípios aristocráticos alternativos. Quanto "mais a virtude reina, menos os talentos são necessários" ([322]). O amor pela comunidade torna os talentos desnecessários para a governação da cidade. Rousseau faz a democracia depender do *fervor*, relegando a razão, a experiência e as diversas formas de excelência para a categoria de recursos dispensáveis. E tudo indica que quanto mais os talentos são desnecessários, mais próxima está a comunidade daquela pureza indispensável para a realização da liberdade e da justiça. Dizer isto implica que quanto mais a sociedade está estruturada de acordo com a hierarquia de "talentos", mais afastada está da realização da liberdade e da justiça. O patriotismo ou o nacionalismo de Rousseau é, na sua génese, democrático *e* anti-aristocrático.

Numa das suas obras, Rousseau expõe uma teoria explicativa das *origens* das diversas "formas de Governo". Tudo assenta nas "maiores ou menores diferenças que se encontram entre os particulares no momento da Instituição". Quando existe apenas um homem eminente em "poder", em "virtude", em "riquezas" ou em "crédito", esse será escolhido como o único Magistrado. Por essa razão, estamos perante um Estado monárquico. Se são

---

([322]) *Économie politique*, p. 254. Ver *Project de constitution pour la Corse*, vol. III, pp. 940-941.

vários os homens eminentes, mas entre si "quase iguais", serão escolhidos conjuntamente sobre todos os outros. Esta é a origem do Estado aristocrático. Já quando todos os homens vêem a sua "fortuna" ou "talentos" ser pouco desproporcionados, ou seja, quando a condição geral se aproxima da igualdade, todos reservarão a "Administração suprema" para o todo da comunidade. Assim se obtém uma democracia. Só o "tempo" podia indicar "qual destas formas seria mais vantajosa para os homens". Rousseau não impõe, nesta passagem, as suas inclinações. Em contrapartida, deixa escapar que as diversas formas de governo resultaram das desigualdades mais ou menos importantes que se verificavam num determinado espaço, num determinado tempo, e do *número* de homens eminentes em (ou possuidores de) elementos de desigualdade, como o poder, a virtude, as riquezas ou o crédito, no momento da eleição dos primeiros governos. A consideração de que a diversidade das formas de governo possa ser o reflexo de uma deliberação consciente entre os homens acerca do útil e do justo nunca é tomada seriamente ([323]).

No entanto, Rousseau não abandona o assunto sem deixar claro que, no início, todos estes governos faziam eleger os seus Magistrados. Naqueles lugares onde a riqueza não exibia pretensões de superioridade, diz Rousseau, os Magistrados eram escolhidos de acordo com o "mérito" que "dá um Ascendente Natural", e à "idade" que "dá a experiência nos negócios e o sangue frio nas deliberações". Mas cedo ou tarde a corrupção instalou-se com o resultado previsível da guerra civil e da usurpação do poder pelos "Principais". Desta usurpação resultou a doença política da hereditariedade do privilégio. Certos homens tornam-se "proprietários" do Estado. A opressão é, a partir de então, a norma. Porque o "progresso da desigualdade" desenrola-se em várias etapas, sendo a criação da "Lei e do Direito de propriedade" apenas a primeira. A história desse progresso fica incompleta sem a "instituição da Magistratura" e, por último, "a mudança do poder legítimo para poder arbitrário". Podem-se discernir três etapas ou épocas que definem e "autorizam" três relações de opressão. São elas respectivamente a do rico e do

---

([323]) *Discours sur l'inégalité*, p. 186.

pobre, a do poderoso e do fraco, a do Senhor e do Escravo. Este último é "o derradeiro grau de desigualdade", no qual todos os outros se condensam.

Por aqui é perceptível que qualquer princípio aristocrático de organização das instituições políticas é instável. Rousseau, que reconhece o "Ascendente natural" da escolha do mérito ou a riqueza humana da experiência da idade, introduzindo uma corrente dinâmica na sua explicação das origens das diversas formas de Governo, coloca radicalmente em dúvida a pretensão aristocrática de organização do Estado. Os "Principais" nunca deixarão de "aproveitar as circunstâncias" para usurpar o poder legítimo. Foi assim que os Romanos, "esse modelo de todos os Povos livres", se perderam. Roma morreu pelas "usurpações dos seus Grandes, dos seus Cônsules, dos seus Generais que a invadiram". Até se pode aceitar, em abstracto, que os critérios aristocráticos do mérito e da idade são respeitáveis e incontornáveis. Mas reduzir a autoridade pública num pequeno número de homens, ou subtrair o poder político ao conjunto da comunidade política, à democracia plena, condena toda a cidade (mais tarde ou mais cedo) à escravatura. Para Rousseau nunca pode estar em dúvida que "as distinções políticas conduzem necessariamente às distinções civis". As diferenças que se estabelecem entre os que governam, que até podem ter sido escolhidos com toda a transparência, e os governados, não só crescem com o tempo, como perpassam para as relações particulares. A desigualdade cresce inexoravelmente na sociedade, assim como os seus correlativos, a opressão e a infelicidade.

Trata-se de uma sucessão trágica, pois não é óbvio que Rousseau critique toda e qualquer forma de distinção pública. A igualdade indiferenciada seria um absurdo moral porque recusaria distinguir os "maus" dos "homens de bem". Contudo, numa qualificação importante, Rousseau não autoriza outro juiz dos "costumes" e "acções" de cada um para além do povo. É da "estima pública" que provém a diferenciação devida. Mais: com a finalidade de prevenir abusos do poder, não são pessoas que são consideradas, mas antes "acções". Rousseau é obrigado a rever a sua posição inicial. Afinal, o mérito pessoal não pode constituir regra de diferenciação dos cidadãos – isso seria fonte de arbitrariedade; são os "serviços reais que se prestam ao Estado", que, por serem "susceptíveis de uma avaliação mais exacta", aparecem como únicos critérios de distinção (324).

Quem pode averiguar o "mérito pessoal"? Muitas vezes apenas uma outra pessoa meritória poderá aferir com justiça o mérito que está em causa. Tal seria uma conclusão que apontaria para uma solução aristocrática do problema. Mas uma solução deste tipo foi afastada por Rousseau. Somente o povo pode avaliar as acções de cidadania. E o *que* pode avaliar o povo? Apenas o que é susceptível de avaliação exacta.

Rousseau reconhece que, de acordo com a sua acepção de democracia (a única rigorosa), "a verdadeira democracia nunca existiu, e nunca existirá". Uma vez mais, é a natureza das coisas, a "ordem natural", que impede tal realização. "Não se pode conceber que o povo permaneça incessantemente reunido para se ocupar dos negócios públicos", e mesmo que tal prodígio fosse concebível, muitas outras circunstâncias seriam necessárias para a actualização do governo democrático, como a exiguidade do território e da população, a simplicidade dos costumes, a igualdade social ou a ausência de "luxo". Não obstante, logo de seguida no mesmo capítulo do *Contrato Social* consagrado à "Democracia", Rousseau escreve:

> Eis por que um autor célebre deu a virtude por princípio à República; pois todas estas condições não poderiam subsistir sem a virtude: mas, por não ter feito as distinções necessárias, este génio falhou muitas vezes por falta de exactidão, algumas vezes de clareza, e não viu que sendo a autoridade soberana a mesma em toda a parte, o mesmo princípio deve realizar-se em todo o Estado bem constituído, mais ou menos, é verdade, segundo a forma de governo(325).

Para esse "autor célebre", Montesquieu, a virtude correspondia ao "princípio" do governo democrático. Consistia numa "paixão" ou num "sentimento" que se traduzia concretamente pelo "amor à república", pelo "amor à democracia", pelo "amor à igualdade", pelo "amor à frugalidade". Tratava-se de uma "modificação da alma" que levava todo e cada um dos cidadãos a

---

(324) *Discours sur l'inegalité*, nota XIX, pp. 222-223.
(325) *Du Contract Social*, III.4. Ver *Pologne*, p. 966.

dedicar a sua vida à república. Não só a "virtude" alimentava o espírito do governo democrático como este permitia a congruência geral da vida colectiva assente na "virtude": "o último homem do Estado pode possuir este sentimento, assim como o primeiro". A virtude não só constituía o "amor à democracia" como era, pela sua natureza, *democrática*. E não só era democrática como permitia uma maior profundidade da vida moral quando comparada com os outros princípios dos governos, como a honra, a moderação ou o medo. Era da natureza da virtude política, consubstancial ao "amor à igualdade" e à "frugalidade", conduzir à "bondade dos costumes" da cidade. Devido à repressão das paixões "particulares", garantida pela educação e costumes republicanos, cada cidadão entregava-se às paixões mais "gerais". Montesquieu declarava solenemente que "o amor pela pátria corrige tudo". O exercício quotidiano exigido pelo regime de efectuar a transposição de um *eu*, egoísta e ensimesmado, para um *eu* comum, por meio do qual exercício abandonaríamos as nossas tendências particulares para nos dedicarmos e agirmos em nome do bem geral, habituaria os cidadãos num procedimento que, embora não exactamente coincidente, seria em muitos aspectos conducente à virtude moral. Por a virtude política ser "uma renúncia a si mesmo", era sempre algo "muito doloroso". O cultivo da "bondade dos costumes" era propiciado num ambiente político que tivesse como princípio do governo a obrigação individual de ultrapassar os limites do *eu* particular e querer nos termos de um *eu* colectivo ou comum, um *Nós* em substituição de um *Eu*. O "amor às leis e à pátria" implicava, da parte do cidadão, uma preferência contínua do "interesse público" em detrimento do "seu próprio interesse". Era esta "preferência" que produzia "todas as virtudes particulares". Na realidade, estas nada mais eram senão essa "preferência" ([326]). Sem grandes surpresas, a república democrática era apresentada como o regime mais repressor da individualidade. Montesquieu, por essa razão, comparava o cidadão republicano democrático a um monge entregue à sua ordem. Mais tarde, Benjamin Constant imitá-lo-ia, ao comparar o mesmo regime político a um "convento guerreiro". Por intermédio da supressão das inclinações

---

([326]) Montesquieu, III.1, 2; V.2, 3; VIII.11; IV.5; *Mes Pensées*, #232, #233.

individuais e individualizantes criava-se uma cidade onde os objectos mais gerais, como a pátria ou a república ou a igualdade, eram alvo da mais ardente devoção.

Segundo Rousseau, o erro de Montesquieu não foi o de atribuir o princípio da *virtude* à "República". O seu erro foi o de não ter compreendido aquilo que Rousseau compreendeu: que o mesmo princípio, a virtude política, "deve realizar-se em *todo o Estado bem constituído*". Montesquieu, que na realidade associou a virtude política não à generalidade da "República", como escreve Rousseau, mas apenas à república *democrática*, não compreendeu que existe apenas um princípio de cidadania, a virtude patriótica e igualitária. Se atentarmos nas condições de realização da democracia acima enunciadas, é impossível não reparar que não são específicas da democracia, mas de todo o Estado "bem constituído". Montesquieu não compreendeu que apenas a virtude podia fazer agir a sociedade política livre e justa porque não compreendeu até que ponto a humanidade do homem estava em risco. Só a história (ou a genealogia) da espécie humana pode demonstrar a profundidade do problema humano. Para repor a possibilidade do humano no mundo é preciso compreender a essência do humano: o que requer, o que realiza, o que é. O furor democrático de Rousseau resulta de uma preocupação que ultrapassa o que comummente se designa por política.

"A pátria não quer subsistir sem a liberdade, nem a liberdade sem a virtude, nem a virtude sem os cidadãos". O homem converte-se em cidadão, o que vale por dizer que se torna virtuoso, quando desaparece a tensão interior entre a vontade particular e a vontade geral. Quando a primeira "está conforme em tudo à vontade geral", todos "queremos voluntariamente o que querem as pessoas que amamos". Este amor, que é um fervor igualitário, que é um amor pela igualdade, é a "mais heróica de todas as paixões". O heroísmo já não é produto das excelências diferenciadoras, mas, pelo contrário, o efeito mais sublime da paixão que anula a diferenciação.

Sendo a vontade geral aquela vontade expurgada de todo o elemento incomensuravelmente subjectivo, é sobretudo através dela que o cidadão participa de um "eu comum" e redefine a sua existência nos termos desse "eu comum". Na medida em que a vontade geral é vontade individual – mas não "vontade particular" – que se identifica com as outras vontades individuais que participam do "eu comum", a vontade geral é a minha vontade por ser a vontade do "eu comum", um "eu comum" que eu encontro em mim e nos outros, que é genuinamente "comum". Só a vontade geral, por tender para a igualdade, para o que é comum, pode direccionar o homem para a experiência do que é igual e comum. A "vontade particular", por tender para o "privilégio", para as preferências, separa e isola, direccionando o homem para o que é exclusivo, para o que é desigual e particular.

Mas é importante notar que a vontade geral e a comunidade do *eu* não é produto da reflexão, nem da deliberação. A vontade geral nunca se apura tão autenticamente – somos tentados a dizer, tão democraticamente – como em condições, não de comunicação, mas de simplicidade, de unidade espontânea e sentimental do juízo dos vários cidadãos. Talvez se possa dizer que a vontade geral é uma vontade racional, tendo em conta que pela sua essência (a generalidade) e pelo seu objecto (não particular) ela é *objectiva*; talvez se possa dizer que a vontade geral é racional, na medida em que é o resultado de uma co-determinação colectiva ou inter-subjectiva. Contudo, a disposição interior que permite a sua vocalização não é rigorosamente racional: trata-se de uma disposição *passional*. Para ser um cidadão virtuoso não é preciso raciocinar; basta sentir. O patriotismo é um sentimento (cultivado, é certo), mas com as suas raízes num sentimento natural anterior à razão – o *amour de soi*; e a legislação comunitária que o patriotismo permite, ou a comunicação dos juízos através do apuramento da vontade geral, é o substituto social de um outro sentimento natural, a compaixão. O patriotismo ou virtude consiste numa desnaturação de um sentimento natural sem deixar de ser um sentimento. A sociedade livre e justa requisita a subordinação da razão ao sentimento: a "estimação da felicidade é menos um assunto da razão do que do sentimento". O que significa: eu quero o que querem aqueles que *amo*, logo *nós* queremos. Um grande rousseauniano poderia então dizer que o "direito do instinto" e da "inspiração" são "republicanos" e "populares"; a sua "irmã", a "reflexão", é "aristocrática" ([327]).

([327]) Jules Michelet, *Histoire de la Révolution Française*, 2 vols. (Paris: Éditions Gallimard, 1952), vol. I, p. 5, nota.

Tudo o que se pede ao cidadão democrático no momento em que actualiza a soberania não é que vote com inteligência ou sabedoria, mas que vote com o sentimento correcto, o que é o mesmo que dizer com um sentimento patriótico ou virtuoso ou democrático. O "bom querer" é muito mais precioso do que o "bom discernimento", já que o que se espera de uma decisão soberana é que seja posterior a uma paixão específica, o sacrifício do seu interesse particular ao bem comum. A virtude vence, com Rousseau, a inteligência. A apologia da inteligência, o cultivo da razão, indicava a diferenciação entre os homens, e recomendava que a decisão política não fosse entregue a um qualquer homem. Por natureza, a virtude ou o sentimento não restringem o acesso de ninguém. Deste modo, a decisão já pode ser o resultado de um voto estrutural e inteiramente democrático.

A concepção de virtude política obriga Rousseau a afastar-se da noção de democracia que percorria grande parte da história do pensamento político europeu. Uma vez mais, Rousseau segue o caminho aberto por Montesquieu. O pensamento político clássico identificava a democracia como o regime da liberdade. Pensadores como Tucídides, Platão, Xenofonte ou Aristóteles definiam a liberdade democrática segundo um duplo critério. Por um lado, a democracia era marcada pela liberdade propriamente política, isto é, pelo poder do povo para legislar e para obedecer apenas as essas leis; e pela liberdade, digamos assim, moral, isto é, em democracia, cada um vive como quer no "silêncio das leis"; cumpridas as leis da cidade, cada indivíduo é juiz de si próprio quanto à sua vida. Tendencialmente, no discurso sobre a democracia, os seus partidários salientavam a liberdade *política*, ao passo que os seus adversários apontavam para a liberdade *moral*. Mas estas duas liberdades só são separáveis do ponto de vista conceptual; politicamente, constituem uma só liberdade, a liberdade tipicamente democrática. Mais rigorosamente, e como o Péricles de Tucídides parece indicar, a liberdade *política* democrática alastra inevitavelmente à liberdade dos costumes. A liberdade na vida política parece implicar a liberdade na vida privada, em que apenas se obedece (para além das leis da cidade) ao juízo ou vontade individual: a cidade obedece às leis que ela própria, enquanto totalidade da comunidade, faz; o indivíduo obedece à sua própria vontade.

A famosa descrição do homem democrático feita por um crítico da democracia como Platão permaneceria como a referência da liberdade democrática no plano dos costumes. O homem democrático

> passará cada dia a satisfazer o desejo que calhar, umas vezes embriagando-se e ouvindo tocar flauta, outras bebendo água e emagrecendo, outras ainda fazendo ginástica; ora entregando--se à ociosidade e sem querer saber de nada, ora parecendo dedicar-se à filosofia. Muitas vezes entra na política, salta para a tribuna e diz e faz o que adregar. Um dia inveja os militares, e vai para esse lado, ou os negociantes, e volta-se para aí. Na vida dele, não há ordem, nem necessidade; considera que uma vida destas é doce, livre e bem-aventurada, e segue-a para sempre ([328]).

O exagero de Platão deu azo a críticas azedas. Porém, como o Péricles de Tucídidcs volta a notar, as democracias desenvolvem uma tolerância especial no que respeita à vida privada de cada um, por mais desordenada que possa ser, a menos que estejam em causa violações da lei. O princípio da igualdade fundador da democracia alia-se à liberdade para declarar uma igual liberdade na prossecução da felicidade individual. Declara-se uma igualdade de todos os modos de vida.

Várias leituras sugerem que o pensamento político *tipicamente* moderno (Montaigne, Hobbes, Espinosa, Locke) pode ser interpretado como a tentativa de fundamentar e justificar cientificamente a liberdade democrática, isto é, os direitos individuais à prossecução da felicidade. Todavia, para grande consternação de homens como Constant, Rousseau segue um caminho diferente. Este último rejeita a liberdade *democrática*, tal como fora definida ao longo da história do pensamento político, em nome da liberdade *da* democracia. A república democrática, segundo Rousseau, revê-se mais coerentemente, não na igual liberdade para se escolher o modo de vida, mas numa tendencial homogeneidade dos modos de vida. No fundo, Rousseau acompanha Montesquieu no modelo por este esboçado da república

---

([328]) *República*, 561c-d. Ver *Leis*, 700a-701c.

democrática. Montesquieu descreve a república democrática como uma comunidade tendencialmente homogénea, motivada pela virtude patriótica. Para Rousseau, é ilusório fundar a igualdade e a liberdade no simples direito de se fazer o que se quer. Num Estado civil, isso equivale a querer preservar a independência do estado de natureza e combiná-la com os requisitos da vida social. Ora, esse é o projecto falido da sociedade contemporânea condenada por Rousseau, essa é a condição do burguês. Só desnaturando o homem se quebra a desigualdade que subsiste nessa liberdade democrática burguesa. A uniformidade do patriotismo viola a liberdade democrática *ateniense*, mas é necessária de modo a quebrar a desigualdade e a hipocrisia. É necessária porque só assim se criam as condições morais e psicológicas que tornam a vida política do governo livre e justo possível. Sem patriotismo não há devoção pelo bem da cidade; sem patriotismo não há apuramento da vontade geral; sem vontade geral a soberania do povo não encontra tradução política viável. Esparta, ou melhor, Roma superioriza-se a Atenas. Daí que a crítica à liberdade democrática ateniense operada por Rousseau seja uma crítica na direcção da democracia. Por outro lado, a liberdade democrática ateniense separa os homens uns dos outros. São seres independentes que se acomodam no seio do Estado político. Mas essa separação, essa independência, não só gera efeitos morais perniciosos, sintetizados na hipocrisia, como permite a subsistência e o fomento inconsciente de relações de desigualdade.

O primeiro autor de que temos conhecimento a operar uma diferenciação clara entre *virtude* e *bondade* foi Maquiavel. Da distinção aberta por Maquiavel, Rousseau retira sobretudo o dualismo, e não a caracterização, nem da virtude, nem da bondade. Neste aspecto, Maquiavel seria elogiado por Nietzsche; Rousseau por Kant. Na realidade, em Rousseau, o ponto de contacto entre virtude e bondade é, no mínimo, fugaz. A bondade natural consiste na obediência às boas e rectas inclinações naturais. A relação entre a acção e as inclinações situa-se no plano do "instinto"; daí que a ênfase seja posta na inocência ou na incapacidade para voluntariamente fazer o mal, mais do que numa suposta predisposição para *fazer o bem*. O homem naturalmente bondoso age muito raramente como "deve" agir, mas nunca faz o que "não deve" fazer. Já a virtude pressupõe o exercício das faculdades racionais, na medida em que todas as noções especificamente *morais* são posteriores à razão. Virtude é dever, e, em Rousseau, dever e natureza são pólos separados. O dever implica uma luta, um "combate", um "trabalho", contra os impulsos do coração. A virtude do cidadão implica, portanto, uma "desnaturação" dos sentimentos naturais.

Já a bondade natural implica a inexistência ou a ineficácia da socialização. Contraindo mais uma dívida a Montaigne, Rousseau deixa bem claro que a bondade natural vem sem esforço enquanto a virtude só é praticada com esforço ([329]). A bondade é, por assim dizer, espontânea; a virtude exige "força". A "obra do instinto puro" não tem o "mérito da virtude", mas também não sofre da sua "instabilidade". "O instinto da natureza é menos puro, talvez, mas certamente mais seguro do que a lei da virtude: pois frequentemente nos colocamos em contradição com o nosso dever, nunca com a nossa inclinação, para fazer mal". Por várias vezes Rousseau se descreve enquanto homem *bom* e simultaneamente lamenta a sua incapacidade para a virtude.

Assim, o dever superioriza-se moralmente quando se opõe a inclinações degeneradas ou, o que vem a ser o mesmo, a um coração governado pelo *amour-propre*. Mas a virtude declara a sua insuficiência quando confrontada com um coração puro e inocente. Por outro lado, a bondade natural só pode ser vivida nas franjas da sociedade. Logo, a resposta moralmente recta à vida *em* sociedade só pode ser a vida virtuosa. A vida da virtude é a resposta especificamente *social* ao problema humano – qual a melhor vida para o homem? Já a vida da bondade corresponde à resposta especificamente *humana*.

A bondade confunde-se com a simplicidade ou a inocência da natureza. Precede não só a reflexão, como também é ontologicamente anterior à relação social. Rousseau parece conferir à bondade um estatuto pré-humano, dado que a razão e a sociabilidade constituem dois dos principais traços do humano. No entanto, Rousseau quer avançar a tese de que a bondade manifesta o humano em toda a sua profundidade, e que a razão,

---

([329]) *Rousseau juge de Jean Jacques*, pp. 670-671; Ver Montaigne, II.11, p. 120.

aliada à relação social desregrada, afasta o homem de si mesmo. Rousseau pretende oferecer à civilização europeia uma nova concepção do humano.

O humano é o "natural". A bondade resume o humano por ser natural. O homem "é um ser naturalmente bom": eis o "princípio fundamental de toda a moral". O que significa dizer que o homem é "naturalmente bom"? Significa que no "coração humano" não há "perversidade original". Segundo Rousseau, a doutrina do pecado original nem sequer é estritamente cristã. Trata-se do produto do engenho intelectual do "Reitor" Agostinho, um dos muitos que separaram as Escrituras da religião cristã. Como supor a natureza essencialmente manchada do homem quando na realidade "os primeiros movimentos da natureza são sempre rectos"? Não que Rousseau tente demonstrar que o homem ama naturalmente o bem. É suficiente que se reconheça que o homem naturalmente não faz o mal. Assim acontece quando concebemos o homem tal como a natureza o coloca no mundo: destituído de "luzes", sem linguagem, solitário. Nessa condição, ele "não odeia, nem ama nada"; o seu "bem-estar" preenche todos os seus movimentos. Apenas "conhece" o que é e o que precisa para satisfazer o *amour de soi*. Mais ninguém existe para ele. Porém, o contacto com outros homens transforma a vida moral. Ou, se quisermos seguir Rousseau mais de perto, o contacto com outros homens cria a vida propriamente moral. Através da contemplação das relações entre si e os outros surgem ideias morais complexas, como a de "conveniência, de justiça e de ordem". Forma-se a "consciência". As possibilidades da vida moral e humana abrem-se em toda a sua envergadura ao homem.

Mas a existência na pluralidade implica pluralidade de "interesses", tendo cada homem o seu interesse próprio. O choque entre os interesses está na origem dos vícios morais que o homem "naturalmente bom" desconhece. Se a existência na pluralidade é condição necessária da vida propriamente moral, não é condição suficiente. Mais: a existência na pluralidade é *também* condição necessária da vida *i*moral. Quanto mais "simples" for a aquisição social, menos probabilidade existe de se verificarem choques repetidos e violentos de interesses. Quanto mais "simples" for a vida social, menos contraditórias serão as condições da vida moral para o homem com a harmonia factual das diversas existências. Nessas condições, o homem permanece "essencialmente bom". Isto é: não ocorrem tensões extremas entre fazer o bem (ou não fazer o mal) e cuidar do meu ser. Mas a socialização e a história humana não se impressionaram com estas subtilezas. A "opinião" – produto directo do contacto do homem com o homem –, nomeadamente a opinião contaminada por um *amour--propre* monopolizador dos sentimentos, destruiu a harmonia entre o interesse e a acção moral boa. Vítimas de si próprios, mas não da sua natureza, os homens tornaram-se maus.

A opressão desigualitária processa-se desenfreadamente na sociedade burguesa porque cada homem é um estranho para o outro, quando não chega a ser um seu inimigo. O inimigo explora-se e instrumentaliza-se sem grandes problemas de consciência. É um ser diferente de mim que ali está. Mas se o passo ulterior na direcção da democracia for o ideal comunal, onde cada homem se apresenta como o vizinho do outro, o concidadão do outro, o irmão do outro, a comunhão dos corações, a "transparência das consciências" torna-se possível. Neste novo contexto, todos os homens são iguais e, mais fundamentalmente, reconhecem-se como iguais, como uma parte inseparável daquilo que todos constituem, o "povo". Assim, as relações assentes na desigualdade são repudiadas pelos próprios actores sociais, aparecendo como aberrações, como um elemento estranho num corpo que organicamente as rejeita. Deste modo, triunfa a igualdade da democracia contra a liberdade democrática ateniense que apenas a iludia. Por outro lado, a comunhão dos corações e a "transparência das consciências" anula à nascença o monstro da hipocrisia. A atmosfera de sinceridade, de transparência essencial, na vida quotidiana e nas relações sociais remete o hipócrita para a extinção da sua espécie. Para quê ser hipócrita, quando todos são sinceros? Como ser hipócrita quando a sinceridade encontra-se inscrita em cada momento da vida dos cidadãos?

Claro que a vida humana é demasiado complexa para se poder supor que a hipocrisia desapareceria apenas por a sinceridade reinar esporadicamente. Mas não só o cidadão educado pela cidade com vista à devoção virtuosa e sincera se torna incapaz de conceber a conduta hipócrita, como toda a configuração da cidade está lá para pressionar o espírito de cada um a não se render a uma privatização da sua própria vida, e assim se enclausurar num mundo em que apenas o *amour-propre* governa e se refresca a hipocrisia com um balão de oxigénio na solidão das paredes da sua casa. O entusiasmo de Rousseau pelas festas, pelas exibições de rua e pela vida pública do cidadão deve-se a esta preocupação.

Com muita probabilidade, Tocqueville estaria a pensar em Rousseau e nos seus discípulos quando escreveu a seguinte passagem: "Podemos ser levados a crer que a derradeira e necessária consequência das instituições democráticas é colocar os cidadãos ao mesmo nível, ora na vida privada, ora na vida pública, obrigando-os a todos a levarem uma existência comum". É o mesmo Tocqueville quem observa que "esta é uma interpretação muito grosseira e tirânica da igualdade originada pela democracia". E o autor nota ainda que a tirania dessa noção de igualdade democrática será dirigida contra o impulso *orgulhoso* daqueles indivíduos que se revoltam contra o império da *semelhança* e do *comum*.

Aquele todo inteiro e absoluto constituído pelo homem da natureza cede o seu lugar – pois essa é a condição da sociedade justa e livre – a uma "unidade fraccionária que depende do denominador comum e cujo valor está na sua relação com o todo, que é o corpo social". A "existência absoluta", "física e independente" de um dá lugar à existência "relativa", "parcial e moral" do outro. Só assim, adverte Rousseau, poderá a sociedade ser uma *cidade*, ou seja, uma unidade ou uma comunidade. O esforço humano terá de ser direccionado para a desfiguração do homem, para a sua desnaturação completa, no sentido de uma vida social integrada. A alma anseia pela recuperação de uma certa totalidade. No estado de natureza puro essa totalidade era a da independência radical; na sociedade civil justa essa totalidade é encontrada na dependência relativamente a um todo que transcende o indivíduo. A existência cívica "relativa" requer uma "educação pública", pensada por homens como Platão na *República*, e efectuada por outros como Licurgo em Esparta.

A virtude é, pois, o recurso moral que consiste na disposição máxima para se pôr coisas em comum, para constituir uma *comunidade*. Trata-se de uma disposição comum (apesar da sua concretização ser muito rara no seio das sociedades modernas) para o comum. A cidade constituída de acordo com os princípios do direito político é condição necessária e suficiente da realização do comum e, por conseguinte, permite o retorno do homem à sua humanidade. Porquanto a humanidade do homem é essa "capacidade de experimentar o comum em todos os seus sentidos". O cidadão é precisamente o tipo humano socializado mais humano, na medida em que reconstitui em si uma forma de existência que é a vida em comum num mundo comum. A vida comum num mundo comum é a única que permite ao homem civilizado, ao "homem do homem", recuperar a sua humanidade. Esta é a verdade que subjaz ao elogio do "eu comum" que é constitutivo da experiência de ser cidadão. O *eu* pode, assim, reconhecer o outro como humano que é, já que finalmente eu me reconheço a mim próprio na minha humanidade comum. A transposição do *Eu quero* para o *Nós queremos* reflecte a um nível político-constitucional a transformação da existência na direcção do humano. O primeiro movimento reproduz a ideia de cidadania; o segundo a ideia de ser humano *na* sociedade. Mas se viver o comum num mundo comum constitui a própria definição de cidadania, então o mundo da desigualdade, por não ser comum, nega as condições ontológicas da cidadania. Se, num contexto de civilização e socialização, ser cidadão é ser humano, então a ausência de um mundo comum e a presença do fraccionamento gerado pela desigualdade nega a possibilidade de ser humano ([330]).

Ora a aristocracia, por ser um regime que assenta na desigualdade, proíbe desde logo a possibilidade da cidadania. Mais: a aristocracia proíbe os homens de viverem humanamente. Esta é porventura a maior crítica que a aristocracia pode sofrer. Enquanto forma de governo, a aristocracia implica a negação da possibilidade da cidadania, e implica portanto a desumana negação da própria humanidade do homem.

A desigualdade significa separação; a aristocracia significa fractura. Importa, pois, segundo Rousseau, unir. "Tudo aquilo que rompe a unidade social é absolutamente destituído não vale nada: Todas as instituições que põem o homem em contradição consigo mesmo não valem nada". Não se trata apenas de obter a unidade social como se fosse um bem independente. A unidade

---

([330]) Tracy Strong, *Jean-Jacques Rousseau* (Lanham, 2002), pp. 76-80.

social é a condição política da união do homem consigo mesmo. O mundo político tem de se configurar de acordo com as exigências da humanização do homem, que pressupõe a unidade. O que está em causa na salvação da humanidade é a restituição da unidade perdida. A unidade da alma é o bem supremo para o homem. É o ingrediente necessário e suficiente da sua felicidade. A bondade natural do homem não é mais do que o desenvolvimento da descoberta da unidade *natural* do homem. É naturalmente bom tanto o homem do estado de natureza puro, como o "sonhador solitário"; ambos são "unidades numéricas". Enquanto "unidades numéricas", ou seja, não fraccionadas, o *amour-propre* não cresce nos seus corações porquanto esse sentimento é relativo à presença dos outros, ao passo que o homem uno apenas experimenta o absoluto do *amour de soi*. O juízo exterior do outro, bem como a degradação da comparação, são ignorados pela blindagem conferida pela unidade da alma. As superioridades ou as inferioridades que possam rodear o homem uno são-lhe indiferentes, pois ele encontra no seu interior todos os recursos sentimentais e espirituais que a sua felicidade requer. Ele não existe para os outros; existe para si mesmo. Ele é a única consciência que o julga e observa. No caso do homem no estado de natureza puro esse é um facto resultante da ignorância do outro enquanto consciência autónoma, capaz de efectuar juízos e de avaliar; no caso do sonhador solitário, estamos diante do triunfo da suprema consciência de si e das condições da felicidade, estamos perante a consciência de que a comparação e a opinião alheia são fontes de miséria. Porém, o isolamento físico é sempre necessário à verdadeira independência.

Viver em comum, viver na comunidade do humano, implica a renúncia à desigualdade e à superioridade, bem como a destruição do que pode ser incompatível com o comum. A sinceridade é crucial para esta tarefa. Recordemos que também encontrámos na mentalidade aristocrática o elogio da união íntima e espontânea entre ser e parecer. Vimos que a aparência exterior deveria revelar, por sinais seguros, a excelência interior da alma. Mas em Rousseau o elogio da "transparência" segue um caminho bem diferente. Com Rousseau surge a apologia daquela transparência que não conhece intermediações, que apenas exibe a pureza do *eu*, prévia a qualquer cultivo da "excelência". Afinal, o "cultivo" da excelência pode já ter revolvido e desfigurado o verdadeiro *eu*, e nesse caso já não estaríamos a falar de transparência.

Quem é sincero descobre e revela aos outros que é apenas comum. E "comum", como chama a atenção Tracy Strong, significa "vulgar", "ordinário", talvez até "medíocre", ou seja, o contrário de extraordinário [331]. A sinceridade, para Rousseau, parece conduzir necessariamente a uma confissão de fraqueza, de uma fraqueza que é comum. Não pode ser recusada exactidão a Arthur Melzer quando detecta um poder transvalorativo na sinceridade. Isto é: quanto mais o homem é fraco, quanto mais está arredado das luzes da distinção, maior é a sintonia entre a sua condição e os ditames da sinceridade. Neste sentido, a hierarquia moral é refeita para colocar o mais fraco, o mais débil, no lugar anteriormente ocupado por aquele que reivindicava o tradicional elogio social [332]. O homem sincero confessa o que é: fraco, imperfeito, incapaz. Mas por esse mesmo facto retoma a integridade moral, independentemente dos seus actos. A sinceridade facilita a aceitação do vulgar, e, por esse meio, Rousseau deixa escapar, passe o paradoxo, a superioridade do que é vulgar: *défions-nous des gens parfaits* [333]. Ser sincero é ser bom porque quem é sincero consigo mesmo e com os outros não pode agir intencionalmente mal. Mas se ser sincero é ser bom, então ser bom é ser o que se é, independentemente do que na realidade se é.

A consciência de si é, para Rousseau, a consciência de uma existência sincera ou autêntica sem qualificações, nem reparos. O "sentimento da existência" constitui a experiência mais fundamentalmente humana. Na realidade, o conceito de "natureza" (humana) em Rousseau parece não ser mais do que isso: o homem tal como ele é quando goza do sentimento da sua existência. É esse sentimento que indica a realidade de um *eu* inconfundível. Através do "sentimento da existência" o homem reconhece-se perante si. "Viver não é respirar, é agir", diz Rousseau. Mas agir significa viver apenas na medida em que "fazer uso" de todas as

---

[331] Strong, pp. 31, 77.
[332] Melzer, "Rousseau and the Modern Cult of Sincerity" in *The Legacy of Rousseau*, p. 277.
[333] *Rousseau juge de Jean Jacques*, p. 809.

"faculdades" e "partes" do nosso ser nos dá "o sentimento da nossa existência". "O homem que mais viveu não é aquele que contou mais anos; mas aquele que mais sentiu a vida". Viver é *sentir* a vida. Uma "ideia" apenas nos assiste à nascença: a "ideia" do *moi* com a qual cada um "relaciona todas as suas sensações". O *eu* é a instância interior que confere unidade e propriedade a todas as minhas sensações, sentimentos, acções, desejos, receios e aspirações. Mas nenhuma das sensações e nenhum dos desejos adquirem sentido se não se reportarem ao *eu* que se recolhe na mais profunda intimidade ou interioridade. O afastamento entre as minhas acções e as minhas aspirações em relação à interioridade do *eu* serve a desunião da existência e todos os males que dela decorrem. Existe sempre uma tensão entre a minha vida exterior na sociedade que me pressiona a exteriorizar cada momento da minha existência – e, por esse meio, a torná-la artificial – e as exigências do retorno íntimo ao *eu*. A vida ordenada é a que se pauta por uma procura da compatibilidade entre as exigências da integridade da existência e as coisas e relações que desejamos e obtemos. Essa compatibilidade não se descobre pelo uso da razão, mas pela voz autêntica dos mais profundos sentimentos. Eu sou um *eu* porque *sinto* que eu sou eu. É o *eu* que rege a vida. Não existe nenhuma ordem substantiva do Todo que nos salve deste imperativo. A vida, ou é regida pela pura espontaneidade, ou não é nada ([334]).

A espontaneidade é a forma de existência que faz do presente um tempo que não passa. Daqui se vê que a fractura da existência ocorre sempre que a memória do passado ou a expectativa do futuro impedem a vida presente. Viver bem implica viver sem um ontem e sem um amanhã. (Note-se que legislar bem também implica legislar sem o fardo de leis aprovadas no passado e sem o desejo ilegítimo de legislar para o futuro: a vontade geral quer a lei do presente válida apenas para o presente). O passado e o futuro dão lugar ao prazer imediato, sem compromissos, do sentimento da existência, que é essencialmente um sentimento da existência presente. Assim se elimina o que há de exterior ao *eu*; tudo flúi do interior e da própria existência. O que é por conjectura possível constitui sempre um desvio relativa-

---

([334]) Melzer, pp. 287-291.

mente ao retorno a si. Desejar, ter, possuir, é sempre recair na dependência e obscurecer a limpidez da simplicidade do *eu*. O "sentimento da existência" é a consciência de existir para si mesmo, o que implica a renúncia às formas de existência na dependência desta ou daquela coisa, ou, mais perigosamente, desta ou daquela vontade diferente da minha vontade. Nestas circunstâncias, assumidamente difíceis de reunir, o "sentimento da existência" é um "sentimento precioso de contentamento e de paz". A vida autêntica é a que provém do interior e, tanto quanto é humanamente possível, elimina os obstáculos impostos pela realidade exterior. O mundo é o lugar da realização do *eu*.

Por uma primeira leitura é extraordinariamente difícil perceber que tipo de igualdade é reclamado por Rousseau. Por um lado, a denúncia da sociedade burguesa é também a denúncia da "vil e enganosa uniformidade" que nela reina. A sociedade burguesa produz homens feitos do "mesmo molde"; todos se assemelham num contexto de desigualdades objectivas. Ninguém vive as particularidades do seu mundo interior. Todos se assemelham numa uniformidade conformista. É o problema da sociedade burguesa: igualitária onde não deveria ser, isto é, na semelhança interior dos seres, por ausência de uma existência interior autêntica; desigualitária onde não deveria ser, isto é, na manutenção, defesa e justificação de uma hierarquia opressiva e injustificável de desigualdades fácticas. Na sociedade burguesa um dos sinais mais evidentes de corrupção revela-se na tentativa de esquecer a presença da consciência moral, um *sentimento* moral inato e involuntário, anterior a toda a socialização, que ajuíza todas as acções, o bem e o mal, e que é responsável pela individuação natural do homem em todas as dimensões da existência. Embora inata, a consciência moral é, no contexto social burguês, reprimida por toda a espécie de relações fácticas. A vida moral autêntica depende decisivamente de uma viragem para a subjectividade, algo contrariado pela existência dos tipos humanos privilegiados da sociedade desigualitária e corrupta.

Por esta descrição, sedimentar-se-ia a impressão de que Rousseau seria o apologista do que hoje se chama de "igualdade identitária" (ou "individualismo identitário"), em detrimento da igualdade enquanto *semelhança* dos seres; enfim, a igualdade na identidade individual, ou seja, na alteridade incomensurável.

Mas essa impressão depara com uma grande dificuldade. Na sociedade livre e justa, na sociedade que se rege pelos princípios do direito político, a igualdade só pode ser mantida por intermédio de um movimento brusco e total de objectivação e exteriorização da existência individual. Neste contexto, a igualdade que se reclama só é sustentável por uma subordinação radical do *eu* particular (por contraposição ao "eu comum"), ao ponto de se celebrar a vontade geral que é a vontade de igualdade e de semelhança. A cidade patriótica é a cidade homogénea. A igualdade que aí se realiza não pode ser descrita como "identitária". A única "identidade" exibida é a da cidade, da comunidade, da colectividade; a igualdade realizada é a da semelhança entre os seres. O cidadão patriótico, enquanto tal, adquire uma identidade que é plenamente política ou social. Esse processo de identificação é obrigatoriamente um processo colectivo. De outro modo, a comunidade fechada não se estabelece.

Mas não regressamos assim à uniformidade conformista que Rousseau denuncia? De acordo com o autor, não. Desde que a identificação não conduza ao esquecimento da experiência quotidiana da vida humana, desde que supere o sentimento do *amour-propre*, e desde que aprofunde as relações igualitárias e comuns, a homogeneidade não atraiçoa a liberdade e afasta os horrores da imoralidade. É certo que o cidadão é um "imitador"; mas imita os que vivem a comunidade humana, reproduzindo-a na sua vida pessoal. O cidadão imita hábitos e opiniões que não põem em causa a sua natureza fundamental. Ou mais rigorosamente: o cidadão, sendo um imitador, adquire hábitos e opiniões que não o colocam em contradição consigo mesmo. A imitação é constante e ocorre no palco da vida do imitador; ele é imitador e imitado, espectador e actor. O exemplo mais consequente do processo de identificação em que o cidadão se envolve é o apuramento da vontade geral na cidade livre e justa.

Rousseau parece oferecer duas defesas distintas de duas formas distintas de igualdade. De um lado, o individualismo identitário; do outro, o holismo igualitário. É preciso notar, claro está, que cada tipo de igualdade é colocado no contexto de problemas diferentes. O sonhador solitário não é o cidadão republicano. Mas, de qualquer modo, a combinação da igualdade na alteridade com a igualdade enquanto semelhança é esboçada na obra de Rousseau em termos que permitem excluir provisoriamente o caso do sonhador solitário. Rousseau combina a alteridade com a semelhança porque ambas precisam da outra. Em última análise, a descoberta individual implica a descoberta do comum, e num contexto moral e social em que se viva no esquecimento do comum, do especificamente humano, estão igualmente negadas as condições para o conhecimento individual de si. O homem que é pura identidade individual deve-o a uma "singularidade da natureza", mas não pode pertencer à cidade.

De ambos os modos, Rousseau rejeita o entendimento aristocrático de existência colectiva ou política. Por um lado, a mentalidade aristocrática não pode deixar de recusar o movimento de apropriação subjectiva da realidade exterior que tenha por propósito a criação de uma identidade pessoal desligada do mundo exterior com o qual se relaciona. As exigências da vida dedicada à excelência e a presença (alegadamente) objectiva de uma hierarquia de superioridades são contraditórias com esse movimento. As *desigualdades* que a mentalidade aristocrática reconhece implicam relações de superioridade e de inferioridade, e não são subsumíveis no postulado da igualdade na *diferença*. As *desigualdades* aristocráticas pressupõem a comparação entre seres; as *diferenças* democráticas proíbem todas as comparações porquanto representam por si mesmas a incomensurabilidade. Como todas as putativas hierarquias que destas possam resultar sejam arbitrárias, só pode sobrar um tipo de relação entre as *diferenças*: a igualdade. As consequências das duas visões das dissemelhanças humanas são diametralmente *opostas*. Por outro lado, na sociedade civil livre e justa de Rousseau, a organização democrática, enquanto único e exclusivo meio de ordenar a comunidade política para a deliberação sobre o que é mais conveniente, o que é mais útil e o que é mais justo, viola, desde logo, toda a representação política da mentalidade aristocrática. A semelhança dos seres que tal cidade exige contradiz em toda a linha a mentalidade aristocrática.

A compatibilização do desenvolvimento individualista da identidade com a insistência na virtude patriótica homogeneizadora dos comportamentos e das consciências é efectuada por recurso ao encontro com o natural do homem. O natural do homem, no entanto, é o comum, isto é, aquilo que um indivíduo encontra *igualmente* noutro indivíduo. O comum, ou o "vulgar", é partilhável por ser simultaneamente comum e próprio. A experiência do comum em cada um dos indivíduos indica o que fundamenta a separação e o que recomenda a partilha. Apenas quando reconhecemos o que é comum entre os homens é que podemos perceber e manter o que nos diferencia. Em contrapartida, apenas quando distinguimos o que nos é próprio é que se revela a possibilidade e realidade do outro. A consciência da diferença obriga à confrontação com o que é comum. Claro que o cidadão republicano não realiza a sua particularidade completa; tal seria contrário ao patriotismo ou à virtude. Mas individualmente, na sua consciência particular, ele acede ao que tem de comum com os seus concidadãos.

Esse *moi humain* é "a essência tanto da nossa própria ipseidade como da nossa humanidade partilhada" ([335]). Mas o que é comum não pode superar o "vulgar" ou o "ordinário". Se o homem se revê no que é comum a todos; se o que separa salta as fronteiras do humano; se a particularidade de cada alma, não só é radicalmente particular, proibindo comparações, como constitui a via espiritual de acesso ao comum; então, todos os homens são iguais porque, como indica Groethuysen, "todos podem reclamar o título de homem, o único título que conta".

Na verdade, impõe-se uma rectificação. Os que insistem em deduzir das desigualdades entre os homens a existência de humanidades separadas não podem reivindicar o título de homem. Não porque sejam mais do que meros homens, mas por serem menos. Quem não se contém no mundo da igualdade, declara a sua insatisfação com a humanidade, com a *sua* humanidade e com a humanidade do *outro*, com o "natural" do homem, com o que é comum a todos os homens. Esse alguém recusa, com tal declaração, *ser* homem. Vive fora de si, pois está separado da sua humanidade pelos desejos e pelos sentimentos. Será inevitavelmente um "inimigo" da humanidade. Ao seu desprezo, a humanidade responde com o mesmo desprezo. Rousseau não teme as consequências. Afinal, é ele quem jura tomar "causa da humanidade" contra os seus inimigos.

([335]) Judith Shklar, "Rousseau's Images of Authority" in *Hobbes and Rousseau* (Chicago, 1998), p. 345.

O "Homem da Natureza" e o "Homem do Homem"

A ordem política pode ser avaliada à luz dos "princípios do direito político". Estes princípios, tal como são expostos no *Contrato Social*, apontam para um padrão essencialmente democrático de avaliação de todas as comunidades políticas. Mas, de certa forma, a corrupção generalizada da sociedade "burguesa" representa, para Rousseau, um problema muito mais profundo do que a mera organização política da cidade. Não há dúvida que a cidade livre e justa que Rousseau procura esboçar no *Contrato Social* oferece imediatamente contrastes vivos com a sociedade dita "burguesa", e esses contrastes são desde logo acusações. Contudo, Rousseau precisa de encontrar uma outra medida segundo a qual julgar toda a corrupção contemporânea, bem como a própria escolha entre viver ou não viver *politicamente*. Ora, Rousseau encontra essa medida no estado de natureza.

É óbvio que Rousseau tenta apontar as perversões do burguês contrastando-o com o espartano patriota ou, melhor ainda, com o romano republicano. Mas a psicologia do burguês – que é, para Rousseau, uma *patologia* – só é finalmente compreendida em toda a sua *deformação* quando exploramos o "homem da natureza". Afinal, o espartano patriota e o romano republicano são já representantes – ilustres, é certo – do "homem do homem". Pois bem, o "homem do homem" só pode ser comparado com o "homem da natureza", e há qualquer coisa de insuficiente, de deformado, no "homem do homem", em *qualquer* "homem do homem".

O "homem do homem" é este ser dividido que mantém um pé no estado de natureza e o outro no estado social, capaz apenas de absorver os "abusos" do primeiro e os "vícios" do segundo. Na sua divisão, nunca aprende a viver consigo próprio, preferindo desempenhar papéis sociais reconhecíveis e comparáveis. Para que o "homem do homem" aprenda a viver, é preciso compreender o que é o homem e o que é viver humanamente. Neste sentido, a reflexão ampla acerca do estado de natureza é muito mais fundamental do que qualquer reflexão de carácter estritamente político. Somente através da formulação correcta do estado de natureza é que é possível responder à questão "o que é o homem?"

Neste aspecto, assim como noutros, é impossível não constatar a dívida intelectual de Rousseau a Montaigne. A reflexão do amigo de La Boétie sobre a sociedade dos canibais reproduz a mesma associação feita por Rousseau entre Natureza e condição original do homem. O primitivo é o natural, o originário; o homem selvagem é natural e inocente, tal como a criança. O primeiro não é vítima da divisão moral. E também Montaigne sugere que só através da compreensão do carácter da vida natural ou primitiva é que se torna possível avaliar com rigor os princípios nos quais assenta a vida "civilizada". Certamente não é coincidência que uma das diferenças mais enfáticas que distanciam a sociedade dos canibais da sociedade civilizada resida na igualdade da primeira e na desigualdade da segunda. Entre os canibais, não há ricos, nem pobres, nem sequer "superioridade política". Montaigne quer convencer o leitor do carácter arbitrário das "desigualdades entre nós", e a sua estratégia de persuasão é pintar o quadro igualitário da vida selvagem. Na verdade, essa vida é tão selvagem quanto os "frutos que a natureza" "produziu". O que quer dizer que a vida dos canibais está despida do "nosso artifício" e da "soldadura humana". No princípio, o homem é transparente; perde-se a si mesmo de vista quando a História o atravessa. Com Montaigne não é necessário esperar por Rousseau para poder dizer que o "homem natural" indica o caminho verdadeiro e autêntico ao "homem do homem"; o encontro de Montaigne com o "homem natural" é propiciado pela sua reprovação do "homem do homem" ([336]).

Seguindo o caminho que por nós foi proposto, parece legítimo questionar a escolha do tema que introduziu a denúncia da sociedade corrupta por Rousseau. Afinal, nós começámos por referir a condenação das ciências e das artes, e não mais voltámos a abordar esse assunto. Mas se o não fizemos foi para demonstrar que também é esse o sentido do discurso de Rousseau. Um povo que se apaixona pelas letras anuncia já "um começo de corrupção", pois é igualmente certo que uma tal dedicação às belas-artes só pode ter duas fontes, "que o estudo sustenta e engrossa por

---

([336]) *Essais*, I.31. Ver I.42, 30, III.6; David Lewis Schaefer, *The Political Philosophy of Montaigne* (Ithaca, 1990), pp. 186-188, 195; Colette Fleuret, *Rousseau et Montaigne* (Paris, 1980), pp. 56, 121.

seu turno": a "ociosidade" e o "desejo de se distinguir". Ora a "maldade" destas duas "fontes" de corrupção detecta-se quando descobrimos o que a "ociosidade" e o "desejo de se distinguir" têm em comum: um desejo secreto ou aberto, inconsciente ou afirmativo, de *desigualdade*. A ociosidade do homem das letras contrapõe-se ao labor do trabalhador que se esforça por adquirir o seu sustento; contrapõe-se à actividade do cidadão que desempenha os seus deveres. Estes "cuidados" são demasiado "caros" ao homem trabalhador e activo para que deles prescinda em ordem a obter o lazer necessário a "especulações frívolas". A ociosidade e o desejo de distinção anulam o amor pelos deveres. O amor pela distinção, o desejo de superioridade reconhecida numa carreira nas letras e nas belas-artes, conduz a aberrações social e moralmente perigosíssimas. O desejo de ser diferente e de ser original, de causar um impacto que conduza à distinção, afasta o homem do caminho da verdade e multiplica filosofias imorais, o que por sua vez transforma a visão que a sociedade tem de si mesma, alterando os pensamentos e os comportamentos no sentido da corrupção moral e da inautenticidade.

A articulação da ociosidade, como instituição económica da desigualdade, e do desejo de distinção, como recurso (i)moral da insatisfação com a igualdade, não está, no entanto, confinada à dimensão literária, artística e científica da vida social; é generalizável até abranger todo o problema civilizacional. "Num Estado bem constituído", diz Rousseau, "todos os cidadãos são tão iguais que nenhum pode ser preferido aos outros como o mais sábio, nem mesmo como o mais hábil, mas quanto muito como o melhor". Rousseau, ao anular dois critérios de desigualdade política (a sabedoria e a habilidade), parece conceder um outro, o qual por mais indeterminado que seja aparece com óbvias afinidades com a mentalidade aristocrática. Mas Rousseau apressa-se a corrigir esta impressão. A distinção do "melhor" é "frequentemente perigosa, pois faz patifes e hipócritas". O que parecia ser uma concessão à mentalidade aristocrática, revela-se uma denúncia.

O "perigo" de tamanha distinção faz-nos pensar se a igualdade de todos, e se a abolição de qualquer critério de distinção, não constituem os princípios de uma sociedade verdadeiramente moral, e portanto, *humana*. E num passo bastante coerente,

Rousseau condena as recompensas de qualidades, tais como os "talentos" que "não dependem de nós". Os talentos "nascem connosco, só as nossas virtudes nos pertencem". O que nos é dado à nascença aleatoriamente não é verdadeiramente nosso. Só são nossas as qualidades que *adquirimos*, o que pressupõe o esforço e o trabalho para a sua apropriação. Para além dos sentimentos naturais que a natureza humana depositou igualmente em todos os homens, na dimensão moral da existência, apenas o que adquiro é genuinamente meu. A apropriação das qualidades morais é inteiramente compatível com a tese segundo a qual a própria dimensão moral da existência é *adquirida*. As virtudes, e especialmente a "virtude", são resultado de um trabalho específico, o que pressupõe uma "vontade expressa" ou um "cálculo reflectido". Tudo o que é dado e oferecido ao indivíduo gratuita e (talvez se possa dizer) arbitrariamente deve ser neutralizado no contexto da vida social.

Rousseau efectua uma separação entre "talentos" inatos e "virtudes" trabalhadas que lhe permite repensar todo o problema da desigualdade entre os homens. Seria uma lição que os vários sucessores de Rousseau não se cansariam de analisar e de perspectivar de acordo com as exigências dos problemas. Porquanto a crítica da aristocracia é também a revolta contra o aleatório da natureza; é também a luta pela reposição do controlo humano sobre o que não está sob esse controlo. O que não pode ser controlado tem de ser pelo menos neutralizado. O *ego* controlador e responsável por si mesmo é a fonte, por excelência, das relações morais. As aquisições conscientes ou desejadas constituem propriamente o único objecto dos juízos morais positivos.

A verdadeira origem da corrupção civilizacional europeia está na desigualdade entre os homens. É pois do exame da *origem da desigualdade* entre os homens que resultam conclusões expressivas sobre a nossa condição. Segundo Rousseau, dois tipos de desigualdade são concebíveis:

> Uma a que chamo natural ou Física, porque é estabelecida pela Natureza, e que consiste na diferença de idades, da saúde, das forças do Corpo, e das qualidades do Espírito, ou da Alma; a outra que se pode chamar de desigualdade moral, ou política, porque depende de uma espécie de convenção, e porque é

estabelecida, ou pelo menos autorizada, pelo consentimento dos Homens. Esta consiste nos diferentes Privilégios, dos quais alguns gozam, em prejuízo de outros, como o de serem mais ricos, mais honrados, mais Poderosos que eles, ou mesmo o de se fazerem obedecer.

Esta exposição oferece alguns problemas. Por um lado, Rousseau não é particularmente original ao distinguir a desigualdade "natural" da desigualdade "convencional". Esse fora já um recurso intelectual utilizado ao longo da história intelectual da Europa. Por outro lado, Rousseau reconhece um padrão natural de desigualdades entre os homens, ou seja, não é rejeitada a hipótese de os homens serem *naturalmente* desiguais ([337]). O que Rousseau rejeita é procurar "alguma ligação essencial" entre os dois tipos de desigualdade. É efectuada uma *separação* entre as duas desigualdades enunciadas porque não separá-las equivaleria a assumir que "aqueles que comandam valem necessariamente mais do que aqueles que obedecem" e que "a força do Corpo ou do Espírito, a sabedoria ou a virtude, encontram-se sempre nos mesmos indivíduos, em proporção do seu Poder, ou da Riqueza". Noutros termos: Rousseau declara as desigualdades naturais como moralmente arbitrárias.

Mesmo que no estado de natureza puro os indivíduos sejam naturalmente desiguais, Rousseau nega que essas desigualdades tenham consequências. O raciocínio é familiar. Como poderão as desigualdades ter consequências se os homens não cimentaram relações entre si? "Onde não há amor de que servirá a beleza?" Na condição de isolamento e solidão, que importância têm as desigualdades, quaisquer que elas sejam? Logo, as consequências políticas que certos autores querem retirar do reconhecimento das desigualdades naturais são perfeitamente absurdas. O domínio de uns sobre os outros é um facto inegável *da civilização*. Sem dúvida. O que não é contraditório com o outro *facto* de no estado de natureza puro esse domínio não ser sequer concebível.

Nem a obediência, nem o domínio, são concepções de vida compreensíveis para a alma primitiva. Assim, as desigualdades

---

([337]) Rousseau admite, contra Helvétius, precisamente esta hipótese. Cf. Notes en réfutation du Livre de *l'Esprit*, d'Helvétius, *OC* – 1826, vol. XI, p. 162.

naturais, embora admitidas por Rousseau, são no mesmo instante politicamente neutralizadas. A teoria seria de certo modo inócua se Rousseau concedesse que a situação da vida humana no estado de natureza contivesse, em si mesma, as sementes da sua própria corrupção. Algumas leituras apontam nesse sentido, recorrendo a uma certa interpretação da faculdade natural de *perfectibilidade*. Porém, Rousseau salvaguarda a sua posição. O estado de natureza puro é (foi) uma condição perdurante que só por "causas estranhas que podiam nunca ter nascido" se dissolveu. A perfectibilidade pôde agir sobre a condição humana apenas por ter sido desenvolvida graças a causas externas a si mesma. O homem nunca teria conhecido o progresso se tivesse sido entregue exclusivamente às suas próprias faculdades naturais. O mundo social que vemos todos os dias *não* é um produto necessário da natureza humana; é antes o resultado de uma *história da natureza humana*. A razão humana, a sociedade, a moralidade, todas dependeram *historicamente* de "diferentes acasos". A "condição natural da humanidade", para usar a terminologia de Hobbes, não pode ser responsabilizada pelos males dos nossos dias, como era, aliás, na obra do filósofo inglês.

Um certo elemento dinâmico da vida no estado de natureza puro vai permitindo uma sucessão de comparações. Os indivíduos começam a medir-se pelos outros em termos de qualidades primárias, tais como a "força no combate" ou a "velocidade nas caminhadas". Uns começam a sentir-se superiores (ou inferiores) aos outros. Aquele que é mais rápido ou mais veloz, assim que, depois de perceber a inferioridade do outro, lança o olhar sobre si mesmo, produz "o primeiro movimento de orgulho". A pretensão de ser o primeiro aparece neste momento na sua forma mais rudimentar. Mas nas condições do estado de natureza puro o orgulho tem dificuldade em sedimentar no espírito, tendo em conta a condição de isolamento em que vivem os indivíduos e a incapacidade para pensar em mais do que o mero momento presente. O triunfo do orgulho requer a sociedade e a racionalização da vida humana. Quando está alimentado, o homem selvagem está "em paz com toda a Natureza" e é "o amigo de todos os seus semelhantes". E se alguém pretende tirar-lhe o seu alimento? Ele não lutará, sem primeiro comparar a dificuldade de vencer com a de encontrar a sua subsistência noutro lugar. Se a luta for inevitável, lutará. Porém, a luta esgota-se no momento do triunfo (ou da derrota): "como o orgulho não se mistura no combate, este termina com alguns golpes de punho". É o orgulho que promove o conflito na sociedade; o conflito não obedece cegamente ao fio de consequências de uma determinada situação material. A "ofensa", mas não o mal ou o prejudicial, nasce da coexistência com um outro. A ofensa é apenas um outro nome para um sentimento que pressupõe uma relação *moral* ou *racional* entre seres humanos. Trata-se da opinião de que fomos injuriados, de que o outro tinha a "intenção" de nos prejudicar, e que convoca em nós um sentimento que obriga à resposta. Sem orgulho, a "ofensa" não existe. Logo, a propensão para o conflito, dado que provém de uma paixão, é mais facilmente condenável do ponto de vista moral. Quanto menos as necessidades materiais forem prementes, mais alto falarão as paixões. As "pretensões secretas do coração de todo o homem Civilizado" aspiram ao domínio sobre todo o universo.

Com a ultrapassagem do estado de natureza puro para um outro estado, ainda pré-político, mas no qual as famílias já se constituem num domicílio fixo, os contactos humanos multiplicam-se. Com domicílios fixos são possíveis relações de vizinhança que, não só multiplicam os contactos entre os indivíduos, como os aprofundam. É nesse contexto específico da existência social que as comparações entre indivíduos se produzem regularmente. Assim, "adquire-se insensivelmente ideias de mérito e de beleza que produzem sentimentos de preferência". Quando o contacto se torna frequente, torna-se por esse motivo imprescindível. Os sentimentos naturais perdem a sua pureza ou inocência: "um sentimentos terno e doce insinua-se na alma, e pela menor oposição torna-se um furor impetuoso: o ciúme é despertado com o amor; a Discórdia triunfa, e a mais doce das paixões recebe sacrifícios de sangue humano".

Em frente às "cabanas" ou em torno de uma "grande árvore", os indivíduos acostumam-se às manifestações do "amor" e do "lazer": o canto e a dança. Através dessas actividades todos aprendem a atrair o olhar dos outros e a observar quem se exibe. A admiração alheia tem agora um "preço". Toda a consideração é dada a quem canta ou dança melhor, ao "mais belo", ao "mais forte", ao "mais destro", ao "mais eloquente". Gera-se aquilo a que Joseph de Maistre chamou, não sem um toque de escárnio, uma "aristocracia de cantores, de dançarinos e de homens belos". Este, sim, é "o primeiro passo para a desigualdade", e para o "vício". A consciência da desigualdade individual é simultânea com a concessão automática de "preferências". Em termos históricos, as "primeiras preferências" resultaram de sentimentos suspeitos como a "vaidade" e o "desprezo", a "vergonha" e a "inveja".

Mas nos termos de Rousseau é difícil conceber como tudo isto poderia ter sido diferente. Aparentemente, estamos na presença de relações de causalidade *necessária*, e não contingente, e sobretudo perante um processo inexorável (uma vez abandonada a inocência do estado de natureza) de *constituição do preconceito aristocrático*. É da natureza da vida social que os homens sejam "forçados a comparar-se entre si" e que notem as respectivas diferenças. As diferenças são sempre da mesma espécie: a "riqueza", a "nobreza", o "estatuto", o "poder", o "mérito pessoal". Rousseau julga ter demonstrado que as "qualidades pessoais" constituem a origem de todas as restantes. A riqueza é a qualidade em que terminam e repousam todas as qualidades, "porque sendo a mais imediatamente útil ao bem-estar e a mais fácil de comunicar, serve facilmente para comprar todas as restantes". De certa forma, o mundo social da desigualdade é uma construção inevitável; e alguma desigualdade reinará em qualquer sociedade civil, mesmo as mais livres. Mas, ainda assim, Rousseau desespera da realização dessa desigualdade contida. Será *contida* se houver algo que a *contenha*. Contudo, aquilo que poderia conter a desigualdade apagou-se para dar lugar a todos os sentimentos, atitudes, reflexões, práticas, que a promovem e alargam. Dado o estado de "divisão real" e de "ódio mútuo" entre todas as ordens, é preciso um poder despótico que "contenha todos". O estado de podridão moral a que a desigualdade conduziu as sociedades humanas torna a "República" impraticável. É como se a desigualdade necessitasse de cada vez mais desigualdade de modo a impedir a guerra aberta e violenta entre todos. A desigualdade que começa com o abandono do estado de natureza conduz necessariamente à tirania, onde todos são iguais na nulidade.

Historicamente, podemos traçar este caminho da humanidade que começa com uma tendência para fortalecer os laços sociais nos termos daquilo a que poderíamos chamar uma *avaliação aristocrática do outro*: a admiração da excelência. Tendo em conta o estado civilizacional da espécie humana nesse momento, devemos sublinhar que a excelência aqui em causa é traduzida apenas em aspectos mais ou menos grosseiros, como a excelência na dança, no canto, na beleza ou na força física. Mas nem por isso abandonamos a admiração da excelência alheia. Porém, como essa admiração acarreta quase por definição a consciência da desigualdade, não constitui o princípio da elevação do homem, mas, pelo contrário, o seu naufrágio moral.

A partir de uma certa época todos pretendem ter direito à consideração do outro. A guerra de todos contra todos inicia-se por cada mal perpetrado ser interpretado como uma "ofensa", como uma injúria que só pode ser reparada com a respectiva retaliação. No meio da "desordem mais horrível" – passada e contemporânea –, a bondade natural do homem é substituída pela "crueldade"; a compaixão é igualmente sufocada. Tal guerra só é compreensível à luz dos efeitos morais e psicológicos deste novo sentimento ou paixão, o orgulho. Hobbes está duplamente presente no "momento hobbesiano" do estado de natureza de Rousseau. A necessidade das leis, nomeadamente o direito de propriedade, e a punição pelos males cometidos, são uma consequência desta guerra.

Com o desenvolvimento das artes produtivas e da propriedade, a sociedade nascente agrava as desigualdades. Rousseau admite, como vimos, a factualidade das desigualdades naturais, admissão que Hobbes proibiu. Mas as desigualdades naturais estavam, se é permitido dizê-lo, neutralizadas pelas circunstâncias da existência humana no estado de natureza puro. A propriedade e as artes produtivas abrem agora um novo mundo em que as desigualdades naturais se materializam em coisas sensíveis assegurando a sua permanência. O "mais forte", o "mais destro", o "mais engenhoso", retiram mais benefícios materiais com estes novos recursos. A desigualdade natural junta-se aos artifícios técnicos e sociais para gerar mais desigualdade. Assim começa a longa narrativa do triunfo do *amour-propre* sobre a existência inocente do homem no estado de natureza. Com esse triunfo a "categoria" e o "destino" de cada homem decidem-se, "não apenas pela quantidade de bens e pelo poder de servir ou de prejudicar, mas pelo espírito, pela beleza, pela força, pela destreza, pelo mérito ou pelos talentos". Resta a cada homem procurar aparentar aquilo que não é; trata-se de uma questão de sobrevivência numa sociedade que condena quem não tem as referidas qualidades e exalta quem as tem. "Ser e parecer tornam-se duas coisas totalmente diferentes", pois a "sociedade dos homens", na sua corrupção, oferece apenas uma "falsa aparência sem realidade, sem verdade, sem ligação, sem algum acordo verdadeiro de sentimentos, nem de ideias"; a hipocrisia torna-se numa necessidade corrente; a vida moral torna-se impossível.

O que eu sou nunca é aquilo que os outros querem ver, porque o que eu sou é sempre diferente daquilo que os outros podem reconhecer em mim. A minha insistência na minha diferença provocaria inelutável estranheza e sentimentos de repulsa nos outros. Podendo saber que eu não sou o que projecto ser, no meu esforço de parecer o que não sou perco a consciência do meu ser, e eventualmente perco o meu próprio ser. Sou nada. E a relação entre a hipocrisia e a desigualdade não é acidental, é simbiótica. A separação entre ser e parecer é *histórica*; é constitutiva do "homem do homem", ou seja, do ser humano que vive na sociedade desigualitária. A desigualdade e a propriedade individual criam as condições para a formação de um ser humano *estrangeiro*: estrangeiro em relação aos outros, em relação a si próprio, em relação ao mundo e à natureza. O mundo da desigualdade é a pátria da *alienação* ([338]). Na civilização da técnica e da desigualdade, "o sentimento da felicidade torna-se relativo", pois é preciso "olhar os outros para saber se se [é] feliz".

Como se nota, da leitura que faz de Hobbes, Rousseau ganha muito mais do que apenas a sua doutrina da religião civil. A guerra de todos contra todos é transferida do estado de natureza para a condição humana que lhe sucede, na qual a desnaturação do homem está completa e a sociedade *pacificadora* – ou repressora do conflito aberto – ainda não foi instaurada. Crescendo em complexidade e enrijecida pela defesa da propriedade de uns e pela esperança da pilhagem de outros, a sociedade aparece como único recurso para suspender a violência implícita e explícita de todos. Como quem quer defender ou conservar é

([338]) Ver Gouthier, *Les méditations métaphysiques*, pp. 94-95.

que se sente pressionado para obter uma solução que justifique o *status quo*, a sociedade formal, ou seja, a protecção pela força de todos e institucionalizada contra os atentados à propriedade, só pode ser o "projecto" do rico e do poderoso.

Por outras palavras mais cruas, a sociedade civil factual não pode ser mais do que uma trapaça cometida pelo rico e pelo poderoso para iludir o pobre e o fraco. Como demonstra o discurso fictício do rico no *Discurso sobre a desigualdade*, a sociedade pronuncia um discurso sobre si própria que em tudo a recomenda. A união dos homens para impedir a opressão dos fracos, assegurar a justiça e a paz, proteger as posses de cada um, assegurar a submissão igual do "poderoso e do fraco aos seus deveres mútuos" ou a manutenção da "concórdia eterna". Mas como Maquiavel ensinara, os discursos pronunciados pelos porta-vozes da sociedade acerca da organização social que os privilegia devem ser recebidos com a maior das suspeitas. Na política moderna, a palavra serve para esconder, e já não para desvendar, as intenções dos agentes políticos e morais. A palavra é a primeira vítima da civilização da hipocrisia. No que diz respeito à formação das comunidades políticas esta é a única resposta possível, até porque é "mais razoável acreditar que uma coisa foi inventada por aqueles para quem ela é útil do que por aqueles a quem fez mal". De qualquer modo, "o mais forte nunca é suficientemente forte para ser sempre o senhor se não transformar a sua força em direito e a obediência em dever". Por conseguinte, "o espírito universal das leis de todos os países é sempre favorecer os fortes contra os fracos e aqueles que têm contra aqueles que não têm". As leis visam essencialmente cristalizar as relações de poder e de desigualdade, mantendo o pobre na sua "miséria" e o rico na sua "ilegítima usurpação". É preciso, pois, denunciar o contrato social dos ricos e poderosos e substitui-lo por um outro contrato social de acordo com os princípios do direito político.

Convém, no entanto, acrescentar que quando Rousseau denuncia a procura de "alguma ligação essencial" entre a desigualdade "natural" ou "física", por um lado, e, por outro lado, a desigualdade "moral" ou "política", não é inteiramente honesto com a posição aristocrática. Segundo a mentalidade aristocrática, a mesma que defende a existência de uma "ligação essencial" entre as desigualdades, a excelência não cabe sempre aos mesmos indivíduos "na proporção do Poder ou da Riqueza". A aristocracia pretende ser o governo dos melhores, e não a condecoração com o grau da suma excelência de todo e qualquer governante. E, todavia, quando lemos Pascal é difícil não concluir que a pretensão aristocrática encaixa perfeitamente na definição de *tirania*, já que se deduz um dever (a obediência) de um mérito (a sabedoria) cujas "ordens" ou domínios são provavelmente distintos. O homem belo, enquanto tal, não pode querer inspirar o medo: isso é tirania; o homem forte, enquanto tal, não pode querer ser amado: isso é tirania. E o homem sábio, enquanto tal, pode reclamar a obediência sem criar uma tirania? Se não se *ama* a *força*, se não se *receia* a *beleza*, será legítimo supor que se *obedeça* à *sabedoria*? ([339]) A questão de Rousseau tem toda a pertinência, pois é na "ligação essencial", ou, retomando Pascal, na coincidência das "ordens" da sabedoria e da obediência, que se joga a coerência da pretensão aristocrática.

Mas a dificuldade de Rousseau não surge da avaliação das desigualdades espirituais entre os homens. Contudo, qualquer tratamento da (des)igualdade requer um exame das qualidades pertinentes de acordo com as quais comparamos os homens. Desde logo coloca-se o problema da comensurabilidade das qualidades em análise, como, de resto, Aristóteles percebeu. Para constatar as superioridades ou inferioridades de homem a homem, ou seja, para verificar as desigualdades, não basta compará-los. É preciso que as diferenças identificadas sejam pertinentes para a determinação do juízo que faremos sobre os homens, bem como para a situação concreta que deve reflectir essas desigualdades. "Que uns sejam lentos e outros rápidos, não é razão para que uns tenham mais direitos e outros menos; os concursos atléticos são o lugar para premiar essa diferença". Se um homem tem olhos verdes, e outro olhos castanhos, isso não os torna desiguais porque a diferença não é nem para um, nem para o outro, fonte ou sinal de superioridade. Mas se entre os mesmos homens for detectada uma desigualdade considerada importante do ponto de vista de um critério ponderado e apropriado à situação concreta, então podemos declarar uma desi-

---

([339]) Ver Pascal, #91-92. Comparar com Rousseau, *Fragments Politiques*, p. 505.

gualdade relevante e decisiva para a realização da justiça distributiva. O tocador de flautas de Aristóteles é presenteado com a melhor flauta se for ele quem melhor toca, e não se for o mais bem-nascido. Em questões políticas é, no mínimo, estranho conceder que um homem mais alto do que os outros possa aspirar a algum bem em disputa. A origem da estranheza reside sem dúvida no facto da estatura física não parecer ser uma qualidade relevante. Considera-se normalmente que o acesso a cargos de autoridade e de poder, por exemplo, deve fundar-se numa desigualdade pertinente e não arbitrária ([340]).

Mas Rousseau vê o problema de uma perspectiva algo diferente. O argumento é o de que "igualdade" e "desigualdade" não são termos de medição ou de constatação de semelhanças e diferenças; são já e sempre modos de avaliação. Por outras palavras, ser igual a outro não é corresponder-lhe na semelhança; é simplesmente poder dizer que o outro nem é inferior, nem superior. Contudo, ao dizermos que detectamos diferenças que são decisivas, e implicitamente aplicar um critério segundo o qual atribuímos valor ou importância a esta ou aquela diferença é desde logo um modo de avaliar as relações entre os homens. Mais: a relação entre os dois homens comparados não é exterior a essa avaliação. A partir dessa avaliação a relação está agora condicionada por ela. A diferença à qual se dá importância de acordo com a avaliação feita afecta radicalmente a relação entre os dois homens comparados porquanto agora eles consideram-se subjectivamente desiguais. Em termos morais, sociais e políticos, a desigualdade é *criada* pela tal avaliação que traz implícita em si um critério – muitas vezes duvidoso – de valor ([341]). É impossível não ver que a mentalidade aristocrática é particularmente culpada deste raciocínio tortuoso, que não só gera faltas morais graves, como é na sua estrutura incapaz de reconhecer que aquilo que alegadamente observa e verifica de modo aparentemente tão objectivo é apenas o resultado vicioso do impulso para a avaliação e comparação dos homens. Aquilo que a mentalidade aristocrática apresenta como *dado*, não é dado, mas *criado* pela ilusão de que é dado.

([340]) Ver *Política*, 1282b23-1283a14.
([341]) Ver sobretudo Bernard Groethuysen, *J.-J. Rousseau* (Paris, 1949), p. 230.

Na *Política*, Aristóteles escreve:

> A democracia teve origem devido àqueles que se sentiam iguais num determinado aspecto, se convencerem que eram absolutamente iguais em qualquer circunstância; deste modo, todos os que são livres de um modo semelhante, pretendem que todos sejam, pura e simplesmente, iguais. A oligarquia, por seu turno, nasceu do facto de aqueles que são desiguais num aspecto, supõem ser inteiramente desiguais: sendo diferentes pelas posses, têm a pretensão de ser absolutamente desiguais aos demais ([342]).

Este parecer sugere que a democracia, assim como a oligarquia, são regimes *parciais*, isto é, absolutizam as suas concepções parciais de justiça. Se não houver uma massa homogénea de cidadãos, se houver distinções naturais ou convencionais entre os cidadãos, é difícil a democracia não passar por mais um regime parcial, como era para pensadores como Platão, Aristóteles ou Cícero. É parcial, apesar da parte que representa ser a grande maioria. Mas nem por isso deixa de ser parcial. Ora, se as distinções entre cidadãos forem abolidas, não só por decreto, mas se for minada a legitimidade para sequer pensar em distinções, o problema aproxima-se da sua resolução. Se negarmos as desigualdades naturais entre os homens, ou, pelo menos, se negarmos o seu potencial para fazer traduzir essas desigualdades em distinções políticas, e se minimizarmos o alcance das inevitáveis desigualdades convencionais, então a democracia, enquanto governo do povo, deixa de ser parcial. Agora somos todos do povo; já não existem distinções. Quando o povo governa, é o Todo que governa. Aquilo que era parcial pode, *com coerência*, acusar todas as alternativas em termos de regimes políticos de serem alternativas *parciais* e, por isso, insuficientes ou até absolutamente injustas.

Assim que descobrimos o que é *ser humano* percebemos que as relações hierárquicas são absurdas. Se *ser humano* é essencialmente *sentir*, sentir as mesmas mágoas e as mesmas alegrias, conferir primazia a uns sobre outros perde todo o sentido. Mais:

([342]) 1301a24-29.

representa uma afronta contra a humanidade do homem e revela um espírito perverso de revolta contra a humanidade. Nenhum homem está autorizado a reclamar um valor diferenciado relativamente a outros homens, pois o valor de *ser homem* é o mesmo para todos e reside no *ser* de cada homem, no próprio facto da existência. Os sentimentos naturais, os mesmos sentimentos naturais, estão acessíveis a todos indistintamente. Do ponto de vista da existência, o que não é universalmente acessível não é real, mas falso. Neste sentido, todos os homens são iguais. Não que possuam as mesmas faculdades, nem as mesmas capacidades. Os homens são iguais pelo sentimento, particularmente pelo sentimento da existência, que comprova a realidade do valor igual de todas as existências. É por isso que podemos dizer que para Rousseau todos os homens são iguais porque todos são diferentes. Por não podermos comparar as existências entre si é que temos de declarar que todas elas são iguais, que todas têm o mesmo valor, e que nenhuma se superioriza a outra. O homem simples compreende melhor esta realidade do que o sofisticado homem de cultura, este cego pela sua vaidade e incapaz de confrontar a sua semelhança com o outro. A civilização sofisticada entrega aos indivíduos que ilusoriamente privilegia a falsa ideia de que eles são especiais e *melhores*. O culto do "povo", qual agente redentor dos males da civilização injusta, pode assim iniciar a sua carreira. Entre o "povo", as pessoas reconhecem-se naturalmente como iguais. Tal como Hobbes avisou, é onde reina o orgulho que o reconhecimento do facto da igualdade se torna problemático. Mas quando o orgulho está submetido aos impulsos simples e bons da natureza, quando a simplicidade popular caracteriza as relações humanas, o reconhecimento é alcançado, por assim dizer, espontaneamente.

O problema não é novo, como sabemos após a leitura de Hobbes. Neste sentido muito específico, tem de ser admitido não só, como sublinha Strauss, que a democracia é o regime que mais se aproxima da igualdade do estado de natureza, mas também que a igualdade e a liberdade democráticas constituem os princípios estruturantes do único regime político que não ultraja a natureza. Neste contexto, quando falamos em democracia designamos mais do que uma constituição no sentido estrito do termo, mas uma verdadeira *–cracia* do *dêmos*, uma democracia popular, se é lícito dizê-lo. A vida dos humildes, dos desprotegidos, dos desfavorecidos, adequa-se melhor às exigências da natureza. A sua vida caracteriza-se por esta relação imediata com o movimento da existência, ao qual pouco mais é acrescentado. Vivendo numa situação destituída do desafogo necessário para a reflexão, encontramos nos desprotegidos uma certa inconsciência que paradoxalmente os impede de degradar a sua própria existência. Essa inconsciência é a inconsciência de que há outro mundo social, um mundo convencional, fáctico, corrupto, que repugna a natureza. Protegidos pela resistência material do quotidiano, os pobres, o povo, vivem numa maior espontaneidade, numa maior pureza de sentimentos. Indiferenciadas entre si, as pessoas do povo não vivem no mundo das comparações e das subtilezas. Situam-se à margem dos aspectos mais corrosivos da socialização desregrada, como a riqueza, a cultura, os códigos sociais e os privilégios. A sua vida pode ser propriamente moral porque os factores da imoralidade estão, em grande medida, ausentes; o seu modo de vida é menos permeável às agruras do *amour-propre*. Iguais e indiferenciados, os homens do povo entendem-se e unem-se; os factores de desunião e de desigualdade não encontram na vida popular um ecossistema acolhedor. O povo simples e pobre constitui a reserva de humanidade das sociedades corruptas porque preserva melhor o que existe de genuinamente humano. A vida dos simples e pobres está menos sobrecarregada com os obstáculos de falsidade; caracteriza-se, pois, por uma maior transparência dos corações. As suas condições de existência garantem uma superior unidade de vida e propiciam uma comunicação mais autêntica com o outro. A vida simples e pobre, a vida do povo está mais próxima da vida natural: o seu contraste com outras formas de vida social grita mil vezes "escândalo".

Liberdade, Igualdade, Fraternidade

A liberdade (e a perfectibilidade) caracteriza o especificamente humano. Como tal, a liberdade é a única qualidade de que o homem não se pode alienar sem se privar da sua humanidade. Mais do que qualquer outro bem, nada é mais precioso para Rousseau do que a liberdade. No *Contrato Social*, Rousseau apresenta três tipos de liberdade, que não sendo mutuamente exclusivos, são próprios de condições particulares da vida humana. Rousseau distingue liberdade natural, de liberdade civil e de liberdade moral. A liberdade natural "só tem por fronteiras as forças do indivíduo"; a liberdade civil "está limitada pela vontade geral"; a liberdade moral, a "única que torna verdadeiramente o homem senhor de si", consiste na "obediência à lei que o próprio prescreveu". Rousseau diz-nos que liberdade *é* precisamente essa obediência. Se as três são formas de liberdade, então também devem ter algo em comum, algo que as une. Estes três tipos são três manifestações de liberdade. Ora o que é comum aos três tipos de liberdade consiste na ideia de liberdade como obediência do sujeito apenas a si próprio. O modo como os diferentes tipos de liberdade se distinguem está relacionado com diferentes entendimentos ou possibilidades de pensar a obediência a si próprio, ou, se se quiser, com as diferentes modalidades do sujeito.

Assim, a liberdade natural, o fazer aquilo que se quer, é obedecer aos próprios desejos e apetites. Num certo sentido, Rousseau aprova a ideia segundo a qual a liberdade natural não pode ser apenas cedência aos apetites. Enquanto agente livre, o homem, contrariamente ao animal, através da sua vontade é capaz de arbitrar entre desejos. O conteúdo da liberdade natural é, pois, o seguinte: o arbítrio anterior a qualquer justificação objectiva (apenas) entre desejos e apetites. O que Rousseau menciona, no entanto, é essa faculdade de "consentir" ou de "resistir" aos instintos, às necessidades, aos desejos. Parece que falar de liberdade ou de livre arbítrio é descrever a capacidade que cada homem tem, não de se comandar a si mesmo, mas de "consentir" ou de "resistir". Os impulsos da "Natureza", que parecem provir de um lugar exterior ao *eu* caracterizado pela liberdade, tentam comandar. O *eu* que exerce a sua liberdade assemelha-se ao cidadão de uma república moderna. Não procura comandar, mas apenas é chamado, ou a consentir no que outras vontades decidem, ou a resistir quando o acordo com as decisões das vontades estranhas à sua é impossível. Também aqui a noção de liberdade e de vontade que Rousseau pretende celebrar como típica do humano é defensiva e contrária à responsabilidade do comando. Trata-se da liberdade do homem no estado de natureza puro. A liberdade natural é, portanto, a liberdade do homem radicalmente independente, não só dos outros homens, mas também de todas as regras e leis. A liberdade civil coincide com a obediência à vontade geral. É a liberdade do homem enquanto cidadão. O cidadão tem de obedecer a regras comuns. No entanto, se essas regras forem produto de vontades particulares de outros homens, o cidadão não é livre. A obediência à lei da cidade é sinónimo de liberdade civil, se e só se a lei civil for o efeito jurídico da vontade geral. Na medida em que a vontade geral é também a sua vontade, o cidadão, ao obedecer à lei, não obedece a ninguém em particular, mas antes a uma vontade, que apesar de ser impessoal, é ainda a sua vontade. Num sentido muito peculiar, o cidadão é ainda o homem que obedece a si mesmo, isto é, à vontade geral que apesar de não se confundir com a sua vontade particular não é simplesmente a vontade de outrem, mas a sua vontade quando o cidadão averigua qual a vontade que é comum a si e ao seu concidadão.

Obedecer à lei que o próprio prescreveu é o significado da liberdade moral. O homem é livre porque obedece apenas a si próprio, evitando deste modo a dependência relativamente à vontade de outrem, o que é outra formulação para a negação da liberdade. Mas contrariamente ao conceito de liberdade natural, já não se trata de arbitrar somente entre desejos ou apetites. A liberdade moral corresponde a uma possibilidade aberta ao homem racional, agora sim, um agente moral. A lei que cada um prescreve para si próprio pressupõe a faculdade de racionalmente ponderar o que é agir bem ou mal, ou o que é a felicidade para o homem. Cada indivíduo cuida da sua existência moral, e ao fazê-lo deseja viver sob uma lei moral que o oriente. Mas essa lei só pode provir de si mesmo; qualquer outra alternativa seria sujeição. O que nos leva a afirmar a profunda afinidade entre liberdade moral e civil: a liberdade é essencialmente auto-legislação e obediência exclusiva a essa legislação. Ambas correspondem à auto-determinação ou à autonomia: a primeira no plano individual, a segunda, no plano comunitário. A liberdade civil é um direito individual usufruído dentro dos limites de uma comunidade politicamente organizada, ao passo que a liberdade moral é, acima de tudo, "uma relação do indivíduo consigo mesmo" (343). O "dever" implica obediência à lei. Porém, aquilo a que Rousseau chama "dever" corresponde à consciência de que a desobediência à lei que o próprio promulga para si nega a liberdade. Viver em contradição consigo mesmo significa não ser livre. Mas a única lei que pode reivindicar a nossa incondicional obediência é a lei que tem origem em nós próprios. Esta é a fórmula que reúne dever e liberdade.

Uma vez considerados os três tipos de liberdade reparamos num outro ponto de contacto que têm entre si. A liberdade é sempre a reprodução do *eu* em diferentes níveis da existência. Ser aquilo que se é, e viver em conformidade, é liberdade. Aparentemente, esta implicação da ideia de liberdade apenas diz respeito à liberdade natural. Todavia, a liberdade moral e a liberdade civil contêm um elemento muito forte e irredutível de *independência*. Existe um contínuo que tem por extremos, de um lado, a liberdade civil, e do outro, a liberdade natural. Note-se que para a actividade auto-legisladora nenhum conteúdo legislativo particular é recomendado. A relação do homem com a legislação que o próprio produz é formal. Claro que este entendimento de liberdade supõe que nem todas as inclinações individuais são legítimas; apenas o que a vontade dita de acordo com a legalidade imanente ao próprio indivíduo é compatível com a liberdade. Mas nenhuma autoridade exterior ao indivíduo pode reivindicar com legitimidade a sua obediência. Assim ficamos com uma teoria da obrigação rigorosamente individualista; dir-se-ia até radicalmente individualista. Tal conclusão choca de frente com a interpretação que confere a Rousseau uma teoria política de fortíssimo pendor colectivista. Os sucessivos retratos da cidade virtuosa e patriótica, assim como as várias referências a Esparta, contribuem para reforçar essa interpretação. Mas o pendor colectivista assenta sempre numa teoria individualista da obrigação. Talvez seja essa a razão fundamental pela qual Rousseau escolhe Roma, e não Esparta, como a cidade cujo povo é "o modelo de todos os Povos livres". Tendo em conta que a liberdade é a característica ou qualidade específica do homem, e

---

(343) John Plamenatz, "«Ce qui ne signifie autre chose sinon qu'on le forcera d'être libre»" in *Hobbes and Rousseau*, p. 324.

que ser *humano* é a tarefa essencial de recuperação da felicidade, e que só o homem bom pode ser feliz, compreendemos finalmente por que existe, no pensamento de Rousseau, uma associação tão íntima entre liberdade e bondade ou entre liberdade e virtude.

Rousseau explica com maior exactidão que a liberdade "não é fazer o que se quer, mas em nunca fazer o que se não quer". Daí que o desejo de "comandar" seja incompatível com a liberdade, algo de que já desconfiávamos partindo da caracterização da liberdade como a capacidade de "consentir" ou de "resistir" aos comandos da "Natureza". Mas se o desejo de comandar é incompatível com a liberdade, assim como o é a obediência à vontade alheia, então a única conclusão que se pode tirar é a de que o homem não é feito, nem para comandar, nem para obedecer.

O pensamento republicano de Rousseau afasta-se do princípio das democracias antigas em que cada um *comanda* e *obedece*. O espírito republicano em Rousseau decorre da sua análise do "homem da natureza" que não quer comandar, nem obedecer. É verdade que Rousseau colocou o povo, ou seja, todos os homens, na assembleia soberana, e disse explicitamente que o cidadão da comunidade política fundada no *Contrato Social* era simultaneamente "soberano" e "súbdito", o que parece indicar a afinidade do republicanismo de Rousseau com a prática das democracias gregas da Antiguidade. Mas se o cidadão ascende a soberano, isso deve-se menos – muito menos – à dignidade do comando e da obediência, e muito mais ao facto de o cidadão livre, de modo a preservar a sua liberdade, não poder confiar em nenhuma outra garantia constitucional. O cidadão livre não obedece senão a si próprio. É por essa razão que participa no apuramento da vontade geral; é por essa razão que não reconhece dignidade ao mero comando sobre os outros.

Comentando o diálogo de Heródoto a que já fizemos referência, Rousseau acusa os Grandes de recearem mais um regime político que os "força a respeitar os homens" do que a própria morte. Deve ser desde logo evidente que Rousseau alinha pela posição de Otanes, ou seja, pela "república". Mas não é só a posição "republicana" de Otanes que o favorece aos olhos de Rousseau. Também o desfecho do debate que se decidiu pela monarquia colhe o seu interesse, tendo em conta que Otanes, ao ver a sua opinião derrotada, prescinde da sua pretensão ao trono em troca da possibilidade de viver insubmisso às leis do Estado. Com a vitória da alternativa monárquica no debate imortalizado por Heródoto, Otanes retira-se da competição para seleccionar o futuro rei da Pérsia, por não querer comandar nem ser comandado. É a sua condição para se retirar da competição: nem ele, nem os seus descendentes até à perpetuidade, poderão ser sujeitos ao comando de ninguém. É essa conquista de Otanes (e da sua descendência), e que lhe permitirá ser "livre e independente", que atrai Rousseau. Otanes, proponente da "república", é descrito como alguém que "não queria nem obedecer nem comandar". Otanes era o homem que apenas desejava ser "livre" e "independente". Todo o esquema de leis civis, toda a forma de vida social, implica pelo menos a possibilidade da sujeição. A alternativa *pessoal* mais apropriada à felicidade é, de acordo com Rousseau, a promessa de *liberdade* e de *independência* do "sonhador solitário". Com o aparecimento do pensamento democrático de Rousseau, torna-se mais explícita a tendência contratualista para criar uma aliança entre, por um lado, a teoria da liberdade e igualdade naturais e, por outro, o elemento humano que se revolta contra a sua condição *política*.

Cabe à vontade "consentir" ou "resistir"; tal é o exercício basilar da liberdade humana. O animal, pelo contrário, obedece aos "comandos" da natureza. Esta é a relação de escravatura por excelência. À emissão do comando exterior segue-se a obediência infalível. O homem distingue-se do animal, não tanto por poder dizer "sim", mas por poder dizer "não". Ele "consente", diz "sim", por ter sempre a alternativa de dizer "não". Resistir ao comando exterior, em suma, dizer "não", traduz a essência da liberdade humana. Existe, portanto, segundo Rousseau, uma tendência humana para proteger a sua independência natural dizendo "não".

Montaigne retira de Plutarco a justificação do facto de os habitantes da Ásia estarem invariavelmente submetidos ao despotismo: é que eles não sabiam pronunciar a sílaba "não" ([344]). Do ponto de vista político, é salutar que o pronunciamento da sílaba "não" seja efectuado, de algum modo, colectivamente. A solução

---

([344]) Montaigne, I.26.

do problema colocado pela ameaça explícita ou velada da tirania passa por transpor a resistência individual para a resistência colectiva. Enquanto reacção individual ou particular, dizer "não" será sempre insuficiente. Roxanne, a heroína do harém das *Lettres Persanes* de Montesquieu, sabia dizer "não"; o seu "não", contudo, devido ao isolamento da sua rejeição, apenas poderia exprimir-se através da auto-destruição, isto é, no suicídio. Porém, Montesquieu entendia que a tradução *inflexível* da capacidade de dizer "não" para o domínio político teria consequências catastróficas. A aversão democrática pela obediência ao comando é consequência do que Montesquieu chamava "espírito da igualdade extrema". Ora este espírito, segundo o magistrado de Bordéus, destrói a república democrática. A democracia assenta no "verdadeiro espírito de igualdade" que consiste em "obedecer e comandar os seus iguais". Por sua vez, o "espírito da igualdade extrema", segundo Montesquieu, insiste que "todos comandem, ou que ninguém seja comandado". A formulação é verdadeiramente redundante. Por outras palavras, Montesquieu reconhecia que esta tendência é anárquica, anti-política: ninguém quer governar nem ser governado. A república democrática vive assim sob uma dupla ameaça: o "espírito de desigualdade" que aponta para a aristocracia; e o "espírito da igualdade extrema" que tem por consequência finalíssima o "despotismo de um só". É numa dupla relação de contestação que se desenvolve o espírito democrático. Não só é inimigo do espírito aristocrático, como também é inimigo de si próprio ou dos seus excessos.

A insistência por parte de autores como Rousseau e Montaigne na superior dignidade de responder com um "não" à voz de comando exterior parece deixar no esquecimento a dignidade *no comando e na obediência*. "Quem é senhor não pode ser livre e reinar é obedecer" ([345]). Não precisamos repetir o que já dissemos sobre a íntima relação entre o bom comando e a boa obediência tão reafirmada pela mentalidade aristocrática. Vejamos a mesma questão sob uma outra perspectiva. Todos os homens vivem num permanente esforço de obtenção de obediência aos seus comandos. Isto verifica-se até nas situações quotidianas mais simples. Uns mais frequentemente, outros menos,

---

([345]) Rousseau, *Lettres écrites de la Montagne*, VIII, p. 841.

mas todos os homens – enquanto amigos, profissionais, familiares, políticos, membros de uma comunidade – são colocados em situações que requerem a emissão de um comando, sem que com isso a normalidade da vida seja afectada. Ora, o comando é sempre uma instigação ou incitação. Há sempre acções que só podem ser desempenhadas por outros. Por conseguinte, sucedem-se as exortações ou as solicitações ao desempenho dessas acções. O sucesso das exortações que pretendem ser comandos é, como assinala Jouvenel, muito variável. É também neste facto que se reflecte a condição *política* do homem. E o que nos diz isto acerca da dignidade no comando e na obediência? Jouvenel esclarece que é inegável que existe uma forma de superioridade no comando, no sentido de que é o agente solicitador ou instigador a definir o conteúdo da acção a executar por quem obedece. A iniciativa pertence-lhe; esse facto dá-lhe uma superioridade imediata. Contudo, é igualmente inegável que o agente instigado também goza de uma dignidade muito própria. É também uma forma de superioridade, já que a execução da acção exortada depende em absoluto da decisão do agente instigado. Quem obedece não deixa de efectuar uma decisão, e essa decisão é sempre sua. Numa relação aparentemente tão desigualitária, como é a que se estabelece entre quem comanda e quem obedece, gera-se uma divisão das superioridades. Como o instigador depende do instigado, nenhum perde a sua dignidade própria ([346]).

Porém, para Rousseau as relações de comando e de obediência são sempre causa e efeito do *amour-propre*. Ora o *amour-propre* é a causa moral de todos os vícios e de todos os males do homem. Apenas a "compaixão", a "única virtude Natural" (ou seja, anterior à razão), pode suavizar a "ferocidade" do *amour-propre*. A compaixão é aquele "sentimento" presente logo no coração do selvagem e que o transporta para a situação de um semelhante que sofre; trata-se de uma "repugnância inata" e irreflectida em "ver sofrer" um outro homem. É da compaixão que decorrem "todas as virtudes sociais". O homem selvagem leva consigo esse sentimento "obscuro e vivo"; o homem "Civil"

([346]) *The Pure Theory of Politics*, pp. 62-63, 95-98, 102. Ver o "dimorfismo" de Bergson, pp. 300-301.

carrega uma versão "desenvolvida" mas "fraca". Falámos do único recurso para suavizar o *amour-propre* no convívio humano, a compaixão. Mas isso é apenas uma possibilidade. O *amour-propre*, quando é senhor da alma, sufoca a compaixão até ao silêncio. Quando assim acontece, em termos morais, isso significa a corrupção e a miséria, por vezes, invencíveis. A compaixão no "homem Civil" encontra-se enfraquecida pela pressão do *amour--propre*, das paixões "fácticas" e artificiais, por uma vida de alienação nos outros.

A força natural da compaixão que nos faz sofrer instintivamente com o sofrimento do outro só pode ser combatida por uma voz interior que nos diz: *não, não sou eu que sofro; quem está a sofrer é outro que não eu; logo, o sofrimento não é meu; o sofrimento que experimento por ver o outro sofrer é um absurdo evitável; na verdade, como posso reflectir,* "eu estou em segurança". Esta é a voz da "razão". Em contrapartida, o selvagem, "sem sabedoria nem razão" entrega-se instintivamente "ao primeiro sentimento da Humanidade". Eis o momento mais adequado para desvendar um aspecto importante do pensamento de Rousseau avançando uma hipótese interpretativa. Há duas formas de ligação de homem a homem. Uma, enquadrada pelo *amour-propre*, que constitui a sociedade corrupta e alimenta todas as injustiças; a outra, a ligação genuinamente humana e que se desenvolve em torno do sofrimento. Não há ligação do homem ao homem com base na admiração, na emulação, na consideração, no espírito agónico, que seja digna desse nome; essas conexões espúrias alimentam-se de *amour-propre* e limitam-se a gerar mais *amour-propre*, nunca solucionando, apenas agravando, a corrupção moral.

A emulação pressupõe admiração, e esta pressupõe distância. A comparação gera inimizade, e a inimizade é separação radical. Em contrapartida, o que é comum pode ser amado, mas não pode ser admirado. Para Rousseau, parece que a aproximação entre os homens só se estabelece pelo que há de radicalmente comum entre eles, o sofrimento. "O destino do homem é sofrer em todos os tempos". Se há condição que iguala todos os homens, independentemente da sua condição social, económica, política ou intelectual, essa condição é a do sofrimento. Todos os homens sofrem; é o modo universal e igual de reagir à dor. Em contrapartida, não há aproximação verdadeira entre os homens na aspiração ao que é nobre e belo. Alguém como Aristóteles ainda podia basear a verdadeira amizade na emulação recíproca e no concurso agonístico e solidário das existências. Vimos como Aristóteles insistia em descrever a amizade como se esta se manifestasse na "exibição de uma contribuição épica das existências", na rivalidade em vista do "bem-fazer" e do esforço para o sublime e para o mais elevado. Mas, segundo Rousseau, a emulação é um daqueles sentimentos que forçam a comparação, e "essas comparações nunca se fazem sem alguma impressão de ódio contra aqueles que disputam connosco a preferência, mesmo que seja a preferência na nossa própria estima".

Para Rousseau, o sofrimento que desperta a compaixão é o sofrimento visível, o sofrimento do corpo ou do sofrimento que se exterioriza pelo corpo. É esse sofrimento que fornece a base para o sentimento de semelhança entre os homens. É portanto esse sofrimento que inspira o impulso democrático de Rousseau. Mais: o binómio sofrimento/compaixão constitui o substrato da homogeneidade da sociedade democrática. Os privilegiados, os Grandes, são insensíveis ao sofrimento do povo. A sua insensibilidade decorre de não terem experiência do sofrimento. O sofrimento é para eles uma realidade estranha ou distante. A distância anula a compaixão. Daí que os Grandes não só podem ser repreendidos moralmente por agirem sem compaixão, não só por serem alheios à dimensão mais autêntica da existência, mas por serem estranhos ao elemento de unificação do género humano.

Sendo a compaixão a raiz natural da humanidade, verificamos uma vez mais que o sentimento de semelhança humana tão necessária para a vida moral e para a política democrática assenta na seguinte proposição: é o sofrimento que aproxima os homens e os conduz ao reconhecimento da sua mútua humanidade. Rousseau diz explicitamente que o coração humano é incapaz de se identificar com aqueles que são "mais felizes" do que nós. O sentimento aproxima-nos somente de quem é *menos* do que nós, de quem é menos feliz, menos bafejado pela sorte, menos protegido pelo privilégio, menos poupado à dor. Ninguém se coloca no lugar do "rico" ou do "nobre" que prospera, excepto quem sabe que a vida do "rico" e do "nobre" é, apesar das aparências, digna de pena. A educação para a humanidade exige que *não* se admire "a sorte brilhante" de alguns e que se mostre os "lados tristes" dessa condição (347).

A compaixão depende de um sentimento de semelhança profundo e tem óbvias afinidades com o reconhecimento da igualdade. Apenas o sofrimento potencialmente comum é objecto da compaixão. É por esta razão que os reis nunca se compadecem dos seus súbditos. Os reis esperam nunca descer ao nível da mera humanidade. Pela mesma razão, os ricos são sempre "tão duros" com os pobres e os nobres sentem "tanto desprezo" pela plebe. Não receiam ser pobres, nem plebeus. A sociedade estratificada separa os homens; os privilegiados procuram sistematicamente evitar o contacto com os outros. Os Grandes, os ricos e todos os privilegiados vivem obcecados em *criar* a distância que justifica a sua superioridade. É dessa inquietação que vem o seu cuidado em se vestirem diferentemente do povo, em "caminhar", "beber", "comer", "falar", "pensar", "agir", de modos que os distingam do povo. Na sua essência, os diferentes hábitos revelam nada mais do que a agitação particular dos homens das sociedades corruptas, a saber, a de *criar* e *manter* a distância que separa o homem do homem.

O horror moral à distância ganha novas proporções quando Rousseau aparentemente revê a sua própria observação segundo a qual os ricos seriam dignos de *pitié*. Neste novo fôlego, Rousseau agora recusa essa dignidade ao rico. Constatar que o rico pode ser infeliz não é suficiente para despertar um sentimento de compaixão. Afinal, reclama Rousseau, as "penas" do rico derivam "apenas dele mesmo"; o rico "abusa do seu estado" e os seus "males são obra sua". A felicidade do rico depende apenas de si próprio; tanto pior se pela sua perversidade ele a desperdiça. Já com o pobre o caso muda de figura. As suas misérias provêm directamente das "coisas", do "rigor da sua sorte". Não há "sabedoria", "*bon esprit*" ou "hábito" que o compensem do "sentimento físico da fadiga, do esgotamento, da fome". A fonte do sofrimento do pobre é-lhe completamente exterior. Ao contrário do rico, ele não pode ser responsabilizado pela sua infelicidade nem

---

(347) Note-se, no entanto, que a visão da "felicidade de certas condições", como a da vida "pastoral e campestre", não desperta o sentimento da inveja (*Émile*, IV, pp. 506-507).

pelo seu sofrimento. Aristóteles, ao analisar a compaixão, chamara a atenção para o facto do sofrimento *imerecido* ser o que mais inspirava piedade. Nesta distinção que faz entre a compaixão suscitada pelo pobre em contraposição ao rico, Rousseau parece aproximar-se do entendimento aristotélico. Mas ao passo que, para Aristóteles, o sofrimento imerecido digno de compaixão, em princípio, não depende da classe social, em Rousseau parece haver um enviesamento em desfavor dos privilegiados para a esterilização do seu putativo sofrimento. Contudo, o conceito de compaixão enquanto sentimento natural anterior à razão não parece permitir que algum critério de merecimento interfira na sua actividade. É legítimo pensar que o merecimento é uma daquelas ideias complexas contraditórias com a pureza da compaixão. Por outro lado, Rousseau deixa escapar um sentimento de *indignação* – decerto descendente de outros sentimentos relativos distintos – igualmente incompatível com os procedimentos da compaixão. É difícil apagar a impressão de que tanto a indignação, como o merecimento, interferem na elaboração do lugar da compaixão no coração humano e na sociedade.

Mas o facto de a compaixão ser um dos dois princípios de acção anteriores à razão proíbe Rousseau de prosseguir o caminho aristotélico. Presumindo consistência nos escritos de Rousseau, talvez possamos dizer que as passagens em causa combinam a análise da compaixão com uma reflexão sobre a interferência da desigualdade na restituição da integridade aos sentimentos naturais ou às virtudes que deles derivam. E no entender de Rousseau, a estrutura social desigualitária responsável pelo sofrimento do pobre é a mesma que tudo entrega ao rico para, às suas mãos, tudo ser desperdiçado. O bem que a riqueza pode fazer é separado do bem que o rico enquanto homem poderia, por hipótese, fazer. A riqueza não é, como na visão aristocrática, uma condição libertadora da necessidade de ganhar o pão e que permite dedicar a vida a desígnios nobres. O bem que a riqueza permite é derrotado pelo "mal real que é preciso fazer para adquiri-la"; o "tormento da posse envenenará" todo e qualquer "prazer do gozo" da riqueza. A vida moral e a sociedade justa só são compatíveis com a riqueza medíocre. Este raciocínio parece apontar para a seguinte conclusão: a tarefa política de desmantelamento da sociedade desigualitária corresponde ao dever humano de alívio do sofrimento. A desigualdade é o mais claro sintoma, e simultaneamente a causa mais eficaz, da asfixia da compaixão.

O mundo inspirado pelo *pathos* da compaixão traz implícito o elogio da imediaticidade dos sentimentos, das acções e das relações humanas, e estrutura-se de acordo com um ideal de igualdade. A experiência agradável, porque natural, da compaixão indica já o desejo de envolvimento por um mundo com o mínimo de mediações entre os homens, entre o *eu* que sente e aquilo que existe, e entre o sofrimento, a expressão do sofrimento e o Espectador do sofrimento. É um mundo onde se quebram as mediações que ofuscam o humano em mim e o humano no outro. Ora a quebra das mediações requer a realização da igualdade entre os homens. Por outro lado, a igualdade democrática, a igualdade que se realiza na consciência da semelhança de todos os cidadãos democráticos, inspira uma "predisposição para a compaixão" ([348]). O lugar político, por excelência, da compaixão é a cidade democrática, na qual só há o povo, na qual todos somos povo. A igualdade é também uma intimidade.

([348]) Tocqueville, II, III, xxii.

Parte III

Conclusão (I)

É provável que a história do debate entre a mentalidade aristocrática e a mentalidade democrática não tenha um fim. É ainda mais seguro que a história da crítica à aristocracia, quer siga uma constante recapitulação de argumentos conhecidos, quer opte por novos desenvolvimentos, não terminou. Certo é dizer que essa história não findou com Rousseau; pelo contrário, o século XVIII apenas alimentou um renovado ímpeto crítico. Por esta razão, a conclusão deste esforço de recuperação histórica tem de se deter num grau razoável de abertura.

O exame da crítica à aristocracia pode sugerir um enganoso dualismo rígido formado pelos pólos democráticos e aristocráticos. Dizemos "enganoso", pois esse dualismo é apenas muito parcialmente adequado para ler a história intelectual da Europa, bem como da sua história política. Será talvez de superior utilidade considerar, a título de conclusão, os dois grandes desafios (pelo menos, até às vésperas da Revolução francesa) colocados à visão inaceitavelmente estreita que pondera como admissível e historicamente infalível o dualismo essencial entre democracia e aristocracia: o governo representativo e o governo misto. Ambos os desafios, no entanto, são perfeitamente ilustrativos dos problemas até agora tratados. O conhecimento profundo do governo representativo e do governo misto conduzem-nos à consciência, por um lado, das limitações de um modelo que pretende reduzir a história intelectual e política da Europa ao choque entre duas mentalidades, e, por outro lado e simultaneamente, da crucial importância que essas mentalidades representativas de duas formas de governo mantêm para a compreensão de toda a realidade política.

Capítulo VI

O Governo Representativo, Segundo Publius

A história da crítica da aristocracia não seguiu um percurso linear. Enquanto história de uma *crítica*, a linearidade dificilmente poderia corresponder ao seu comportamento. Como na história de todas as críticas, o objecto criticado é o único elemento sobre o qual se gera consenso ou algo semelhante ao consenso. Mais, é posta em causa alguma réstia de linearidade quando o objecto criticado começa a ser analisado sob diferentes perspectivas à medida que a sua crítica serve como base fundadora de algo substantivo.

A hipótese de que a crítica da aristocracia sugere quase inevitavelmente a superioridade (relativa ou absoluta) das formas (mais ou menos) democráticas parece ter encontrado alguma confirmação na história do pensamento político europeu. Porém, a heterogeneidade no pensamento político crítico da aristocracia é inegável e torna-se ainda mais evidente após a tentativa tão incisiva de Rousseau de traduzir politicamente a crítica da aristocracia. O pensamento democrático de Rousseau não pode ser considerado, no entanto, como a fase final da tradução política da crítica da aristocracia. Em termos históricos, tal consideração não é sustentável. E, de modo mais relevante, a democracia de Rousseau não é a "nossa" democracia, a democracia dos nossos tempos. A forma política gerada pela crítica da aristocracia, mesmo quando circunscrevemos o limite temporal do nosso estudo às vésperas da Revolução francesa, não é singular, mas plural. Antes da Revolução francesa, na outra margem do Atlântico, uma outra revolução crítica da aristocracia consumou uma ideia bem diferente de comunidade política, tão distante da cidade do *Contrato Social*, como da cidade aristocrática. A crítica da aristocracia, no momento em que parecia conduzir à exigência de maturidade, ou seja, de afirmação substantiva, ramificou-se. Rousseau foi apenas uma dessas ramificações, e, pelo menos em termos políticos, não foi a mais frutuosa. Em contrapartida, a empresa levada a cabo pelos colonos ingleses na América do século XVIII criou uma comunidade política ímpar, que, após mais de dois séculos de existência, parece aumentar todos os dias em firmeza e vitalidade. Da complexa matriz formada pelas hipóteses explicativas deste resultado que constatamos com os nossos próprios olhos, não devem ser excluídas a qualidade do movimento crítico que tentamos analisar, nem a qualidade da proposta política alternativa que os chamados *Founding Fathers* formularam.

Podemos dizer que foi no século XVIII que se decidiu o significado moderno da palavra "democracia". Mas, paradoxalmente, foi na obra de autores do século XVIII que a palavra "democracia" apareceu associada a uma realidade política muito diferente daquele significado que o conceito acabaria por fixar. Montesquieu e Rousseau contribuíram mais do que ninguém para educar a consciência europeia na identificação da "democracia" com as pequenas repúblicas democráticas gregas, tendo por sustentáculo o grande paradigma ateniense. Contudo, é também na segunda metade do século XVIII que se começa a atribuir à "democracia" um significado bem diferente. Dir-se-ia que o momento da consolidação do significado da palavra é o momento que inicia uma reacção de rejeição, que, por sua vez, convoca um esforço de reatribuição de um novo significado. Durante um certo período os dois significados digladiaram-se, se é lícita a expressão, pela hegemonia, até à vitória de um sobre o outro.

Logo em 1765, D'Argenson estabelecia que existe uma democracia "falsa" e uma democracia "legítima", distinção que à partida não parecia inovar nada relativamente às tipologias da filosofia política de Políbio, por exemplo, com a sua diferenciação entre a democracia "recta" e a "oclocracia". Mas, na realidade, a base da distinção de D'Argenson era nova e revelar-se-ia extraordinariamente fecunda. Dizia D'Argenson que a "verdadeira democracia" é aquele regime no qual "se age através de deputados, e estes deputados são autorizados pela eleição" ([349]). Estava feita a identificação da "verdadeira democracia" com o governo *representativo*. A palavra democracia via-se finalmente munida de um recurso semântico que poderia libertá-la dos arcaísmos da democracia dos Antigos e, assim, atingir uma respeitabilidade inédita na história do pensamento político moderno, embora demorasse ainda algumas décadas a ser consumada. Publius, portanto, não iniciou esta discussão. Mas o seu contributo – em palavras e em obras – seria absolutamente decisivo.

Publius: o Antigo e o Moderno

Publius, como se sabe, foi o pseudónimo utilizado por John Jay, James Madison e Alexander Hamilton ([350]). Em *O Federalista*, Publius conferiu unidade ao pensamento político de três homens com teorias políticas e currículos de prática governativa algo diferentes, como atestam as profundas polémicas entre Madison e Hamilton na década de 90 do século XVIII. Mas, como de resto é confirmado pela generalidade dos comentadores, a escolha do pseudónimo Publius não foi o resultado de uma escolha aleatória.

Publius fora uma das grandes personagens da história de Roma retratada por Plutarco. Publius "Publícola" Valério fora um dos parceiros – segundo Plutarco, o principal parceiro – de Lúcio Bruto no derrube do governo dos Tarquínios, após o ultraje de Lucrécia. Numa altura em que a recém-formada república romana ainda estava ameaçada pelo retorno dos Tarquínios, Publius – talvez por estar sob a suspeita incompreensível de simpatia pela monarquia – foi o primeiro a prestar juramento da

---

([349]) Citado em Pierre Rosanvallon, "L'histoire du mot démocratie à l'époque moderne" in Marcel Gauchet, Pierre Manent, Pierre Rosanvallon (eds.), *La Pensée Politique: Situations de la démocratie* (Paris, 1993), pp. 14-15.

([350]) "Valerius Poplicola" foi também usado como pseudónimo por Samuel Adams no início da década de 70 do século XVIII.

sua incondicional fidelidade ao novo regime e do seu compromisso com a "liberdade". Publius não era Bruto, este, sim, o herói público do momento de confronto com o tirano e do momento de repressão violenta da tentação de regresso ao regime deposto. E o Publius de *O Federalista* também não pretendia ser o Bruto da Revolução americana. O Bruto da Revolução americana era o intocável Washington; Publius apenas queria ser Publius. E, no entanto, foi Publius, e não Bruto, quem foi derrotando os inimigos da república.

É notável que tanto o Publius romano, como o americano, estiveram sob a suspeita de tendências centralizadoras ou monárquicas. Por outras palavras, ambos estiveram sob o ataque dos mais fervorosos republicanos. Só quando Publius demonstrou toda a sua moderação, em parte real, em parte projectada para erradicar do coração dos romanos as suas desconfianças, é que recebeu do povo o título de Publícola ou "amigo do povo". Quando chegou o momento de confrontar e dirigir-se ao povo romano para responder a essa suspeita, Publius Valério subiu à plataforma dos oradores com os fachos – os símbolos da autoridade – abaixados. Esse facto foi interpretado pelo povo romano como sinal do reconhecimento de que a "majestade" do povo e do seu poder eram superiores à do cônsul. Segundo Lívio, Publius Valério tinha de responder pela construção em curso da sua casa na parte mais elevada de uma colina que se acreditava ter muito valor militar estratégico. Publius apaziguou o povo prometendo demolir essa casa e reconstruí-la no sopé de uma qualquer colina, de modo a que "vós possais viver acima de mim". Por altura da publicação do primeiro artigo de *O Federalista*, o Publius americano ainda não era Publícola, mas também esperava pela mesma recompensa. A Constituição seria o seu legado à posteridade, a obra que servia o bem do povo. Pois, tal como o Publius romano, também o americano fundou a república, dando-lhe as suas leis e instituições fundamentais, e permitindo a sua vida futura em estabilidade e liberdade. Contrariamente a Sólon, o mais sábio dos legisladores, Publícola não assistiu à dissolução do regime que fundara. O Estado fundado por Publícola viveria durante vários séculos. O Publius americano sabia, tal como o Publius romano, que a recompensa pelos seus esforços patrióticos talvez não fosse concedida no tempo presente; mas a posteridade reconheceria certamente a sua eminência entre os pais da nação, desde que a sua obra perdurasse. Diz Plutarco que a vida de Publícola foi a mais eminente de entre os Romanos. Foi uma vida de sabedoria, virtude e exercício moderado do poder ([351]).

A *República* de Cícero também fornece algumas referências importantes sobre esta personagem da república romana. Segundo Cipião, Publius Publícola foi um homem extraordinário por ter conseguido operar uma obra-prima constitucional. Ao conceder ao povo uma dose moderada de liberdade, tornou assim mais fácil e eficaz o exercício do poder pelos governantes do Estado. Escapando ao binómio "mais liberdade/poder estatal mais fraco", Publius casou os dois elementos mais necessários para a estabilidade do Estado: liberdade (moderada) para o povo, "energia" (diria Hamilton) para o governo. Porém, o Cipião de Cícero, quando se vê obrigado a classificar os vários regimes políticos que a cidade de Roma conhecera, classifica aquele fundado por Publius Publícola como uma "aristocracia". A história da república romana posterior à fundação de Publius seria a da crescente reivindicação do povo por mais liberdade.

O Regime da "Escolha" vs. o "Acidente" e a "Força"

Nos termos mais eloquentes, Publius anuncia a lição histórico-universal que o povo americano pode dar:

> Tem sido frequentemente observado que parece ter estado guardado para o povo deste país, pela sua conduta e pelo seu exemplo, decidir esta importante questão: se as sociedades humanas são ou não realmente capazes de estabelecer um bom governo a partir da reflexão e da escolha, ou se estão para sempre destinadas a depender do acidente e da força no que respeita às suas Constituições políticas ([352]).

([351]) Plutarco, *Publicola*, I.1-2, X.1-6, *Solon e Publicola*, I.1-III.2; Lívio, II.vii. 5-viii.3.

([352]) *O Federalista*, trad. portuguesa Viriato Soromenho-Marques, João C. S. Duarte (Lisboa, 2003), #1. Ver #14, #37. Ver ainda James Wilson, "Discurso na Convenção da Pensilvânia (24 de Novembro de 1787)" in *Friends of the Constitution* (Indianápolis, 1998), p. 75.

A "reflexão" e a "escolha" são contrapostas ao "acidente" e à "força". Publius quer reforçar a ideia de que o que está em causa no processo de ratificação da Constituição americana é, nada mais, nada menos, do que o exercício, inédito na história da humanidade, da faculdade de deliberação política na *escolha* da forma de governo de um povo. A "escolha" é uma eleição; o acto colectivo de se atribuir uma forma de governo é equivalente a uma escolha ou a uma eleição. A forma republicana parece decorrer directamente do exercício dessa escolha. Ou melhor, a dita escolha é um acto explicitamente republicano. Como conceber o autogoverno sem conceder a eleição (republicana) da forma de governo que regula esse autogoverno? Parece que a forma de governo "popular" é a única que consagra a escolha enquanto faculdade política e moral central.

Publius contempla toda a história da Europa, observa a sua contemporaneidade, e conclui que as formas de governo conhecidas são o resultado do "acidente" e da "força". É à América que cabe quebrar esse infindável encadeamento de acaso e de violência. Mas, nestes termos, a exortação tem um carácter inegavelmente revolucionário. Se o acidental exclui qualquer elemento de deliberação, Publius condena desse modo todas as formas políticas filhas da Fortuna. Como Maquiavel apresentara o problema, não existe liberdade humana se a Fortuna for omnipotente. Porém, como o florentino de forma implícita também sugere, o exercício do livre-arbítrio é mais magnífico quando a Fortuna não perde inteiramente o seu império, quando o choque entre Fortuna e acção humana adquire o carácter de uma *luta*.

Em que consistem as formas políticas que resultam do "acidente"? Aparentemente, são as que resultam do percurso caprichoso da história, da tradição, por outras palavras, do acaso ou da fortuna, na medida em que é difícil reproduzir relações de causalidade explicativa estritamente racionais que possam justificá-las. Por outro lado, são acidentais as formas políticas que não resultam da vontade livre ou que não conseguimos conjugar razoavelmente com o exercício da vontade política. Segundo Publius, é acidental aquilo que não se sujeita facilmente ao crivo da racionalidade e da vontade humana, da "reflexão" e da "escolha".

Mas, do ponto de vista da filosofia política, nem só o governo tradicional concretiza constitucionalmente o poder da fortuna.

Também a aristocracia, o governo dos homens excelentes, traduz a esperança no acaso. É que não existe uma técnica mediante a qual os homens excelentes sejam conduzidos aos lugares cimeiros do governo, assim como nem sequer se concebe o aparecimento inexorável e regular de homens genuinamente excelentes. A aristocracia é a forma de governo da coincidência mais inesperada. Nela o acaso (ou o "acidente") decide tudo, ou quase tudo. De acordo com a própria mentalidade aristocrática, a virtude no governo não é algo com que simplesmente possamos contar. Publius concorda: "Nem sempre estarão ao leme estadistas esclarecidos" e "uma nação de filósofos é tão pouco de esperar como a raça filosófica de reis desejada por Platão". Neste sentido, a aristocracia é o governo do "acidente"; e, como não depende do consentimento dos governados, oculta uma tendência para se tornar também no governo da "força".

Contudo, na crítica que Publius desfere contra a pretensão aristocrática, esta aparece não tanto como o regime do "acidente", mas como o regime da ilusão quanto ao carácter ilimitado da "escolha" e da "reflexão" humanas. O poder não controlado dos governantes corresponde em termos políticos ao poder ilimitado da "escolha" quando esta lhes é entregue de forma exclusiva, e, claro, ao poder ilimitado da "reflexão". O quimérico governo de "anjos" sobre "homens" nega a capacidade de "escolha" e de "reflexão" aos "homens" e afirma-o sem restrições quando se refere aos governantes. O superior realismo de Publius leva-o, no seu combate pela "reflexão" e pela "escolha" comedidas, a situá-las num meio termo entre, por um lado, o triunfo do "acidente" e da "força" e, por outro, a ilusão quanto ao campo irrestrito de "escolha" e de "reflexão" atribuído aos presumíveis homens excelentes. A sua "escolha" reflectida do governo *republicano* reflecte esta reflexão em torno do meio-termo ditado pela natureza humana.

Convém não esquecer que, no passo de contraposição da "reflexão" e da "escolha" ao "acidente" e à "força", Publius pretende, em larga medida, responder ao terrível desafio colocado por David Hume ao pensamento contratualista. A crítica de Hume ao pensamento contratualista não se colocava exactamente no plano, digamos assim, dos princípios, mas da incapacidade de pensadores como Locke explicarem a realidade política factual. A insistência no consentimento individual como fonte da autoridade legítima não era censurável do ponto de vista moral. Bem pelo contrário. Mas, segundo Hume, uma teoria política deve acima de tudo possuir qualidade explicativa do mundo político real. Ora Hume afirma que a história de todas as comunidades políticas e de todos os Estados é iniciada com a "usurpação" ou decorre da "conquista", "sem qualquer pretensão de legítimo consentimento ou sujeição voluntária do povo". A "força", diz Hume, "é a origem de quase todos os novos governos que o mundo viu nascer". Todo "o governo tem início de maneira mais acidental e imperfeita". Tudo o que no passado aparentou alguma semelhança com o consentimento, "foi geralmente tão irregular, tão limitado ou tão misturado com a fraude e a violência, que não se lhe pode atribuir grande autoridade". Peremptório, Hume exclui a possibilidade do consentimento fundar um Estado, *apesar de ser o meio mais justo para o fazer*, porque "jamais as coisas humanas permitirão tal consentimento". Para Hume, a verdade efectiva da fundação dos Estados é o triunfo da "força". Publius deseja demonstrar a factualidade da excepção à regra de Hume, e assim libertar a humanidade de uma regra tão fatalista. Mas o resultado mais concreto dessa libertação consiste na proibição daquilo que David Hume também admitia: "um outro fundamento do governo" ([353]).

Para Hume, a teoria política deveria abranger fundamentos alternativos da autoridade, tendo em conta que, de uma perspectiva histórica, o consentimento tinha pouca influência nas fundações dos Estados. Insistir no monopólio do consentimento equivaleria, para Hume, a condenar inapelavelmente todos os Estados ao estatuto de ilegitimidade radical. Mas Publius percebe que se for demonstrado de um modo concreto ou histórico que o consentimento pode constituir *factualmente* a fonte de autoridade de um novo Estado, então a crítica de Hume ao contratualismo perde pelo menos alguma da sua robustez. Se Hume insistia na responsabilidade da teoria política em "admitir também algum outro fundamento do governo", isso devia-se em

---

([353]) David Hume, "Do Contrato Original", pp. 403-406; "Da Origem do Governo", p. 45, ambos em *Ensaios Morais, Políticos e Literários*, trad. portuguesa João Paulo Monteiro, Sara Albieri, Pedro Galvão (Lisboa, 2002). Ver *A Treatise of Human Nature* (Londres, 1985), III.ii.8.

grande medida à ausência de justificação histórica para se conceder ao consentimento o exclusivo dos fundamentos políticos. Mas se, com a obra de Publius e do povo americano, a história universal iniciar uma nova etapa caracterizada pela factualidade da fundação baseada no consentimento, então a verdade do contratualismo aparecerá reforçada.

Por outras palavras, em certo sentido poderíamos dizer que o contratualismo foi uma teoria política insuficiente no mundo anterior a 1787; no entanto, o mundo político que se abre após 1787 demonstrará finalmente a suprema adequação do contratualismo. Assim, após o sucesso do exemplo americano, o consentimento poderá ao cabo de tanto tempo reclamar a posição para a qual estava destinado, a saber, a de único e universal fundamento da autoridade legítima. Nessa altura, será inútil e estéril procurar "um outro fundamento do governo". A "escolha" triunfará sobre a "força"; Hume poderá conciliar a preferência pelo consentimento como "o melhor e o mais sagrado" dos fundamentos com a sua consciência histórica. Num sentido muito específico, a nova época histórica inaugurada pelo exemplo americano será a época da "escolha" ou da liberdade.

O Novo Republicanismo (I)

Descobre-se uma forte ligação entre os artigos #1 e #51 quando compreendemos a enormíssima influência de David Hume sobre o pensamento de Publius. Quando escreve as famosas palavras, "Mas o que é o governo em si próprio senão a maior de todas as reflexões sobre a natureza humana? Se os homens fossem anjos nenhuma espécie de governo seria necessária", reflecte um raciocínio de Hume:

> Se todos os homens fossem inspirados por tão inflexível respeito pela justiça que por si sós se abstivessem totalmente da propriedade alheia, teriam ficado para sempre num estado de liberdade absoluta, sem se submeterem a qualquer magistrado ou sociedade política. Mas isso seria um estado de perfeição do qual, com razão, a natureza humana é considerada incapaz ([354]).

([354]) "Do Contrato Original", p. 406.

Hume e Publius concordam que os homens não são anjos; daí a necessidade universal do Estado político. Se os homens fossem anjos poderiam gozar de "liberdade absoluta". Mas Hume vai mais longe. Recorde-se que o contexto desta discussão é precisamente a polémica contra a teoria contratualista que funda o consentimento como única forma de fundação do Estado.

> Mais, fossem eles dotados de um entendimento tão perfeito que sempre lhes permitisse saber quais são os seus interesses, jamais teria sido proposta qualquer outra forma de governo que não a que assenta no consentimento e é plenamente votada por todos os membros da sociedade. Mas este estado de perfeição é também totalmente inacessível à natureza humana.

Existem, portanto, dois "estados de perfeição". Um, mais elevado, em que os homens presumivelmente conheceriam e respeitariam todas as regras de justiça – neste caso, o Estado político não é necessário. Outro, menos elevado, em que os homens presumivelmente conheceriam os seus "interesses" e agiriam de forma infalível com base nesse conhecimento – neste caso, o consentimento é possível, e até incontornável, como fundamento do Estado político. Para Hume, a concepção de ambos os "estados de perfeição" corresponde a duas formas diferentes de angelismo político. É a imperfeição da natureza humana que as condena. Contudo, é interessante notar que Publius, na passagem análoga, não prossegue a ordem de exposição de Hume. De resto, fazê-lo seria contraditório com o seu esforço. Publius quer demonstrar que a política do consentimento não condiz, de forma alguma, com qualquer espécie de angelismo político.

De um modo subtil, Publius desvia a acusação de angelismo político, elaborada por Hume contra a política do consentimento, para a pretensão aristocrática, a que julga que a qualidade superior dos governantes dispensa "controlos externos" ou "internos". Publius quer afirmar que as formas mais puras de angelismo político são, por um lado, o libertarianismo negador da necessidade do governo, e, por outro lado, a pretensão aristocrática segundo a qual "anjos" governam "homens". Assim, a política do consentimento aparece como a solução política mais sóbria, realista e justa, para fundar um Estado em que *homens governarão homens*. E é a partir da rejeição da pretensão aristocrática que Publius pode aproximar-se, uma vez mais, de Hume. Como a negligência dos "controlos" "externos" e "internos" constitui o corolário da forma aristocrática de angelismo político, será precisamente a reflexão sobre aqueles que fornecerá os elementos mais importantes da nova forma de governo fundada pelo consentimento. Publius afirma como primeira tarefa da constituição realista o "habilitar o governo a controlar os governados" – algo que Hume via como tão primordial que poderia, em certas circunstâncias, sobrepor-se totalmente ao consentimento. A segunda tarefa consistiria no "obrigar o governo a controlar-se a si próprio". Num primeiro momento, Publius contempla nesta tarefa a refutação da pretensão aristocrática através da aproximação a uma política mais democrática: o consentimento do povo fornece o "controlo externo" e "primário" sobre o governo. Mas, no mesmo golpe, Publius manifesta a insuficiência de uma abordagem estritamente democrática, tal como esta tradição fora entendida até então, e apresenta a superioridade da solução *republicana*: a "experiência ensinou à humanidade a necessidade de precauções auxiliares". Por este meio tão subtil e elegante, Publius consegue criticar a pretensão aristocrática, a tradição democrática clássica, e, simultaneamente, introduzir a superioridade da *república* como forma do único governo "popular" possível.

Não é ilegítimo dizer que o governo republicano celebrado por Publius resulta da assimilação de grande parte da crítica à aristocracia que tivemos a oportunidade de reconstituir. Trata-se de um governo "completamente popular", sem dúvida. O corolário da assimilação da crítica à aristocracia aparece com a declaração de que o "consentimento do povo" é a "fonte pura e original de toda a autoridade legítima"; e é aceite como "máxima fundamental do governo republicano" que "prevaleça a opinião da maioria". Mas não podemos compreender a intenção de Publius, se não percebermos como a "república" se afasta da "democracia", ou melhor, como a "república" pretende garantir uma certa forma de "autogoverno" *contra* a teoria e *contra* a prática puramente democráticas. O que hoje se entende por democracia, isto é, a democracia moderna, liberal, representativa, resulta de um esforço de proteger a república democrática da "democracia". Se tal é possível sem recorrer a algumas considerações, digamos assim, "aristocráticas", e sem *moderar* ou *mitigar* a crítica desferida contra a aristocracia, é o que tentaremos verificar. É preciso, pois, compreender o alcance do discurso de Alexander Hamilton em plena Convenção Constitucional quando profere as seguintes palavras: *The gentlemen here say we need to be rescued from democracy, but what means do they propose?*

Apoiando a ideia de uma Federação assente em bases inéditas, a crítica das "pequenas repúblicas da Grécia e da Itália" ocupa um lugar de destaque na teoria política de Publius. A história das "pequenas repúblicas" gregas e italianas é a história das repúblicas democráticas e oligárquicas/aristocráticas. Publius não distingue explicitamente uma espécie da outra. E essa história é uma história de "horror" e de "loucuras", de instabilidade radical e de violência constante. Assim, as "pequenas repúblicas" democráticas e oligárquicas/aristocráticas são instáveis por natureza. A forma republicana, democrática ou oligárquica/aristocrática, não consegue subsistir no tempo; os pólos em torno dos quais oscilam são fornecidos pela tirania ou pela anarquia. Podemos supor que as repúblicas democráticas, por exemplo, abraçam sucessivamente os dois males políticos. O poder não mitigado do povo conduz à destruição do próprio governo, gerando a anarquia, e perante essa essencial confusão e desordem surge um homem forte cuja missão é restaurar a ordem seja qual for o preço a pagar. Da anarquia para a tirania. Podemos também conceber que o ardor das facções leve os homens a apoiar *o homem* que promete a vitória final para a sua facção, mesmo que para tal tenha de destruir a república democrática. Independentemente do sentido do movimento da inscrição histórica concreta, o facto que Publius pretende salientar é o de que a verdade efectiva da democracia (e da oligarquia/aristocracia) é a anarquia e/ou a tirania. Neste aspecto, Publius limita-se a seguir um dos seus mestres, David Hume, que afirma exactamente este encadeamento sempre que se está perante uma "democracia sem um órgão representativo".

À primeira vista, Publius separa as formas republicanas dos "princípios da liberdade civil", não porque não exista uma conexão muito forte entre os dois, mas para demonstrar que as primeiras só podem reivindicar legitimidade superior se assumirem e *realizarem* os segundos. Se os "princípios da liberdade civil" são universais e imutáveis, serão eles a orientar a necessária reforma do governo republicano ou do "governo popular". Mas como os "princípios da liberdade civil" apenas foram formulados com exactidão e rigor num período histórico tardio, a ciência política que fundará a reforma do "governo popular" é, também ela, *nova*. A nova ciência da política permite finalmente aplicar "meios poderosos" preservadores das "excelências do governo republicano" e correctores das suas "imperfeições". Os "sistemas populares" careceram, até 1787, de "aperfeiçoamento". A missão americana na história da liberdade civil é demonstrar definitivamente os "erros" dos amigos do despotismo, refutá-los e torná-los repugnantes aos olhos de todos, ou pelo menos de todos os homens de bem. Porém, a história passada dos governos republicanos e nominalmente livres é incorrigível; a redenção do "governo popular" só pode consumar-se se a história das "formas republicanas" conhecer um segundo fôlego, a partir de alicerces diferentes, a partir do exemplo americano.

Publius não tem dúvidas em supor que a forma de governo "popular" tem de ser "salva do opróbrio que tão longamente pesou sobre ela", que tem de ser, uma vez mais, "recomendada à estima e à escolha da humanidade". Mas também não tem dúvidas em declarar que só um único "remédio" poderá salvar o governo "popular". A descoberta do "remédio" que pode salvar o governo "popular" começa com a distinção entre a "república" e a "democracia". O "remédio" que Publius tem para oferecer é um "remédio Republicano para as doenças que mais afectam o Governo Republicano". Publius evita o adjectivo "democrático": o "remédio" é republicano (não é "democrático"), até porque é o "remédio" que permite a distinção entre "república" e "democracia"; e o governo, digamos assim, remediado, por sê-lo, é já "republicano", tendo em conta que o governo popular modificado pelo "remédio" republicano de modo algum poderia ser "democrático", sendo "democráticos" apenas os governos populares não remediados. Contudo, é curioso observar que Publius classifica o regime americano inaugurado pela constituição de 1787, o mesmo regime que se distingue e notabiliza por ser dotado de "remédios", como pertencente às "repúblicas *puras*". O seu raciocínio parece ser o seguinte. A "república" opera misturas de certos elementos. No entanto, como os elementos são puramente republicanos, é possível dizer que a república no seu todo *não* resulta de uma mistura de elementos republicanos e não republicanos; logo, é "pura".

A que se deve tamanha insistência por parte de Publius na separação semântica entre "república" e "democracia"? Várias razões podem ser aduzidas, mas existe pelo menos uma que é substantiva, e não meramente circunstancial. Duas palavras são usadas para designar realidades políticas essencialmente diferentes. Qualificar uma delas com um adjectivo – como se faz hoje, por exemplo, com a expressão "democracia representativa" ou "democracia parlamentar" ou "democracia liberal" – seria fazer depender uma forma de governo da outra. Todavia, a intenção de Publius não é essa. O autor de *O Federalista* quer garantir que, nas discussões sobre a "república" e a "democracia", termine a "aplicação à primeira de raciocínios extraídos da natureza da última". Como nota Bernard Manin, para Publius (como para outros pensadores) "o governo representativo não era uma modalidade da democracia, era uma forma de governo essencialmente diferente e, por acréscimo, preferível" ([355]). Assim, a palavra diferente – "república" – tem por função realçar a *diferença*.

Vimos que Publius pretende apresentar um "remédio Republicano para as doenças que mais afectam o Governo Republicano". Vimos também que Publius evita o adjectivo "democrático". Mas convém também notar que a insistência no carácter *republicano* visa os adversários da constituição, que tendiam a exprimir a acusação de uma importação oculta de "remédios" (para não dizer "desígnios") monárquicos ou aristocráticos. A república é o governo "completamente popular" que é essencialmente diferente da "democracia" e, ao mesmo tempo, não recorre a "remédios" monárquicos ou aristocráticos para separar o carácter popular do regime da democraticidade que esse carácter popular potencialmente contém. Eis a grande contribuição de Publius para a história do pensamento político.

([355]) Bernard Manin, *Principes du Gouvernement Représentatif* (Paris, 1996), p. 14.

Relativamente ao regime democrático e aos regimes aristocrático e monárquico, Publius pretende situar a república num espaço diferente, sem que lhe seja necessário recorrer a um dos lados para evitar uma inclinação para o lado oposto. A afirmação do carácter exclusivamente "republicano" dos "remédios" parece sugerir que quando o regime se inclina para o lado democrático não é necessário invocar "remédios" aristocráticos ou monárquicos. E quando o regime se inclina para o lado oposto? O compromisso com o fundamento "popular" do regime implica uma certa assimetria na argumentação, apesar de a preocupação de Publius, ao longo dos oitenta e cinco ensaios, parecer estar distribuída equitativamente pela ameaça dos dois lados. O carácter democrático dos "remédios republicanos" adquire maior evidência quando são aplicados às inclinações alegadamente monárquicas ou aristocráticas da constituição. O fundamento inquestionável da soberania do povo proíbe qualquer interpretação de equidistância.

A refutação de um alegado pendor aristocrático ou monárquico tem uma face mais visível no trabalho polémico de Publius. Publius vê-se acossado pelo ímpeto "Anti-Federalista", que, apesar da sua relativa heterogeneidade, tendia a suspeitar de uma conspiração aristocrática por detrás da constituição de 1787. No centro do debate entre "Federalistas" e "Anti-Federalistas" esteve sempre a questão aristocrática; estes denunciavam invariavelmente o projecto constitucional como uma conjuração "aristocrática" ([356]), ao passo que aqueles, apesar de repudiarem a acusação, falavam não infrequentemente da "aristocracia natural" e da necessidade de "sabedoria" e de "virtude" nos governantes. John Quincy Adams, filho de John Adams e eventual presidente dos Estados Unidos, recordava que a ratificação da Constituição representou um "grande ponto ganho em favor do partido aristocrático". Publius não se alheou, como é demasiado óbvio, desta discussão.

Se Publius reconhece, porém, que o governo que pretende ver estabelecido é "completamente popular", e se aceita como máxima indiscutível que a única fonte de legitimidade provém

---

([356]) Entre os "Anti-Federalistas", ver Centinel, "Letters" e Federal Farmer, "Letters From the Federal Farmer to the Republican".

do consentimento popular, então será de esperar que, *do ponto de vista teórico*, o âmago da questão esteja na distinção entre "república" e "democracia", mais do que na distinção entre a "república" e a aristocracia (ou a monarquia), na medida em que a última distinção é conseguida, se não definitivamente, pelo menos em termos gerais, com a aceitação daquelas máximas "republicanas" fundamentais. De resto, para não poucos americanos a distinção entre a "república" e as formas aristocráticas e monárquicas ficara praticamente resolvida, quer com o artigo VI dos Artigos da Confederação, quer com o Artigo I (secção IX, nº 8; secção X, nº1) da constituição proposta, pois ambos proibiam, tanto aos Estados, como à União, a concessão de títulos de nobreza. Não por acaso sublinha Publius este aspecto. Mas não se pode iludir a possível sobreposição de argumentos críticos relativamente à democracia e à aristocracia. O exemplo mais próximo dessa sobreposição ocorre quando Publius denuncia a insuficiência da virtude e da sabedoria e, simultaneamente, a ignorância constitucional das democracias antigas: "tivesse cada cidadão ateniense sido um Sócrates, todas as assembleias atenienses teriam ainda assim sido uma turbamulta". A estrutura institucional exposta na constituição de 1787 é mais decisiva para o futuro do bom governo do que a ingénua esperança aristocrática na educação e nas virtudes dos governantes, ou do que o fervor democrático que não tolera mediações ao exercício directo do poder pelo povo.

O Novo Republicanismo (II)

A "república" americana é, desde logo, possibilitada pelo progresso científico. Isto é, a distinção entre "república" e "democracia" que funda o regime americano é autorizada pelo "enorme progresso" sofrido pela "ciência da política". Princípios fundamentais "que eram totalmente desconhecidos, ou imperfeitamente conhecidos, pelos Antigos" são agora, graças ao progresso da humanidade, bem compreendidos, assim como está mais bem esclarecida a sua "eficácia". Quais são os grandes contributos da ciência política moderna? Segundo Publius, contam-se entre eles os "balanços e controlos legislativos", os "tribunais compostos por juízes que detêm os seus cargos enquanto bem cumprirem", "a representação do povo na legislatura por deputados que ele próprio elegeu" e o "alargamento da órbita" – ou da dimensão territorial, populacional e social do Estado – considerada mais adequada aos regimes populares. Trata-se, por outras palavras, dos "remédios republicanos" por meio dos quais "as excelências do governo republicano podem ser preservadas e as suas imperfeições diminuídas ou evitadas", por meio dos quais "o aperfeiçoamento dos sistemas populares de governo civil" é levado a cabo. A república americana, ou a república aperfeiçoada, é a república especificamente moderna, pois só a ciência política moderna permite compreendê-la e construí-la.

Em vista dos nossos propósitos, a análise dos "remédios republicanos" discutidos por Publius impõe-se por si mesma. Comecemos pelo "alargamento" da dimensão territorial, populacional e social do Estado. Tal "remédio" é, provavelmente, a base necessária de todos os outros; sem dimensões vastas, ou pelo menos muito maiores do que a tradicional cidade republicana (grega ou italiana), todos os outros aperfeiçoamentos "republicanos" perdem a sua "eficácia". Publius diz-nos que esta é mais uma contribuição da ciência política moderna. Uma vez mais, Publius segue o caminho aberto por David Hume. Tal como Hume, Publius também condena a "opinião vulgar" que proibia a compatibilidade entre a forma republicana e os Estados de grandes extensões. O aumento da extensão aparece até como meio de resolver os "tumultos" provocados pelas "facções", uma das doenças mais fatais das repúblicas pequenas ou "democracias". Segundo Publius, as facções são o produto espontâneo da liberdade. Por isso, é certo que se a liberdade for negada, então as facções desaparecerão. Mas a negação da liberdade é a negação do republicanismo. Existe um outro método de eliminar as facções: "dando a cada cidadão as mesmas opiniões, as mesmas paixões e os mesmos interesses". Publius escolhe este segundo argumento com muito cuidado, pois a sua incompatibilidade com o republicanismo não é óbvia, como se pode ver, por exemplo, na inspiração espartana do pensamento republicano ao longo dos séculos. A sua incompatibilidade com o republicanismo só pode ser assegurada se o republicanismo *tradicional* for associado ao regime "democrático". Ora é exactamente isso que Publius pretende.

A homogeneidade social, com o seu cunho fortemente igualitário, é analisada por Publius como um traço especificamente democrático e, portanto, incompatível com a república. Mas para Publius esta característica especificamente democrática é "impraticável" – ao passo que o primeiro método de eliminação das facções através da destruição da liberdade é considerado "insensato". Independentemente de outro juízo moral ou político, a procura pela unidade, homogeneidade e igualdade das "opiniões", "paixões" e "interesses", é utópica e irrealizável.

A diversidade está radicada na natureza humana e é expressão da liberdade. Em particular, a diversidade de "interesses" corresponde à desigualdade natural existente entre os homens quanto à faculdade de adquirir propriedade. Ora, a "protecção dessas faculdades é o primeiro objectivo do governo". Não quer dizer que essa protecção seja o único ou sequer o derradeiro fim do governo civil, identificado por Publius como sendo a "justiça". Quer antes dizer que a protecção das faculdades humanas por intermédio das quais se adquire propriedade constitui, num espírito bastante lockeano, a razão da associação dos homens em comunidades políticas. Quer também dizer que a tentativa de homogeneização dos interesses pressupõe a igualdade e a homogeneidade da propriedade individual; por sua vez, essa igualdade e homogeneidade pressupõe a violação sistemática do direito individual de propriedade. Não pode haver homogeneidade social sem violação dos direitos individuais: conceber uma alternativa de que esteja ausente esta conexão é o elemento utópico do pensamento republicano democrático. Por essa conexão ser inexorável, segue-se que a homogeneidade só poderá ocorrer na ausência de liberdade e no desrespeito pela justiça. Assim, numa sociedade livre ou republicana haverá uma multiplicidade de "partidos"; ela será necessariamente heterogénea ou pluralista. Querer eliminar as causas das facções é, portanto, incompatível com o novo republicanismo de Publius.

Resta, então, perceber como a república consegue lidar com o potencial destrutivo da coexistência de facções, ou, nas palavras de Publius, quais são os "meios" *republicanos* para "controlar os seus efeitos". A solução deste problema é de tal modo importante para o futuro do novo republicanismo que Publius não hesita em descrevê-la como o grande trunfo capaz de salvar a república do

"opróbrio que tão longamente pesou sobre ela". A dita solução terá de resultar de uma profunda reflexão sobre os regimes que a não encontraram, nomeadamente as "democracias puras".
O que é a democracia, segundo Publius? É uma "sociedade consistindo num pequeno número de cidadãos que se reúnem e administram o governo em pessoa". A "democracia" é, pois, o regime cujo Estado tem pequenas dimensões e é pouco populoso, e caracteriza-se pelo governo directo pelo povo reunido em assembleia. Em contrapartida, a "república" separa-se da "democracia" pela muito maior dimensão territorial e populacional e pela introdução da *representação política*. Subjacente à solução para os efeitos das facções providenciada pela superior extensão do Estado político está um raciocínio elaborado por Voltaire alguns anos antes, a propósito da tolerância e diversidade religiosas em Inglaterra: "Se não existisse, em Inglaterra, senão uma religião, o despotismo seria de recear; se só existissem duas degolar-se-iam reciprocamente; mas, como existem trinta, vivem em paz e felizes". Publius começa também pelo facto bruto da multiplicidade de partidos e de interesses numa sociedade vasta tornar muito difícil a agregação de *uma* opinião maioritária opressora. Se os efeitos das facções podem ser um problema, a verdade é que podem ser neutralizados ou atenuados tornando as facções relativamente impotentes. Em princípio, o alargamento das fronteiras do Estado multiplica as facções. Mas esta regra tem um carácter somente probabilístico, isto é, em tese, é possível que o aumento da população não multiplique os interesses, nem as opiniões. Para que a regra seja efectiva é preciso que a sociedade seja vasta, mas também que tenha um certo carácter. A sociedade americana tem já esse carácter: o povo americano está "absorvido na busca de ganhos", dedica-se "aos aperfeiçoamentos da agricultura e do comércio", e tem "meios de rendimento" que foram "multiplicados pelo crescimento do ouro e da prata e pelo desenvolvimento das artes industriais e da ciência das finanças, que é produto dos tempos modernos". Em suma, a sociedade pluralista é a sociedade que contém uma economia complexa, florescente, moderna. Publius mostra-nos que a república moderna é duplamente *moderna*: é moderna porque depende da ciência política moderna; e é moderna porque só é possível numa *sociedade* moderna.

Na realidade, o alargamento da extensão do Estado tem uma relação de cooperação estreita com a *representação*. Mais: essa relação vai para além da cooperação; é realmente simbiótica. O alargamento da extensão do Estado torna necessária, nem que seja por um imperativo prático (embora o ponto de Publius não seja esse), a representação política. Mas a representação política em nada contribuiria para a resolução do problema colocado pelas facções se não fosse instituída numa sociedade moderna, isto é, vasta, diversificada, pluralista e consciente dos seus direitos. Afinal, a representação, por si mesma, não basta. Os representantes podem "trair os interesses do povo". Porém, segundo Publius, a *probabilidade* de se escolher bons representantes aumenta com o número de potenciais candidatos. Por outro lado, o candidato numa república extensa, para ser eleito, tem de apelar a um maior número de eleitores, o que, comparando com a "democracia", torna "mais árduo para os candidatos sem mérito a prática com sucesso das artes viciosas por meio das quais as eleições são tantas vezes ganhas; e sendo mais livres os sufrágios do povo, será mais provável que se centrem em homens que possuem o mais atraente dos méritos e as personalidades mais expansivas e dotadas". No contexto de uma discussão dos méritos da "república" e dos deméritos da "democracia", Publius acaba por introduzir um argumento (pelo menos, tendencialmente) aristocrático: maior escolha, governantes (ou representantes) mais *sábios* e *melhores*. O que a república de Publius pretende não é apenas consagrar o consentimento do povo, mas obter os *melhores* governantes. A república permite não só controlar os efeitos das facções e a violência que podem gerar, como garante melhores resultados do que a democracia no que diz respeito à qualidade dos governantes, sem sacrificar a participação popular na sua escolha.

A representação tem por missão e efeito "refinar e ampliar os pontos de vista do público". Note-se que a representação política não é defendida de acordo com um imperativo técnico. Para todos aqueles que afirmam que "o governo representativo não é uma modalidade da democracia, é uma forma de governo essencialmente diferente e preferível", a representação é sustentada por uma visão política específica. O problema de Publius é que o argumento aristocrático entra subtilmente nessa defesa. A representação é um remédio admirável porque, de acordo com Publius, filtra a vontade popular ou os "pontos de vista do público". Os representantes são homens presumivelmente (mais) sábios e (mais) prudentes cuja opinião, enquanto representantes, pode ser "mais consonante com o bem público do que se fosse expressa pelo próprio povo".

Contudo, a intenção de Publius não pode ser, de modo algum, descrita como um projecto aristocrático sob uma aparência popular. O facto de Publius insistir na novidade da sua ideia deve ser tomado muito seriamente. Pois quando compreendemos em que é que consiste exactamente a novidade apresentada por Publius, torna-se muito mais clara a sua posição na história do pensamento político e na história do constitucionalismo.

Aparentemente, Publius denuncia toda a história política da Europa como a história da ignorância do princípio da representação. Mas a erudição histórica de Publius é de tal modo impressionante que seria muito estranho se cometesse um erro factual tão primário quanto esse. Publius diz-nos que a "maior parte dos governos populares da antiguidade foram da espécie democrática". A descrição geral de democracia como o governo directo do povo pelo povo sugere que os povos Antigos não conheceram o mecanismo da representação. Por outro lado, insinuar a novidade deste princípio da ciência política num contexto histórico marcado por um profundo conhecimento do regime inglês (para não mencionar outras constituições europeias) é ainda mais estranho. Seria absurdo que os americanos, em geral, e Publius, em particular, que tantas comparações fizeram entre as suas instituições políticas e as instituições inglesas, deixassem escapar o facto óbvio de a representação ser um elemento presente na constituição britânica (ou noutras constituições europeias também comentadas frequentemente, como, por exemplo, a dos Países Baixos).

Na verdade, Publius não reivindica a descoberta do princípio da representação. Tal seria, efectivamente, absurdo. A sua descoberta é outra. O reparo que Publius faz, neste particular, ao regime inglês é muito particular, mas elucidativo. Na "Europa moderna, à qual devemos o grande princípio da representação, não se vê nenhum exemplo de um governo popular e, ao mesmo tempo, fundado inteiramente nesse princípio". A Europa medieval e o regime inglês conheceram há já algum tempo o mecanismo da representação, mas não conheceram a possibilidade de associar o governo *inteiramente* popular a esse mecanismo. Por não admitirem essa possibilidade, desconheceram-na; por não terem considerado seriamente tamanha possibilidade, nunca reflectiram sobre ela. Como não perceberam o seu verdadeiro alcance, não conceberam os meios práticos de assegurar a associação que pode salvar o governo republicano.

Quanto às repúblicas antigas, Publius afinal não lhes nega elementos de representação. Em *O Federalista* #63, Publius reformula a sugestão de que os regimes democráticos antigos pura e simplesmente desconheciam a representação política. Contra a opinião da maioria dos seus pares, Publius admite que os governos democráticos da Grécia antiga conheciam e praticavam uma forma de representação. Mas este facto não permite qualquer confusão entre a república representativa americana e os governos democráticos Antigos que aplicavam, a seu modo, o princípio da representação. Qual é, então, a raiz da distinção? "A verdadeira distinção entre estes e os governos americanos reside *na total exclusão do povo, na sua capacidade colectiva*, de qualquer participação nos *últimos*, e não na *total exclusão dos representantes do povo* da administração dos *primeiros*". Diz-nos Publius que a república americana, contrariamente às democracias antigas, aplica o princípio da representação para excluir *completamente* o povo, "na sua capacidade colectiva", de "qualquer participação" no governo. Na "república", o povo nunca governa realmente. Nas democracias Antigas, o governo pelo povo constituía a regra, e a representação existente era um seu derivado; nas repúblicas, a representação política permite excluir o povo da agência governativa activa. Mas se recuperarmos os reparos feitos a propósito da representação no regime inglês notamos que o problema residia no facto de este não ser um governo completamente popular e remeter a representação para apenas um das partes do sistema e isolá-la aí. Então, se juntarmos a reivindicação de superioridade da república americana em relação às democracias antigas com a reivindicação de superioridade em relação à constituição inglesa, podemos finalmente compreender a novidade da "descoberta" americana: a república americana é o primeiro regime "completamente popular", ou seja, em que não há outra fonte de autoridade ou legitimidade senão o consentimento do povo, que simultaneamente assenta "*na total exclusão do povo, na sua capacidade colectiva*", da participação no governo. O governo republicano, *no seu todo*, é *representativo* (assim se distingue do governo inglês); o povo não governa directamente e limita-se a escolher (e a rejeitar) os seus governantes (assim se distingue da "democracia").

Deste modo, o regime representativo inteiramente popular exclui o povo da participação directa do governo mas confia-lhe o monopólio da escolha directa ou indirecta de todos os candidatos a cargos políticos. Ao povo é atribuída a faculdade e o poder da escolha. Mas tal como qualquer escolha numa "república" realista, trata-se de uma escolha condicionada: a escolha dirige-se a candidatos que se apresentam perante o povo, ou, no caso da renovação de mandatos, de governantes que terminaram o período de vigência das suas funções e a elas querem retornar. Ao povo atribui-se a qualidade e a função de grande júri ou de magno avaliador dos indivíduos que desejam governar enquanto seus representantes. Neste aspecto muito importante, Publius assume-se tacitamente como um sucessor das teses anunciadas, em certo sentido, por Maquiavel e por Montesquieu, segundo as quais, embora o povo não tenha as aptidões necessárias para a tarefa da governação, desempenha com notável proficiência a missão da escolha dos governantes. No entanto, com o fim de preservar a "liberdade republicana", por outras palavras, para que estes governantes não constituam um interesse ou até uma classe distinta dos eleitores que *representam*, é conveniente criar uma "dependência imediata" com o povo que os elege. A capacidade que o povo tem de dizer "não" a uma qualquer recandidatura mantém o representante na sua "dependência" e, pela mesma razão, conserva o carácter "republicano" da representação política. Quanto mais curtos forem os mandatos, ou quanto mais frequentes forem as eleições, maior será essa dependência. A Câmara dos Representantes terá, portanto, um carácter mais popular do que, por exemplo, o Senado ou o Presidente.

Em particular, a menor "dependência", ou a "dependência" menos "imediata", do Senado é deliberada e serve uma função específica: fazer do Senado a "âncora" do regime. E quais são as correntes e as agitações que tornam uma âncora necessária?

Publius responde: as "flutuações populares" a que um governo popular está naturalmente sujeito. As repúblicas democráticas que prescindiram da estabilidade fornecida pelo Senado, motivadas pelas tradicionais suspeitas de usurpação aristocrática, foram sempre caracterizadas por uma "existência fugidia e turbulenta". Alguma instituição tem de "misturar" esses dois elementos necessários a qualquer regime não-despótico que queira preservar-se: a "estabilidade" e a "liberdade". Para conseguir operar a mistura, o grau de "dependência" relativamente ao povo terá de ser tão pequeno quanto é *permitido pelo espírito e pelas formas republicanas*.

A "república" distingue-se da "democracia" também pela primeira insistir na separação de poderes, embora acautelando a necessária ligação entre eles de modo a que "cada um tenha um controlo constitucional sobre os outros", ao passo que a segunda tende a entregar a supremacia política e constitucional ao poder legislativo. A tradição republicana que Publius pretende corrigir – e que alastrou a sua influência às constituições de alguns Estados da Confederação – obcecada com o perigo do "magistrado hereditário", tende a negligenciar o perigo que advém das "usurpações legislativas". Ora a usurpação legislativa produz, do ponto de vista da liberdade política, os mesmos efeitos de qualquer outra usurpação: a reunião de todo o poder nas mesmas mãos, a mesma tirania.

O republicanismo tradicional, formado à sombra da ameaça de Filipe da Macedónia, do duque de Milão ou de Jorge III, olha sempre com desconfiança para o poder executivo. Lamenta Publius que "há uma ideia, que não deixa de ter defensores, de que um Executivo vigoroso é inconsistente com o génio do governo republicano". Mas numa "república representativa" é "contra a ambição empreendedora" do ramo legislativo "que o povo deve orientar toda a sua desconfiança e exaurir todas as suas precauções". O novo republicanismo deve ser como Publius descreve a personalidade de Thomas Jefferson, possuidor de um "fervoroso afecto pelo governo republicano"; mas também deve ser dotado de "uma visão esclarecida das perigosas propensões contra as quais ele dev[e] ser protegido".

O poder legislativo é o poder mais propriamente *democrático*; é também nele que se institucionaliza a escolha popular, pois produz as normas que regem a comunidade segundo a *vontade* do povo, ou pelo menos dos membros da assembleia popular. O seu universo de intervenção é, pela natureza da sua própria vocação, muito mais alargado do que o domínio dos outros poderes. A faculdade humana a que faz apelo é também ela muito mais indisposta ao desenho de limites estreitos. A vontade, em contraposição à faculdade de julgar ou de executar/agir, *escolhe*; representa quase monopolisticamente o regime da escolha. É Jefferson, em mais um momento lockeano, quem admite que "todos os poderes do governo, legislativo, executivo e judicial, provêm do corpo legislativo". Em seu próprio nome, Publius afirma: "no governo republicano, a autoridade legislativa predomina necessariamente". Sendo o governo *republicano* um governo "popular", não é surpreendente que o poder legislativo, aquele em que se institucionaliza a expressão do *consentimento* popular e que constitui a sede das normas políticas fundamentais que regem a sociedade, adquira naturalmente a supremacia porque, afinal, o "ramo de um governo livre, que tem o povo do seu lado", ou "o ramo mais *popular* de qualquer governo que participe do carácter republicano", tem uma "força irresistível". Mas a "república representativa", contrariamente à "democracia", não encerra o assunto sem conceber um sistema de governo que neutraliza essa supremacia natural. E pode fazê-lo sem atraiçoar o seu carácter "popular". Se o Estado é instituído para salvaguardar a "vida, liberdade e propriedade do povo"; se o consentimento popular é a única fonte da sua legitimidade, e a protecção dos direitos individuais o seu fim; se a acumulação de poderes nas mesmas mãos é a própria definição de tirania; se a tirania implica a violação desses direitos individuais para cuja protecção o Estado foi instituído; então, as disposições constitucionais que evitem a tirania são com certeza disposições republicanas e "populares".

Por outro lado, a supremacia da autoridade do povo resolve um dos problemas identificados numa doutrina rígida da separação de poderes. Referimo-nos à possibilidade frequente de imobilização do governo em caso de conflito insanável entre os diversos poderes. O árbitro supremo de conflitos desta natureza entre poderes será o povo. Poderá acontecer que seja a opinião imediata e expressa do povo a decidir alguns destes conflitos.

Porém, recorrer apenas à opinião popular levantaria o problema já diagnosticado em tantas repúblicas, a saber, a tendência para obter um poder legislativo usurpador. Daí que a solução mais frequente para conflitos deste género terá de provir de um outro recurso do governo representativo, sem negar ao povo a sua qualidade de árbitro definitivo. Essa solução obriga ao estreitamento da definição da "república" por contraposição à democracia: a "república" é o governo representativo *constitucional*. O governo representativo moderno, proposto por Publius, é necessária e essencialmente um *constitucionalismo*.

O Novo Republicanismo (III)

Será redundante afirmar a "república" moderna como um governo representativo *e* constitucional? Como sublinha Herbert Storing, "o governo constitucional abrange e transcende o princípio da representação". À Constituição é conferida a legitimidade e o poder para orientar todas as relações entre os poderes do Estado, assim como as relações entre o Estado e os cidadãos. Em questões tão importantes como a estruturação e funcionamento do sistema de governo, a Constituição é a *única* autoridade política, a única que proíbe, a única que autoriza, a única que decide, a única que obriga, independentemente do conteúdo da opinião popular sobre qualquer conflito particular. Storing, justificando a sua afirmação de que o constitucionalismo *transcende* a representação, afirma que a concepção do constitucionalismo oferecida por Publius transforma a natureza da relação dos governantes com o povo, de um modo que a mera existência do mecanismo representativo não permite antever. Os governantes, eleitos pelo povo, a partir do momento em que são empossados, derivam a sua autoridade da Constituição, e não do acto popular da eleição. Essa transformação da autoridade delegada permite-nos compreender muito melhor a preocupação de Publius em discutir a representação política em conjunto com a "dependência" dos representantes relativamente ao povo. A Constituição, e não o acto popular da eleição, confere a autoridade prevista aos representantes. As eleições, diz Storing, "tornam-se pura e simplesmente num método de escolha, não um método de autorização". Benjamin Rush, um outro "Federalista", colocaria o problema de forma explícita e abrupta:

> Diz-se frequentemente que "o poder soberano e todo o poder restante assenta *no* povo". Esta ideia é expressa de modo infeliz. Deveria ser: "todo o poder é derivado *do* povo". O povo detém o poder apenas nos dias das eleições. Após esse momento, o poder é propriedade dos seus governantes, e o povo não pode exercê-lo, nem recuperá-lo, a menos que seja abusado. É importante fazer circular esta ideia, pois conduz à ordem e ao bom governo [357].

Uma vez terminados os seus mandatos, os candidatos a representantes são uma vez mais entregues ao juízo popular expresso eleitoralmente. Nas palavras de James Wilson, o princípio da representação pela eleição popular constitui "a corrente de comunicação entre o povo e aqueles a quem entregou o exercício dos poderes do governo". Assim, estes nunca são completamente independentes das opiniões e interesses populares. Mas aquele representante pouco interessado na sua reeleição pode perfeitamente recusar a interferência da opinião dos seus eleitores no decorrer do seu mandato. Desde que não viole os seus direitos e deveres enquanto governante do Estado, a Constituição garante essa independência.

Mas esta concepção do constitucionalismo não viola as máximas republicanas que conferem ao povo a suprema autoridade? No entender de Publius, não. Afinal, de onde deriva a autoridade da Constituição? Da sua ratificação pelo povo, ou dos seus representantes reunidos em Convenções especiais especificamente convocadas para esse efeito. Este raciocínio supõe que a autoridade suprema do povo confere autoridade à Constituição: a promulgação da Constituição é o acto popular soberano por excelência. Desse momento em diante, a autoridade flúi da Constituição para os representantes escolhidos pelo povo para governar o Estado. Na linguagem de Sieyès, dir-se-ia que Publius aceita a distinção entre "poder constituinte" e "poder constituído". O "poder constituinte" reside no povo; o "poder constituído" autoriza o exercício

---

[357] Benjamin Rush, "Address to the People of the United States", *Friends of the Constitution*, p. 3.

daquilo a que Publius chama "poderes ordinários". Este último poder não é, em rigor, "autorizado" pelo povo, mas também não pode modificar, negar ou criar, nada do que foi estabelecido e determinado pelo "poder constituinte", precisamente por a sua autoridade não fluir directamente do povo. Assim sendo, a hierarquia de fontes de autoridade mantém-se intacta, com o povo no seu topo, e a coerência republicana é preservada.

Quando integramos o princípio da representação tal como é interpretado por Publius na doutrina geral do constitucionalismo notamos que a eleição dos candidatos a representantes aparece como a instituição central da "república". E também aqui perpassa um dos motivos por que Publius tanto insiste na distinção entre "república" e "democracia". É que está em causa uma diferente concepção de igualdade política. Num regime democrático puro, como Atenas, para além da *isonomia*, a igualdade política traduz-se no reconhecimento da *isegoria*, ou a igual faculdade em tomar a palavra na assembleia; na "república", a igualdade política consiste no reconhecimento de direitos iguais – entre os quais se conta o direito igual a eleger o(s) seu(s) representante(s) –, a par da igualdade perante a lei. Na passagem da "democracia" para a "república", a igualdade na participação dá lugar à igualdade na expressão do consentimento político, pois resulta da igualdade natural entre os homens que eles só estejam politicamente obrigados a obedecer às leis consentidas ([358]).

Defendendo esta concepção de representação política, Publius coloca-se numa posição de antagonismo face a todos os que se consideravam guardiães do republicanismo tradicional, entre os quais muitos "Anti-Federalistas". Estes não se batiam por um governo "democrático" de participação directa do povo na administração política, mas por aquilo que consideravam ser os princípios fundamentais do republicanismo. Um desses princípios insistia na representação que *não* torna o representante independente (ou pouco dependente) do eleitor, que visa a reprodução nos órgãos políticos, nomeadamente nos legislativos, da mesma sociedade que os elege. Para o pensamento "Anti-

---

([358]) Comparar com Locke, *Dois Tratados*, (Lisboa, Edições 70, 2006) II.§4, 96, 99, 104, 119, 138, 140; Miguel Morgado na introdução ao mesmo volume, pp. lxix-lxxvi.

-Federalista", em geral, não se pode confiar no representante distinto e distante, mas apenas naquele que está próximo e é semelhante ao eleitor. O único caminho para a prevenção da traição do povo por parte dos representantes determinava que os representantes fossem social e culturalmente semelhantes aos seus eleitores, que, não só estivessem bem dependentes destes através de eleições frequentes, das limitações de mandatos e dos mandatos imperativos, mas que necessariamente exprimissem os mesmos interesses e as mesmas opiniões de quem os elegeu. O resultado eleitoral que verificava o mecanismo de representação mais correcto seria a assembleia legislativa que fosse o espelho mais fiel possível da população.

Ora, como vimos, a concepção de representação política de Publius é muito diferente. De acordo com Publius, "a opinião ponderada da comunidade [deve] governar a conduta daqueles a quem ela entrega a administração dos seus assuntos". Mas "não exige uma complacência incondicional a qualquer sopro de paixão, ou a qualquer impulso transitório que o povo possa receber das artes dos homens que lisonjeiam os seus preconceitos para trair os seus interesses". A representação que garante alguma independência (temporária) aos representantes pretende proteger o governo, em geral, das inconstâncias da opinião pública. O representante deve ser um "intérprete" do interesse do povo. É seu "dever" "opor-se à ilusão temporária com o intuito de lhe dar tempo e oportunidade para uma reflexão mais calma e ponderada". Esse "dever" de se opor à opinião momentânea do povo, *em nome dos verdadeiros interesses do povo*, será difícil de cumprir, tendo em conta a pressão que se pode gerar em torno do representante, e da tentação de gratificar as paixões do eleitorado. Mas Publius conta com representantes que possam transcender essas dificuldades naturais e promete-lhe uma recompensa: a "gratidão do povo para com os homens que tiveram coragem e magnanimidade suficientes para o servir com o risco de lhe desagradar" ([359]).

A formulação de Publius é extraordinária. Por um lado, reproduz a observação variadas vezes feita na história do pensa-

---

([359]) #71. Ver também #49, que inclui uma refutação do apelo de Thomas Jefferson ao recurso frequente à soberania popular.

mento político segundo a qual o povo, embora não qualificado para governar, é um bom juiz da prestação política dos seus governantes. Publius refere a possibilidade de esse juízo ser frequentemente turvado no momento presente, mas a longo prazo torna-se mais claro, e recompensa aqueles que serviram o interesse comum, mesmo que tenham contrariado a sua opinião passada. Mais: Publius parece sugerir que o reconhecimento mais glorioso irá para aqueles que contrariaram a opinião ilusória do povo, pois por esse meio manifestaram qualidades excepcionais e correlativas a um genuíno amor pela causa pública. Por outro lado, Publius introduz como qualidade ou virtude recompensada pelo povo – e demonstrada nesse braço-de-ferro com a opinião pública – para além da coragem, a *magnanimidade*, uma virtude cujas credenciais aristocráticas não podem ser postas em causa. Assim, Publius afirma que os representantes devem possuir virtudes *aristocráticas*. Mas essas virtudes, e a magnanimidade, em particular, são as virtudes da *distância* entre os homens e as marcas da desigualdade. Porém, o povo não sentirá nenhum ressentimento por ter como representantes homens *distantes* (nos vários sentidos da palavra), pois como são precisos homens *distantes* para servir o bem público, a gratidão popular dirigir-se-á para todos os que servirem os fins do governo da melhor maneira possível. O povo não é vítima de nenhuma ilusão ou alienação. Os representantes serão *distantes*, mas, devido ao facto de o seu poder se dever a uma escolha popular, não serão *superiores*.

No seio da república popular, num dos seus princípios fundamentais – o da representação –, descobre-se uma dialéctica entre a "dependência" relativamente ao povo e um entendimento quase aristocrático da missão do governante. Dir-se-ia que a representação política, segundo Publius, é uma instituição mista. Mistura a autoridade e o controlo democráticos com a distância e o cultivo de virtudes, ambos derivados de uma concepção aristocrática da política.

Contudo, importa distinguir duas realidades. A "república" de Publius não é um governo misto, tal como a tradição europeia o entendia. Publius, e os "Federalistas", em geral, procuram obter uma mistura na sua instituição central, sem que essa mistura afecte a uniformidade global, ou a pureza, do regime. O propósito é misturar as "vantagens" (e excluir as "desvantagens") das formas de governo simples ou puras mantendo as "máximas republicanas" intactas. James Wilson, uma vez mais, resume o problema. A constituição americana, por intermédio da sua complexa estrutura constitucional, reúne as "vantagens" da monarquia – na instituição presidencial –, a "força, o despacho, a segredo, a unidade do conselho"; da aristocracia, a "sabedoria, que surge da experiência e da educação"; e da democracia, a "liberdade, as leis equitativas, cautelosas e salutares, o espírito público, a frugalidade, a paz, as oportunidades de excitar e produzir capacidades nos melhores cidadãos". Mas quando chega o momento de avaliar que tipo de governo é esse, Wilson responde: "no seu princípio, é puramente democrático", embora esse princípio seja "aplicado de diferentes formas". Pois, "nesta constituição, *toda a autoridade é derivada do povo*".

Em segundo lugar, não se pode ignorar que a intenção de Publius, e de muitos "Federalistas", é obter resultados, ao nível da representação, que dificilmente podem escapar a uma classificação que os tenha por *aristocráticos*. É verdade que a intenção não é apenas produzir resultados aristocráticos. Vimos que a preocupação com a expressão do consentimento do povo é fundamental. Por outro lado, conhece-se bem a importância que Publius conferiu à "energia" no governo, qualidade ausente do governo sob os Artigos da Confederação. O órgão presidencial, em particular, procura assumir inequivocamente essa qualidade. Publius declara de forma decidida: "A energia no executivo é uma característica principal da definição de um bom governo". A energia é essencial para o "bom governo" porque é a reposta humana à pressão da necessidade e da ameaça (interna e externa). Se não há bom governo sem capacidade defensiva em relação aos inimigos exteriores, e se não há bom governo sem o vigor necessário para "sustentar firmemente a administração das leis" e para proteger os direitos individuais, então a "energia" no executivo constitui um elemento primordial na resistência do regime face à pressão desagregadora que sempre o ameaçará. Mas o argumento em favor do governo "enérgico" não desqualifica a necessidade de apurar governantes que partilhem de qualidades aristocráticas. Pelo contrário.

David Hume apresenta como proposição essencial do bom governo que "uma Constituição só pode ser considerada boa na medida em que fornece um remédio contra a má administração". Publius concorda em absoluto. Mas vai mais além, esclarecendo que

> O objectivo de todas as Constituições políticas é, ou deveria ser, primeiro, obter como governantes homens que possuam a maior sabedoria para discernir, e a maior virtude para conseguir, o bem comum da sociedade; e em seguida, tomar as precauções mais eficazes para que se conservem virtuosos enquanto continuarem no seu cargo público (360).

Aqui não estamos muito longe das prioridades da mentalidade aristocrática. A objecção mais pronta a este desenvolvimento poderá assumir a seguinte forma: Publius pode desejar governantes sábios, prudentes e magnânimos, mas não confia, em termos definitivos, nessas virtudes como garantias suficientes do bom governo. E tal objecção será indubitavelmente verdadeira. Publius, como a passagem demonstra, tenciona colocar as "precauções mais eficazes" ao duplo serviço da liberdade do povo e do acesso (e manutenção) da sabedoria e da virtude aos cargos políticos mais elevados. Por outro lado, a sabedoria e a virtude, em si mesmas, não possuem direitos políticos, pois apenas os eleitos do povo serão governantes. Será, então, o povo quem ajuizará da sabedoria e da virtude dos candidatos a governantes. No entanto, Publius confia que a maioria dos resultados eleitorais tenderá a demonstrar que o povo é capaz de identificar os homens sábios e virtuosos, e de consentir em ser por eles governado. Mas, para que tais resultados sejam produzidos, é preciso rever o conceito de representação política no sentido de conferir distância e relativa independência aos representantes, ao mesmo tempo que se assegura "uma responsabilidade apropriada em relação ao povo".

A virtude e a sabedoria não são consideradas por Publius como garantias contra a usurpação ou contra a tirania. Publius é mais sofisticado do que a mentalidade aristocrática. Para manter os governantes, mesmo os sábios e os virtuosos, dedicados ao bem público, é preciso contar com uma mistura de qualidades e

---

(360) #57; cf. #68.

incentivos: "Dever, gratidão, interesse, a própria ambição, são os sentimentos por meio dos quais os representantes ficarão obrigados à fidelidade e simpatia para com a grande massa do povo". De modo a obter essa mistura é preciso recorrer a uma complexa engenharia constitucional. O aparelho constitucional é desenhado para responsabilizar os governantes, e assim impedi-los de se tornarem completamente "independentes" do povo, *e também* para propiciar que os resultados das escolhas "republicanas" sejam os melhores, de acordo com os padrões da sabedoria e da virtude. As eleições indirectas para o Senado e para o cargo de Presidente da União são excelentes exemplos desta tentativa de conciliar os dois objectivos. Publius não dispensa a explicitação de que "a Constituição tomou o maior cuidado para que [Presidente e senadores] devam ser homens de talento e integridade".

Se é confiada ao povo a tarefa de escolher os governantes, e se se considera fundamental que os governantes sejam sábios e virtuosos, é também necessário que o povo esteja à altura dessa tarefa. A sua soberania é indesmentível; logo, está fora de causa qualquer interferência legal directa nesse poder. O regime é republicano. Resta então apelar à "virtude" do povo enquanto agente único da escolha dos governantes. Vimos que a mentalidade aristocrática também apela à "virtude" do povo, na medida em que a obediência aristocrática depende do reconhecimento das superioridades e do facto dessas superioridades legitimarem o mando. Na "república" de Publius, o povo está numa posição muito diferente: é soberano, todas as leis carecem do seu consentimento (explícito, tácito, ou indirecto), detém o monopólio da escolha (directa ou indirecta) dos governantes e tem o direito inalienável de trazer os governantes à responsabilidade pelo exercício dos seus cargos, assim como de rejeitá-los. Em suma, não só o povo escolhe, como possui o direito inalienável, e de exercício regular, de rever as suas escolhas passadas. Na "república" o que conta politicamente é o juízo subjectivo do povo acerca do que é, e de quem é, o "melhor" governante. Mas como Publius e os "Federalistas", em geral, notam, estas incumbências acarretam uma imensa responsabilidade. No fundo, a qualidade do regime político depende quase em absoluto do modo como o povo assume a sua responsabilidade.

Na articulação da "virtude" do povo eleitor como elemento fundamental, Publius tem de refutar um certo cepticismo radical quanto às potencialidades da natureza humana. É certo que não oferece uma teoria da natureza humana que permita averiguar se a refutação é, ou não, filosoficamente sustentada. Mas no contexto do debate entre os vários "republicanos", com maior ou menor pendor "democrático", Publius vê-se situado na parte dos que confiam – relativamente falando – nas melhores qualidades da natureza humana. Em contrapartida, os "Anti-Federalistas" reflectiam um cepticismo muito mais profundo. Daí as suas suspeitas de que a constituição proposta conduziria ao abuso de poder, à usurpação, ao caminho para a servidão. Com esta passagem, Publius pretende desarmar os argumentos "Anti-Federalistas", declarando o regime "republicano" dependente da existência das virtudes humanas negadas implicitamente pelos seus adversários. O despotismo, sim, é o regime mais adequado a uma concepção radicalmente céptica da natureza humana. A "república" espera, em jeito probabilístico, por bons governantes e aposta na "virtude" das pessoas comuns para que esse resultado seja tão frequente quanto possível. Aposta também na "virtude" do povo para obedecer às leis promulgadas pelos seus representantes, sem recorrer, como noutros regimes, a uma majestade quase mística do poder. Publius obriga-nos a notar que o consentimento, apesar de ser condição de legitimidade da lei, não é condição suficiente para a obediência à lei. Sem "virtude", as leis consentidas nem sempre são obedecidas.

Neste contexto político e moral, o momento da eleição reveste-se de uma importância crucial, pois a sua gravidade constitucional apela ao exercício *virtuoso* de um direito. No regime representativo proposto pelos "Federalistas", o direito de voto acarreta um dever primordial de votar com seriedade e aptidão. James Wilson instrui os eleitores americanos das suas responsabilidades, pois a "felicidade ou infelicidade pública" depende do desempenho "fiel e destro" do seu direito. Se, continua Wilson, "for cometido um erro aqui, nunca poderá ser corrigido noutro qualquer processo subsequente: a consequência invariável tem de ser a doença". Da primeiríssima escolha política – a escolha dos representantes – depende a segurança e a qualidade das restantes escolhas. Por conseguinte, os eleitores americanos não podem alimentar a falácia que alimenta a resignação, o desinteresse e, eventualmente, a usurpação: "que ninguém diga que é apenas um único cidadão; e que o seu voto será apenas mais um na urna". A analogia que Wilson propõe é muito reveladora: "Na batalha, cada soldado deve considerar que a segurança pública depende apenas da sua única arma. Numa eleição, cada cidadão deve considerar que a felicidade pública depende do seu único voto".

Claro que esta é apenas uma exortação que em nada viola a possibilidade de escolha do eleitor. É apenas uma tentativa de educar o eleitor, sem destruir o carácter secreto do voto. Não se pede que o eleitor dê razões *públicas* do seu voto; isso equivaleria à violação do seu direito. Pede-se apenas que o eleitor dê razões a si mesmo pela escolha que faz, e que não caia na máxima típica do absolutismo – *Sic volo, si jubeo, stat pro ratione voluntas* ("assim quero, assim ordeno, a minha vontade é razão suficiente"). O regime americano, como Publius anuncia, é o regime da "escolha" *e* da "reflexão". O governo, dizia um outro "Federalista", não terá a "dignidade" necessária para o seu bom funcionamento, sem a "sabedoria e firmeza dos funcionários do governo, auxiliadas e apoiadas pelas virtudes e patriotismo dos seus cidadãos".

Publius nunca atribui à virtude, nem dos governantes, nem dos governados, o ónus pleno da segurança e vitalidade do regime. Mas também recusa-se a assentar a constituição apenas nas paixões e no interesse-próprio. No famoso ensaio #51, Publius fala da sua "política de suprir, por meio de interesses opostos e rivais, a falta de melhores motivos". Significa que a base da motivação que sustenta o regime terá de ser, como seria de esperar, a menos exigente: o interesse-próprio dos agentes políticos, o seu orgulho, a sua ambição. Poderia até dizer-se que uma das paixões em que Publius deposita grandes esperanças para o sucesso político do governo representativo tem também um carácter aristocrático. Referimo-nos ao "amor da fama". O "amor da fama" é a "paixão que governa os espíritos mais nobres", que justifica e motiva os homens para as "actividades vastas e árduas em proveito do público", consumidoras de "tempo considerável de amadurecimento e aperfeiçoamento". Diz-se, por vezes, que a invocação do desejo de fama exemplifica notavelmente a aplicação feita por Publius da "economia das paixões", tão desenvolvida pelo pensamento dos séculos XVII e XVIII. A observação é, sem dúvida, pertinente. Mas é insuficiente, pois não nos permite desvelar as diferenças que as várias "economias das paixões" sugerem. Hobbes, como vimos, também recorre a uma "economia das paixões". Contudo, Hobbes recorre a paixões comuns e anti--heróicas, ao passo que Publius, não desdenhando as paixões mais comuns, também não reprime as heróicas. Em termos políticos, essa diferença é importante.

Mas uma base menos exigente não recusa a possibilidade do contributo da virtude e da sabedoria. É mais rigoroso dizer que só assim fica completo o esquema de motivação política da "república" americana. "A suposição de universal venalidade na natureza humana é, em raciocínio político, um erro pouco menor do que a suposição de uma rectidão universal". Publius rejeita a tese do cepticismo radical como apenas um *pouco menos* errada do que a crença optimista na realização das mais elevadas potencialidades humanas. Mais: Publius sugere que todo o governo representativo pressupõe a falsidade da tese do cepticismo radical. O regime político anunciado pela América ao mundo deve (na verdade, vê-se forçado a) explorar mais do que o interesse ou as paixões individuais. Sem pelo menos um módico de sabedoria e virtude o regime político representativo e moderado não será viável. Madison salientou na Convenção de Ratificação da Virgínia que é um "grande princípio republicano" admitir que o "povo terá virtude e inteligência para seleccionar homens de virtude e de sabedoria". Desafiando os seus adversários, Madison reptou: *Is there no virtue among us?* Se a resposta fosse negativa, nem valia a pena conceder poderes separados, fiscalização constitucional, ou complexos arranjos institucionais. Os alicerces não sustentariam o edifício republicano ([361]).

O Governo Representativo e a Transformação da Democracia

Os críticos da aristocracia que rejeitam conjuntamente o radicalismo de um Hobbes ou de um Rousseau têm dificuldade

---

([361]) Madison, "Discurso na Convenção de Ratificação da Virgínia (20 de Junho de 1788)" in *The Founders' Constitution*, vol. I, pp. 409-410.

em reconhecer, apesar de tudo, que para moderar a pretensão democrática precisam de se socorrer de "remédios" aristocráticos. Não falamos aqui de princípios ou de elementos aristocráticos; a sua apropriação pelos críticos da aristocracia, inclusivamente os moderados, está fora de questão. Todavia, alguns "remédios populares" têm uma certa afinidade com outros "remédios aristocráticos". Mas a dificuldade persiste, porque admitir a presença aristocrática no regime, por residual que possa ser, confronta, mais tarde ou mais cedo, o fundamento político absoluto que não pode ser senão democrático. Essa dificuldade traduz-se na modificação da terminologia, ou pelo menos da sua suavização. O problema, contudo, não é meramente semântico, ou dito de outro modo, o problema apenas superficialmente tem um carácter semântico. De um ponto de vista substantivo, o que está em causa é a adaptação da democracia, ou do governo popular, ao mundo, aos tempos e a uma certa concepção do homem e da vida política. O que está em causa é saber de que tipo de república popular (ou, se se quiser, de democracia) poderá a humanidade usufruir. Terá de ser uma democracia que seja compatível com o "carácter do povo da América" e com os "princípios fundamentais" da sua revolução. Em termos mais universais, terá de ser uma democracia que concilie a "capacidade do género humano para o autogoverno" com o mundo moderno e com a filosofia política particular que esse mundo viu nascer.

Separando os representantes dos representados, embora não tornando os primeiros completamente "independentes" dos segundos, o governo representativo reproduz em termos políticos a imagem do palco e da plateia. Publius alude explicitamente ao exercício do poder político como a presença (temporária) num palco, sujeita aos aplausos ou aos apupos do público. A separação entre palco e plateia é essencial ao governo representativo e incompatível com a "democracia", tal como Publius a entende. Esta tenta esbater tanto quanto possível a distinção entre palco e plateia. Assim, a república pode finalmente assumir-se como uma democracia representativa e constitucional, temperada e moderada por "remédios" que não contradizem o fundamento do regime, a autoridade do povo.

O sucesso tremendo da visão política de Publius teve repercussões igualmente tremendas sobre o destino da "ideia democrática". A estabilidade e moderação da "república" conduziram à apropriação da palavra "democracia" para descrever esse regime, retirando-o do espaço radical a que ficara entregue nos tempos modernos sob a vigilância da figura de Rousseau. A partir de meados do século XIX, "democracia" podia finalmente designar o governo popular representativo e só veria um significado alternativo no desafio das "democracias populares" do século XX. Depois de estas "democracias" revelarem o seu verdadeiro carácter e de terem perdido a competição com as democracias representativas ou "burguesas" pela superior legitimidade democrática, o governo popular representativo volta a adquirir o monopólio da pretensão democrática.

Vejamos, então, se a mentalidade aristocrática, quando reconhece a necessidade de moderar a sua pretensão – como a concepção do governo misto reflecte –, reconhece igualmente que precisa de recursos democráticos, ou se prefere iludir essa concessão.

Conclusão (II)

Capítulo VII

A Constituição Mista

A mentalidade aristocrática reconhece as evidentes dificuldades, para não dizer a impossibilidade, da concretização da aristocracia pura. Vários traços da aristocracia pura podem ser indicados como factores proibitivos de tal ambição: a desigualdade extrema, a alegada superioridade do governo dos *melhores* sobre o governo estrito das leis, a resistência humana a um princípio de governo tão absoluto quanto a *sabedoria*, entre outros. A consideração dos factores proibitivos que a forma aristocrática pura comporta é a via mais adequada, ou, pelo menos, a menos equívoca, para percebermos o carácter do compromisso com a realidade, chamemos assim, a que a mentalidade aristocrática se submete.

Os Limites do Regime Aristocrático

Na análise a que submete o ponto de vista democrático, Aristóteles admite que "uma cidade onde existe um grande número de cidadãos sem honras e sem riqueza deve, necessariamente, ser uma cidade cheia de inimigos". Poder-se-ia dizer que, em parte, este problema poderia ser resolvido economicamente, ou seja, uma tecnologia de relativa abundância poderia superar a divisão da cidade entre ricos e miseráveis. Condições materiais de existência satisfatórias do ponto de vista das necessidades básicas e dalguns desejos suplementares não faz dos mais pobres necessariamente inimigos dos ricos. E isso é mais verdade, quanto mais as condições materiais de existência actuais representarem a promessa de superiores condições materiais de existência no futuro. Apesar disso, o crescimento económico não resolve o problema do monopólio das "honras". A cidade onde um grande número de cidadãos se vê privado de "honras" permanece, pelo menos potencialmente, um lugar de inimizade. Ora esta é uma fragilidade que se pode apontar à mentalidade aristocrática, na medida em que se reveja numa forma aristocrática pura de governo. Admitir, por hipótese, a superioridade da concepção de justiça que a forma aristocrática pura celebra pode suprimir a dificuldade, na medida em que não é legítimo considerar que esteja dividida a cidade em que reina a justiça. Contudo, resta sempre a suspeita que por mais justo que seja o critério de distribuição de "honras", o seu monopólio por um grupo – os "melhores" – é sempre um *monopólio*. Sabemos que, segundo a mentalidade aristocrática, o grupo que monopoliza as "honras", os "melhores", está aberto, em princípio, à universalidade. Mas na vida concreta da cidade, num dado momento da sua existência, esse grupo será sempre exclusivo e fechado. Na sua constituição, a cidade aristocrática tem inscrito o princípio que determina o governo dos "melhores"; mas o governo dos "melhores" é inevitavelmente uma das possibilidades do governo de "poucos". Na cidade aristocrática, os "poucos" governam os "muitos". Vista deste modo quantitativo, a cidade estaria efectivamente dividida em duas partes. Os "poucos" monopolizariam as "honras"; os "muitos" seriam os seus "inimigos".

A aristocracia é o governo da excelência. Se os excelentes têm direito a todas as "honras", já os desprovidos de "excelência" adquirem a algo duvidosa "honra" de obedecer a quem tem o direito de comandar. É difícil não constatar o elemento de instabilidade que por este meio é introduzido na vida política aristocrática. As exigências feitas pela mentalidade aristocrática aos potenciais governantes eram já enormes. Mas as exigências feitas pela mesma mentalidade aos *governados* parecem ser ainda maiores: obedecer, sem dúvidas, nem ressentimentos, na consciência da inferioridade. A rigidez da forma aristocrática pura parece convidar ao suicídio político. Poderíamos dizer que o bom cidadão na cidade aristocrática participa da virtude por meio do hábito recomendado pelos "melhores" e não através da conduta reflexiva. De acordo com a mentalidade aristocrática, para que cada um realize bem a sua tarefa específica é preciso que a obediência à superioridade seja, de certo modo, inquestionável. A vida dos governados caracteriza-se pela primazia da obediência, e pela repressão da reflexividade. Mas como o mito de Er – exposto no final da *República* de Platão – tenta demonstrar, uma cidadania deste tipo gera homens imaturos e ignorantes, capazes de cometer os maiores erros quando a ocasião assim o permite. Sem uma boa formação da opinião dos governados, o resultado parece ser inevitável.

Mantendo a mentalidade aristocrática a suposição de que a grande maioria está condenada a viver de acordo com as opiniões mais díspares, é forçoso que a opinião seja formada, não pelo conhecimento racional, mas por recurso a meios educativos indirectos. A apologia da obediência pura e simples à superioridade implica tratar homens como autómatos sem consciência. É preciso, então, que os governados sejam educados de modo a participarem rudimentarmente na razão que comanda o regime. Contudo, ainda estamos no domínio da apologia da obediência, pois a opinião individual é condicionada a fim de que a obediência prestada seja interiormente justificada. Mais: esta perspectiva sobre a educação política reflecte ainda a prioridade dada à obediência. A opinião individual educada segundo estes imperativos não representa senão a obediência ao mandamento segundo o qual é necessária esta ou aquela opinião para o bem da cidade. Foi observado que se a aristocracia pretende servir melhor do que os outros regimes as necessidades fundamentais dos homens, então encontra neste ponto um sério problema. Assim que se atribui valor irredutível à autonomia individual, à capacidade de auto-determinação, é impossível não admitir que a aristocracia nega a possibilidade de satisfazer essa necessidade humana, pelo menos àqueles homens no escalão inferior da hierarquia. A cidade aristocrática parece depender da heteronomia da parte maior que a constitui.

Existe algo de *humano* no facto de se querer ser o autor indiscutível das próprias acções e comportamentos. Há algo de natural na rejeição de uma autoridade exterior que submeta a nossa vontade ou a nossa consciência, mesmo quando essa autoridade merece credibilidade como agente de sabedoria e razão. Recordamos a passagem já citada de Montaigne/Plutarco sobre o povo asiático que desconhecia a palavra "não" e, por esse meio, se condenava involuntariamente à tirania. Por esta perspectiva, a institucionalização política de uma autoridade de sabedoria que coordena a vida da cidade aparece como algo antinatural, como algo que não reconhece um traço evidente da vida genuinamente humana.

É possível que nas nossas sociedades a atitude generalizada de não admissão de uma autoridade exterior senhora do nosso juízo particular tenha sido reforçada pelo gradual desvanecimento das relações estritas de dependência entre indivíduos, tão características das sociedades do passado. Uma das causas do esmorecimento das relações de dependência, pelo menos no domínio económico, foi sem dúvida o florescimento da economia de mercado. Não que esta tenha abolido simplesmente as ditas relações de dependência, ou que as tenha atenuado para *todos*. Mas a liberdade contratual, a multiplicação de centros geradores de riqueza, a multiplicação de actividades remuneratórias, a multiplicação dos *tipos* de relações de dependência, permitiram a aquisição de uma *relativa independência* por parte dos indivíduos. A independência económica, e a prosperidade que implicou, alimentaram a confiança dos indivíduos para prosseguirem os seus próprios caminhos de acordo com a sua própria vontade, juízo ou consciência. Foi frequentemente apontado, por exemplo, por Hayek, que um único empregador, um monopsónio no mercado de trabalho (no caso do socialismo, o Estado, mas o grande senhor feudal também pode fornecer uma comparação pertinente), tem como consequência, para além da evidente perda de liberdade geral e do empobrecimento material, o acatamento dos ditames das autoridades exteriores ao indivíduo.

Seja como for, a atribuição de valor universal à autonomia humana implica politicamente o reconhecimento do princípio do consentimento. Numa sociedade de seres autónomos toda a estrutura política que se desvie nos aspectos mais fundamentais da lógica do consentimento deve ser censurada. O desejo de autonomia tem por corolário político directo a consagração do governo pelo consentimento. A mentalidade democrática revê-se plenamente neste raciocínio. Ainda que tivesse de admitir, para efeitos puramente argumentativos, que as decisões individuais fossem menos sábias do que as tomadas por um putativo grupo de ilustrados, a mentalidade democrática insistiria no *valor moral* do governo pelo consentimento. Invocaria virtudes tão cruciais como a maturidade, a responsabilidade ou a consciência da realidade, que são praticadas no exercício dos direitos políticos democráticos. Invocaria o respeito por um *direito* inalienável e que decorre do *facto* de cada um ser o melhor juiz do que conta para a sua felicidade. E nem seria preciso apontar os motivos sinistros e ocultos de todos os que discordassem do valor do consentimento. O argumento do florescimento da individualidade, do seu livre desenvolvimento, vê sempre na moderação do consentimento uma outra tentativa de repressão da dita individualidade. Ora, no plano político, a defesa da individualidade não aceita outra solução senão a do governo pelo consentimento e, pelo menos, uma módica participação popular no governo.

Por outro lado, o consentimento marca o comando especificamente *político*. Persuadir e deixar-se persuadir são exigências da vida propriamente política. Obedece-se melhor a quem governa se essa relação de comando/obediência tiver sido consentida. Pelo consentimento, o governante, ao invés de ser uma figura estranha a quem obedece, aparece como uma criatura de quem consente. Quem consente revê-se no governante porque este é, por assim dizer, uma espécie de obra sua. Os seus comandos tornam-se subjectivamente mais suaves. Tal como os artistas amam as suas obras, os poetas os seus poemas, os pais os seus filhos, por serem uma extensão de si próprios, também o cidadão que consente as leis às quais obedece, e dá o seu consentimento ao governante que o governa, também os considera uma extensão de si próprio. Se assim for, a união da cidade é muito mais facilmente realizada porque os sacrifícios individuais para o bem comum são muito mais leves. Maquiavel sabia-o: "as feridas e outros males que um homem inflige a si mesmo espontaneamente e por sua escolha, doem muito menos dos que as que te são infligidas por outros".

Examinemos um outro factor proibitivo da actualização da aristocracia enquanto forma de governo: a relativa desvalorização das lei quando comparada com o elogio feito pela mentalidade aristocrática ao juízo dos *melhores*. Não precisamos dispender muito mais espaço com este problema, tendo em conta que já foi tratado aquando da leitura do *Político* de Platão. Nessa altura, notámos aquilo a que se poderá chamar o "argumento cognitivo" de Platão a favor do governo das leis. Isto é: as leis aparecem como necessárias apenas na ausência do governante filósofo dotado da arte de governar. A palavra "apenas" pode ser enganadora. Afinal, é muito raro suceder à cabeça de um governo um homem com as características do político de Platão. Mas o argumento cognitivo não se limita a este aspecto. Vimos como Platão, no *Político*, acrescenta a dificuldade decorrente da natureza da actividade governativa, mesmo quando esta é levada a cabo pelo político-filosófo. Ora essa dificuldade também é de natureza cognitiva. Vimos igualmente como Platão perante estas dificuldades introduz o governo das leis como remédio, necessariamente inferior, é certo, mas eficaz. Porém, nas *Leis*, Platão avança um outro argumento – para além do "cognitivo" – em defesa do governo das leis, um argumento a que se pode chamar "moral". Como a ausência do político que apreende a verdade quanto ao todo é o facto com que temos de contar, segue-se que o governo das leis é, em absoluto, necessário para impedir que o poder político esteja nas mãos de homens que inevitavelmente governarão no seu próprio interesse, e não no interesse da comunidade inteira. Embora Platão confirme a ideia avançada no *Político* de que a solução do governo das leis é inferior ao governo directo e absoluto do político perfeitamente racional, a verdade é que o autor reconhece que, na ausência de um governante deste calibre, apenas restam as leis como garantia de um governo equitativo. Na impossibilidade de um governo capaz de discernir a verdadeira virtude, aceita-se a lei como garante de um governo razoável, imune, enquanto instrumento, aos desejos e paixões individuais. A defesa do governo das leis é a continuação por outros meios da defesa do governo da razão. Aristóteles retira daqui as devidas consequências. Continuando a exposição do argumento cognitivo, Aristóteles escreve que "na verdade, tudo o que a lei parece ser incapaz de resolver, também não pode ser conhecido por um só indivíduo". Depois, conclui:

> Assim, exigir que a lei tenha autoridade não é mais do que exigir que Deus e a razão predominem; pelo contrário, exigir o predomínio dos homens, é adicionar um elemento animal; o desejo cego é semelhante a um animal e o predomínio da paixão transtorna os que ocupam as magistraturas, mesmo se forem melhores. A lei é, pois, a razão liberta do desejo ([362]).

Apesar das diferenças que separam o pensamento político de Platão do de Aristóteles é seguro afirmar a seguinte consonância. Entre o governo da razão e o governo do desejo ou da paixão, o primeiro é escolhido sem hesitação; o governo das leis é inquestionavelmente o governo da razão. Contudo, esta afirmação está incompleta e a defesa do governo das leis implica – de modo mais explícito em Platão, e muito mais ambíguo em Aristóteles – a passagem do governo do *nous* para o governo do *nomos*. Mas como o Estrangeiro Ateniense compreende, não se trata de uma simples coincidência a ressonância de *nomos* sugerir tão fortemente a razão (*nous*) ([363]). Reflexões como esta sugerem que o governo das leis atinge o objectivo do bom governo, tal como é entendido pela mentalidade aristocrática, com muito maior probabilidade do que o governo pessoal absoluto.

Resumindo agora alguns dos resultados já apurados por esta breve discussão dos factores proibitivos da aristocracia pura, podemos dizer que a participação de algum elemento aristocrático na vida política concreta exige a cedência a dois princípios políticos gerais, a saber, a manifestação do consentimento individual e, portanto, alguma participação popular na vida política, e o governo (pelo menos parcial) das leis. Ora, a diluição do governo aristocrático puro no princípio do consentimento e na participação popular, por um lado, e no princípio do primado da lei, por outro, remete-nos inevitavelmente para a discussão de

---

([362]) *Política*, 1287a25-32.
([363]) Platão, 957c; Michael Kochin, "Unity of Virtue and the Limitations of Magnesia", *History of Political Thought*, vol. XIX, nº 2, 1998, p. 132.

uma outra forma de governo, a forma de governo que contém num equilíbrio específico as três formas clássicas de governo: o governo misto.

Resta-nos averiguar uma outra dificuldade trazida pela pureza, digamos assim, da forma aristocrática. Deixámo-la para último lugar, não porque tal corresponda a uma qualquer ordem de importância, mas por nos conduzir mais firmemente para a discussão do governo misto. De certa forma, este obstáculo pode ser subsumido no primeiro que sugerimos anteriormente, mas convém mantê-los distintos. Cícero aponta um defeito essencial às formas puras de governo, a *todas* as formas puras de governo, quer se trate da realeza, da aristocracia ou da democracia, para nos limitarmos aos governos rectos. O defeito prende-se com o facto de, por essas formas serem puras, negarem a participação no governo das outras partes correspondentes aos restantes elementos políticos. A pureza torna-se *rigidez* e *insuficiência*. Assim, tal como um regime democrático pode ser acusado de ser deficiente por não incluir a participação da sabedoria ou da virtude dos "melhores", também a forma aristocrática pura está exposta à mesma acusação, ou seja, não admitir a participação popular e, por esse meio, negar a "liberdade" do povo. Se este problema for real, então não há alternativa ao governo misto enquanto melhor governo. A constituição mista reúne os três elementos políticos num todo harmonioso, os quais separadamente justificavam as formas constitucionais puras. A constituição mista abrange e consagra, dentro de limites definidos pelas exigências da harmonia e da coerência, os elementos monárquico, aristocrático e democrático ([364]).

Note-se que, apesar da apologia do governo misto, Cícero não desiste de afirmar que a virtude (ou a excelência) é o título indiscutivelmente mais digno da governação. A sua preocupação combina argumentos baseados nas exigências da equidade com argumentos fundados na crueza da estabilidade. Uma constituição que não satisfaça, pelo menos parcialmente, as pretensões legítimas e reais de participação na vida política da cidade compromete a sua estabilidade e, portanto, a sua sobrevivência. A partir desta consideração, Cícero apenas tem uma alternativa.

([364]) Cícero, *De re publica*, I.43-45.

Pela voz de Cipião, o governo misto aparece como a resposta constitucional às pretensões dos vários grupos políticos. Pretende abranger vários princípios de pretensão à participação política, como o número, a riqueza, a virtude, o poder, a liberdade, e reuni-los num todo harmónico.

Toda esta discussão trouxe-nos, como se pretendia, ao horizonte do governo misto. E seguindo o curso da discussão não custa notar que o governo misto aparece como uma proposta de *moderação* das pretensões que sustentam as formas puras de governo. Mais: à moderação alia-se um propósito de *conciliação* dos diferentes elementos políticos, no reconhecimento de que todos esses elementos correspondem a aspectos diferentes, mas complementares, da realidade política. O governo misto é essa forma constitucional que pretende activar o diálogo entre os diferentes elementos políticos. Para os nossos propósitos é especialmente relevante verificar que a defesa do governo misto efectuada pela mentalidade aristocrática representa, não só o reconhecimento da rigidez irrealista, e até perigosa, implícita na forma aristocrática pura, mas também um esforço de realização parcial da sua visão política. Representa ainda, de acordo com a mentalidade aristocrática, a tentativa de difundir na vida política o princípio sem o qual essa mesma vida política estaria desprovida de sentido.

Governo Misto: Superação ou Resignação?

Vários autores podem ser considerados precursores dos teóricos do governo misto. Várias passagens de vários autores anteriores a Platão confirmam a presença de uma intuição que indica a mistura de elementos políticos na mesma cidade. Mas aos precursores falta o tratamento teórico explícito que encontramos pela primeira vez em Platão. James Blythe detecta a primeira sugestão de um governo misto nas páginas da *Ilíada*. Homero, segundo Blythe, descreve o exército dos Aqueus em termos semelhantes aos de uma constituição mista. Agamémnon ocuparia o lugar monárquico, mas seria restringido por um grupo de nobres e, de modo menos estreito, pela generalidade dos guerreiros. Porém, para Blythe, o facto mais notável é o de nenhum dos governos referidos, quer na *Ilíada*, quer na *Odisseia*, ser puro ou absoluto. Blythe alude também ao poeta espartano Tirteu, que retrata a constituição da sua pátria como se tratando de um governo misto, apesar de não utilizar nenhuma palavra correspondente a "misto". Segue-se Sólon na lista de precursores pela sua reflexão sobre a constituição que promulgou, em que se combinava o poder dos nobres com o poder do povo. Por fim, chega-nos o primeiro autor – Tucídides – a referir-se explicitamente à constituição mista, ou, mais rigorosamente, a falar de uma "mistura" (ζύγκρασις) de oligarcas e do povo de que resultou a moderação. Mas o primeiro registo do governo misto (enquanto combinação de princípios de governo diferentes) na literatura política, com a subsequente elaboração teórica, ocorre nas *Leis* de Platão ([365]).

No livro III das *Leis*, são mencionadas as "mães" de todos os regimes ou constituições: a monarquia e a democracia. Ora, de acordo com a filosofia política do Estrangeiro Ateniense, todos os regimes *razoáveis* e *viáveis* têm de combinar as duas constituições--mãe num mesmo regime político. O Estrangeiro Ateniense chega a esta proposição depois de admitir como principais pretensões ao governo tanto a sabedoria como a força, tanto o intelecto como o corpo. Partindo da evidência de que em qualquer cidade coexistem governantes e governados, o Ateniense examina as diversas pretensões de comando. Identifica sete pretensões diferentes de governo: o governo dos pais sobre os filhos e descendentes; o dos "bem nascidos" sobre os de nascimento humilde; o dos velhos sobre os jovens; o dos senhores sobre os escravos; o dos fortes sobre os fracos; o dos sábios sobre os ignorantes – a pretensão mais importante, segundo Platão, e a única explicitamente citada (contra Píndaro) como estando de acordo com a natureza; por último, o sorteio dita os governantes. Da lista mencionada de sete pretensões de comando Strauss retira a conclusão que as duas que se destacam são, por um lado, o governo dos sábios, e, por outro, o governo dos fortes. Assim não podia deixar de ser porque tal combinação corresponde em rigor à condição política do mundo. Devido à tensão entre bem

---

([365]) Blythe, pp. 13-15; Lintott, p. 70. A passagem relevante de Tucídides ocorre em VIII.97.

comum e bem privado, o governo tem de ser "não só sábio mas também forte" (366).

Do lado da monarquia figura a sabedoria do homem excelente; do lado da democracia, a força agregada da multidão. A cidade governada exclusivamente pela sabedoria nunca pode ser real, na medida em que tem de dispensar a sua matéria primária, o povo. O seu governante teria de ser propriamente denominado de Ademus, tal como Tomás Morus percebeu. Ademus, decomposto no vocabulário grego, significa literalmente "sem povo": o governante excelente sem povo para governar. O melhor regime viável, portanto, é o produto de uma combinação ou mistura de elementos políticos distintos. Mas note-se que a intenção de Platão é tipicamente aristocrática: se o governo exclusivo e absoluto da sabedoria é improvável, senão impossível, então que a sabedoria governe "diluída" por outro elemento político que permita realizar a cidade boa. A sabedoria é introduzida através da instituição denominada de "conselho nocturno" (*nukterinos sullogos*), uma tradução não muito precisa, tendo em conta que o conselho se reúne de madrugada até ao nascer do sol. O conselho tem por função a guarda das leis e opera como juiz da adequação das leis à promoção da excelência humana. É composto pelos melhores homens da cidade e inclui governantes que desempenham outros cargos políticos. Cada um dos seus membros selecciona um homem jovem para acompanhá-lo nas reuniões do conselho de modo a educar politicamente as novas gerações, ou pelo menos os jovens mais promissores. E através do mesmo procedimento efectua-se o necessário e meticuloso recrutamento dos futuros guardiões. Contudo, o conselho não tem *poder* político propriamente dito. Dedica-se antes a um trabalho de persuasão e de iluminação. A sabedoria já não governa directamente como no regime apresentado na *República*. Esta mistura representa a aproximação mais viável do governo da sabedoria. O governo misto, tal como é defendido nas *Leis*, é ainda uma aristocracia, se bem que uma aristocracia "diluída". O governo da sabedoria adquire realidade concreta, e até estabilidade, não sem pagar o devido preço, a cedência da sua exclusividade, embora

---

(366) Strauss, *The Argument and Action of Plato's Laws* (Chicago, 1977), p. 46.

não necessariamente da sua primazia. Concedendo à liberdade ou ao princípio democrático o seu lugar insubstituível, o governo misto das *Leis* obtém a primazia possível da sabedoria ou do princípio aristocrático. Esta é a ideia mestra que suscitaria a longa e complexa tradição de defesa do governo misto.

A segunda grande contribuição para a doutrina do governo misto proveio das páginas da *Política* de Aristóteles. Nesse lugar, o estagirita passa em revista algumas opiniões relativas a constituições consideradas mistas, como a de Esparta, de Cartago ou a de Sólon. Porém, é na exposição do regime político que tem o nome de "regime" ou "constituição" (*politeia*) que a análise aristotélica revela a sua originalidade. Diz Aristóteles que há dois tipos de aristocracia: a que corresponde ao governo absoluto dos homens excelentes e esse regime político que mistura a preocupação da entrega das mais altas magistraturas aos homens excelentes com a satisfação da pretensão democrática. Estes últimos regimes, diz Aristóteles, denominam-se aristocráticos "porque, mesmo naqueles regimes cuja preocupação comum não é a prática da virtude [excelência], não deixa de haver cidadãos que são estimados e considerados como homens de bem". A reflexão de Aristóteles assume uma importância extraordinária na medida em que nos permite compreender que em todos os regimes políticos que não sejam marcados pela corrupção generalizada, nem pelo crime organizado, contêm necessariamente um elemento aristocrático. A democracia representativa contemporânea não está situada fora do alcance desta reflexão. "Estamos", continua Aristóteles, "na presença de uma aristocracia onde o regime atender, quer à riqueza, quer à virtude [excelência], quer ainda ao carácter popular". Aristóteles insiste em chamar "aristocracia" a um regime que reúne ou mistura elementos oligárquicos, aristocráticos e democráticos. Quando o regime reúne apenas a "riqueza" e a "liberdade", ou seja, a oligarquia e a democracia, a mistura já não pode recolher o nome de "aristocracia", pois falta-lhe o *elemento* aristocrático – a excelência –, e satisfaz-se com a denominação de *politeia*. Aristóteles não deixa de salientar que das duas misturas é mais frequente a segunda do que a primeira. E sublinha também o facto de essa mistura de oligarquia e democracia formar a maior parte dos regimes políticos gregos. Por esse meio, Aristóteles sugere que os regimes políticos factuais são na sua maioria *misturas*, e não formas puras (367).

O terceiro grande teórico da constituição mista foi o historiador grego Políbio. Podemos dizer que com Platão, Aristóteles e Políbio são definitivamente delimitados os limites impostos aos termos em que o governo misto seria discutido ao longo da história intelectual da Europa. Políbio analisa a história constitucional de Roma à luz da realização do modelo da constituição mista. A mistura específica do modelo romano de Políbio visa três elementos políticos, e não dois: o monárquico, na instituição do (duplo) consulado; o aristocrático, incorporado no Senado; e, finalmente, o democrático, cujo reconhecimento eleva o povo ao poder sobre todas as honras e penas, assim como ao de eleger todas as magistraturas, de ratificação das leis, sem omitir a decisão sobre a paz e sobre a guerra. Políbio julga ver na combinação destes três elementos a mais sábia solução para o problema da degeneração dos regimes porquanto, apesar dos três regimes rectos serem bons, são igualmente instáveis. Perante a pressão natural da degeneração, cada forma pura é frágil. A combinação das melhores características de cada forma de governo num mesmo regime parece a Políbio a receita mais eficaz, embora não inteiramente eficaz, para resistir à decadência natural do governo (368).

Caberia a Cícero tentar efectuar uma síntese da teoria aristotélica da constituição mista e da interpretação de Políbio da experiência constitucional romana (e espartana). O Cipião de Cícero não aceita a existência de um ciclo político-constitucional único, natural e unidireccional, que governa naturalmente todas as formas de governo. Por outras palavras, neste particular, o Cipião de Cícero aceita a crítica de Aristóteles a Platão e rejeita o ciclo de geração e corrupção dos governos de Políbio. Por esse motivo, Cícero não insiste tanto como Políbio na tese da superior estabilidade de um governo misto quando comparado com formas puras de governo. O orador romano prefere salientar a realização da *aequabilitas* como a superioridade específica da constituição mista, dificilmente garantida em circunstâncias

---

(367) *Política*, 1293b10-18, 1294a15-25.
(368) Políbio, VI.iii.5-v.3, VI.vii.9-ix.10, VI.xii.1-xiv.11, VI.xlvii.1.

concretas pelas outras formas rectas de governo. Por outras palavras, a mistura dos três elementos políticos – a monarquia, a aristocracia, a democracia – permite a inclusão de todos num mesmo regime harmonioso e desautoriza a exclusão de qualquer um deles. O *imperium*, assim como as necessidades de rapidez de execução e de unidade de comando são satisfeitas pelo elemento régio, a presença da *auctoritas* e da sabedoria pelo elemento aristocrático, a liberdade e a participação pelas instituições populares. É o único governo que permite combinar os dois tipos de igualdade: a numérica ou aritmética, e a igualdade no mérito ou distributiva; é nesta conjunção das duas igualdades que reside uma certa equidade ou *aequabilitas*. Por outras palavras, *todos* participam no governo, sem pôr em causa a hierarquia do mérito e da virtude. Deve ser óbvio que esta concepção do regime misto supõe que os elementos não são essencialmente conflituantes entre si, e que a possibilidade de cooperação entre eles deve ser aproveitada pelo Legislador.

Percebe-se que a noção de concórdia ocupe um lugar central na doutrina clássica do governo misto. A concórdia manifesta-se em assuntos sujeitos a deliberação prática colectiva, ou seja, de relevância política fundamental. Não só se expressa através da deliberação política conjunta, como constitui uma das condições de possibilidade da decisão política harmoniosa. Deliberar em comum, agir em comum, aceitar em comum os benefícios e os custos de certa decisão, revelam e actualizam a concórdia na cidade. Precisamos de concórdia para misturar os vários elementos políticos no mesmo Estado; e, com a mistura dos elementos políticos, obtemos as condições para a expressão da concórdia. É a concórdia que gera coesão e unidade na cidade; os diferentes elementos políticos não a dividem, antes estão ligados pela concórdia reinante. A vida política é a vida em comum, em que algo é posto em comum por todos. Assim sendo, a cooperação, e não o conflito, constitui a marca distintiva de toda a vida política. A insistência no conflito social e político pode levar ao esquecimento do carácter natural da cooperação; mas não o fará sem com isso destruir a própria vida política. Tal como a forma aristocrática pura se sustentava na ideia de concórdia, ou na possibilidade da concórdia, podemos dizer que o mesmo é verdade quanto à forma do regime misto: a harmonia na música fornece a ideia da *concórdia* ou *consensus* na cidade bem governada de acordo com os ditames da justiça. O contributo de cada uma das partes da cidade permite a realização da concórdia.

Ou talvez seja esta uma das características que separam uma concepção *aristocrática* do governo misto de outras alternativas possíveis. Aquele governo que Maquiavel denomina "misto" ou "quase misto" não se pode inscrever no primeiro grupo. A mistura de elementos que Maquiavel elogia na constituição romana visa, na sua interpretação, a *institucionalização do conflito*. Tornando o conflito social politicamente relevante, diz Maquiavel, a república romana extraiu toda aquela vitalidade que lhe valeria o estatuto de primeira cidade do mundo. A superioridade constitucional da república romana residiu no facto de se abrir politicamente para a realidade insofismável do conflito humano. A república da concórdia é apenas uma das tais repúblicas imaginárias que jamais alguém viu. Mas a analogia com a harmonia musical revela também que a mistura que Cícero tem em mente é diferente de uma lógica de *checks and balances*. A noção de *concórdia* não coincide com a ideia de um conflito equilibrado e institucionalizado que subjaz à teoria dos *freios e contrapesos*.

Cícero retoma a visão de Platão e de Aristóteles quanto aos benefícios do governo misto. Também ele considera que a aristocracia pura (ou a realeza pura) é a melhor forma de governo em absoluto. Porém, a realização de semelhante regime é extraordinariamente difícil. Deve ser, portanto, escolhida a via que permita à sabedoria e à virtude participar no governo da cidade de modo mais viável ou mais "realista". A única resposta concebível passa por colocar a sabedoria e a virtude no governo *com o consentimento do povo*. E Cícero sabe que não é possível obter tal consentimento sem conceder uma participação efectiva do elemento democrático no governo da cidade. Uma vez mais, a sabedoria apenas pode pretender governar uma cidade existente se se submeter a uma "diluição" da sua intransigência. É possível introduzir elementos aristocráticos num dado regime político, e assim reconhecer de modo limitado as pretensões da excelência sem arriscar as consequências políticas, porventura trágicas, de um delírio extremista. Quando Cipião admite que numa aristocracia ou numa realeza a cidade priva-se da *libertas*, não observa uma lacuna propriamente dita do regime. Essa é a simples observação de que o governo absoluto da sabedoria e da virtude não abrange o princípio democrático, pois *libertas*, explica Cipião, consiste em não obedecer a nenhum senhor, mesmo que se trate do homem justo por excelência. Ora a mentalidade aristocrática não via nenhum defeito na obediência, desde que a obediência correspondesse a uma hierarquia da excelência. Mas a *libertas* é uma noção estritamente democrática, e a cidade que não a receba no seu seio arrisca-se à instabilidade e à dificuldade em justificar a recusa do princípio democrático. A sabedoria política reconhece que a sabedoria e a virtude têm de prescindir da sua pretensão absoluta, e admitir a participação popular e o governo das leis estabelecidas. Mas a mentalidade aristocrática garante pela mesma via que as leis estabelecidas são formuladas pelos mais sábios e virtuosos, submetendo-se simultaneamente ao consentimento ou ratificação do povo. Se a sabedoria e a virtude não podem governar absoluta e directamente, então que governem partilhada e indirectamente. Que os magistrados sejam eleitos pelo povo, mas que o povo escolha de entre os mais sábios e virtuosos; que governem as leis e não os homens, mas que sejam os mais sábios e virtuosos a fazer as leis ([369]).

A cidade perfeitamente aristocrática é aquela onde apenas os mais excelentes governam absolutamente. A cidade perfeitamente democrática é aquela onde o princípio da liberdade e da igualdade são levados até às suas últimas consequências: nenhuma hierarquia é legítima e todos participam igualmente no governo, independentemente das suas qualidades morais e intelectuais. O governo misto modera a perfeição de um e de outro regime, tentando atribuir a cada um a participação compatível com as exigências da vida política. Mas, como sabemos, a mentalidade aristocrática lê as exigências da vida política como uma petição aristocrática. Daí que o elemento aristocrático ocupe quase invariavelmente uma posição sensivelmente superior à dos restantes elementos, nomeadamente o democrático. Como as exigências da vida política têm inscrita a necessidade de deliberação prudente, de conselho sábio, de juízos esclarecidos, enfim, de *consilium*, é preciso institucionalizar o *consilium* sábio e atribuir-lhe um lugar de primazia. Em Cícero, o Senado ocupa

---

([369]) *De re publica*, I.54; II.65-66. II.41-43.

precisamente esta posição: o Conselho de sábios e virtuosos institucionaliza o conselho sábio e virtuoso. O Senado constitui o órgão mais destacado da constituição porquanto incorpora a "reflexão, a razão e o juízo recto".

Mas da conquista da primazia pelo ingrediente aristocrático na mistura constitucional decorre uma tensão que a mentalidade aristocrática tem alguma dificuldade em solucionar e que, de resto, talvez seja insolúvel. A tensão assinalada é a seguinte. Se toda a cidade, por ser cidade, tem uma base democrática; se o elemento democrático revê-se na *libertas* ou no direito de não obedecer a ninguém; e se a igualdade especificamente *democrática* (ou aritmética) recusa a noção de hierarquia; então, como se concilia a primazia do elemento aristocrático com a presença do elemento democrático? Afinal, se toda a *res publica* é *res populi* toda a cidade tem um fundamento democrático que impõe outro arranjo constitucional que não o aristocrático. Por outro lado, Cícero está bem ciente de que a concessão de *libertas* ao povo no contexto do governo misto não sacia o desejo popular por mais *libertas*. Na verdade, o contrário acontecerá: o desejo popular por *libertas* será excitado, na medida em que o lugar comedido ocupado pelo elemento democrático não permite mais do que "saborear o gosto da liberdade".

Percebemos que segundo esta teoria política os elementos políticos decisivos são o *imperium*, o *consilium* ou a *auctoritas*, e a *libertas*. Mas é a *auctoritas* que no pensamento de Cícero constitui o elemento político mais importante da vida política. Cícero interpreta a mentalidade aristocrática na perfeição. Para bem da cidade, e tendo em conta as exigências da vida política, o povo não pode reivindicar mais do que o lugar moderado concedido ao elemento democrático. A exorbitância da reivindicação popular põe, segundo Cícero, a própria cidade em risco, já para não falar da destruição da justiça, tal como a mentalidade aristocrática a interpreta, e do bem comum, que requerem o respeito pelas superioridades da sabedoria e da virtude. O povo pode querer governar directamente, ou pode compreender que deve escolher aqueles mais bem equipados – isto é, os mais sábios e virtuosos, não os mais ricos, nem os bem-nascidos, nem os mais poderosos, nem sequer os mais *populares* – para governar no interesse e bem de todos. Cícero quer reafirmar que a escolha popular dos melhores governantes não significa a renúncia aos direitos moderados do povo, mas o seu exercício mais nobre. O autor reafirma que muito dificilmente um Estado vive em paz e prosperidade se os direitos, deveres e funções não estiverem harmonizados equitativamente. Só assim "os magistrados têm suficiente poder, os conselhos dos cidadãos eminentes suficiente autoridade, e o povo suficiente liberdade". A opção mais sábia e mais nobre para o povo consiste em constituir-se como agente político privilegiado para discernir e alinhar uma espécie de aristocracia electiva, que ocupa, não todas, mas as mais altas e dignas magistraturas. Os tribunos revestem-se de uma importância extraordinária, tendo em conta que são magistrados *democráticos*, de categoria e poder médios, e que simultaneamente protegem a liberdade do povo e absorvem na sua instituição o poder popular potencialmente subversivo. A alternativa perfeitamente democrática seria recorrer ao sorteio como método de apuramento dos magistrados; mas isso, compara Cícero, é como escolher passageiros aleatoriamente para pilotarem o barco. A interpretação aristocrática da constituição mista assenta na possibilidade de o povo aceitar que nada há de mais nobre do que entregar o governo do Estado à virtude, e que, uma vez tomadas as decisões pelos portadores de autoridade, nada há de mais nobre do que obedecer à virtude.

Nas *Leis*, uma personagem de Cícero resume a tese *aristocrática* do governo misto com uma transparência quase inacreditável:

> concedo esta liberdade ao povo de modo a assegurar que a aristocracia tenha grande autoridade e a oportunidade para exercê-la. (...) Assim, a nossa lei confere a *aparência* de liberdade, preserva a autoridade da aristocracia, e remove as causas de disputa entre as classes ([370]).

A intromissão do elemento aristocrático no lugar cimeiro da constituição mista e a manipulação capciosa das aspirações democráticas constituem o denominador comum das quatro teorias aqui brevemente apresentadas. E se existe uma maior afini-

---

([370]) III.38.39. Os itálicos são nossos.

dade entre Platão, Aristóteles e Cícero, quando os comparamos com Políbio, não se pode dizer que o historiador grego escape ao consenso. Em contrapartida, Burke, que considera mais seriamente o valor da liberdade do que Cícero, coloca a *libertas* como condição da fruição da "substância da liberdade". Sem a *libertas* popular não há liberdade; sem *libertas* está ausente a "energia vivificante do bom Governo" ([371]).

A distinção entre a "mistura" de Aristóteles e a de Políbio merece algumas considerações. Em primeiro lugar, não se pode confundir a constituição mista com a teoria da separação dos poderes. A essência da constituição mista não contém a separação de poderes, o que não exclui a hipótese da teorização da separação de poderes se inspirar nos méritos da constituição mista. Muitos dos proponentes da separação de poderes recomendam-na na base de um elogio implícito da constituição mista, mas nem todos o fazem. Por outro lado, o equilíbrio de poderes, para não falar da sua paridade, também não pode ser contado como um dos ingredientes *essenciais* do regime misto. Deve ainda ser salientado um facto mais ou menos óbvio: a teoria da separação de poderes pretende, passe a redundância, separar os *poderes*. Por outras palavras, o que está em causa é, sobretudo, a divisão e a especialização institucional dos poderes executivo, legislativo e judicial. É verdade que para Montesquieu a divisão institucional é acompanhada *parcialmente* por uma divisão política e social. Mas, segundo a teoria clássica do governo misto, a divisão dos poderes, passe o anacronismo, é quanto muito uma consequência da combinação de *elementos políticos* (o monárquico, o aristocrático e o democrático). Decerto com grandes dificuldades, a mentalidade aristocrática poderia também dizer que a separação de poderes serve a finalidade da preservação da liberdade individual, ao passo que a constituição mista tem por fim incluir a prossecução da excelência e conferir à sabedoria um lugar no governo. Se a teoria da separação de poderes divide o Estado em *poderes*, já a teoria do regime misto divide o Estado em "um", "poucos" e "muitos", ou, mais rigorosamente, nas formas de governo que estes três grupos encarnam: a monarquia, a aristocracia (ou oligarquia) e a democracia. A característica

---

([371]) *Thoughts on the Cause of the Present Discontents*, p. 145.

essencial do governo misto consiste na combinação a nível institucional e/ou processual de *formas de governo*; a característica essencial da separação de poderes consiste em dividir *poderes* que existem em *todas* as formas de governo sem excepção.

Em segundo lugar, a referência à mistura aristotélica enquanto "fusão" é consistente com a exposição da *Política*. Vimos que Aristóteles vê na combinação dos vários elementos políticos uma forma de restituir unidade à cidade, que de outro modo ficaria exposta à desunião, ao ressentimento de quem é excluído e, em última análise, à sedição. Daí que Aristóteles defenda a opinião segundo a qual "o regime formado a partir de um maior número de elementos é melhor". A sua preocupação com a estabilidade está indesmentivelmente presente na sua teoria da mistura política. As suas reflexões sobre as "classes intermédias" espelham a ideia de que a instabilidade inevitavelmente resultante de uma cidade composta por extremos sociais inimigos, os ricos e os pobres, é resolvida por recurso a uma mistura *social*, isto é, à existência predominante de uma classe que seja ela mesma a "mistura" dos extremos sociais. Nas passagens sobre as classes médias, Aristóteles fala-nos de uma mistura que é efectivamente uma "fusão", isto é, uma "mistura" mediante a qual os elementos perdem a sua identidade.

Aristóteles comenta dois tipos distintos de regimes mistos. Por um lado, o filósofo, como vimos, trata daquela combinação de elementos políticos que gera, por assim dizer, uma aristocracia de segunda ordem. Mas, por outro lado, Aristóteles fala do regime que tem o nome de "regime" (*politeia*) e que consiste também numa mistura de elementos políticos. A primeira mistura combina o elemento oligárquico, o aristocrático e o democrático. A segunda combina a oligarquia e a democracia. Segundo Aristóteles, há três modos diferentes de efectuar a segunda mistura. O primeiro realiza-se através do "estabelecimento do termo médio e comum" das disposições legais de ambos os regimes. Trata-se de encontrar um meio-termo nas diversas leis apresentadas pelos regimes em causa, sendo o meio-termo apurado a partir do denominador comum da lei democrática e da lei oligárquica. O segundo modo consiste em "tomar o termo médio daquilo que um e outro regime determinam", isto é, comparar uma lei democrática com uma lei oligárquica, e conceber uma outra disposição legal de compromisso entre as duas. A lei democrática respeitante à participação na assembleia não admite nenhum censo; a lei oligárquica homóloga impõe um censo elevado. A solução "mista", de acordo com o segundo modo, será impor um censo moderado. Por fim, o terceiro modo prevê a inclusão numa mesma lei das disposições legais das leis relevantes de cada regime. Se na oligarquia o acesso à assembleia é baseado na eleição e no censo, já na democracia assenta no sorteio e na ausência de censo. A lei "mista" seria, portanto, o acesso à assembleia por eleição sem censo. Assim, diz Aristóteles, o regime que resulta da boa mistura entre oligarquia e democracia é por alguns descrito como uma "democracia" e por outros como uma "oligarquia", o que não deve cegar o filósofo da política para o facto de a "mistura" ser produto da combinação de dois elementos que nunca chegam a perder a sua identidade. Com uma filosofia política rigorosa, é sempre possível ver na mistura os seus ingredientes. Embora não possam manter a sua pureza, os elementos numa mistura são reconhecíveis. Mas do ponto de vista do cidadão, o exercício nem sempre é fácil. Afinal, uma *politeia* (oligarquia mais democracia) deve "assemelhar-se a todos os regimes e, ao mesmo tempo, a nenhum". Mas, o democrata olha para a mistura e diz "democracia" e o oligarca olha para a mistura e diz "oligarquia". Tal é o aviso de Aristóteles.

A "mistura" de Aristóteles pode ser diferenciada da de Políbio ou da de Cícero nos seguintes termos. A mistura de Cícero e de Políbio não elimina a possibilidade da formulação de leis mistas que fundam os elementos ingredientes, mas divide os elementos ingredientes *institucionalmente*, como se tivessem uma vocação política específica inalienável ou como se a pretensão específica que os caracteriza só pudesse ser satisfeita com uma corporização institucional e com a atribuição de prerrogativas constitucionais razoavelmente fixas. Com esta inovação, a teoria do governo misto pode finalmente explicitar uma dimensão que sempre esteve mais ou menos implícita, a de que a mistura permite absorver as boas qualidades das formas simples e temperar ou moderar as tendências para os extremos presentes em cada um dos regimes puros. Grande parte da filosofia política medieval não esqueceu a lição.

A Constituição Mista, a Monarquia e a Democracia

Mas o governo misto, apesar de ser originariamente produto da mentalidade aristocrática, não é sua propriedade. À medida que variavam as prioridades políticas também variava o carácter da mistura. De resto, os fundadores da teoria haviam previsto precisamente isso. O carácter da mistura é severamente condicionado pelo elemento político que adquire primazia. Quando o elemento primordial é a monarquia, temos um governo misto monárquico ou, dito de outra maneira, uma "monarquia mista"; quando o elemento dominante é a democracia temos uma "democracia mista". O elemento preeminente dá o tom ao regime político ([372]).

A Inglaterra do século XVII fornece um bom exemplo da adaptação da teoria clássica do governo misto às necessidades da "monarquia mista". Uma das primeiras (certamente uma das mais famosas) interpretações da constituição inglesa enquanto regime misto proveio de uma fonte improvável. Em 1642, quando a crise política inglesa ainda estava por resolver, o Parlamento enviou a Carlos I uma proposta de resolução constitucional, as *XIX Propositions Made by Both Houses of Parliament, to the Kings Most Excellent Majestie*. As *XIX Propositions* definiam os novos limites do poder do rei e o reajustamento dos poderes do Parlamento. Carlos I viu-se obrigado a responder e a declinar a proposta de compromisso. Na sua resposta, escrita por dois dos seus conselheiros mais moderados, *Sir* John Colepeper e Lucius Cary (Visconde de Falkland), o rei refutou, em nome da constituição mista, a reforma constitucional levada a cabo pelas forças parlamentares.

Não é relevante apurar se a descrição da constituição inglesa feita pelo partido do rei corresponde com exactidão à prática constitucional de Carlos I, antes da crise de 1641, nem salientar o embaraço do Parlamento causado pela "Resposta". Notamos apenas que resume sumariamente a teoria clássica do governo misto. O contexto desta publicação – o estatuto da figura real no governo inglês – obriga à ênfase que é dada aos poderes do rei e às relações que este mantém com as outras partes. A unidade da

---

([372]) Althusius, XXXIX, §9.

magistratura régia impede as "facções" e a "divisão" (ou os males da aristocracia absoluta) e a sua "autoridade" gera o "medo" e a "reverência" que neutralizam os "tumultos, a violência e a licenciosidade" próprias da democracia absoluta. A Câmara dos Comuns é um "excelente conservador da Liberdade", mas não participa no "governo", nem na escolha daqueles que governam. Limita-se à legislação financeira e fiscal, assim como detém o poder de *impeachment* dos ministros violadores da Lei. Por seu lado, os Lordes são essencialmente uma instância judicial. Para além disso, constituem o órgão que vigia o equilíbrio entre o "Príncipe" e o "Povo".

A "Resposta" de Carlos I mostra como a teoria do governo misto era já corrente na Inglaterra do século XVII; mostra também como a teoria clássica da constituição mista forneceu a uma parte significativa dos autores ingleses um instrumento teórico preciosíssimo, quer para o trabalho de auto-interpretação da experiência político-constitucional inglesa, quer para a formação de um padrão orientador de reformas constitucionais. Não é preciso referir que a aplicação da teoria do regime misto foi feita num contexto histórico preciso que se demarcava da teoria sobretudo no papel predominante desempenhado pelo rei. As frequentes comparações esboçadas pelos autores ingleses com as outras constituições mistas "reais", a de Esparta e a de Veneza, referem frequentemente esta diferença. Afinal, Esparta e Veneza eram "Repúblicas" ou *commonwealths* e a Inglaterra era uma "Monarquia". Daí que o conceito de "monarquia mista" fosse tão favorecido. No caso inglês, como o elemento predominante da mistura era precisamente o elemento monárquico, o governo misto adquiria um carácter menos aristocrático, e mais monárquico. A expressão *King in Parliament* ganhava assim o estatuto de lema do governo misto inglês. Para uma parte importante do pensamento político inglês, a concepção unitária da soberania régia, já para não falar do direito divino dos reis, era definitivamente refutada *pelos partidários da monarquia*. E à medida que a figura do rei ia perdendo terreno para o Parlamento, também as doutrinas do governo misto inglês se iam ajustando.

Burke percebe nitidamente as consequências da adaptação da teoria do regime misto ao contexto constitucional inglês. Percebe que uma interpretação constitucional nos termos do paradigma do governo misto "republicaniza", se é lícita a expressão, o regime inglês. Ora a preocupação de Burke é a de proteger a instituição monárquica da ameaça "republicana" e simultaneamente garantir que a monarquia permaneça "mista" e não absoluta. Para que os elementos "republicanos" (aristocráticos e democráticos) possam cumprir a sua função, a saber, limitar o poder do rei e mantê-lo submetido às leis, é preciso paradoxalmente que o ingrediente monárquico seja o elemento unificador do regime. Para tal, o elemento monárquico requer poder *real* e prestígio, pois é o único que pode desempenhar a tarefa de harmonização do regime constituído por partes *diferentes*. A capacidade exclusiva do elemento monárquico dever-se-ia, no entender de Burke, não só às suas características enquanto magistratura política, mas também por o rei ser o único agente político transmissor da continuidade, da herança política e afectiva da nação, por o rei ser a âncora mais fiável num oceano republicano potencialmente tempestuoso.

Quando a herança de Burke é acolhida por Macaulay, a formulação é já algo diferente. Macaulay recorda que a qualidade do regime inglês, tal como se revelava no século XIX, se deve sobretudo a um traço que percorre a história da sua constituição. Dizia Macaulay que "a nossa democracia foi, desde um período antigo, a mais aristocrática, e a nossa aristocracia a mais democrática do mundo; trata-se de uma peculiaridade que chegou até aos nossos dias, e que produziu muitos efeitos morais e políticos importantes". Segundo esta interpretação da constituição inglesa, a aristocracia patrocinou, instruiu e orientou a democracia, transmitindo para esta uma parte importante do seu carácter e da sua atitude, fazendo da democracia uma democracia, se é permitida a expressão, "aristocrática". Em contrapartida, a aristocracia já era "democrática", na medida em que era porosa ou permeável à ascensão dos elementos das classes inferiores, absorvendo destas os membros mais destacados. Desse modo, a parte aristocrática do regime inglês desde cedo se amarrou ao resto da cidadania na governação do país, moderando os seus potenciais excessos.

Se Macaulay tem razão nesta sua observação, então é pelo menos legítimo supor que o exame cuidado do elemento aristocrático pode conduzir a uma superior qualidade da própria democracia. Se Macaulay elogia a proximidade ou a "democraticidade" do elemento aristocrático, e o efeito consequente de se evitar o escândalo da exorbitância do espírito aristocrático, não é menos transparente a sua recomendação de que a democracia inglesa deve ser elevada pela aristocracia, de modo a se não entregar exclusivamente às suas próprias inclinações. Aparentemente, o elemento monárquico requer menos cuidados, pois é mais facilmente susceptível de ser recriado pelas necessidades do governo e menos estranho ao governo parlamentar.

Porém, se a concepção da "monarquia mista" pode aparecer naturalmente como uma das variantes do governo misto, é preciso salientar que entre a constituição mista e a defesa especificamente moderna da monarquia não pode haver conciliação. Por um lado, se o governo misto pode ser visto como uma resposta para as insuficiências ou inconveniências da forma aristocrática pura, com mais razão deve ser considerado incompatível com o conceito de soberania que procurou legitimar as monarquias absolutas (Bodin, Hobbes) e que procurou fundar formas radicais de democracia (Rousseau). O governo misto é *incompatível* com a teoria fundadora da soberania. Por outro lado, o conceito de soberania apareceu também para pôr cobro à respeitabilidade da teoria do governo misto. A nova ideia de Estado e a concepção do governo misto são incombináveis, como Bodin e Hobbes não se cansam de repetir. Por a soberania ser absoluta e indivisível, e se não há Estado político sem soberania, então segue-se logicamente que o governo misto é uma contradição nos termos. Como o Estado é por definição uno, e como o que exprime a essência do Estado é a soberania, esta só pode ser una e indivisível. Bodin e Hobbes propõem que um Estado é monárquico (ou aristocrático, ou democrático) quando a soberania é monárquica (ou aristocrática, ou democrática) porque a sede da soberania define o Estado. Com o governo misto, a pertinência deste método é posta em causa. Então, o que é o poder misto? É uma contradição; é nada. Dessa contradição nem a tendência dos pensadores Antigos para recorrerem à construção imaginária dos Estados os poderia salvar. Note-se que a declaração de impossibilidade do governo misto não resulta de uma análise de inconveniências de ordem prática. A impossibilidade é uma questão de necessidade lógica. Para autores como Hobbes ou Bodin, o governo misto não é reprovado por ser irrealizável ou por implicar dificuldades estritamente políticas: o governo misto é logicamente impossível. Com este argumento crucial ambos os autores se deparam com óbvios problemas.

Bodin ainda considera com elevado grau de plausibilidade que a mistura das três formas não constitui um governo diferente alegadamente "misto". A mistura, afirma Bodin, nunca é realizável, e todo o Estado que admita a presença dos três elementos políticos adquire todas as características do "Estado popular" ou democrático. Por outras palavras, para Bodin todo o regime dito "misto" é uma democracia porquanto num regime misto todos participam no governo e essa é a essência da democracia. Se a soberania é indivisível, se não pode pertencer simultaneamente às três partes, então o governo misto só pode significar a soberania de *todos*. É por essa razão que Bodin corrige Políbio na sua apreciação da constituição republicana de Roma. Roma é, *pace* Políbio, uma democracia, não um regime misto. Filmer limita-se a reproduzir o argumento de Bodin quando acusa os partidários da "monarquia mista" da destruição da monarquia e a sua substituição por um Estado democrático. Pois um rei apenas o é realmente quando tem "a soberania para si mesmo", e deixa de o ser quando a partilha. O governo misto é literalmente impossível, na medida em que a partilha de soberania entre o rei e o povo apenas a retira ao rei para entregá-la ao povo. E Filmer não se sente intimidado pelo exemplo concreto da maioria das monarquias europeias. A prática constitucional das monarquias europeias, que incluíam sempre uma instituição parlamentar, não refuta Filmer porque essas assembleias são sempre consultivas e nunca se apropriam do poder régio que permanece absoluto.

Hobbes retoma o argumento de Bodin e radicaliza-o. Pelas mesmas razões, Hobbes conclui que o governo misto, incluindo a famigerada "monarquia mista", não é mais do que a negação do Estado e a afirmação de "três facções independentes". Dizer "*governo* misto" é incorrer numa evidente contradição. Não há governo onde a sede da soberania não seja una. A limitação do poder supremo conduz necessariamente ao conflito entre o poder que pretende limitar e o poder alvo da limitação, a menos que o poder limitador seja ele próprio ilimitado. Assim, ou assistimos ao retorno ao estado de natureza – quando os poderes se limitam numa relação paritária –, ou permanece intacta a tese da soberania una, indivisível e ilimitada – quando o poder limitador é supremo e ilimitado.

Muitos autores foram persuadidos pela teoria do Estado homogéneo, o que atesta o sucesso do pensamento de Bodin, Hobbes e dos seus seguidores. Tocqueville, em tantos aspectos separado de Bodin e de Hobbes, também não acredita na validade do conceito de governo misto. O cepticismo que a este respeito Tocqueville manifesta é importante para compreender a intenção do pensador francês. "O governo a que chamamos misto sempre me pareceu uma quimera". A mera coexistência de elementos aristocráticos e democráticos numa mesma sociedade não é suficiente para falar de uma "mistura". Para Tocqueville é preciso ver para além da coexistência, e compreender o "resultado" da interacção entre os elementos. Olhando para o resultado final, segundo Tocqueville, é impossível escapar à conclusão de que há sempre um, e só um, elemento que triunfa sobre o(s) outro(s). Impressionado pelo andamento da história que parecia demonstrar, tanto no passado, como no presente, o domínio incontestado de um único princípio político, Tocqueville lê nos admiradores do regime misto homens bem intencionados, esperançados numa via moderada, mas iludidos quanto à natureza do social e do político. Aqueles que pretendem transportar para o "mundo novo" da democracia as melhores "instituições, as opiniões e as ideias que resultavam da natureza aristocrática da antiga sociedade", aqueles que aceitam a democracia, mas que desejam conservar "instituições", "opiniões" e "ideias" aristocráticas "perdem o seu tempo e as suas forças num trabalho honesto, mas estéril".

Implicitamente, Tocqueville rejeita a leitura histórica do seu antigo mestre, François Guizot. Guizot avançou a tese segundo a qual a "civilização da Europa" seria marcada por um "pluralismo" político e social. Foi no continente europeu que a "civilização" se caracterizou por um desenvolvimento de vários elementos políticos em simultâneo. Mas foi sobretudo em Inglaterra que este traço da civilização europeia mais se evidenciou. Em Inglaterra, "nunca nenhum elemento antigo pereceu completamente; nunca nenhum elemento novo triunfou completamente". A "preponderância exclusiva" de um qualquer elemento esteve sempre em dúvida no solo inglês. Não quis Guizot sugerir que cada elemento político, moral ou social, não tivesse o seu momento de triunfo. Mas esse triunfo foi sempre precário e provisório. No entanto, disse Guizot, o percurso histórico do "continente", em particular, da França, foi muito diferente. Em França, os "elementos sociais", a monarquia, a aristocracia e a democracia, desenvolveram-se, não em simultâneo e em conjunto, mas sucessivamente. A cada época histórica francesa correspondeu, segundo Guizot, a preponderância exclusiva, ou quase exclusiva, de um elemento. Não se tratava de mera coincidência a França ter sido a pátria do mais puro dos feudalismos, da mais pura das monarquias, e, com a Revolução francesa, da mais pura das democracias, que a Europa conhecera. Da perspectiva da filosofia da história de Guizot, podemos dizer que Tocqueville generaliza para a história universal a experiência histórica especificamente francesa ([373]).

A heterogeneidade na família dos partidários da monarquia é reproduzida na família dos partidários da democracia. Se o partido monárquico se divide (pelo menos) entre, por um lado, os defensores da doutrina da soberania monárquica, e, por conseguinte, da monarquia absoluta, e, por outro lado, os favoráveis à "monarquia mista", também algo muito semelhante sucede na família democrática. Os proponentes da democracia assente na teoria pura da soberania (popular) distinguem-se daqueles que vêem como superior uma democracia, por assim dizer, "mista". Os primeiros tendem a dizer com Thomas Paine que os elementos políticos tradicionais – a monarquia, a aristocracia, a democracia – são "criaturas da imaginação", que o triunfo da democracia condenou à obsolescência os dois primeiros ou que esse triunfo revelou a sua artificialidade. Segundo este entendimento da democracia *moderna*, o governo misto não pode ser objecto de elogio. Assenta numa filosofia errada e viola as regras elementares da vida política. Em primeiro lugar, nos governos mistos "não há responsabilidade". Se a cidade é fundamentalmente democrática, quem governa é responsável perante um só agente político: o povo. Mas a diversidade político-institucional própria de um governo misto é contraditória com a unidade do

---

([373]) *Histoire de la civilisation en Europe* (Paris, 1904), XIVª lição.

agente político perante o qual todos devem assumir as suas responsabilidades. O resultado invariável é o incumprimento do único dever absoluto de quem governa, ou de quem participa no poder: prestar contas dos seus actos perante o povo. Por esse meio, o governo misto é essencialmente corrupto. O remédio óbvio para esta doença é colocar toda essa diversidade político-institucional sob a dependência completa do único agente político que conta, ou então reduzir à unidade a mesma diversidade. De uma ou de outra forma, estaremos na presença da destruição do governo misto e da instauração da democracia sem misturas. Em segundo lugar, se a fonte da legitimidade do poder é sempre a mesma; se há um único agente político que conta; e se há apenas uma "espécie de homem", o que implica que apenas existe um único "elemento de poder humano"; então é dificilmente compreensível que se introduza no Estado partes tão estranhas a esta realidade. Existe um único elemento político, a saber, o democrático, por ser o único que traduz fielmente a verdade última da unidade do género humano. Burke descreve a constituição britânica como um "perpétuo tratado e compromisso", e na verdade, todo o regime misto, independentemente das suas variantes, é sempre um *compromisso*. Contudo, Paine responde que se não há, *na realidade,* elementos políticos distintos, então "nada há para *corromper pelo compromisso,* nem confundir pela maquinação" (374). O governo misto pode aparecer como uma gigantesca e astuciosa conspiração contra o elemento democrático. Pelo exemplo de Cícero, percebemos como a suspeita não é inteiramente infundada.

No entanto, e apesar da plausibilidade da tese da democracia não-mista, se é permitida a expressão, existe ainda uma outra forma de analisar a democracia *moderna*. Para esta segunda perspectiva, a análise da democracia moderna não pode dispensar a reflexão sobre o governo misto porque a democracia moderna é uma democracia *mista*. Recordemos o contributo da doutrina do governo misto para a análise da democracia moderna. Todos os regimes sustentáveis são necessariamente mistos. Althusius não se afasta das lições de Aristóteles e de Cícero quando escreve que

---

(374) Paine, pp. 131-133; Burke, *An Appeal from the New to the Old Whigs,* p. 195.

"todo o regime político é misto". George Lawson, na sua polémica com Hobbes, repete a mesma proposição. Se Hobbes afirmava que o governo misto não passava de um delírio ideológico, Lawson devolve a acusação observando que não existe nenhuma monarquia pura, nem nenhuma aristocracia pura, nem nenhuma democracia pura. A pureza das formas não é adequada às exigências da política, nem descreve com exactidão a natureza das instituições, leis e práticas constitucionais, dos regimes políticos concretos. Althusius insiste neste último ponto. Na sua obra de 1603, o autor de Diedenshausen mantém a opinião de que no regime misto os "direitos de soberania" não são partilhados. Mas, em contrapartida, Althusius afirma que todo o tipo de magistratura é fruto de uma mistura. Não só não existem regimes puros ou simples, como também não existem magistraturas que reflictam um único elemento político. Assim, a constituição mista permite recolher as boas qualidades de cada uma das formas de governo e evitar os vícios intrínsecos desenvolvidos pelas formas puras ([375]).

Depois de se tomar em consideração estas simples observações percebe-se que, do ponto de vista aristocrático, a maior dificuldade na "mistura" resulta da algo tensa compatibilidade entre dois absolutos: o do consentimento e o da sabedoria. Mais concretamente, a mentalidade aristocrática suspeita da qualidade das escolhas populares, sem admitir que esse processo de escolha de governantes é muito melhor do qualquer outro alternativo. A "boa" escolha democrática não é automática. A "boa" escolha democrática requer o exercício de determinadas virtudes. Por outro lado, a dificuldade em reconhecer a excelência política e em fundamentar a escolha dos governantes na sua presuntiva excelência não pode ser contornada. A excelência só é exibida em todo o seu esplendor quando o governante já assumiu o poder; mas o mesmo se pode dizer da mediocridade. Conhecer um indivíduo na sua vida privada pode fornecer bons indícios para imaginá-lo na situação do poder, mas os indícios que permitem a conjectura nunca são infalíveis. "Somente a prova da guerra revela o verdadeiro valor dos generais". Daqui é possível concluir que o processo de escolha aristocrática está

([375]) Althusius, XXXIX, §15-16, 18, 23; Lawson, p. 37.

exposto a severas críticas. Ora se um grupo reduzido de homens não consegue determinar os resultados que justificam o seu monopólio da escolha, e como o governo submete *todos* à obediência, então o método de escolha mais consentâneo com a natureza da cidade é aquele que abrange a opinião de todos e de cada um.

Recordemos que o contexto desta discussão é a teoria da mistura política. Este ponto de ordem é necessário na medida em que se assume que o propósito da escolha política é, antes de mais nada, a selecção dos homens mais aptos para governar. É necessário recapitular que combinar este propósito com a escolha popular corresponde a uma mistura política, a saber, a de um propósito aristocrático com um método democrático. Muitos comentarão que não se trata de mistura alguma e que o eleitorado das democracias ocidentais procura ter como critério mais relevante na escolha dos vários candidatos a capacidade relativa de cada um deles. Em eleições, nenhum dos candidatos gostaria de se considerar como inferior em "capacidade", "sabedoria", "instinto político", "desejo de justiça", relativamente aos seus adversários. Mas, na verdade, o ponto de vista democrático puro pode não aceitar essa circunscrição aos limites da escolha popular. A auto-interpretação do regime exclusivamente assente na soberania popular, sem compromissos com outros ingredientes, terá de ser indiferente relativamente aos seus próprios fins. Com efeito, tem razão o democrata que, depois de garantir que numa eleição democrática não se vota no "mais virtuoso, no mais generoso, nem naquele que será – em termos morais e humanos – o *melhor*", conclui, mantendo o rigor tipológico, que "a democracia não é uma aristocracia electiva" ([376]). E dizemos "rigor" porque desde Platão o princípio nuclear definidor da democracia é identificado com o não-reconhecimento de qualquer pretensão política fundada no conhecimento ou na ciência superior. O que pode ser contestado é a adequação desta abstracção ao nosso regime representativo.

Não é excessivo considerar que os nossos regimes democráticos propõem determinados fins ou "objectivos". As campanhas eleitorais servem para tornar explícitos alguns desses "objectivos"

([376]) Comte-Sponville, "Le philosophe et le politique", p. 588.

como o "crescimento económico", ou o "pleno emprego", ou a "justiça social", ou a adesão a um organismo internacional, ou o sucesso na luta contra um inimigo identificado, ou a segurança dos particulares contra o crime, etc. Os "objectivos" são diversos, mas reais. São determinados *politicamente*, ou seja, estão sujeitos a debate, mas em muitas das nossas sociedades há "objectivos" razoavelmente consensuais. Com "objectivos" determinados, mesmo enquanto "determinações auto-determinadas" (ou seja, enquanto determinações determinadas pelo exercício livre da vontade e da inteligência), coloca-se inevitavelmente a questão de escolher quem está mais capacitado para os atingir. A avaliação das qualidades dos candidatos está sempre presente na escolha *democrática* dos governantes, o que afasta a nossa democracia da pureza democrática que se revê no sorteio. Mas não se pode confundir a determinação *política* dos objectivos da comunidade, típica das nossas democracias, com a sua determinação intelectualista, típica das cidades (imaginárias) da mentalidade aristocrática.

Esta discussão supõe uma versão amputada da política, reduzindo-a a uma técnica. Qualquer teoria geral da política tem de confrontar, não só a política enquanto técnica, mas também a política enquanto acção. O conceito de *virtù* em Maquiavel sugere, com uma clareza insuperável, esta última dimensão da política, embora a primeira não esteja completamente ausente. Mas como a teoria política de Maquiavel exemplifica, a política enquanto acção não assenta numa base estritamente democrática. Pelo contrário, pressupõe uma distinção irrevogável entre governantes capacitados e o povo distante do (e nada ansioso pelo) poder. O brilho dos bens internos à acção política estarão inevitavelmente sempre reservados a poucos. Por outro lado, muitos dos problemas que se colocam às comunidades políticas são imprevisíveis. E, desse ponto de vista, também os líderes capazes de proceder a uma hermenêutica da realidade são considerados como mais confiáveis do que outros. Uma vez mais, retornamos ao elogio maquiavélico da *virtù*, ou, se se quiser, ao conceito aristotélico de prudência.

A nossa democracia pretende ser o único regime que pode ser descrito como o do governo pelo consentimento. É evidente que a democracia representativa não consegue satisfazer completamente as exigências do consentimento explícito. Afinal, a nossa forma de governo atribui à maioria o direito de governar (dentro dos limites do Estado de Direito), o que significa que a minoria terá de obedecer a leis a que não deu o seu consentimento explícito. Mas a democracia representativa não implica o governo pelo consentimento da *maioria*; implica o governo pelo consentimento explícito da maioria provisoriamente vitoriosa *e* o governo pelo consentimento *tácito* da minoria provisoriamente derrotada. Embora os conteúdos do consentimento tácito sejam objecto de discussão, o conceito, em si mesmo, não belisca o princípio do governo pelo consentimento. O que se pretende num regime democrático e representativo nunca é a simples aquiescência, mas também a "participação activa". O consentimento popular também tem um efeito importante para o crescimento moral da sociedade. Fazendo do povo um agente interveniente (se bem que indirectamente) no processo político, obtém-se uma prática educativa constante. Não podendo o povo escusar-se do interesse pela política sem pôr em causa as suas responsabilidades, toda a comunidade é levada a considerar reflexivamente a realidade política que a define. Mais: torna o povo mais consciente de si e da sua responsabilidade. As opiniões, os projectos, os "ideais", tornam-se mais razoáveis pela confrontação com a prática da escolha e com a consciência da responsabilidade. A participação do povo no processo político promove as virtudes específicas a que a escolha, a decisão, e a preocupação com o futuro, apelam. Trata-se de um exercício de acção e de auto-restrição crucial para a sobrevivência e florescimento da comunidade política enquanto tal. O envolvimento do povo nas questões políticas não traduz apenas um processo através do qual o regime aproveita qualidades preexistentes, mas também um meio pelo qual se aperfeiçoa a inteligência política dos cidadãos, bem como certas aptidões de sociabilidade e de diálogo racional.

É sempre possível dizer que o entendimento aristocrático da inclusão do consentimento no regime apenas admite que a participação do povo no poder político se limite à escolha dos potenciais governantes e que se criem as condições para que a escolha seja tão razoável quanto possível. Mas, como vimos, a maioria das doutrinas do governo misto inspiradas na "mentalidade aristocrática" contêm assembleias populares genuínas, embora com poderes limitados. Contudo, as teorias do governo misto provindas da mentalidade aristocrática inspiram igualmente outras limitações, como as que circunscrevem o sufrágio, contraditórias com o princípio democrático. Esta é uma dificuldade que a mentalidade aristocrática tem de resolver, na medida em que não resulta da oposição de dois elementos politicamente contraditórios (o democrático *contra* o aristocrático), mas antes da análise da natureza da comunidade política, de acordo com os instrumentos conceptuais tão caros a essa mesma mentalidade aristocrática.

É verdade que para a mentalidade aristocrática a parte "excelente" ou "virtuosa" da cidade constitui a sua parte mais importante e a única que merece governar. Porém, qualquer análise do carácter da vida em comunidade tem de admitir que outros tipos de contribuição (como, por exemplo, o trabalho produtor do necessário para a sobrevivência) não são menos imprescindíveis do que a contribuição da sabedoria. Muito pelo contrário. Não só o trabalho contribui com o necessário para a vida de excelência, como o simples facto de não haver cidade sem riquezas ou materiais necessários para a vida humana designa à suspeita a justificação aristocrática da cidade. Afinal, não será *injusta* a cidade que não honra contributos tão necessários para a sua sobrevivência? Neste sentido, a concessão de que uma *res publica* é sempre *res populi* implica necessariamente que todas as comunidades são sempre – a um nível básico, mas importante – democráticas.

Em contrapartida, a observação de que "é próprio do espírito democrático o procedimento segundo o qual todos decidem acerca de todas as questões que se referem à comunidade", complementada com uma outra que afirma que "quando a participação na função deliberativa não está ao alcance de todos, mas só dos que foram eleitos, e se estes governam de acordo com a lei (…), então estamos perante um procedimento oligárquico", gera a impressão de que a nossa democracia não é, nem poderia ser, perfeitamente *demótica* ([377]). De resto, esta é uma observação implícita no discurso comum prevalecente nas nossas demo-

---

([377]) Aristóteles, *Política*, 1298a9-11, 1298a40-1298b2.

cracias. Lendo Aristóteles é impossível não verificar que um dos momentos mais solenes e orgulhosos das nossas democracias, as eleições gerais e suas consequências políticas, são fruto de uma combinação de elementos democráticos com outros não estritamente democráticos. É verdade que a eleição é o momento político por excelência da expressão do consentimento. E não se pode duvidar que o governo assente no consentimento individual é uma ideia democrática. Mas a eleição é, como a própria palavra indica, uma *escolha*. O povo, o conjunto dos indivíduos, que define as fronteiras do Estado procede a uma escolha no momento da eleição. Essa escolha excede em alcance político o mero consentimento, especialmente por se tratar de uma escolha não só de "programas", não só de "ideias", mas principalmente de pessoas, de homens ou mulheres, que por qualquer razão são considerados mais capazes para "aplicar" os "programas" da preferência dos eleitores. Ora, como já se assinalou, a escolha não indiferente de pessoas concretas para assumir os negócios do Estado não é uma prática especificamente democrática, embora adquira contornos mais democráticos por essa escolha pertencer a todos e a cada um dos cidadãos independentemente da sua condição. A escolha do(s) melhor(es) governantes corresponde à visão aristocrática da política. Neste sentido, o mecanismo do referendo é mais propriamente democrático do que a eleição de representantes para um Parlamento, por exemplo. No referendo o que está em causa é apenas a expressão do consentimento a uma dada lei ou decisão política. A decisão é colocada nas mãos do povo eleitor, e a questão de *quem* governa de acordo com essa decisão é remetida necessariamente para segundo plano.

No início do século XX, antes da completa realização do regime democrático moderno, Édouard de Naurois afirmava que "a democracia é obrigada para viver a fazer apelo a princípios diferentes, aparentemente contraditórios, sem sacrificar uns aos outros, mas moderando uns pelos outros". Hoje, podemos dizer que essa é uma das suas marcas de superioridade sobre todos os outros regimes políticos. É uma lição irrecusável que a democracia tem um potencial de absorção de diferentes elementos políticos desconhecido de outros regimes. O princípio democrático, por ser aberto a *todos*, por abranger *todos*, é mais maleável à inclusão dos vários ingredientes, do que noutros regimes, por definição mais fechados ou mais assentes numa qualquer forma de exclusividade. Paradoxalmente, o regime misto, obra da mentalidade aristocrática, adequa-se melhor a uma democracia moderna do que a outros modelos alternativos. Mas, como Isócrates demonstra no *Areopagítico*, a assimilação desta reflexão requer um trabalho indispensável de persuasão dirigido tanto à mentalidade aristocrática como à mentalidade democrática. Isócrates demonstra aos que pretendem o reconhecimento das superioridades um facto aparentemente indesmentível, os homens excelentes, os mais ilustres, os "melhores", beneficiaram sempre mais do regime democrático do que de qualquer oligarquia ([378]). A democracia premeia a excelência com maior falibilidade do que a mentalidade aristocrática desejaria, mas não a detesta; para além disso, impede com maior eficácia o despotismo das oligarquias, cuja tendência para a degeneração é efectivamente infalível. O despotismo é absolutamente cego à excelência. Na opressão que desse regime resulta sofre a liberdade e eclipsa-se a virtude.

Hoje, alguns vêem a democracia como um regime ainda por realizar. Não que desprezem a "democratização do Estado"; mas a esta democratização falta acrescentar a "democratização da sociedade". Se o "Estado" é governado democraticamente, perguntam, não deverá a "sociedade" – a família, a escola, os negócios, a administração pública – sofrer equivalente transformação? Se o sufrágio universal directo é válido para o "Estado", não será igualmente válido para (presumivelmente, todas) as instituições "sociais"? De outro modo, a comunidade permanece, em termos globais, apenas parcialmente democrática: de um lado, o "Estado" democrático, do outro, a "sociedade" oligárquica. Estando a democratização do "Estado" resolvida historicamente, a questão decisiva para o "progresso" da democracia já não é saber "quem" vota, mas "onde" vota. O princípio democrático assim o exige. A "necessidade de autogoverno" e a aversão à concentração de poder sob qualquer forma são as duas asas que elevam a "transformação democrática da sociedade" ao estatuto de realidade ([379]).

([378]) Isócrates, §37, 57-59, 27, 60, 62. Comparar com Tucídides, II.37.

([379]) Ver Norberto Bobbio, "Representative and Direct Democracy" in *The Future of Democracy*, trad. inglesa Roger Griffin (Minneapolis, 1987), pp. 55-57.

A CONSTITUIÇÃO MISTA

Assim, a mistura ou combinação de elementos distintos, tanto no "Estado" como na "sociedade", representa uma traição ao ideal, cujo fundamento é o próprio homem. De uma perspectiva muito diferente, Chateaubriand elogia os governos mistos como os melhores concebíveis pela razão que afirma que o "homem da sociedade" é "um ser complexo", a cuja "multidão de paixões é preciso dar uma multidão de entraves" [380]. Percebe-se o propósito de Chateaubriand, que salienta o aspecto da constituição mista que mais a aproxima do sistema de *checks and balances*. Mas o mais esclarecedor da apreciação de Chateaubriand consiste no seu método de comparar a constituição da cidade com a constituição do homem, repetindo a abordagem platónica, embora com premissas e resultados diferentes. Por esse meio, seria possível ver no governo misto uma outra adequação da constituição ao homem. Seria possível dizer que o "homem da sociedade" é "um ser complexo" que precisa de relações igualitárias em certos domínios da sua vida e precisa de relações hierárquicas, competição e afirmações de superioridade noutros domínios. A presença tão incontornável do mundo desportivo competitivo nas democracias contemporâneas parece sugeri-lo. Apesar de tudo, a democracia contemporânea permanece mista sem que os seus cidadãos lhe retirem legitimidade, bem pelo contrário. Talvez o seu carácter misto se adeque melhor à estrutura técnica, social e política que a própria democracia criou. A sociedade democrática dos nossos dias é caracterizada por aquilo a que se chamou a "dialéctica da igualdade". A ideia de igualdade regula os seus procedimentos, as suas aspirações, as suas tarefas, os seus "valores" e a sua identidade. Mas a necessidade da hierarquia (não de uma hierarquia neutra ou cristalizada, mas estruturada em torno da virtude e da excelência), reflecte e condiciona as consequências e imperativos da igualdade. Os cidadãos democráticos querem viver na igualdade e a democracia não reconhece nenhuma desigualdade *essencial* entre eles; mas simultaneamente os desdobramentos da igualdade deparam com um conjunto de resistências que apenas se vergam ao trabalho humano disciplinado e organi-

---

[380] Chateaubriand, *Essai Historique sur les Révolutions Anciennes et Modernes*, *Oeuvres Complètes de Chateaubriand*, (Paris, 1863), I.6, p. 50.

zado, cuja complexidade exige a promoção da excelência e o reconhecimento da hierarquia. A realização dos "valores" democráticos pressupõe a *utilidade* da hierarquia. O desejo de domínio das forças da natureza e a esperança universal depositada no crescimento económico requerem ciência e hierarquia (no "Estado" e na "sociedade") e simultaneamente proíbem, tanto a cristalização da hierarquia, como a realização absoluta da igualdade.

Na história de uma crítica não é desapropriado finalizar com a referência ao *grande* crítico. A história intelectual de uma crítica política ficaria fatalmente incompleta se não expusesse o crítico que não se caracteriza por uma existência especificamente histórica, que não é nem Antigo, nem Moderno, nem ocidental, nem oriental, e que subsiste, ontem, hoje, amanhã, sempre, como a sempiterna ameaça: o despotismo. O regime despótico corporiza a mais radical de todas as críticas e dispara o seu arsenal de condenação em todas as direcções e contra todos os alvos, sejam estes aristocráticos ou democráticos. Corporiza a crítica mais destrutiva e menos ponderada, mais estéril e menos generosa, de todas as formas políticas humanizadoras. Porquanto a tentação despótica emerge como a reacção mais óbvia ao medo da energia da liberdade e ao ressentimento contra o brilho da virtude.

Agradecimentos

Este livro baseia-se numa dissertação de doutoramento apresentada no Instituto de Estudos Políticos da Universidade Católica Portuguesa. Ao orientador dessa dissertação, o Prof. Doutor João Carlos Espada, são devidos sinceros agradecimentos pelo seu paciente trabalho de orientação. São igualmente devidos agradecimentos aos Profs. Doutores Manuel Braga da Cruz, Rui Ramos, João Cardoso Rosas, Diogo Pires Aurélio e Viriato Soromenho-Marques pelas suas críticas e estímulo.

Índice

Introdução 7

PARTE I

Capítulo I: O Espírito do Governo Aristocrático 39
O Governo e a Forma 39
A Aristocracia (I) 60
A Aristocracia (II) 62
A Aristocracia (III) 66
A Aristocracia (IV) 68
A Aristocracia (V) 74
A Colegialidade, o Senado e a Selecção dos Governantes 94

Capítulo II: A "Verdadeira" Nobreza 111
O "Verdadeiro" Nobre de Poggio Bracciolini 114
O "Cortesão Perfeito" de Castiglione 124
O Homem Nobre e a Magnanimidade 141

PARTE II

Capítulo III: Maquiavel 161
Um Problema Biográfico 162
A Crítica dos *Ottimati* e dos *Gentiluomini* 166
A Crítica da Filosofia Política Clássica e dos Pressupostos
    Aristocráticos: a *Verità Effettuale* da Política 171

Virtude, Movimento e Juventude 203
O Momento Tirânico 214

Capítulo IV: Hobbes 223
   Um Problema de Contexto 232
   A "Sede" do Poder ou a Neutralização do Conceito
      de Regime Político 236
   A Guerra às Causas da Guerra 260

Capítulo V: Rousseau 283
   Um Problema de Retrospectiva 288
   A Polidez, a Hipocrisia e a Abolição da Distância 299
   A Versão Igualitária da Virtude, a Bondade Natural
      e a Humanidade 311
   O "Homem da Natureza" e o "Homem do Homem" 333
   Liberdade, Igualdade, Fraternidade 348

Parte III

Conclusão (I) 363

Capítulo VI: O Governo Representativo, Segundo Publius 365
   Publius: o Antigo e o Moderno 367
   O Regime da "Escolha" vs. o "Acidente" e a "Força" 369
   O Novo Republicanismo (I) 373
   O Novo Republicanismo (II) 380
   O Novo Republicanismo (III) 390
   O Governo Representativo e a Transformação da Democracia . 400

Conclusão (II) 403

Capítulo VII: A Constituição Mista 403
   Os Limites do Regime Aristocrático 403
   Governo Misto: Superação ou Resignação? 411
   A Constituição Mista, a Monarquia e a Democracia 424

Agradecimentos 441

O SABER DA FILOSOFIA

1. *A Epistemologia*, Gaston Bachelard
2. *Ideologia e Racionalidade nas Ciências da Vida*, Georges Canguilhem
3. *A Filosofia Crítica de Kant*, Gilles Deleuze
4. *O Novo Espírito Científico*, Gaston Bachelard
5. *A Filosofia Chinesa*, Max Kaltenmark
6. *A Filosofia da Matemática*, Ambrogio Giacomo Manno
7. *Prolegómenos a Toda a Metafísica Futura*, Immanuel Kant
8. *Rousseau e Marx (A Liberdade Igualitária)*, Galvanno Della Volpe
9. *Breve História do Ateísmo Ocidental*, James Thrower
10. *Filosofia da Física*, Mario Bunge
11. *A Tradição Intelectual do Ocidente*, Jacob Bronowski e Bruce Mazlish
12. *Lógica como Ciência Histórica*, Galvano Della Volpe
13. *História da Lógica*, Robert Blanché e Jacques Dubucs
14. *A Razão*, Gilles-Gaston Granger
15. *Hermenêutica*, Richard E. Palmer
16. *A Filosofia Antiga*, Emanuele Severino
17. *A Filosofia Moderna*, Emanuele Severino
18. *A Filosofia Contemporânea*, Emanuele Severino
19. *Exposição e Interpretação da Filosofia Teórica de Kant*, Felix Grayeff
20. *Teorias da Linguagem, Teorias da Aprendizagem*, Jean Piaget e Noam Chomski
21. *A Revolução na Ciência (1500-1750)*, A. Rupert Hall
22. *Introdução à Filosofia da História de Hegel*, Jean Hyppolite
23. *As Filosofias da Ciência*, Rom Harré
24. *Einstein: Uma Leitura de Galileu e Newton*, Françoise Balibar
25. *As Razões da Ciência*, Ludovico Geymonat e Giulio Giorello
26. *A Filosofia de Descartes*, John Cottingham
27. *Introdução a Heidegger*, Gianni Vattimo
28. *Hermenêutica e Sociologia do Conhecimento*, Susan J. Hekman
29. *Epistemologia Contemporânea*, Jonathan Daney
30. *Hermenêutica Contemporânea*, Josef Bleicher
31. *Crítica da Razão Científica*, Kurt Hübner
32. *As Políticas da Razão*, Isabelle Stengers
33. *O Nascimento da Filosofia*, Giorgio Colli
34. *Filosofia da Religião*, Richard Schaeffler
35. *A Aristocracia e os Seus Críticos*, Miguel Morgado